Uwe Japp

Beziehungssinn.

Ein Konzept der Literaturgeschichte

LGD

Uwe Japp

Beziehungssinn
Ein Konzept der Literaturgeschichte

Europäische Verlagsanstalt

CIP-Kurztitelaufnahme der Deutschen Bibliothek

Japp, Uwe:
Beziehungssinn : e. Konzept d. Literaturgeschichte / Uwe Japp. – Frankfurt am Main : Europäische Verlagsanstalt, 1980.
ISBN 3-434-00444-0

Umschlaggestaltung: van de Sand Atelier Rambow, Lienemeyer,
Gesamtherstellung: Georg Wagner, Nördlingen
Produktion: Klaus Langhoff, Friedrichsdorf

Printed in Germany
ISBN 3-434-00444-0

»Ist nicht nothwendig Sinn
eben *Beziehungs*-Sinn
und Perspektive?«
Friedrich Nietzsche

Inhalt

Einleitung:
Die literarische Beziehung

»Aber immer nur die ›Beziehung‹ – gewissermaßen in abstracto.«

Robert Musil

Die literarische Beziehung? Von der zugleich deutlichsten und problematischsten Beziehung, die die Literatur betrifft, soll hier die Rede sein. Diese Beziehung ist präsent im Begriff und Problem der Literaturgeschichte. Es gibt die Literaturgeschichte als einen bestimmten Diskurs, weil und indem es diese Beziehung zwischen Literatur und Geschichte gibt. In diesem Zwischen-Raum konstituieren sich eine Praxis und eine Methode, deren Geschichte eine Geschichte der Transformationen ist: Transformation der Literatur in Geschichte, aber auch Transformation der Literaturgeschichte selbst.

Die Literatur/Geschichte impliziert weitere Beziehungen. Nicht nur *zwischen* Literatur und Geschichte entfaltet sich der Beziehungssinn, sondern auch *in* den Bereichen, zwischen denen da vermittelt werden soll. Es wird deshalb einerseits darum gehen, die Beziehungsstruktur der literarischen Werke und der historischen Gegenstände insgesamt zu erweisen. Und es wird andererseits darum gehen, die Beziehungsstruktur des historischen Wissens zu begründen.

Aber während eine derartige Trennung schnell als Abstraktion durchschaut und kritisiert ist, geht aus solcher Kritik noch nicht hervor, wie nun der Zusammenhang von Literatur und Geschichte systematisch und selbst historisch zu denken ist. Es geht ebenfalls noch nicht daraus hervor, welche Konsequenzen der unterstellte Zusammenhang für die beiden Elemente hat, die er miteinander in Beziehung bringt. Was geschieht mit der Literatur, wenn sich der historische Diskurs ihrer bemächtigt? Was geschieht mit der Geschichte, wenn das Imaginäre in sie eindringt? Wie kommt man von den literarischen Werken zum historischen Wissen? Das sind im wesentlichen die Fragen, die uns auf den folgenden Seiten beschäftigen werden.

Der historische Diskurs, der somit zur Diskussion steht, produziert kein selbstverständliches Wissen. Im Gegenteil, man hält ihn im Laufe seiner

Geschichte manchmal für unmöglich und manchmal für überlegen, man verhält sich zu ihm skeptisch oder emphatisch. Die Euphorie gegenüber der Geschichte wird von einem Zweifel überlagert, dessen häufiges Vorkommen wir im Begriff des Geschichtsverdachts zusammenfassen werden. Es handelt sich um jenen weitreichenden Zweifel an der Möglichkeit einer Literaturgeschichte als Wissenschaft, der bis in unsere Gegenwart den Wert der Geschichte und der Geschichten bestreitet. Diesem Zweifel, der in der schillernden Diagnose des Posthistoire gipfelt, werden wir die optimistische These von der Notwendigkeit *und* Aktualität der Literaturgeschichte entgegenstellen. Wir werden dabei häufig den skeptischen Positionen folgen und manchmal sogar eine solche einnehmen. Deshalb sollte es nicht verwundern, wenn im Laufe dieser Untersuchung gelegentlich Autoren zu Worte kommen, die man eher zu den Kritikern der Geschichte rechnen muß. Doch gerade die Auseinandersetzung mit den Skeptikern und Ironikern verhilft der Geschichte und der Literaturgeschichte, wenn überhaupt, zu ihrem Recht.

Man hat der Literaturgeschichte insbesondere vorgeworfen, sie sei ein methodisch undisziplinierter Misch-Diskurs, halb Literatur, halb Geschichte, halb Kunst, halb Wissenschaft, insgesamt eine Disziplin der Halbheiten und Verlegenheitslösungen. Ein solcher Geschichtsverdacht richtet sich gegen den *Wahrheitswert* der Literaturgeschichte. Wir werden dagegen die Auffassung vertreten, daß Literaturgeschichte durchaus als Wissenschaft möglich ist – nicht nur als strenge Wissenschaft, sondern auch als interessante und unterhaltsame Wissenschaft. Freilich wird hierbei besonders zwischen *Theorien der Literaturgeschichte* und den wirklich *geschriebenen Literaturgeschichten* zu unterscheiden sein, da häufig die Theorien bloße Projekte sind, die nicht realisiert werden und manchmal auch nicht realisiert werden können, und da ebenso häufig die den Literaturgeschichten vorangestellten oder beigegebenen methodologischen Überlegungen bloße Prospekte sind, von denen sich im Werk dann nur wenig findet.

Bekanntlich ist – mit wechselnden Argumenten und wechselndem Glück – die Wahrheitsfähigkeit der Geschichtsschreibung bestritten worden. Sogar so, daß die Literatur für »wahrer« gehalten wurde als die Geschichte. Die Probleme hinsichtlich dieser Frage sind abzusehen, wenn beide, Literatur und Geschichte, sich verbinden als Literaturgeschichte. Die Wahrheitsfähigkeit beider ist fraglich. Man könnte von Paradigmata der Wahrheit sprechen, die den Wert und die Funktion der Literatur verschieden definiert haben: wenn es sich hier um deutliche historische

Abfolgen handelte. Aber bei Platon gibt es zugleich eine Hierarchie der Diskurse, die gänzlich verschieden vom »Sagen des Seins« bei Heidegger ist, und was bei Platon die Wahrheit der Literatur einschränkt, die Perspektive, das ist bei Nietzsche gerade ihre besondere Wahrheitsfähigkeit. Ebenfalls ist es Nietzsche, der die letzte Überhöhung der Frage ausspricht: daß nämlich die Kunst »mehr wert« sein könne als die Wahrheit.

Regeln des Schreibens und Regeln der Ästhetik bezeichnen historisch klar zu trennende Bereiche: sie konstituieren den Raum der Imagination und den Raum der Kritik. Was jeweils Wahrheit in ihnen heißt, ist durch die Idee einer kontinuierlichen Evolution, die sich durch die Abfolge von Paradigmata der Wahrheit beschreiben ließe, nicht zu begreifen. Es handelt sich vielmehr um Figuren der Wahrheit, Wahrheitsfiguren, die in einer gleich intransigenten Konstanz und Unterschiedenheit die Fähigkeit der Literatur zur Wahrheit durch die Geschichte hindurch stets neu definiert haben.

Am Grunde der Literatur und der Ästhetik gibt es diese beunruhigende Frage nach der Wahrheit, die so lange als ein absoluter Wert galt, daß sie nur selten zum Thema wurde; aber diese Absolutheit ist in der Geschichte äußerste Vielfalt und ist deshalb selbst Geschichte, also nicht jene »veritas metaphysica«, die Baumgarten der sinnlichen Erkenntnis als einer Einheit von »metaphysica materialis et transcendentalis« zubilligte. Es ist eine Geschichte von Wahrheitsfiguren, die zu der Literaturgeschichte parallel verläuft, nicht aber mit ihr identisch ist. Diese Figuren sind nicht willkürlich; sie sind streng mit den Regeln der Logik, der Ethik und der Ästhetik verbunden. Aber es handelt sich durchweg um interpretierte Regeln. Und zudem ist die Interpretation der Regeln Element und Resultat einer Kombinatorik. Die logischen, ethischen und ästhetischen Anteile wechseln im Laufe der Geschichte, und nicht selten konstituiert sich eine im zeitlichen Sinne moderne Wahrheitsfigur aus sehr alten Begründungen. In dem System der Begründungen liegen die Regeln, Philosopheme und »Beweise« verstreut, die dann zu den konkreten Aussagen über die Wahrheitsfähigkeit der Literatur zusammentreten.

Die Wirkung dieser Wahrheitsfiguren ist – oder war zumindest – für das Denken über Literatur (also auch die Theorie der Literaturgeschichte) und für die Literaturen selbst von großer Bedeutung. Sie entschied über die Bedeutung der Literatur, nur entschied sie nicht sich selbst. Bis heute, bis zu uns, die wir ein langsames Verschwinden der Wahrheitsfrage aus dem Diskurs über die Literatur und auch aus der Literatur bemerken, hat es nicht die Entscheidung über die Wahrheitsfähigkeit der Literatur gegeben, sondern nur eine beständige Konkurrenz der Wahrheitsfiguren und das Spiel der Regeln, das die geschichtliche Antwort auf die Frage nach der Wahrheit ist.

Es gibt viele Wahrheiten, sagt Nietzsche, deshalb gibt es keine. Es ist sicherlich nicht wichtig, ob man in Hinsicht auf die Literatur an ihr dreifaches »Abstehen« von der Wahrheit oder an ihre überlegene oder nur autonome Wahrheitsfähigkeit *glaubt;* wichtig ist vielmehr, daß man in all diesen Figuren eine diskursive Permanenz erkennt: das kontroverse Bestimmungs-Spiel, in dem das Imaginäre den Part des unerkannten Protagonisten innehat.

Das Imaginäre thematisiert das Wirkliche: indem es die zu einer bestimmten Zeit allgemeingültigen Vorstellungen von der Wirklichkeit entstellt, verzerrt, verhöhnt, verteidigt, idealisiert oder mehr oder weniger glücklich nachahmt. Das Wirkliche revanchiert sich dafür, indem es seinerseits das Imaginäre thematisiert: es ablehnt, überhöht, autonomisiert, parallelisiert usw. In dieser diskursiven Wechselrede bilden sich die Wahrheitsfiguren, die die Frage nach der Wahrheitsfähigkeit der Literatur zu beantworten vorgeben, die aber *in Wirklichkeit* nur die Geschichte des Imaginären erörtern.

Literatur und Geschichte scheinen zumindest in der Weise verwandt, daß beiden mit wechselnden Argumenten eine ihnen eigene Wahrheit bestritten wurde. Aber es wäre falsch, hieraus auf eine diskursive Solidarität zu schließen. Im Gegenteil, die beiden wahrheitsschwachen Diskurse der Literatur und der Geschichte werden häufig gegeneinander ausgespielt. Dabei erhält die Literatur seit Aristoteles gelegentlich den Vorrang, und zwar, was hier verwundern muß, mit der Begründung, daß die Literatur zur Erkenntnis und Darstellung des Allgemeinen befähigter sei als die Geschichte. In der Hierarchie stünde mithin die Literatur der Philosophie – und damit der Erkenntniswahrheit – näher.

Aristoteles' These, der zufolge die Dichtkunst philosophischer und wertvoller sei als die Geschichte, wird von Schopenhauer aufgegriffen und bestätigt. Der Stoff der Geschichte, so sagt Schopenhauer, gleiche den *Wolken im Winde,* weshalb es sich hierbei nicht um einen des Menschengeistes würdigen Gegenstand handle.

Und Wilhelm von Humboldt, der der Aufgabe des Geschichtsschreibers, das Ganze eines Geschehenen darzustellen, nachsinnt, während sich doch das Ganze niemals der unmittelbaren Beobachtung darbiete, befindet: *daher gleicht die historische Wahrheit gewissermaßen den Wolken.* Zwar steht der Wolken-Vergleich bei Humboldt nicht so sehr, wie bei Schopenhauer, im atmosphärischen Zusammenhang des Instabilen und des Verwehens, sondern vielmehr in dem des kunstvollen Gebildes, das sich aus diffusem Material zu imponierender Erscheinung formt – dennoch erkennen wir auch hier ineins mit verschiedenen Formen des Geschichtsverdachts den gemeinsamen Zweifel an der Wahrheitsfähigkeit der Geschichte.

Denselben Verdacht hegt auch Nietzsche, nur daß er ihn zu der radikaleren Konsequenz treibt: *daß wir die Wahrheit nicht haben, genauer: daß die Verehrung der Wahrheit schon die Folge einer Illusion ist.* Auf dem Hintergrund dieses langsamen Rückzugs von der Wahrheits*frage* drängt sich Nietzsche die Einsicht in den »Beziehungs-Sinn« auf, mithin in das, was in Nietzsches Philosophie Perspektivismus genannt wird. Wo die Theorie die *eine* Wahrheit nicht zu geben vermag (und wo, zumindest in den Geisteswissenschaften, vermöchte sie dies?), bietet sich ihr als konkurrierendes epistemologisches Konzept das Denken in Beziehungen an. Damit es aber keine Gedankenflucht in eine unendliche Folge von Beziehungen sei, worin wir das Schreckgespenst eines grenzenlosen Relativismus wiedererkennen, spricht Nietzsche von »Beziehungs-*Sinn*«, denn es ist offenbar der jeweilige Sinnentwurf, der das Chaos aller möglichen Beziehungen begrenzt und diese so erst in eine wirklich sinnvolle Beziehung bringt. Auf ähnliche Weise begrenzt Nietzsche ja auch das von ihm am Grund des Lebens und der Geschichte erkannte »Chaos«, indem er diesem das »Bedürfnis nach Schemata« entgegenstellt. »Beziehungs-Sinn« meint deshalb tatsächlich etwas ganz anderes, als wenn wir etwa nur von *Beziehungen* sprechen wollten. Gemeint ist deshalb nicht ein Sichverlieren an Beliebiges (an »Relatives«), sondern ein diskursives Prinzip der Sinnkonstitution, das wir als relationale Reflexion bezeichnen. Der Sinn, um den es uns hier geht, ist der von Literatur und Geschichte als Literaturgeschichte. So ergibt sich als Antwort auf unsere Fragen die kürzeste Formel: *Literaturgeschichte ist Beziehungssinn.* Es wird allerdings auf den folgenden Seiten unsere Aufgabe sein, diese Antwort immer wieder als Frage zu verstehen, um so die Kürze dieser Formel in die Fülle des mit ihr Gemeinten hinein zu entfalten.

Nun ist Nietzsche weder der einzige noch der erste Denker des Beziehungssinns gewesen (zudem ist auch nicht immer auszumachen, ob *sein* Perspektivismus jeweils polemisch oder positiv gemeint ist). Die Beziehung wurde seit Aristoteles als in Abhängigkeit von der Substanz stehend gedacht. Immer wieder aber, etwa bei Eriugena, tritt sie auch in Konkurrenz zur Substanz. Bis dann in der Neuzeit der Substantialismus insgesamt als ein metaphysisches Relikt, als eine historisch gewordene Etappe des Denkens erscheint. Im Zusammenhang mit dem Verschwinden der Wahrheitsfrage bemerken wir den Rückgang des Substanzdenkens, bemerken wir, *wie die Metaphysik überflüssig wird.* Dieses doppelte Fehlen, der Wahrheit und der Substanz, läßt um so deutlicher die Notwendigkeit des Beziehungssinns hervortreten. Mit dieser Umwertung der Richtung des Denkens ist Nietzsches Name für uns als ein Eklat verbunden. Mit anderen Worten und in Hinsicht auf unsere Fragen: Es gibt weder eine Wahrheit noch eine Substanz der Literaturgeschichte; alles, was wir hier entdecken und erkennen können, sind Beziehungen, die in den geschriebenen Literaturgeschichten einer bestimmten Ordnung unterworfen werden.

Aber diese Umwertung, dieser Weg von der Minimalisierung zur Positivierung der Beziehung, ist, wie gesagt, keineswegs eine Erfindung Nietzsches. Vielmehr begegnen wir, erst einmal aufmerksam geworden, dieser erkenntnistheoretischen »Revolution« beinahe überall: in der Philosophie, in den verschiedenen Strukturalismen (Lévi-Strauss spricht von »notwendigen Beziehungen«), in der Semiotik, in der Psychoanalyse und auch in der Literatur; z. B. bei Valéry finden wir dies Interesse an den Beziehungen (den »figures de relation«), während der Glaube an die »Dinge« abnimmt.

Überall, wo wir diesem Interesse begegnen, hören wir Nietzsches Frage gleichsam mit: ob nicht Sinn notwendig Beziehungs-Sinn und Perspektive sei. Damit ist der erkenntnistheoretische Rahmen angedeutet (freilich nicht mehr als eben *angedeutet*), innerhalb dessen die angekündigten Fragen einer Theorie der Literaturgeschichte gestellt werden sollen.

Dabei gehen wir zunächst von der Voraussetzung aus, daß die Literaturgeschichte kein mimetischer Diskurs ist. Mit anderen Worten, das Verfahren und die Funktion der Literaturgeschichte beschränken sich keineswegs darauf, die Literatur zu wiederholen. Dies wäre nicht nur unnötig, sondern auch unmöglich. In diesem Sinne handelt es sich auch nicht um einen Misch-Diskurs, weil der Zusammenhang von Literatur und Geschichte nicht notwendig als Vermischung zweier Diskurse gedacht werden muß (obwohl tatsächlich viele – geschriebene – Literaturgeschichten ein solches Sammelsurium begrifflich-unbegrifflicher *Stil*lagen sind), vielmehr die Eigenart des literaturhistorischen Diskurses in der Applikation der relationalen Reflexion gesehen werden kann. Literaturgeschichte ist deshalb nicht ein museales Instrument der Bewahrung, sondern eine dynamische Disziplin der Veränderung. Daraus folgt zugleich, daß die Literaturgeschichte ein autonomer Diskurs ist: weder

Literatur noch (allgemeine) Geschichte noch reine Chronologie, sondern *Diskurs der Übergänge.*
Um diesen Autonomieanspruch der Literaturgeschichte zu begründen, werden wir uns in den Kapiteln I und II besonders mit traditionellen Historien und Historiken auseinandersetzen, um dann in den Kapiteln III und IV deutlicher das Wissen der Beziehung zu bestimmen und das zu erörtern, was wir den Diskurs der Beziehungsgeschichte nennen werden. Dabei sind systematische und historische Argumentationen häufig nicht zu trennen. Der prinzipielle Einwand gegen die Vorstellung, die Literaturgeschichte sei lediglich eine (langweiligere) Wiederholung der Literatur, ist der, daß keine Geschichte das Ganze der Literatur umfassen kann. Hier spielt nun offensichtlich die These von der notwendigen Funktion der Selektion eine Rolle. Mit der Selektion ist dann zwar einerseits ein unhintergehbares Prinzip (und Problem) jeder Literaturgeschichtsschreibung benannt, andererseits spielt die Selektion aber in den Historiken und Historien des 18. und 19. Jahrhunderts eine ganz andere Rolle als in denen des 20. Jahrhunderts. In diesem Sinne war es unvermeidbar, von den Problemen der Literaturgeschichte zur Geschichte dieser Probleme überzugehen.
Auf dem Hintergrund dieser Bestimmungen und aus der Perspektive der Beziehung zeichnet sich sehr schematisch und umrißhaft eine *Geschichte der Literaturgeschichte* ab, die in drei Anläufen das Problem des Ganzen und seiner Teile umkreist. Aber hinter dieser eher schematischen Gliederung verbergen sich tiefgehende »Revolutionen« in den Begründungszusammenhängen. Eine Interpretation kann so partiell sein, wie es ihrem Vorhaben entspricht. Die Literaturgeschichte dagegen stipuliert immer die Idee eines Ganzen (der Literatur), das umfangreicher ist als die partikulare Geschichte eines Werkes.
Deshalb erscheint es sinnvoll, die Geschichte der Literaturgeschichte am paradigmatischen Wandel der Ganzheits-Vorstellungen zu messen und zu rekonstruieren. In diesem Sinne lassen sich nun der Übergang von der Chronik zur substantialistischen Literaturgeschichte und der Übergang von dieser zum Diskurs der Beziehungsgeschichte unterscheiden. Diese drei Stationen markieren drei Positionen der Idee des Ganzen. Die Chronik, so sagen die Historiker des 19. Jahrhunderts, war kein Ganzes, sondern nur eine Aufzählung. Die substantialistische Literaturgeschichte dagegen definiert sich gerade durch einen spezifisch ideologischen Willen zur Ganzheit. Der Diskurs der Beziehungsgeschichte schließlich kann als sinnkritische Transformation der verschiedenen Ideen des Ganzen bestimmt werden. Das Ganze figuriert nunmehr als

eine »Utopie«, deren methodisches Diesseits die Praxis der Transformationen ist. Diese Praxis begründet zugleich die Gegenwärtigkeit und Aktualität der Literaturgeschichte für uns.

Aus dieser Kritik an den historischen Ganzheitsvorstellungen ist allerdings nicht zu entnehmen, daß die einzelnen Literaturgeschichten ohne eine sie zentrierende Idee auskämen. Es wird vielmehr darauf ankommen, neben und nach den Fiktionen des Ganzen die Realität der Ideologien in den Literaturgeschichten zu zeigen. Jede geschriebene Literaturgeschichte impliziert eine bestimmte Ideologie, sei es einer Politik, sei es einer Methode, sei es einer »Idee«. Diese ideologische Situation scheint das traditionelle literaturgeschichtliche Konzept zu überschreiten. Auf der anderen Seite gehen wir davon aus, daß jede geschriebene Literaturgeschichte eine bestimmte Poetik impliziert. Wir werden deshalb (besonders in den Abschnitten *Sinn und Symbol* und *Figuren des Imaginären*) relativ ausführlich die Bedeutung der literarischen Beziehung für die Struktur der literarischen Werke und der poetischen Sprache untersuchen. Und zwar werden wir uns dabei auf die der Historik scheinbar so fernliegenden Gebiete der Semiotik und Rhetorik begeben: weil die Werke und die Figuren das »Material« der Literaturgeschichte sind. Dennoch scheint diese poetologische Situation das traditionelle literaturgeschichtliche Konzept zu unterschreiten.

Indes wird zu erweisen sein, daß diese Über- und Unterschreitungen nicht nur zur Literaturgeschichte und ihrer Theorie gehören, sondern auch ihre Autonomie nicht stören. Das scheint nun wirklich problematisch. Denn zweifellos gibt es noch andere Abhängigkeiten, die den historischen Diskurs pluralisieren, Beziehungen zu anderen Diskursen nämlich, zur Soziologie, Psychologie, Ökonomie, Ästhetik etc. Dennoch gibt es den berechtigten Autonomieanspruch der Literaturgeschichte. Er ist allerdings nicht in der mehr oder weniger elaborierten Aneignung externer Ideologien oder Poetiken begründet, sondern durch eine der Literaturgeschichte eigentümliche relationale Reflexion, die sie von der Literatur einerseits wie von den anderen Diskursen andererseits unterscheidet; eine Reflexion, die sie ihr eigener Diskurs sein läßt: als Diskurs der Übergänge.

In diesem Verstande geht es nicht allein um jene Übergänge, in denen sich die Literaturgeschichte als eine historische Disziplin selbst transformiert, sondern um jenen methodischen Schritt, in dem die Literaturgeschichte die literarischen Werke transformiert: Übergang vom literarischen zum historischen Diskurs.

Dieser Übergang ist zwar in bezug auf die Literatur nachträglich, aber er ist in bezug auf die Literaturgeschichte konstitutiv. Er ist es in einem bestimmten Sinne auch in bezug auf die »Literatur«, denn vor der geschriebenen Literaturgeschichte gibt es nur die Masse der Werke. Die Literaturgeschichte ist zwar durch das Vorhandensein der Werke und damit jene vage Einheit, die wir Literatur nennen, präfiguriert; aber sie ist keineswegs hinsichtlich ihrer Struktur und Gestalt determiniert. Sieht man einmal von einem in sich selbst instabilen Höhenkamm sogenannter kanonischer Werke ab, so stellt sich jeder Literaturgeschichte die Frage, welche Werke sie auswählen und wie sie diese Werke ordnen soll. Damit kommt eine dritte Verwendung des Begriffs des Übergangs in Sicht. Da es nämlich keine Literaturgeschichte von nur einem Werk gibt, besteht die ihr eigentümliche Aufgabe in der Begründung der Übergänge zwischen den Werken (und Autoren und Perioden), von denen sie einen anderen als nur chronologischen Zusammenhang behauptet. Und da die Chronologie immer Lücken hat, behauptet die Literaturgeschichte diesen anderen Zusammenhang stets.

Die eigentliche literaturgeschichtliche Tätigkeit besteht also auch deshalb nicht in einer Wiederholung der Literatur, weil es den Zusammenhang der »Literatur« vor der Literaturgeschichte gar nicht gibt. Im Vorraum der Geschichte gibt es (von Definitionen einmal abgesehen) allein die Virtualität der Werke, eine imaginäre Bibliothek ohne Zusammenhang, ohne Ordnung, ohne Zeit. Natürlich schafft die Literaturgeschichte nicht die Literatur im Sinne der literarischen Werke, und sie ist auch selbst kein literarisches Werk. Aber sie produziert die Literatur-Vorstellungen. Sie produziert die Vorstellung, die sich ein bestimmtes Publikum zu einer bestimmten Zeit und in einem bestimmten Raum von dem macht, was als der Zusammenhang einer »Literatur« aufgefaßt wird.

Doch die literaturgeschichtliche Tätigkeit besteht auch nicht (allein) in der Wiederholung der Werke (welcher Werke?). Sie besteht vielmehr in der diskursiven Herstellung einer bestimmten Ordnung der Werke. Diese Ordnung ist aber nichts anderes als das Resultat eines methodischen In-Beziehung-Setzens singulärer Werke. Und die Struktur dieser Ordnung ist wiederum nichts anderes als der Raster der Übergänge zwischen den Werken. Eine Literaturgeschichte ist deshalb nicht dadurch bestimmt, wie penibel oder elegant sie den Inhalt und die Form einzelner Werke wiedergibt, sondern durch die Art der hergestellten und begründeten Übergänge. Eine Auseinandersetzung mit dem Problem der Literaturgeschichte muß deshalb auf eine Analyse der Übergänge zustreben. Diese Analyse steht im Mittelpunkt von Kapitel III. Es

wird dort zunächst gefragt, ob die Übergänge der Literaturgeschichte einen Fortgang der Literatur voraussetzen, der sich als Fortschritt interpretieren läßt. Wir werden hierbei verschiedene Fortschrittskonzeptionen untersuchen, um daran einerseits ihre Verwobenheit mit außerliterarischen Fortschritts*ideen* zu betonen, und um andererseits ein Kriterium des Fortschritts gerade aus der Reflexion auf sein notorisches Gegenteil zu gewinnen, aus der Reflexion auf die Dekadenz also.
Wenn allerdings von einem Fortschritt der Literatur oder der Literaturgeschichte gesprochen werden kann, was hier noch offen bleiben soll, so stellt sich die Frage, ob die damit gemeinte Entwicklung eine stetige ist – oder ob sie sich in »Sprüngen« vollzieht. Die traditionelle Literaturgeschichte favorisierte das Bild vom unablässig fließenden »Strom der Geschichte«. Wir werden dagegen in diese bildhafte Ideologie die Idee der Unterbrechung (Idee der notwendigen Lücken, der plötzlichen Brüche, der exzentrischen Strudel . . .) einführen. Dem Bild des Stroms korrespondiert die Metaphorik des Fadens, des Einschlag-Fadens, des Ariadne-Fadens usw., den die Historiker durch das Labyrinth jener chaotischen Bibliothek ziehen, als welche sich die Literatur *vor der Literaturgeschichte* darbiete. Unter der Bedingung, daß man sich überhaupt an dieser irreführenden Metaphorik orientieren will, müßte man sagen, *daß der Faden gerissen ist.*
Die eklatanten Differenzen zwischen aufeinander folgenden Werken und Perioden und zwischen Geschichten verschiedener Größenordnung machen auf die Heterogenität der historischen Gegenstände und die Partialität der historischen Erzählungen aufmerksam. Wie entsteht trotz dieser Heterogenität und trotz dieser Partialität ein einheitlicher historischer Diskurs? Dies ist, wiederum, eine Frage der Übergänge. Da es sich aber im Zusammenhang der Literaturgeschichte nicht um beliebige Synthesen und Kohärenzen handeln kann, sondern deren temporale Struktur ausschlaggebend ist, mündet die allgemeine Frage nach den Übergängen in die Frage nach der Idee historischer Diskontinuität.
Die Idee der Kontinuität gehört zu den Konzeptionen evolutionärer Regularitäten. Folgt man ihr, so bietet sich die Geschichte der Literatur als ein stetiges Wachsen von Sinn dar. Die Idee der Diskontinuität führt hingegen auf eine andere Spur. Sie unterminiert aus der Perspektive der Temporalität die Idee des Ganzen, insbesondere jedoch die damit verbundene Annahme einer stetigen (und progressiven) Entwicklung. Die Übergänge erscheinen im Rahmen dieser Überlegungen nicht als notwendige Folgen und Erfolge, die die Literatur hervorbringt, sondern als begründungsbedürftige Beziehungen, die die Literaturgeschichte

herstellt. Diese Beziehungen, so werden wir sagen, gründen nicht in einer immer vorauszusetzenden Sympathie des Sinns, sondern in der kontroversen Struktur der Sinnkrisen, die das Schreiben der Literaturgeschichte und das Schreiben der Literatur begleiten.

Diese Überlegungen markieren eine systematische und eine historische Verschiebung in den Begründungen der Literaturgeschichte und ihrer Bedeutung für die Literatur und für uns. Diesen Vorgang werden wir in den letzten beiden Abschnitten (*Philologie der Beziehung* und *Literaturgeschichte als Beziehungsgeschichte*) darstellen. Es wird daraus hervorgehen, daß der historische Diskurs zugleich ein Wissen von und in Beziehungen ist. Und es wird daraus hervorgehen, daß der Diskurs der Beziehungsgeschichte zugleich die Vergangenheit und die Gegenwärtigkeit der Literaturgeschichte bestimmt. In diesem Sinne handelt es sich auf den folgenden Seiten immer nur um die Beziehung – aber nicht in »abstracto«, sondern in der Literatur und in der Geschichte und in beiden zusammen.

I. Kapitel

Emphase und Skepsis

> »Ich habe Lust zu der *Historia Literaria;* Aber ich weiß nicht/ wie ich dazu gelangen solle. Habe du doch die Gütigkeit/ und sage mir/ auff was Art ich die Sache am besten angreiffen könne?«
>
> Jacob Friederich Reimman

Der Fortschritt des Wissens wird von zahlreichen Ambivalenzen begleitet. Eine der schillerndsten betrifft die Geschichte und die Literaturgeschichte. Es handelt sich um Fragen des Anspruchs. Haben wir es mit einem dominierenden oder einem dienenden Wissen zu tun? Das sind noch relativ harmlose Fragen, weil sie insgesamt von der Frage nach der Möglichkeit dieses Wissens überschattet werden. Wir sind offenbar als Fragende nicht nur immer schon in Geschichten verstrickt, sondern vor allem in die Frage nach der Position und der Positivität dieser Verstrikkung, die wir Geschichte nennen.

Das 19. Jahrhundert (und auch das unsere) ist auf ausgezeichnete Weise durch diese Konstellation zu charakterisieren. Es hat sich von beiden Seiten in das Problem, das die Geschichte ist, hineingedacht. Wille zur Geschichte und gleichzeitig der Versuch, sich der Geschichte zu entziehen, das ist es, was im Wechsel von Sympathie und Antipathie das historische Wissen skandalisiert. Wir kennen nur *eine* Wissenschaft, sagt Marx, und das ist die Wissenschaft der Geschichte. Das ist die Emphase. Dagegen schlägt Nietzsche uns vor, die historische Bildung als einen Mangel anzusehen. Das ist die Skepsis. Emphase und Skepsis verteilen sich mit wechselnden Anteilen auf den Willen zur Geschichte und den Versuch, sich ihr zu entziehen. Was sich so herausbildet, ist erstens ein emphatischer Diskurs, der an die Geschichte glaubt, der sie als Wirklichkeit und Wissenschaft nicht nur in ihrem eigenen Bereich akzeptiert, sondern sie den anderen Wissenschaften verordnen will. Dieser emphatische Diskurs ist ganz und gar vom Nutzen der Geschichte – auch für die Literatur – überzeugt. Und es formiert sich zweitens ein skeptischer Diskurs, der nicht an die Geschichte glaubt, der ihre Wirklichkeit für unwichtig und ihre Wissenschaft für unmöglich hält. Dieser skeptische Diskurs ist mit Maßen vom Nachteil der Geschichte – auch für die Literatur – überzeugt.

Freilich wissen wir, daß diese Kontroverse, so wie wir sie hier gekennzeichnet haben, eine Abstraktion ist und insofern einen Mangel an historischer Bildung bezeugt. Marx ist ebensogut Historiker wie Strukturalist. Ähnliches gilt von Nietzsche. Die häufigste Weise, auf die uns der emphatische und der skeptische Diskurs in den Wissenschaften und ihren weniger strengen Filiationen begegnen, ist deshalb eine Art Misch-Diskurs: Emphase/Skepsis oder Skepsis/Emphase, je nachdem, welche Seite gerade favorisiert wird. Wahrscheinlich läßt sich sogar zeigen, daß das 19. Jahrhundert eher vom ersten Typ geprägt war: Emphase vor Skepsis, Skepsis aus Emphase also, während das 20. Jahrhundert eher dem zweiten Typ entspricht: Skepsis vor Emphase, Emphase aus Skepsis also. Dafür spricht beispielsweise, worauf noch näher einzugehen ist, daß unsere Gegenwart von *einer* Argumentationsfigur beherrscht ist, die zunächst eine Krise der Geschichte und der Literaturgeschichte konstatiert, um daraus und dagegen ihre – erneute – Notwendigkeit zu erweisen.[1]

Ein Beispiel für den Misch-Diskurs ist auch Nietzsche, dessen zweite *Unzeitgemäße Betrachtung* ja bekanntlich nicht die Historie in Bausch und Bogen verurteilt, sondern über ihren Nutzen und freilich auch Nachteil *für das Leben* reflektiert. Während Nietzsche hier zwar die Historie als einen Mangel und auch als ein »Gebreste« ansieht, gesteht er doch zu, daß wir die *richtig verstandene* Historie brauchen.[2] Auf ähnliche »gemischte« Weise kritisiert Nietzsche in der *Götzen-Dämmerung* das, was er den »Ägyptizismus« der Philosophen nennt, also jenen »Mangel an historischem Sinn«, dem Veränderung, Wechsel und Werden gleichermaßen als Indizien der Scheinhaftigkeit gelten.[3] Ist diese Kritik an den Gegnern der Geschichte, die nicht den Wechsel, sondern die Dauer und damit die dauernde Wahrheit suchen, zugleich als eine Parteinahme für die Geschichte zu nehmen? Ist die Position eines Anti-Ägyptizismus bereits die Institutionalisierung des historischen Sinns als Wert: als Wert der Historie und des Historismus? Anders gefragt, ist Nietzsche doch ein Freund der Geschichte? Man muß dagegen annehmen – und noch näher erklären –, daß Nietzsche nicht den historischen Sinn verteidigt, sondern das, worauf er gerichtet ist: Veränderung, Wechsel, Werden und letztlich sogar Scheinhaftigkeit. Die Vertreter des Ägyptizismus, also der Metaphysik und des Positivismus, lehnen mit dem Historischen nicht die Geschichte ab, deren Realität auch sie nicht leugnen würden, sie lehnen Entwicklung und Bewegung schlechthin als Erkenntnisobjekte ab, weil die Bewegung die Festigkeit der Tatsachen auflöse, die allein Wahrheit – und nicht nur

Scheinhaftigkeit – zu garantieren vermöchte. Da aber Nietzsche gerade den Glauben an die Tatsache als Illusion und Selbsttäuschung der Erkenntnis entlarven will, erscheint ihm – hier – die Veränderung als der adäquatere Bezugspunkt der Erkenntnis. Der historische Sinn muß in dieser Umkehrung gerade zu der tieferen Einsicht in die Wahrheit der Scheinhaftigkeit führen. Die Historie ist diesmal für Nietzsche in einem ganz anderen Sinne nützlich, nämlich nicht an sich selbst, sondern als Argument gegen eine Erkenntnisposition, die sich, polemisch, auch als unhistorisch kritisieren läßt.

Damit wird in doppelter Hinsicht der Unterschied zur Position des Historismus deutlich, der diesen Schritt keineswegs tut, sondern Geschichte gerade als Fundament der Wahrheitsfindung etabliert, um so in der Veränderung die wirklichere Tatsächlichkeit des »Lebens« und seiner kulturellen Manifestationen zu begreifen. Nietzsche wäre trotz seines Arguments für den historischen Sinn ein schlechter Zeuge für die historische *Emphase,* die das 19. Jahrhundert durchzieht und ihm seinen Beinamen gegeben hat. Was Nietzsche in dieser Hinsicht allenfalls an der Geschichte fasziniert, ist das, was nicht feststeht. Diese erkenntniskritische Position Nietzsches, das darf man nicht vergessen, konkurriert allerdings mit seiner teilweise späteren, teilweise gleichzeitigen Überzeugung von der »ewigen Wiederkehr des Gleichen«, die nun als ein anderer Ägyptizismus aufgefaßt werden kann: wenn man den Gedanken des Gleichen (des Feststehenden) betont, die aber auch als – problematische – Fortsetzung des historischen Sinns angesehen werden kann: wenn man den Gedanken der Wiederkehr (der Bewegung) betont.[4]

Sicherlich ist Nietzsches Philosophie auch im Umkreis des Geschichtsdenkens Philosophie der Skepsis. Doch auch in seinen Diskurs, der vielleicht wie kein anderer seiner Zeit die Ambivalenz profiliert, mischt sich die Stimme der Emphase.

Dagegen ist Diltheys Projekt einer »Kritik der historischen Vernunft« von Anfang an ein Plädoyer für den unvergleichlichen Nutzen der Geschichte. Gerade in der Geschichte glaubt Dilthey gefunden zu haben, was sich feststellen (verstehen, auslegen) läßt. Das gilt auch für die Literatur, zu der er bekanntlich einen biographischen bzw. psychologischen Zugang bevorzugt hat, gleichsam kanonisch formuliert in den Begriffen »Leben« und »Erlebnis«. Damit rücken der Mensch und sein Erleben in den Mittelpunkt der Diltheyschen Konzeption des Wissens, auch seiner Konzeption vom Nutzen der Geschichte, die er gegen Nietzsche absetzt:

»Alle letzten Fragen nach dem Wert der Geschichte haben schließlich ihre Lösung darin, daß der Mensch in ihr sich selbst erkennt. Nicht durch Introspektion erfassen wir die menschliche Natur. Dies war Nietzsches ungeheure Täuschung. Daher konnte er auch die Bedeutung der Geschichte nicht erfassen.«[5]

Dagegen formuliert Dilthey seinen Absolutheitsanspruch historischer Erkenntnis: »Der Mensch erkennt sich nur in der Geschichte, nie durch Introspektion.«[6] Mit dieser emphatischen Wende zur Geschichte wendet sich Dilthey zugleich, was er selbst häufig betont, gegen die kantische Metaphysik: »Wir müssen aus der reinen und feinen Luft der Kantschen Vernunftkritik heraustreten, um der ganz anderen Natur der historischen Gegenstände genug zu tun.«[7] Trotz – auch ausgesprochen – gegenteiliger Vorstellungen besteht die Problematik dieser Diltheyschen Wende insgesamt in dem Versuch, den historischen Sinn als den spezifischen Interpretationsmodus historischer »Gegenstände« aufzufassen. Daß er dies nicht immer mit genuin historischen, sondern psychologischen Mitteln unternahm, führt, kurz gesagt, zur Theorie des Erlebnisses, das als Basistatsache der historischen Erkenntnis zugrunde liegen soll. Der Lebenslauf des Individuums sei zwar noch nicht die Geschichte selbst, wohl aber ihr Anfang und weiteres Interesse: »Wir haben da die Urzelle der Geschichte.«[8] Damit wird freilich die Introspektion gegen den eigenen Willen wieder eingeführt und zugleich – was die höchste Paradoxie der Diltheyschen Theorie ausmacht – als positive Tatsache angesehen. Der historische Gegenstand und das Erlebnis werden gleichermaßen zu letztbegründenden Tatsachen verfestigt und als solche festgestellt. Kongeniale Individualpsychologie[9] und Positivismus gehen ineinander über und bilden so das doppelt problematische »Fundament« eines emphatischen Historismus. Diltheys Diskurs ist ganz und gar Emphase; er läßt der Skepsis keinen Raum – was freilich nicht verhindert, daß man sich zu dieser Emphase skeptisch verhalten kann.[10] Während also Dilthey betont, daß der Mensch sich nur in der Geschichte erkennen könne (und daß man die Literatur nur im Menschen erkennen könne), stellt Nietzsche die doppelte Frage, ob die Geschichte für den Menschen möglich und nötig sei. In etwa derselben Zeit findet man diese extremen Diskurse über Nutzen und Nachteil der Geschichte – den einen, der emphatisch ihre einzigartige Dignität behauptet; den anderen, der skeptisch ihre Möglichkeit und ihren Sinn bezweifelt, sie zugleich in Grenzen anerkennt und sie als polemisches Kalkül benutzt.

Die Skepsis war und ist der Emphase nicht äußerlich. Der Historismus, so kann man sagen, produziert mit der ihn kennzeichnenden Emphase seine eigene Krise, die ihm mit einer geringfügigen Verschiebung gleichzeitig ist[11] und ihn – bzw. das, was von ihm übriggeblieben ist – bis heute begleitet. Das führt zu einer inflationären Krisenbewältigung: keine Historik ohne die Krise, die sie überwindet. Versteht man unter Historismus jene umfassende Historisierung der Diskurse und des Wissens, die das 19. Jahrhundert auszeichnet, so lassen sich zwei Ebenen unterscheiden, auf denen der historische Diskurs in Zweifel gezogen wurde. Es handelt sich erstens um eine wissenschaftsinterne Kritik, die die Plausibilität und Legitimität dieses Diskurses bezweifelt; mit den Worten Reinhart Kosellecks:

»Offenbar handelt es sich um eine Krise der Historie als eines strengen Forschungszweiges. Unsere Wissenschaft als solche wird in Frage gestellt. Offensichtlich hängt die Krise der Historie von der Krise des Historismus so sehr ab, wie die Geschichtswissenschaft im Historismus gründet.«[12]

Diese Krise ist allgemein. Es wäre hier eine eigene Geschichte des Geschichtsverdachts zu schreiben, deren krisenhaftes Profil durch die Themen der Sinnlosigkeit, des Verlusts und schließlich des Endes der Geschichte auszumachen ist.[13] Diese Krise betrifft das Interesse und die Methode, ein Interesse, das sich als kulturelles Signum der Vergangenheit verweigert, und eine Methode, der das Vergangene, das Vergehende und erst recht das Werdende als Erkenntnisgegenstände problematisch sind: wozu und wie?

In den meisten Fällen handelt es sich allerdings nicht um radikale Skepsis. Vielmehr werden die Möglichkeiten von Interesse und Methode zunächst bezweifelt, um den Status der Krise anzuzeigen: unser Verhältnis zur Geschichte ist nicht selbstverständlich, es bedarf der Begründung. In diesen Begründungen werden dann Interesse und Methode regelmäßig reintroduziert. Die Gestalt der daraus resultierenden »neuen« Historiken ist neuerliche Emphase aus Skepsis. Dieser ganze Vorgang läßt sich mit einem Wort Henri-Irénée Marrous als »Historiodizee«[14] bezeichnen, als Rechtfertigung der Geschichte, die heute jeder Beschäftigung mit Geschichte voraufgeht. Mit anderen Worten, man resümiert die alten Nachteile und begründet den Nutzen neu.

Während wir es hier im weitesten Sinne mit einer Grundlagen- oder Funktionskrise der historischen Wissenschaften zu tun haben, kann zweitens die Krisenlage der Geschichte aus einer Krise des historischen Bewußtseins abgeleitet werden.[15] Das hat auf folgenreiche Weise Ernst Troeltsch getan:

»Wenn man heute vielfach von einer Krise der Geschichtswissenschaft reden hört, dann ist es doch weniger eine solche der historischen Forschung der

Gelehrten und Fachleute als eine solche des historischen Denkens der Menschen im allgemeinen.«[16]

Freilich ist damit nicht gesagt, daß es sich um eine gänzlich wissenschaftsexterne Krise handle. Zwar spielt auch bei Troeltsch das »Leben« im allgemeinen eine tragende Rolle und spielt solchermaßen in die Wissenschaften hinein:

»So gesehen, bedeutet das Problem allerdings eine Grundfrage unseres heutigen geistigen Lebens, nicht Geringeres als *das Problem des sogenannten Historismus* überhaupt, d. h. der aus der grundsätzlichen Historisierung unseres Wissens und Denkens sich ergebenden ›Vorteile und Nachteile‹ für die Bildung eines persönlichen geistigen Lebens und für die Schaffung der neuen politisch-sozialen Lebensverhältnisse.«[17]

Aber über eine solche allgemeine Lebensproblematik hinaus geht es doch Troeltsch wiederum um ein im engeren Sinne wissenschaftliches Problem. Wie die »Zersplitterung und Entleerung des historischen Bildes«[18] wieder zu einem Ganzen zu fügen sei und wie die durch Marx und Nietzsche in Bewegung gebrachten historischen Werte neuerdings zu fassen seien, dies, so lautet Troeltschs Grundüberzeugung, ist keine Frage, die die historische Forschung zu lösen hätte oder durch die diese auch nur tangiert wäre, vielmehr handle es sich hier um allgemeine philosophische Grundlagen, deren sich konsequent nur eine Mobilisierung der geschichtsphilosophischen Fragestellung bemächtigen könne. Zweifellos ist auch die Geschichtsphilosophie mit in die historische Krise der Historie verwickelt, es läßt sich allerdings, wenn man die spezifischen »Schwierigkeiten« bedenkt, die die Geschichtsphilosophie mit sich selbst hat[19], bezweifeln, ob gerade sie geeignet ist, die Lösung der Krise zu befördern. So wie der Glaube, die historische Forschung sei von dieser Krise verschont, eine Emphase ist, die skeptisch stimmt. Man wird gerade auch diesen Glauben mit zu den Problemen des Historismus rechnen müssen. Wie dem auch sei, festzuhalten bleibt zunächst, daß sich in diesem Umkreis die Krisendiagnose unterscheiden läßt in eine Krise der historischen Forschung und eine Krise des historischen Bewußtseins.

Zu dieser in doppelter Hinsicht und in doppeltem Sinne kritischen Situation der Geschichte gesellt sich nun »die problematische Situation der Literaturgeschichte«.[20] Auch hier haben wir es, was zu erwarten war, mit einer Krisensituation zu tun, deren Anfang und Ende schwer zu fixieren sind. Schon 1931 heißt es bei Walter Benjamin hierzu:

»Wenn, wie im folgenden dargelegt wird, die Literaturgeschichte mitten in einer Krise steht, so ist diese Krise nur Teilerscheinung einer sehr viel allgemeineren.

Die Literaturgeschichte ist nicht nur Disziplin, sondern in ihrer Entwicklung selbst ein Moment der allgemeinen Geschichte.«[21]

Die von Benjamin hier thematisierte Beziehung zwischen Literaturgeschichte und Geschichte wird uns im Laufe dieser Untersuchung immer wieder beschäftigen. Hier kommt ihr zunächst die Bedeutung eines genetischen Erklärungsversuches der diagnostizierten Krise der Literaturgeschichte zu. Im Gegensatz zu Troeltsch, der meinte, zwischen einer soliden historischen Forschungspraxis und einem krisenhaften historischen Bewußtsein unterscheiden zu können, akzeptiert Benjamin eine solche Trennung nicht; er sieht hier vielmehr ein Bedingungsverhältnis, das sogar den speziellen Fall der Literaturgeschichte betrifft.
Man muß sich allerdings fragen, welchen nachvollziehbaren Wert der Begriff der »Mitte« in Benjamins Beschreibung haben kann, denn mit ihm sind ja ein fixierbarer Anfang und ebenfalls ein fixierbares Ende der Krise impliziert. Mit anderen Worten, Benjamin präsentiert nicht nur die These über die Herkunft, sondern auch eine Prognose über den weiteren Verlauf der Krise. Prognosen sind jedoch nicht nur riskant, sondern methodisch unzulässig, da, wie Reinhart Koselleck einleuchtend sagt, »die Zukunft auf bekannte Weise unbekannt bleibt«.[22] Benjamins Hoffnung jedenfalls, die Hydra der Schulästhetik mit ihren sieben Köpfen: Schöpfertum, Einfühlung, Zeitentbundenheit, Nachschöpfung, Miterleben, Illusion und Kunstgenuß, werde im Reiche der Literaturgeschichte über kurz oder lang abgewirtschaftet haben, hat sich nicht erfüllt, zumindest nicht so, wie er es sich gedacht hat. Denn kaum kann jene sich zum »Organon der Geschichte« aufschwingende Literaturgeschichte nur deshalb, weil sie häufig zitiert wird, schon als verwirklicht gelten. Diese Verwirklichung, die zugleich das Ende der von Benjamin skizzierten Krise wäre, ist auch heute noch ein Programm und möglicherweise eine sinnvolle Prognose.

Die Krise der Literaturgeschichte ist offenbar von sehr viel größerer Dauer und heute wesentlich prekärer. Hans Robert Jauß schreibt dazu:

»Literaturgeschichte ist in unserer Zeit mehr und mehr, aber keineswegs unverdient in Verruf gekommen. Die Geschichte dieser ehrwürdigen Disziplin beschreibt in den letzten 150 Jahren unverkennbar den Weg eines stetigen Niedergangs. Ihre Gipfelleistungen gehören allesamt in das 19. Jahrhundert. Die Geschichte einer Nationalliteratur zu schreiben, galt zu Zeiten von Gervinus und Scherer, De Sanctis und Lanson als das krönende Lebenswerk des Philologen. Die Patriarchen der Disziplin sahen ihr höchstes Ziel darin, an der Geschichte der Dichtwerke die Idee der nationalen Individualität auf ihrem Wege zu sich selbst darzustellen. Dieser Höhenweg ist heute schon eine ferne Erinnerung. Die überkommene Form der Literaturgeschichte fristet im geistigen Leben unserer Gegenwart nur mehr ein kümmerliches Dasein.«[23]

Auch hier ist allerdings, wie man weiß, die Skepsis der Ausgangspunkt für eine intendierte Renaissance der Literaturgeschichte mit anderen Mitteln, für das also, was heute bereits als rezeptionsästhetische Emphase folgenreich zu werden beginnt.

Man wird dennoch nach den Gründen für das konstatierte »kümmerliche Dasein« der Literaturgeschichte in unserer Zeit suchen müssen. Eine Antwort läge wohl auf der Hand; sie läge zugleich auf der Linie der von Troeltsch und anderen gegebenen Erklärung. Wenn wir nämlich von einer allgemeinen Krise des historischen Bewußtseins und der damit implizierten Werte auszugehen hätten, so wäre es verständlich (wenngleich noch nicht wirklich erklärt), daß die alphabetische Transparenz von Lexika und Enzyklopädien dem realen Benutzer solcher Werke mehr zusagt als die chronologische Ordnung der Literaturgeschichten. Denn diese unterstellt immer einen – wenn auch noch so formal begründeten – Zusammenhang bestimmter Werke, die zu Epochen und Perioden zusammengeschlossen werden. Auf diesen Zusammenhang verzichtet das Lexikon radikal. Es entlastet folglich auch von der Aufgabe, den postulierten Zusammenhang denkend nachzuvollziehen bzw. ihn dann zu kritisieren. Das Lexikon gibt dem Leser Informationen über die Literatur ohne ihre oder eine Geschichte. Dagegen ist es per definitionem so, daß jede Literaturgeschichte eine oder mehrere Geschichten verschiedener Größenordnung erzählt. Gerade diese Geschichts-*Erzählung* stellt nun allerdings das kardinale Problem dar, denn die in ihr enthaltene Dimension der Zeit ist in der Regel nicht allein ausschlaggebend für den Rahmen und die Ausführung einer solchen Erzählung. Vielmehr wird die Einheit einer Geschichte durch Interpretationen und die Zuhilfenahme von Ideologien konstruiert: die solchermaßen hergestellten Verbindungen – Beziehungen zwischen Werken und Beziehungen zwischen Epochen – können aber irrig oder zumindest irreführend sein. Die Geschichte wäre dann tatsächlich für unsere Kenntnis der Literatur nicht nur wenig nützlich, sondern sogar möglicherweise von großem Nachteil – anstatt das Wissen von der Literatur zu vermehren, verzerrte sie es. Das wäre, wenn es so wäre, fatal. Es gibt deshalb im Umkreis dieser Probleme eine skeptische Position, die die methodische Möglichkeit von Literaturgeschichte bezweifelt und so den Gedanken an ihre möglichen Nachteile zumindest nahelegt.

Die weitergehende Skepsis ist deshalb die, die nicht – nur – die Probleme einer Literaturgeschichte benennt, sondern ihre Aporien konstatiert.

Das tut z. B. René Wellek. Man muß aus drei Gründen, heißt es, die Möglichkeit der Literaturgeschichte bezweifeln. Das erste Argument richtet sich gegen die Evolutionstheorien und greift damit den (scheinbar) für jede Literaturgeschichte unverzichtbaren Begriff der Entwicklung an. Die temporale Sukzession, die bloße Aufeinanderfolge in der Zeit, sei noch kein Argument für die Annahme, daß die Literatur eine Richtung oder ein Ziel verfolge. Benedetto Croce, der entschiedenste Skeptiker in dieser Hinsicht, bezweifelt sogar jede Bedeutung eines zeitlichen Zusammenhangs, da jedes Werk einzigartig, gleich nah und gleich fern sei. Bei Wellek heißt es:

»Most insistently Benedetto Croce, in a paper written in 1917 and since in many contexts, argued that works of art are unique, individual, immediately present and that there is no essential continuity between them. There ist none, for instance, except an external technical sequence between Dante, Boccaccio, and Petrarch. In a letter in which he summarized a conversation I had with him in the year of his death (1952), Croce says expressly that ›one can write only little monographs and critical essays and if one asks that these essays be put into some order, the answer is that everyone can put them into any order he pleases‹.«[24]

Die solchermaßen zum Museum entzeitlichte Literatur wird offenbar nicht lediglich der Dimension der Zeit und der Geschichte entfremdet, sondern jeder Ordnung, die nur irgend den Anspruch auf Verbindlichkeit und Allgemeinheit erhebt.

Das zweite Argument richtet sich gegen die Kausalitätstheorien, hat also seine Spitze in der Behauptung, daß die Literaturgeschichte keine Ursachen begründen könne: »we never succeed in naming the cause or even a cause of a single work of art.«[25] Der Begriff der Ursache sei nicht auf die Literaturgeschichte anzuwenden; alles, was damit erreicht werden könne, seien vage psychologische Verallgemeinerungen. Wellek streitet zwar nicht ab, daß es bestimmbare Einflüsse und Verbindungen zwischen einzelnen Werken gibt, aber, so lautet sein skeptischer Kommentar, es sei keineswegs zwingend, hier von Ursachen zu sprechen, eben weil es zum definierten Begriff der Ursache gehöre, daß eines »zwingend« aus dem anderen folge, dies jedoch treffe für die Literatur nicht zu. »One work is the necessary condition of another but one cannot say it has caused it.«[26]

Das dritte Argument bezweifelt die Möglichkeit, Literaturgeschichte als einen einheitlichen wissenschaftlichen Diskurs zu konstituieren, weil in der Literaturgeschichte sich offenbar verschiedene Diskurse vermischen.

»I criticized the mixture of biography, bibliography, anthology, information on themes and metrical forms, sources, attempts and characterization and evaluation, sandwiched into background chapters on political, social and intellectual history which is called ›literary history‹.«[27]

Literaturgeschichte sei dieses »Allerlei«[28], dieses in sich pluralisierte Wissen, in dem sich scheinbar keine Prioritäten ausmachen lassen – weshalb es kein stringenter und kohärenter Diskurs sein könne. Tatsächlich trifft diese kritische – und ironische – Kennzeichnung auf viele Literaturgeschichten zu: auf viele geschriebene Literaturgeschichten. Man muß dabei berücksichtigen, daß sich vom Standpunkt einer Theorie jede geschriebene Literaturgeschichte kritisieren und auch widerlegen läßt. Trotzdem werden sie geschrieben. Trotzdem, so muß man beinahe verwundert feststellen, gibt es Literaturgeschichten.[29] Dagegen werden die intendierten Geschichten der Theorien über Literaturgeschichte in der Regel nicht geschrieben – und lassen sich häufig auch nicht schreiben. Eine Ausnahme in dieser Hinsicht ist gerade Wellek, dessen *History of Criticism* allerdings von Auerbach mit fast denselben Argumenten kritisiert wurde[30], mit denen dann Wellek in *The Fall of Literary History* die Möglichkeit von Literaturgeschichte überhaupt in Frage gestellt hat. Wenige Disziplinen haben offensichtlich so wenig miteinander zu tun wie Literaturgeschichtsschreibung und Theorie der Literaturgeschichte.

Aber der Sachverhalt, daß sich im literaturgeschichtlichen Wissen verschiedene Diskurse durchkreuzen, ist nicht schon als eine Widerlegung dieses Wissens anzusehen. Problematisch ist vielmehr, daß die zahlreichen Beziehungen, die die Literaturgeschichte zu anderen Disziplinen unterhält, nicht ausreichend begründet sind, sondern vielmehr als das jeweilige Resultat einer vorgängigen methodischen oder ideologischen Wahl erscheinen. In einem weiteren Schritt indes ist eine Beziehung der Literaturgeschichte keine Wahl, weil sie diese nicht wahlweise eingehen kann, sondern ist: die Beziehung zwischen Literatur und Geschichte. Die Ordnung der Literaturgeschichte muß deshalb zwar nicht teleologisch sein, aber temporal, sonst ist sie keine.

Erinnern und Vergessen

»Das Erinnern bewirkte, daß das Vergessen kam – als Maß der Wahrheit, von der das Erinnern ausging.«

Maurice Blanchot

Jenes skeptische Fragen, das in der Infragestellung des Nutzens der Geschichte für die Literatur gipfelt, nennen wir den Geschichtsverdacht. Eine Antwort darauf, warum es einen Geschichtsverdacht überhaupt gibt, scheint die zu sein, daß der Mangel an historischem Sinn selbst nur die Antwort auf die mangelnde Möglichkeit eines einheitlichen historischen Diskurses ist. Dieses wissenschaftliche Dilemma – das zugleich einen kulturellen Wert bezeichnet – hat aber offensichtlich seinen Grund nicht in einer Beschränktheit des historischen Sinns, der zuwenig erinnerte, sondern im Gegenteil: er erinnert zuviel und verzweifelt daran, dieses Zuviel nicht in einer kohärenten Ordnung darstellen zu können. Es gibt, so scheint es, nicht nur den Mangel, sondern auch den Überfluß an historischem Sinn.

Daraus geht allerdings nicht hervor, daß die Pole von Erinnern und Vergessen eine einfache Wiederholung oder Variation der Pole von Emphase und Skepsis seien. Erinnern und Vergessen markieren im historischen Diskurs keine strikte Alternative. Auf bestimmte Weise zeichnet sich der historische Sinn gerade dadurch aus, daß er auch vergessen kann. Das Vergessen ist kein Mangel, sondern eine notwendige und nützliche Fähigkeit – eine Kunst. Das hat pointiert Benjamin hervorgehoben: »Aber der Jungbrunnen der Geschichte wird von der Lethe gespeist. Nichts erneuert so wie Vergessenheit.«[1]

Am mythologischen Himmel der Literaturgeschichte gibt es die irritierende Konkurrenz zwischen Lethe und Mnemosyne, zwischen dem Fluß des Vergessens und der Göttin der Erinnerung. Aus wechselnden Kontexten lassen sich wechselnde Sympathien zu diesen Vertretern der Geschichtlichkeit begründen. Dabei wird man allerdings ganz allgemein einen natürlichen Sympathie-Vorsprung für Mnemosyne und das Erinnern annehmen müssen. Das wird besonders dann der Fall sein, wenn man meint, Zeuge einer der vielen Krisen der Geschichte zu sein.

Gerade dann drängt sich das Erinnern als Wert und als Rettung der Geschichte auf. In diesem Sinne heißt es bei Curtius: »In der heutigen Situation des Geistes gibt es kein dringlicheres Anliegen als Wiederherstellung der ›Erinnerung‹.«[2] Nichts scheint vernünftiger. Und dennoch konstatiert auch Curtius den Pendelschlag zur anderen Seite: »Nehmen wir die historische Betrachtung wieder auf, so finden wir, daß das Vergessen ebenso nötig ist wie das Erinnern. Viel muß vergessen werden, wenn Wesentliches gewahrt werden soll.«[3] Freilich gilt es hier nicht lediglich der Formel zu folgen, daß vergessen werden muß, sondern die Frage zu stellen, was vergessen werden kann. Mit anderen Worten, es geht darum zu klären, was das Wesentliche ist. Denn dies ist ja in der Regel nichts weniger als selbstverständlich. Vielmehr stellt sich der Eindruck des Wichtigen und Wesentlichen häufig erst in der Folge und deshalb ein, weil es nicht vergessen, sondern erinnert wurde. Diese dialektische Verwobenheit der Verhältnisse, die auf das Problem der Selektion vorausweist (das wir vorerst noch ausklammern), macht auf den grundsätzlichen Sachverhalt aufmerksam, daß es kein methodisch diszipliniertes Erinnern ohne ein selektives Vergessen geben kann. Wenig zu erinnern kann nützlich, viel zu erinnern dagegen nachteilig sein. Dieses Wechselspiel von Erinnern und Vergessen beherrscht den historischen Diskurs.[4] An der Oberfläche des historischen Wissens freilich strahlt das Erinnern, während das Vergessen einen verfemten Wert darstellt.

Unterhalb dieser Oberfläche allerdings ist es der Gedanke vom Überfluß an historischem Sinn, der den – verfemten – Wert des Vergessens gegen den des Erinnerns ins Spiel bringt. Zur Begründung dieser Rehabilitierung des Vergessens kann man verschiedene Wege beschreiten, kann man verschiedenen Diskursen nachspüren. Die Räume der Akademien und des Wissens sind auch in dieser Hinsicht nicht so weit auseinander, daß nicht in ihnen ein und dasselbe Problem, obschon auf verschiedene Weisen, diskutiert werden könnte; sie liegen vielmehr manchmal so nahe beieinander, daß sich die Grenzen der Diskurse zu verwischen beginnen. In diesem Sinne sind sich die historische Reflexion Nietzsches und die literarische Imagination Borges' sehr nahe.

Den einen begründenden Weg hat bekanntlich Nietzsche in der zweiten *Unzeitgemäßen Betrachtung* eingeschlagen, indem er versuchte, die historische Bildung »einmal als Schaden, Gebreste und Mangel der Zeit zu verstehen«.[5] Er vergleicht dort das Tier, das an den »Pflock des Augenblicks« angebunden ist, mit dem Menschen, der nicht vergessen kann und auch das Vergessen nicht lernen kann (*N*, S. 211). Die unhistorische

Existenzweise des Tieres erscheint positiv, weil ihm das Erleben der Gegenwart voll zufällt, während der Mensch durch die Last des Vergangenen niedergedrückt und so von der Gegenwart abgehalten werde. Die Hierarchie der Werte ist deshalb eine andere, weil der Wert des Erinnerns nicht auf die Möglichkeit des Wissens, sondern die Qualität des Lebens bezogen wird. Deshalb, weil Belehrung und Belebung, weil Wissen alternativ auf Leben, Tätigkeit und Tat bezogen werden, erscheinen das Erinnern und der historische Sinn als Gefährdungen des Gegenwärtigen; die Gegenwart ist aber nach Nietzsche die historische Zeit, in der allein sich der menschliche Wille zum Glück zu realisieren vermöge. »Gewiß«, heißt es,

»wir brauchen Historie, aber wir brauchen sie anders, als sie der verwöhnte Müßiggänger im Garten des Wissens braucht, mag derselbe auch vornehm auf unsere derben und anmutlosen Bedürfnisse und Nöte herabsehen. Das heißt wir brauchen sie zum Leben und zur Tat, nicht zur unbequemen Abkehr vom Leben und von der Tat, oder gar zur Beschönigung des selbstsüchtigen Lebens und der feigen und schlechten Tat.« (*N*, S. 209)

Diese von Nietzsche vorgenommene Zuspitzung des Gegensatzes zwischen Leben und Geschichte ist in erster Linie durch das selbst eminent historische Interesse am »Leben« begründet. Das Leben figuriert hier nicht nur als eine irrationale Größe, die den Möglichkeitsraum des Wissens wesentlich übertrifft, das Wissen kann oder soll auch allenfalls in eine abhängige und dienende Beziehung zum Leben treten. Aus dem Verdacht, daß das Wissen lebensfeindlich sein könnte, erwächst ein paradoxes Wissen, das wissenschaftsfeindlich ist. Auf die Frage nämlich, ob sich die Konstellation von Leben und Historie verändert habe, antwortet Nietzsche: »die Konstellation ist wirklich verändert – *durch die Wissenschaft, durch die Forderung, daß die Historie Wissenschaft sein soll.*« (*N*, S. 231) Ob allerdings, wie er zu verstehen gibt, das Leben es ehemals vermocht hat, das Wissen von der Vergangenheit zu »bändigen«, ob das Leben wirklich »regiert« hat, ist offensichtlich eine Frage, die sich dem Wissen entzieht; sie könnte einzig aus der Illusion des pulsierenden Lebens selbst heraus beantwortet werden. Nur läßt es sich eben nicht wissen. Nietzsche meint: »das alles ist einfach, wie die Wahrheit einfach ist, und überzeugt sofort auch den, der dafür nicht erst den historischen Beweis sich führen läßt.« (*N*, S. 231) Die doppelte Unausgewiesenheit dieser rhetorischen Suggestion besteht darin, daß erstens all dies sicherlich nicht einfach ist – schon gar nicht so einfach wie die Wahrheit, deren extrem komplizierte Verborgenheit und Veränderbarkeit wohl kein anderer so oft hervorgehoben hat wie Nietzsche –;

zweitens darin, daß der in Aussicht gestellte »historische Beweis« eine Fiktion bleibt. Zwar differenziert Nietzsche zwischen drei Arten der Historie – zwischen der monumentalischen, der antiquarischen und der kritischen –, aber diese differenzierten Historien bleiben insgesamt durch einen unüberbrückbaren Hiatus vom Leben und dem in ihm (und in ihm allein) angelegten Wissen von der Priorität des Lebens getrennt. Die Historie soll also nach Nietzsche ihren Sitz im Leben haben. Die Wahrheit über die Historie als Wissenschaft ist aber, daß es vom Wissen zum Leben keinen Übergang (mehr) gibt. Dies ist allerdings ein »Wissen«, das sich nicht mehr *wissen* läßt; es sei denn, dies alles sei ganz einfach und bedürfe keines weiteren Beweises ...

Interessanterweise überschneiden sich hier die Argumentationen von Nietzsche und Dilthey. In beiden Theorien figuriert das Leben als zentraler Wert, mit dem Unterschied, daß Dilthey meinte, das Leben sei ausschließlich als und in der Geschichte zu erkennen, während Nietzsche davon ausging, daß die Historie vom Leben ablenke. Daß aber beide so am Begriff des Lebens hingen, ist selbst nur historisch zu begreifen[6], aus der Hinwendung des Zeitalters zum Leben und zur Lebensphilosophie. Nietzsches Skepsis gegen und Diltheys Emphase für Historie sind verbunden in der Identifikation beider mit einer »Historie des Lebens«. Wir werden dagegen im folgenden die These vertreten, daß es Geschichte und Literaturgeschichte nicht außerhalb eines bestimmten Wissens geben kann; Historie und Wissen sind keine Gegensätze, zwischen die sich ein Keil treiben ließe, selbst nicht der Keil mit dem anspruchsvollen Namen »Leben«.

Doch kehren wir nochmals zu Nietzsches Rechtfertigung des Vergessens zurück. Nietzsche schreibt:

> »Wer sich nicht auf der Schwelle des Augenblicks, alle Vergangenheiten vergessend, niederlassen kann, wer nicht auf einem Punkte wie eine Siegesgöttin ohne Schwindel und Furcht zu stehen vermag, der wird nie wissen, was Glück ist, und noch schlimmer: er wird nie etwas tun, was andre glücklich macht.« (*N*, S. 212)

Möglicherweise weil man in der historischen Literatur die Geschichte gern mit dem Bild des Stroms oder des Flusses ausstattet, charakterisiert Nietzsche sie hier als Überfluß: »Historie als kostbarer Erkenntnis-Überfluß und Luxus.« (*N*, S. 209) Aber die Historie ist in dieser Hinsicht nicht nur überflüssig oder nutzlos, sie ist auch gefährlich für das Leben. Wiederum sagt dies die Metaphorik besonders deutlich: bei einem Übermaß an Historie, so heißt es, könne das Vergangene zum »Totengräber des Gegenwärtigen« werden (*N*, S. 213). Der Überfluß an historischem Sinn behindert das Handeln und macht es letztlich ebenso

wie das Glück des Menschen unmöglich. In diesem die Texte des Wissens von vornherein übersteigenden Kontext des Handelns und Lebens hat die Historie als Wissenschaft keine Chance. Sie ist, wie wir mittlerweile bemerkt haben, auch gar nicht wirklich gemeint. Es geht nicht um die Möglichkeit der historischen Methode, sondern um die Frage des möglichen Interesses an der Historie: wozu? Nicht wird gefragt: wie kann ich das Vergangene wissen? Im Gegenteil, es ist gerade das Vergangene *als* Wissen, als Wissenschaft, das mich am – gegenwärtigen – Leben und seiner Glückserfüllung hindert. Um zu leben, soll ich vergessen. Das verfemte Vergessen, das ansonsten als ein psychischer Mangel – eine »Fehlleistung«, die in den Bereich der »Psychopathologie des Alltagslebens« gehört –, ein mnemotechnischer Defekt oder als kulturelle Barbarei, auf jeden Fall als eine Schwächung des Wissens stigmatisiert wird, erscheint hier als ein Wert, als Wert des Lebens *und der Historie.* Denn es ist klar, daß für Nietzsche die Historie nur insoweit akzeptabel, nützlich und auch wertvoll ist, als sie mit der Fähigkeit des Vergessens ausgestattet ist.
Im Kontrast zu dieser Konzession an einen für möglich gehaltenen Nutzen der Historie entwirft Nietzsche nun jenes »äußerste Beispiel« eines historischen Menschen, der nicht vergessen kann. Mit anderen Worten, er entwirft das Bild vom Nachteil der Historie.

»Denkt euch das äußerste Beispiel, einen Menschen, der die Kraft zu vergessen gar nicht besäße, der verurteilt wäre, überall ein Werden zu sehen: ein solcher glaubt nicht mehr an sein eigenes Sein, glaubt nicht mehr an sich, sieht alles in bewegte Punkte auseinanderfließen und verliert sich in diesem Strome des Werdens: er wird wie der rechte Schüler Heraklits zuletzt kaum mehr wagen, den Finger zu heben. Zu allem Handeln gehört Vergessen: wie zum Leben alles Organischen nicht nur Licht, sondern auch Dunkel gehört. Ein Mensch, der durch und durch nur historisch empfinden wollte, wäre dem ähnlich, der sich des Schlafens zu enthalten gezwungen würde, oder dem Tiere, das nur vom Wiederkäuen und immer wiederholten Wiederkäuen leben sollte. Also: es ist möglich, fast ohne Erinnerung zu leben, ja glücklich zu leben, wie das Tier zeigt; es ist aber ganz und gar unmöglich, ohne Vergessen überhaupt zu *leben.*« (*N,* S. 213)

Wir haben diese Passage deshalb so ausführlich zitiert, weil es dieses »äußerste Beispiel« eines historischen Menschen gibt, zwar nicht im Leben, wohl aber in der Literatur. Es ist Ireneo Funes, der Held der Erzählung *Das unerbittliche Gedächtnis* von Jorge Luis Borges. Die Beschreibung, die Nietzsche von dem Extrembeispiel eines historischen Menschen entworfen hat, wird sehr genau von Ireneo Funes erfüllt: er ist handlungsunfähig, das Schlafen fällt ihm schwer, er sieht überall Wandel und Werden, schließlich kann er nicht leben, denn nach zwei

Jahren, in denen er *nichts* vergaß, stirbt er. Ireneo Funes stirbt an einem Übermaß an historischem Sinn (der Erzähler gibt als Ursache allerdings eine Lungenblutung an).

Von Ireneo Funes heißt es:

> »Er erzählte mir, vor jenem regnerischen Tag, an dem das Pferd ihn zu Boden schleuderte, sei er genauso gewesen wie alle Christenmenschen: blind, taub, zu nichts nütze, ohne Gedächtnis. (Ich versuchte, ihn an sein haargenaues Zeitgefühl, sein Namensgedächtnis zu erinnern – er ging nicht darauf ein.) Neunzehn Jahre hatte er gelebt wie einer, der bloß träumt; er sah ohne wahrzunehmen, hörte ohne zu hören, vergaß alles, fast alles. Beim Sturz verlor er das Bewußtsein; als er wieder zu sich kam, war sein Gegenwartsbewußtsein fast unerträglich reich und klar, und ebenso war es mit den frühesten und beiläufigsten Erinnerungen. Wenig später wurde ihm bewußt, daß er lahm war. Dieser Tatsache schenkte er kaum Beachtung. Er fand, daß die Unbeweglichkeit ein äußerst geringer Preis sei. Jetzt waren seine Wahrnehmungsfähigkeit und sein Gedächtnis unfehlbar.«[7]

Zwar entspricht Ireneo Funes jenem »äußersten Beispiel« Nietzsches bis ins Detail: ein Mensch, der die Kraft zu vergessen nicht besitzt, der überall Werden sieht (»Wir nehmen mit einem Blick drei Gläser auf einem Tisch wahr; Funes alle Triebe, Trauben und Beeren, die zu einem Rebstock gehören.« *B,* S. 47) und der schließlich nicht nur nicht mehr wagt, den Finger zu heben, sondern dieses Wagnis geradezu verachtet, weil für ihn jede Form des Handelns uninteressant und sogar unmöglich geworden ist. Aber Funes will Wissen. Die Lähmung des Körpers bedeutet ihm nichts im Vergleich zu der Bewegtheit seines ekstatischen Erinnerns. Womit wir es hier zu tun haben, ist eine andere Bewertung des Wissens. Zugleich erscheinen deshalb das Handeln und das Leben in einem neuen Licht. Für Nietzsche beinhaltete ein überdimensioniertes Wissen, das aus einem unkontrollierten Anschwellen der Erinnerung hervorging, die Gefahr der Handlungshemmung und der Lebenslähmung. Funes hingegen, der von den Kaskaden seiner Erinnerung überflutet wird, sonnt sich in seinem unabsehbaren Wissen. Von hier aus gesehen erscheint ihm das Handeln als eine klägliche Unterhaltung. Worauf Funes stolz ist, das ist die enorme und abnorme Qualität seiner Erinnerungen: »Er sagte mir: ›*Ich allein habe mehr Erinnerungen, als alle Menschen je gehabt haben, solange die Welt besteht.*‹« (*B,* S. 47 f.)

Das Erinnern schließt hier das Handeln aus, es wird zu seinem Verhinderungsgrund. Das wird bereits durch die äußerliche Ursache des unfehlbaren Gedächtnisses deutlich: Funes stürzt, sein Gedächtnis ist unfehlbar, er ist lahm. Aber während dieser Zusammenhang bei Nietzsche (und für Nietzsche) zentral war, kommt ihm für Funes und bei Borges nur eine untergeordnete Bedeutung zu. Für Nietzsche war jene

Beziehung wichtig, nach der die Erinnerung als Wissen das Handeln ausschloß. Für Funes ist dagegen der Handlungsverzicht lediglich eine Voraussetzung der Erinnerung, die das umfassendste Wissen ermöglicht, eine Voraussetzung also, die man akzeptieren muß, die aber nicht weiter wichtig ist. So ist es für Funes: Das Erinnern schließt zwar das Handeln aus, aber es schließt das Wissen ein. So erscheint es zumindest für Funes. Aber Funes täuscht sich. Aus dem Zusammenhang der Erzählung – und besonders aus den Kommentaren des Erzählers – geht nämlich hervor, daß das unfehlbare Gedächtnis nicht nur das Handeln verhindert, sondern ebenso das Wissen. Tatsächlich handelt es sich bei dem Wissen, das aus der Lückenlosigkeit der Erinnerung hervorgeht, um ein problematisches Wissen. Einige Male beschäftigte sich Funes damit, einen ganzen Tag seines Lebens zu rekonstruieren. Da er aber nichts vergaß, dauerten diese Rekonstruktionen jeweils einen ganzen Tag. Daraus resultierten weitere Schwierigkeiten.

»Im 17. Jahrhundert forderte Locke eine unmögliche Sprache (die er dann wieder verwarf), in der jedes einzelne Ding, jeder Stein, jeder Vogel und jeder Zweig einen eigenen Namen haben sollten. Funes hatte einmal eine ähnliche Sprache geplant, sie aber wieder aufgegeben, weil sie ihm zu allgemein, zu zweideutig erschien. Tatsächlich erinnerte Funes sich nicht nur an jedes Blatt jedes Baumes in jedem Wald, sondern auch an jedes einzelne Mal, da er es gesehen oder sich vorgestellt hatte. Er beschloß, jeden seiner vergangenen Tage auf 70 000 Erinnerungen zu beschränken, die er später mit Ziffern bezeichnen wollte. Zwei Überlegungen hielten ihn davon ab: Die Einsicht, daß die Mühe endlos sein würde, – die Einsicht, daß sie sinnlos war. Er überlegte, daß er in der Stunde seines Todes noch nicht einmal die Einordnung seiner sämtlichen Kindheitserinnerungen zu Ende gebracht haben würde.« (*B*, S. 49)

Die Bemühungen, Sprach- und Zahlensysteme zu erfinden, antworten offensichtlich auf die Not des Überflusses. Weil die Erinnerungen unsystematisch sind, bedarf es eines Systems. Das minutiöse und lückenlose Erinnern kennt jedoch kein anderes Verfahren als die Verdoppelung des Erlebten, das selbst bei dem erlebnisarmen Leben Funes' maßlos ist. Zwar gibt es für Funes keine verlorene Zeit, aber der verdoppelnde Akt seiner Erinnerung ist offensichtlich zu langwierig und zu unpraktisch, um sinnvoll zu sein. Denn das absolute Erinnern kennt keine andere Ordnung als die Wiederholung, das heißt, es kennt keine Ordnung.

»Ich vermute allerdings«, bemerkt der Erzähler über Funes, »daß er zum Denken nicht sehr begabt war. Denken heißt, Unterschiede vergessen, heißt verallgemeinern, abstrahieren. In der vollgepfropften Welt von Funes gab es nichts als Einzelheiten, fast unmittelbarer Art.« (*B*, S. 50)

Das unfehlbare Gedächtnis ist so umfassend wie punktuell, so absolut wie beschränkt, es ist voller historischer Gegenstände, aber ohne eine historische Struktur; deshalb ist es unhistorisch. Es kennt zudem keinen Modus, Geschichte als Geschichte darzustellen, sondern ist auf die Präsenz einzelner (aller) Elemente vergangener Geschichten limitiert; auch aus diesem Grund ist das unfehlbare Gedächtnis unhistorisch. Der historische Diskurs ist niemals eine reine Verdoppelung oder Wiederholung historischer Gegenstände (seien es Taten, Erlebnisse oder Werke). Der historische Diskurs ist vielmehr dadurch ausgezeichnet, daß er bestimmte historische Gegenstände (also nicht alle) auf bestimmte Weise (also nicht nur chronologisch) in Beziehung setzt. Es handelt sich um ein Verfahren und eine Methode. Und genau in diesem Verfahren und dieser Methode gründet der Anspruch der Historie, etwas anderes zu sein als die historischen Gegenstände. Hierin gründet sogar – mit einem problematischen Wort – der Autonomieanspruch der Historie. Weder ist die allgemeine Geschichte eine getreue Nachahmung der Ereignisse, so wie sie gewesen sind, noch ist die Literaturgeschichte eine getreue Wiederholung der literarischen Werke in zeitlicher Folge. Vielmehr handelt es sich um den grundlegenden Vorgang einer Transformation der literarischen Werke in die diskursive Ordnung des historischen Wissens. Von der Literatur zur Geschichte und von den Werken zum Wissen führt ein weiter Weg, dessen methodische Zurüstung den Alleinvertretungsanspruch der Historie rechtfertigt. Wenn wir es mit Literaturgeschichte zu tun haben, dann hören wir zwar immer von einzelnen Werken, wir hören aber auch die historische Stimme, die die einzelnen Werke in den Zusammenhang eines Wissens stellt und so die Literaturgeschichte selbst als ein Werk, wiewohl ein anderes, hervorbringt. Dasselbe gilt von der allgemeinen Geschichte. Auch hier dieses »Mehr«, das den historischen Diskurs von einer Anhäufung historischer Gegenstände unterscheidet.

Deshalb ist Ireneo Funes eine historische Monstrosität, die zeigt, daß Erinnern ohne Vergessen nicht nur das praktische Handeln ausschließt, sondern auch das historische Wissen. In dieser Erkenntnis berühren sich wiederum die Diskurse von Nietzsche und Borges. Beide behaupten letzten Endes den Nutzen und die Notwendigkeit des Vergessens für die Historie. Indes muß man Funes selbst von der Teilhabe an dieser Erkenntnis ausschließen. Am Anfang der Erzählung heißt es:

»Pedro Leandro Ipuche hat geschrieben, Funes sei ein Vorläufer des Übermenschen gewesen, ›ein unbändiger bodenständiger Zarathustra‹; ich will das nicht bestreiten, aber man sollte doch nicht übersehen, daß er in Fray Bentos beheimatet war und seine unverbesserlichen Grenzen hatte.« (*B*, S. 42 f.)

Man wird einsehen, daß dies sogar entschieden zu bestreiten ist. Denn Nietzsches Übermensch gewinnt seine Größe aus dem Vergessen: aus dem Vergessen*können*. Funes gleicht deshalb nicht Zarathustra, sondern jenem »äußersten Beispiel« eines historischen Menschen, das Nietzsche in der zweiten *Unzeitgemäßen Betrachtung* entworfen hat. Was Funes allenfalls an Zarathustra annähert, ist sein früher Tod: posthumer Beweis für die Lebensunmöglichkeit eines Erinnerns ohne Vergessen.

Zwei sehr verschiedene Diskurse begegnen einander in einer Umkehrung akzeptierter Zuordnungen, indem sie dem Wert des Erinnerns die Notwendigkeit des Vergessens entgegenhalten. *Vom Nutzen und Nachteil der Historie für das Leben* ist direkt; offen wird auf die Nachteile einer alles erinnernden Historie hingewiesen, um so auf den Nutzen des Vergessens aufmerksam zu machen. *Das unerbittliche Gedächtnis* ist indirekt; es scheint zunächst die bewundernswerte Fähigkeit einer vollkommenen Erinnerung zu betonen. Diese ist, so scheint es, der Ermöglichungsmodus einer vollkommenen Geschichte. Aber gerade das ist sie nicht, wie das eine Nacht dauernde Gespräch des Erzählers mit Ireneo Funes zeigt. Das unerbittliche Gedächtnis erweist sich vielmehr als Verhinderungsmodus von Geschichte. Denn zum historischen Wissen gehört Vergessen, freilich kein Vergessen aus Laxheit oder mangelnder Übersicht, gemeint ist vielmehr ein methodisch diszipliniertes Vergessen, ein bewußtes Absehen von Unwichtigkeiten und ein ebenso bewußtes Auswählen von Wichtigem. Keine Geschichte kann einfach nachgeschrieben werden, sei's dem Leben, sei's der Literatur. Jede Geschichte wird im vollen Sinne des Wortes geschrieben. Sie wird konstruiert, indem sie die historischen Gegenstände, zwischen denen sie Beziehungen behauptet, auswählt. Mit anderen Worten, der historische Diskurs und das historische Denken bedienen sich eines Verfahrens der *Selektion*.

Das ist die gleiche Gewißheit, die aus den ungleichen Diskursen von Nietzsche und Borges hervorgeht. Es ist allerdings eine sehr beunruhigende Gewißheit, weil sie das Grundproblem aller Geschichtsschreibung ist. Denn was soll man wählen? Und wie soll man es begründen?

Die Funktion der Selektion

»Die Geschichte verliert sich also wieder in zwecklose und ermüdende Überhäufung, wenn sie nicht ein Prinzip für die Auswahl der Thatsachen hat.«

August Wilhelm Schlegel

Das Problem der Selektion begleitet die Literaturgeschichte von Anfang an. Es ist dieses Interesse an Prinzipien der Auswahl, das den Beginn eines neuen methodischen Bewußtseins von Literaturgeschichte als einer wissenschaftlichen Disziplin kennzeichnet. Es genüge nämlich nicht, das, was in der Zeit war, nach seinem Auftreten in der Zeit darzustellen, weil sich auf diese Weise nicht das Wichtige vom Unwichtigen unterscheiden lasse. So argumentiert schon Reimman in seinem 1708 erschienenen *Versuch einer Einleitung in die Historiam Literariam:*

»Alles was unter der Sonne geschiehet/ das geschiehet in der Zeit. Und dannenhero kann es nicht anders seyn/ es muß derjenige ein Hauffen heterogenea zusammensetzen/ und das hunderteste mit dem tausendsten vermengen/ wer sich in der Beschreibung der Historie keiner andern Ordnung als der blossen Zeit zu gebrauchen weiß.«[1]

Reimman betont hier in der Tat ein Kardinalproblem. Wie soll man in der Heterogenität der historischen Gegenstände diejenigen auffinden, die wichtig sind? Denn offenbar ist diese Frage der Wichtigkeit nicht durch eine »Ordnung der blossen Zeit« zu lösen. Sie verweist vielmehr auf das historische System der Werte, das zu einer bestimmten Zeit die Unterscheidung des Wichtigen vom Unwichtigen nahelegt. Da diese Systeme nun allenfalls eine gewisse epochale Einstimmigkeit repräsentieren, nicht aber eine allgemeingültige Wahrheit – denn sie werden unvermeidlich von den jeweiligen Philosophien und Ideologien der bestimmten Historiker pluralisiert –, haben wir es mit einem Thema zu tun, das bis heute die historische Forschung irritiert, auch die strukturalistische.[2] Schon deshalb enthüllt sich die Idee einer reinen Sukzession als Illusion. Zudem ist die Idee der Sukzessivität der Zeit selbst eine Abstraktion. Denn die historische Zeit kennt die Struktur der Gleichzeitigkeit, etwa als das Nebeneinander von Ereignissen oder Werken. Der historische Diskurs dagegen kennt aus einfachen darstellungstechni-

schen Gründen nur ein Nacheinander. Die Ordnung der bloßen Zeit ist daher in doppelter Hinsicht irreführend.
Aus der Perspektive der Wissenschaftsgeschichte markiert Reimmans Argument einen Übergang, wenn man so will: eine Epochenschwelle der Literaturgeschichte selbst. Es meint die Konstitutionsproblematik der Literaturgeschichtsschreibung, die sich im 18. Jahrhundert durch eine Abgrenzung von der Chronik, wie sie im Mittelalter üblich war, definiert. Aus diesem Versuch entstehen in der Folge, wie noch zu zeigen sein wird, der neuzeitliche Autonomieanspruch der Literaturgeschichte und das damit einhergehende Begründungsdilemma derselben. Um nicht mehr Chronik zu sein, muß die Literaturgeschichte eine Ordnung herstellen, die die Heterogenität der historischen Gegenstände überwindet und doch zugleich ein Ganzes repräsentiert. Die Idee eines aus Selektionen sich ergebenden Ganzen war also nicht mehr allein aus dem Vertrauen in eine vorgegebene zeitliche Ordnung zu begründen. Die historische Emphase beginnt vielmehr mit einem methodischen Mißtrauen gegenüber der Zeit.
Diese Problematik wurde insbesondere in der Anfangsphase der Literaturgeschichtsschreibung durch die mangelnde Differenzierung ihres umfangslogischen Status erschwert. Literaturgeschichte, Historia Literaria oder Litterärgeschichte waren Geschichten der Gelehrsamkeit. Man weiß, daß bis zum Ende des 17. und noch bis ins 18. Jahrhundert hinein die Grenzen zwischen den wissenschaftlichen Diskursen und auch zwischen Wissenschaft und Literatur nicht streng definiert waren.[3] Deshalb auch war zu dieser Zeit ein irgendwie konturierter Begriff von Literatur im Gesamtzusammenhang der ihn überlagernden kulturellen Manifestationen verborgen. Bei Reimman heißt es dazu:

»Die Historia Literaria ist eine Historie, darinnen dasjenige in gebührender Klarheit und Wahrheit vorgetragen wird/ was denen curieusen Gemüthern von dem Schicksaal der Gelehrsamkeit und derer Gelehrten insonderheit zu wissen nöthig/ nützlich und vergnüglich ist.«[4]

Ganz ähnlich – ohne allerdings wie Reimman speziell den Vergnügungs- oder Unterhaltungswert der Historie zu betonen – bestimmte Johann Gottfried Eichhorn in seiner 1789 erschienenen *Litterärgeschichte* deren Gegenstand: »*Litterärgeschichte* ist Erzählung des Ursprungs und der Hauptveränderungen aller Theile der Gelehrsamkeit nach ihren Ursachen im Zusammenhang.«[5] Es sind zunächst ganz praktische Einschränkungen, die diese Historiker an der Realisierbarkeit ihrer Konzeptionen zweifeln lassen. So fragt sich etwa Reimman angesichts der enormen Weite und Fülle des Gegenstandes, wer denn nun tatsächlich eine

Universalgeschichte *geschrieben* habe, um sich dann selbst die Antwort zu geben: niemand. Die praktischen Gründe, die einer solchen Leistung entgegenstehen, sind anthropologisch, d. h. in der Natur des Menschen begründet. In diesem Sinne formuliert Friedrich Bouterwek am Anfang seiner 1801 erschienenen *Geschichte der Poesie und Beredsamkeit seit dem Ende des dreizehnten Jahrhunderts:*

»Alle irgend brauchbaren Notizen, die seit einem halben Jahrtausend bekannt gewordenen Werke der Redekunst betreffend zu sammeln, zu berichtigen und zu vermehren, und zugleich die Geschichte des ästhetischen Geistes und Geschmacks dieses halben Jahrtausends pragmatisch als einen Theil der Geschichte der Menschheit zu erzählen, möchte wohl so wenig ein Menschenalter hinreichen, als ein Individuum berufen seyn.«[6]

Diese Diskrepanz zwischen der Endlichkeit des Menschen (des Historikers) und der Unendlichkeit der historischen Gegenstände dient auch dann noch zur Diskreditierung eines chronologischen Vollkommenheitsideals, wenn der Begriff der Literatur bereits enger und präziser geworden ist, d. h. wenn Literatur nicht mehr das gesamte Gebiet der Gelehrsamkeit, sondern den Zusammenhang der literarischen Werke im Sinne der »Dichtung« meint. Doch selbst nach der Differenzierung der Diskurse und Disziplinen bleibt die Einsicht in jene offenkundige Diskrepanz gültig. Auch der eingeengte, neu definierte und gegen die anderen Diskurse der Gelehrsamkeit abgehobene Bereich einer Literaturgeschichte ist von der Notwendigkeit der Selektion betroffen. Auch hier scheinen das Alter eines Menschen und die Berufung eines Individuums zur totalen Erfassung des Gegenstandes nicht hinreichend.

Die Mannigfaltigkeit der historischen Gegenstände wird zum methodologischen Trauma des Historikers. Daß gerade das Verfahren der sogenannten »Chroniken-Methode«, die von August Wilhelm Schlegel als »bloßes Aggregat von Vorfallenheiten, ohne Zusammenhang, und ohne Sinn und Bedeutung im Ganzen«[7] charakterisiert wird, nicht länger genügt, diesem Sachverhalt Rechnung zu tragen, kann als allgemeiner kritischer Konsens der Historiken um 1800 gelten. Es ist in der Tat dieser Umstand, der Schlegel über die Notwendigkeit der Selektion reflektieren läßt:

»Man sieht aber leicht ein, daß unendlich vieles und vielerley geschieht: nur mit dem, was in einer einzigen Stunde in einer einzigen Stadt vorgeht, wenn man alles wissen könnte, könnte ein Mensch leicht sein ganzes Leben hinbringen, es zu erlernen und seinem Gedächtnisse einzuprägen. Die Geschichte verliert sich also wieder in zwecklose und ermüdende Überhäufung, wenn sie nicht ein Prinzip für die Auswahl der Thatsachen hat. Alle sind darüber einig, daß sie nur das merkwürdige aufzeichnen soll. Was ist denn nun merkwürdig?«[8]

Abgelehnt werden hier das Alltägliche und das Wunderbare, denn es gehöre gerade zur Unzulänglichkeit des »Chroniken-Styls«, sich einerseits in der mechanischen Wiederholung des Irrelevanten zu verlieren, um sich andererseits an ebenso nichtigen Ausgefallenheiten ein trostloses Profil zu erwerben. Merkwürdig ist für Schlegel vielmehr das, was zur sittlichen und ästhetischen Vervollkommnung der menschlichen Gattung beiträgt, da es das Ziel (Telos) der menschlichen Gattungsgeschichte sei, auf ihre Vervollkommnung sich hinzubewegen. Geschichte wird als Fortschrittsgeschichte interpretiert, als »Bildungsgeschichte der Menschheit zu dem was für sie Zweck an sich ist, dem sittlich guten, dem wahren und schönen«.[9] Doch ob man nun das Kriterium der Selektion (des »Merkwürdigen«), wie es Schlegel tut, von der kantischen Teleologie ableitet oder sich, wie später Gervinus, an einer politischen Teleologie der Nation orientiert, es modifiziert lediglich den jeweiligen Bezugspunkt einer Auswahl, die in jedem Fall für den Literaturhistoriker unumgänglich ist.

Es lassen sich zunächst drei Selektionen unterscheiden: eine materiale, eine ästhetische und eine ideologische. Zur Eigenart der materialen Selektion gehört es, daß sie den Historiker und seine Arbeit zwar deutlich betrifft, daß aber nicht er es ist, der hier selegiert. Die Geschichte und insbesondere die alte Geschichte sind hier gleichsam durch sich selbst vorselegiert, mit anderen Worten, es gibt materiale »Lücken« im historischen Wissen. Dazu bemerkt nun Friedrich Schlegel:

> »Die griechische und römische Literatur hat zwar durch den Untergang so vieler Werke an Umfang verloren; das erschwert uns aber unser Geschäft, statt es zu erleichtern. Und wenn uns hier die Unvollständigkeit und geringe Anzahl der übriggebliebenen Werke das Studium erschwert, so bei der neuen Literatur die außerordentliche Fülle.«[10]

Zum einen hat es also der Historiker mit einem vorselegierten Material zu tun, wodurch der Plan einer vollständigen Darstellung von vornherein und materialiter vereitelt ist, zum anderen wird er gerade durch die Vollständigkeit des Materials zu Selektionen *gezwungen,* weil die hier vorhandene Menge oder Fülle »kein kleines Hindernis« ausmacht. In bezug auf die »Lücken« bedarf es einer nachselektiven Reflexion, die sich vor die Aufgabe gestellt sieht, auf der Grundlage eines unzusammenhängenden Materials eine zusammenhängende Geschichte zu erzählen. In bezug auf die Überfülle des Vorhandenen dagegen bedarf es eines aktiven Prinzips der Selektion. Mit diesem Prinzip geht man jedoch von der materialen zur ästhetischen Selektion über, obwohl der Übergang nicht mit absoluter Trennschärfe zu bestimmen ist. Wir können hier nochmals an August Wilhelm Schlegel anknüpfen, der diesen Mechanismus so formuliert (wiederum als Kritik am »Chroniken-Styl«):

»Das Bestreben nach literarischer Vollständigkeit, der gelehrte Wust ist ein großes Hinderniß. Um Gesichtspunkte für die Kunstgeschichte zu bekommen, muß man große Massen zusammenfassen, und diese lassen sich nicht übersehen, wenn man nicht alles ausscheidet, was rein null ist, bloß zufällige falsche Richtungen und verfehlte Versuche, den ganzen Troß der Nachbeter und secundären Köpfe. Dieses finden nun die meisten allzustrenge, und so führen sie immer noch eine Menge Poeten auf, deren Werke niemand liest, die eigentlich auch gar nicht existiren.«[11]

Das Kriterium der Selektion bzw. der negativen Auslese wird von Schlegel am Phänomen der Epigonalität festgemacht. Als problematisch allerdings wird man bereits den Schluß ansehen müssen, nach dem die Poeten, deren Werke keiner liest, eigentlich gar nicht existieren. Erstens sprechen hiergegen die gelegentlich auch in der Literaturgeschichte vorkommenden Renaissancen und, mehr noch, die späten Entdeckungen, der »späte Ruhm« eines Werkes; zweitens sagt die Auflagenhöhe allein bekanntlich wenig aus. Hohe Auflagen sind kein Anzeichen für originelle und primäre Köpfe, die nach Schlegel allein »merkwürdig« sein sollen. Überhaupt ist der damit für zentral genommene Wert der Originalität nicht selbstverständlich. Innovationen oder Neuerungen als Kriterien der Selektion sind in der Reichweite ihrer Erklärungsmöglichkeit eingeschränkt. Historisch interessant und verbuchenswert (»merkwürdig«) ist nicht nur das auf dem Hintergrund eines Alten wahrgenommene Neue, sondern nicht minder die Persistenz und also Wirksamkeit des Alten, das die Wahrnehmbarkeit des Neuen ermöglicht. Schlegel hat mit diesen Hinweisen das Problem der ästhetischen Selektion *eröffnet,* keineswegs es gelöst.

Das liegt nun freilich daran, daß die ästhetische Selektion keineswegs problemlos zwischen primären und sekundären Köpfen zu unterscheiden vermag, sondern, indem Literaturgeschichte und Literaturkritik in diesem Punkte zusammenfallen, auf Werte verweist, die ihrerseits explikationsbedürftig sind, die also allererst zu begründen wären. Die ästhetische Selektion überspringt hier gleichsam den Schritt der ästhetischen Urteilskraft, indem sie ein Urteil voraussetzt – meint voraussetzen zu können –, dessen These und Wirkung sie selbst durch Auslassung oder Aufnahme in das historische Wissen profiliert. Was aus der Fülle des Materials die Literaturgeschichte auswählt, ist nicht schon durch dieses Material vorentschieden, sondern wird durch die Bezugnahme auf externe Wertsysteme bestimmt.[12] An diesem Punkt geht die ästhetische Selektion in die ideologische Selektion über. Dies ist gerade die Konsequenz der Loslösung der Literaturgeschichte von der Chronik. Während diese einzig der Ordnung der Zeit zu folgen wähnte, muß die neue Literaturgeschichte akzeptieren, daß die formale Ordnung der Zeit von einem ideologischen System der Werte durchkreuzt wird.

Der Beginn der Literaturgeschichtsschreibung ist, wie man sieht, verbunden mit der Zurückweisung der Chronik. Die Chronik aber verfügte über ein selbstverständliches Prinzip: die Ordnung der zeitlichen Sukzession. Dagegen wendet die Literaturgeschichte ein, daß die reine Akkumulation und Aneinanderreihung von heterogenen Daten unhistorisch sei, weil sie keinen Zusammenhang und keinen »Sinn« erkennen lasse; außerdem sei sie als vollständige unmöglich. Doch aus der Destruktion der Chronik ergibt sich die Notwendigkeit der Selektion. Und aus der Notwendigkeit der Selektion ergibt sich die Schwierigkeit, die Kriterien der materialen, der ästhetischen und der ideologischen Selektion zu begründen – weshalb die Literaturgeschichtsschreibung eine Theorie der Literaturgeschichte gebietet.

Das große Problem dieser Theorien war und ist, wie zu verhindern sei, daß das Selegierte einer neuerlichen Partikularität und Partialität verfällt. Denn die theoretischen Kriterien können möglicherweise die Auswahl bestimmter Werke aus der historischen Vielfalt begründen, sie können damit aber noch nicht garantieren, daß diese Werke sich nicht in einer weiteren Heterogenität zueinander verhalten. Deshalb macht die mit der Destruktion der Chronik notwendig gewordene Selektion ihrerseits die Idee eines »Ganzen« notwendig.

Metaphysik des Ganzen

»Auf verschiedene Weise, aber ebensowohl, als der Dichter, muss er das zerstreut Gesammelte in sich zu einem Ganzen verarbeiten.«

Wilhelm von Humboldt

Man kann den Maßstab der neuen Literaturgeschichte, wie sie sich seit dem 18. Jahrhundert herausbildet, allgemein in dem Vorhaben erkennen, ein Ganzes ›aussagen‹ zu wollen. Die Chronik, die damit überwunden werden soll, war eine Anordnung von Daten, der keine innere Ordnung entsprach, die aber gleichwohl der Idee einer äußerlichen Vollkommenheit folgte. Es ist der Gedanke der Selektion, der dieses Konzept skandalisierte und der – immer wieder – zeigte, daß es in Wirklichkeit heterogen, kontingent und sehr unvollkommen war, mit einem Wort: unmöglich. Dieser zunächst kritische Gedanke spricht den isolierten und lediglich sukzedierenden Daten einen Wahrheitswert ab. Als wahr, so muß es in diesem Sinne heißen, kann nicht angesehen werden, was so oder auch anders oder überhaupt nur ist, sondern allein, was als ein Ganzes mit der Sache und sich selbst übereinstimmt: was notwendig ein Ganzes ist.

Diese Wahrheitsbeziehung des Ganzen, die bei Hegel zwar nicht ihren Ursprung, wohl aber den Ort ihrer kanonischen Zentrierung hat, firmiert, was hier allerdings nur angedeutet werden soll, in der Folge als ein problematischer Wert, der aus kritischer Sicht abgelehnt oder aus diakritischer Sicht halbiert werden kann. Hegel sagt: Das Wahre ist das Ganze. Adorno antwortet: Das Ganze ist das Unwahre. Marquard vermittelt: Aber das Wahre ist das Halbe.[1] Bevor das Ganze als Kriterium der Wahrheit solchen skeptischen Variationen ausgesetzt wird, lassen sich für die Übergangszeit von der Chronik zur Geschichte drei allgemeine Prinzipien benennen, die die Literaturgeschichte dem Kriterium der Ganzheit unterworfen haben.

Es handelt sich erstens – und auch hier erkennen wir den Willen zur Synthese – um die epistemologische Konsequenz, die sich aus der Einsicht in den Doppelcharakter der Geschichte aufdrängte. Denn der Begriff »Geschichte« bezeichnet zugleich die Objektebene und die

Reflexionsebene, den Zusammenhang der historischen Gegenstände und die Metaebene des historischen Wissens. Geschichte ist also, was als Geschichte war und was als Geschichte zur Darstellung gebracht wird: Ereignis und Erzählung. Während aber bis zum 18. Jahrhundert der Doppelsinn von Geschichte bis auf wenige Ausnahmen – z. B. Augustin und die »historia ipsa« – als doppelte Pluralität aufgefaßt wurde: Geschichten (Ereignisse) und »Geschichten« (Erzählungen), bringt das 18. Jahrhundert mit der Konvergenz beider Bedeutungen den Kollektivsingular »Geschichte« hervor, der es nunmehr erlaubt, die vielen Geschichten als in der transzendentalen Einheit der Geschichte schlechthin aufgehoben zu denken. Dieser von Koselleck beschriebene Geschichtsbegriff bezieht, wie er sagt,

»seine Ambivalenz aus dem Zwang, ihn als Ganzheit denken zu müssen (und sei es unter ästhetischem Vorgebot), ihn aber nie als abgeschlossen setzen zu können, da die Zukunft auf bekannte Weise unbekannt bleibt«.[2]

Es ist nicht nur die unbekannte Zukunft, die den Begriff der Ganzheit ambivalent macht, sondern auch die zum Teil unbekannte Vorvergangenheit – und die Unsicherheit darüber, wo wir es mit homogenen Zeitstrukturen zu tun haben. Diese Unsicherheit ist zugleich dieselbe, die es problematisch machte, in der noch nicht als solcher gedachten Geschichte die einzelnen Geschichten zu begrenzen. Die einzelnen Geschichten sind abgeschlossen/unabgeschlossen; auch sie sind ambivalent. Deshalb erscheint es sinnvoll, die vielen Ambivalenzen der einzelnen Geschichten in der einen Ambivalenz der einen Geschichte zu reduzieren. Dieser transzendental begründete Zugang zur Geschichte als Ganzheit macht nun allerdings Operationen nötig, die es ausgeschlossen erscheinen lassen, das Zustandekommen des historischen Wissens als Nachahmung der Geschichte aufzufassen. Der Historiker wird vielmehr zum *Hersteller* der Geschichte. Die Wahrheit, die er allein in der Konstruktion eines Ganzen zu erlangen vermag, ist auf prekäre Weise *seine* Wahrheit. Eine Operation, das Kriterium der Ganzheit auch dort zu erfüllen, wo es aus der Sache möglicherweise nicht direkt ableitbar ist, steckt, worauf Koselleck hingewiesen hat, in der ästhetischen Organisation der historischen Erzählung. Es ist hiermit der Verdacht ausgesprochen, daß es nicht die Konstellation der Ereignisse oder Werke ist, die eine Ganzes bildet, sondern erst die diskursive Ordnung des Wissens, die ein Ganzes daraus macht. Gemeint ist damit der weiterreichende Verdacht, daß erstens die Geschichtsschreibung der Geschichte eine Form verleihe, die dieser von sich aus keineswegs zukommen müsse, und daß zweitens diese Form nicht genuin historisch, sondern ästhetisch motiviert sei. Wenn es, wie Siegfried Kracauer sagt, die Aufgabe des Historikers ist, eine Geschichte (story) zu erzählen[3], dann muß gefragt werden, nach welchen Kriterien diese Geschichte erzählt werden soll. Soll sie schön, vollständig, wahr, übersichtlich, plausibel sein? Sie soll offenbar alles dies zusammen sein. Aber häufig wird das nur durch jenes »Interesse an Schönheit« erreicht, das Kracauer etwa Huizingas historischen Studien zuschreibt.[4] Henri-Irénée Marrou hat gegen die Auffassungen, die vom Historiker forderten, er solle sich im Interesse der Wahrheit jeder ästhetischen Ambition enthalten, behauptet: »der Historiker hat ein Schriftsteller zu sein: das historische Werk ist ein Kunstwerk.«[5] Das trifft häufig selbst dort zu, wo der Historiker keinerlei Absicht bekundet hat, auch Künstler sein zu wollen. Es handelt sich in diesen Fällen vielmehr um eine diskursive Überschreitung, in der die History bei der Story Anleihen macht. So vertritt etwa Hans Robert Jauß die These, »daß Rankes Geschichtsschreibung durch ästhetische Kategorien bestimmt« sei:

»Mehr noch als der Romancier Scott, der seine Erzählerfunktionen an Romanpersonen delegieren oder perspektivisch verstecken kann, verrät sich der Geschichtsschreiber Ranke ständig durch posteriore Gesichtspunkte und ästhetische Ordnungskategorien, unter denen der Zeitgenosse die historische Begebenheit noch nicht hätte sehen können.«[6]

Die ästhetische Organisation des historischen Diskurses ist eines der Mittel, die von der Theorie der Literaturgeschichte geforderte Ganzheit in der Praxis der Literaturgeschichtsschreibung zu erreichen – nur daß es sich möglicherweise häufig um ästhetische und nicht um historische Ganzheit handelt.

Das hier wirksame Prinzip einer latenten oder manifesten Diskursinterferenz läßt sich ebenfalls an der Position Wilhelm von Humboldts erläutern. Humboldt, der hierbei an den alten Streit über das Verhältnis von Dichter und Historiker erinnert, stellt zunächst fest, die historische Darstellung sei, wie die künstlerische, Nachahmung der Natur. Aber die historische Darstellung ahmt nicht nur die äußere Gestalt nach, sondern soll »von innen heraus, durch vorhergängiges Studium der Art« feststellen,

»wie die äusseren Umrisse aus dem Begriff und der Form des Ganzen entstehen, durch die Abstrahirung ihrer Verhältnisse, durch eine Arbeit, vermittelst welcher die Gestalt erst ganz anders, als der unkünstlerische Blick sie wahrnimmt, erkannt, dann von der Einbildungskraft dergestalt aufs neue gebohren wird, dass sie, neben der buchstäblichen Übereinstimmung mit der Natur, noch eine andre höhere Wahrheit in sich trägt«.[7]

Diese Arbeit kann nun gerade die Form der ästhetischen Organisation annehmen. Auf jeden Fall ist sie nicht direkte Nachahmung; als »Arbeit« ist sie vielmehr Herstellung der Historie durch den Historiker. Dieser steht, Humboldt zufolge, dem Dichter näher als dem Philosophen: »Ueberhaupt droht der historischen Treue viel mehr Gefahr von der philosophischen, als der dichterischen Behandlung, da diese wenigstens dem Stoff Freiheit zu lassen gewohnt ist.«[8] Deshalb heißt es über den Historiker: »Auf verschiedene Weise, aber ebensowohl, als der Dichter, muss er das zerstreut Gesammelte in sich zu einem Ganzen verarbeiten.«[9] Diese Annäherung von Dichter und Historiker, die Humboldt selbst für ebenso »bedenklich« wie »unläugbar« hält, wird von ihm an jenem Punkt abgebrochen, wo bemerkt wird, daß zwar beide das zerstreut Gesammelte zu einem Ganzen ›ergänzen‹ und ›verknüpfen‹ sollen, daß aber beide in einer unterschiedlichen Beziehung zur Wirklichkeit stehen. Das betrifft die auch von Humboldt hervorgehobene historische »Treue«. Diese ist indes jedesmal anders zu bewerten und zu befolgen, ob sie vom Dichter, vom Historiker oder vom Literaturhistoriker geübt wird. Während die Arbeit des Historikers durch eine strenge Verpflichtung aufs historische »Material« gekennzeichnet ist, gilt dies bekanntlich für den Dichter nicht, dem vielmehr mit der Freiheit der Imagination eine poetische Lizenz zugestanden wird. Obwohl nun kein Grund zu der Annahme vorliegt, die Verpflichtung des Literaturhistorikers auf *sein* historisches »Material« könne weniger streng sein, so liegt doch darin ein Unterschied, daß dieses »Material« sich gerade durch die Freiheit von einer solchen Verpflichtung auszeichnet – der Glaube jedoch, daß die Literaturgeschichte an der poetischen Lizenz ihres Gegenstandes teilhabe, ist als ästhetisches Fehlurteil zu kritisieren. Zu kritisieren ist ebenfalls die Vorstellung, die mit den Kriterien der klassisch-romantischen Ästhetik das »Ganze« als letzten und höchsten Kunstwert proklamiert[10], um so das »Ganze« auch als obersten Wert der Kunst- und Literaturgeschichte festzulegen. Der Fehlschluß, den wir hierin sehen, ist ein doppelter. Denn erstens kann keineswegs als ausgemacht gelten, daß das »Ganze« tatsächlich ein überzeitlicher und überregionaler Wert sei; im Gegenteil liegt es nahe, darin einen besonderen Ausdruck des klassischen und klassizistischen Kunstdenkens zu sehen.[11] Zweitens gäbe es selbst dann, wenn das »Ganze« als ein überzeitlicher und überregionaler Kunstwert ausgewiesen *wäre,* keinen Grund, hierin zugleich einen Wert der Literaturgeschichte und ihrer Darstellungsweisen erkennen zu wollen.

Es stellt sich deshalb nochmals die Frage, ob die Qualität des Ganzen dem Kunstwerk notwendig zukomme. Dagegen ließen sich die romantische Kunst des Fragments und das Fragmentarische insgesamt, das nach Friedrich Schlegels Urteil sich durch Universalität und Tendenz zur »Enzyklopädie« auszeichne, anführen; ebenso sind die ästhetischen Avantgardebewegungen als Ostentationen inhaltlicher und formaler Negativität nicht mit dem ästhetischen Wert der Ganzheit zu vereinbaren, sie können vielmehr als Opposition zu diesem gedeutet werden. Gerade die geschichtliche Betrachtung kann auf einen Bruch in der scheinbaren Kontinuität der Ganzheits-Vorstellung verweisen. Der Bruch wird eklatant in der *Querelle des Anciens et des Modernes;* er wird aufgenommen und ausgeweitet in der ästhetischen Reflexion der romantischen Transzendentalpoesie; er wird zum permanenten poetischen Kalkül in den offenen Werken der Moderne.

Die *Querelle* ging von der Auffassung aus, die griechische Kunst und Literatur seien ein Ganzes gewesen. Die Diagnose über die Gegenwart der Kunst kam aber gerade zu dem Resultat, daß das Ganze der Vergangenheit angehöre. Der eigentliche Streit bestand nun darin, daß man aus diesem Sachverhalt verschiedene Konsequenzen zog. Die einen sagen, weil es das Ganze in der Gegenwart nicht gibt, müssen die Neuen die Alten nachahmen, um so das verlorene Ganze wiederzugewinnen. Die anderen erwidern, weil es das Ganze in der Gegenwart nicht gibt, müssen sich die Neuen von den Alten emanzipieren, um so eine neue Eigenart diesseits des verlorenen alten Ganzen zu gewinnen. Diese Position der Emanzipation hat ihre bedeutende Gestalt in der frühromantischen Poesie und Poetik. Die der klassischen Ganzheits-Vorstellung sich entziehende Emanzipation der Neuen entwirft zugleich den Begriff der modernen Subjektivität, die als unendliche Agilität dem in sich ruhenden Ganzen opponiert.[12]

Die Krise des ästhetischen Ganzheits-Begriffs lenkt die Aufmerksamkeit auf die Teile (Fragmente etc.). Wenn das Ganze in den Hintergrund tritt, rücken die Teile in den Vordergrund. Damit und deshalb wird es wichtig, die Beziehungen zwischen den Teilen zu beachten. Wo der Begriff des Ganzen unproblematisch leitend ist, gibt es keine Notwendigkeit der Beziehung, die die dissoziierten Teile zu verbinden hätte. Die Diagnose der ästhetischen Situation der Zeit bringt jedoch Begriffe hervor, die diese Notwendigkeit sehr deutlich vor Augen führen: der Begriff des Geteilten bei Winckelmann, die Welt des Partikularen bei Hegel, das Sentimentalische bei Schiller, der Begriff des Interessanten bei Friedrich Schlegel (noch deutlicher: das »Chemische« als Kennzeichen der Moderne), das Exzentrische bei Hölderlin. Die Begriffe indizieren den Verlust der – griechischen – Ganzheit des Schönen und formulieren Konzeptionen zur Lösung der Nachfolgeprobleme. Sie verweisen auf eine Moderne, in der das Ganze manchmal weniger als seine Teile bedeutet, weshalb wiederum die Beziehungen zwischen den Teilen an Bedeutung gewinnen können.

Wo das Ganze nicht zu haben ist, sondern nur bestimmte Teile, herrscht die Notwendigkeit der Selektion. Andererseits könnte hier eingewandt werden, daß die Idee einer notwendigen Selektion gerade ein Ganzes voraussetze, denn erst aus einem solchen ließen sich Teile selegieren. Diese Unsicherheit der Argumentation verweist auf eine Doppeldeutigkeit im Begriff des Ganzen, der entweder einen formalen Entwurf oder einen qualitativen Wert meinen kann. Um die Notwendigkeit der Selektion zu begründen, genügt es, den formalen Entwurf einer ungefähren Menge von Teilen vorauszusetzen. In den auf die Chronik folgenden Literaturgeschichten kommt aber zweifellos jeweils die zweite Bedeutung ins Spiel, das Ganze als qualitativer Wert also, als organisches und in sich geschlossenes Ganzes. Die Selektion sollte das Wichtige vom Unwichtigen scheiden. Sie soll das »Merkwürdige« erkennen, sagt August Wilhelm Schlegel. Sie soll eine »kritische Geschichte« ermöglichen, sagt Friedrich Schlegel. Die Selektion soll die Masse der Literatur zu einem sinnvollen Ganzen ordnen. Diesen Vorsatz, der als Grundsatzerklärung der neuzeitlichen Literaturgeschichte aufgefaßt werden kann, bringt Friedrich Schlegel zum Ausdruck:

»Dieser außerordentliche Umfang macht eine IDEE DES GANZEN notwendig, welches uns sonst nur wie ein Chaos erscheinen würde, in dem wir uns ohne einen bestimmten geordneten Begriff gänzlich verlieren und verirren würden. Die Notwendigkeit einer umfassenden Ansicht leuchtet aber auch schon aus der Beschaffenheit der Literatur selbst hervor. Die europäische Literatur bildet ein zusammenhängendes Ganzes, wo alle Zweige innigst verwebt sind, eines auf das andere sich gründet, durch dieses erklärt und ergänzt wird. Dies geht durch alle Zeiten und Nationen herab bis auf unsere Zeiten. Doch kann man das Studium der europäischen Literatur nur bis zur griechischen fortsetzen. Sie ist für uns die erste Quelle, nach welcher unsere Untersuchungen sich nur in Konjekturen verlieren, die zu dem Begriff der Literatur nicht gehören.«[13]

Diese Idee des Ganzen ist nicht allein durch materiale oder ästhetische Selektionen zu gewinnen; eben weil es eine *Idee* ist. Vielmehr gilt, daß die Notwendigkeit einer umfassenden Ansicht die Notwendigkeit einer ideologischen Orientierung einbeschließt. Dieser Zusammenhang wird in der Folge für die Historien verbindlich. Das Ganze wird auch in der Literaturgeschichte zu einem qualitativen ideologischen Wert, der die

Beschleunigung und die Dichte der chronologischen Ordnung anleitet.
Häufig freilich bleibt diese ganzheitliche Literaturgeschichte Programm – im Vorwort regieren die Ideen des Ganzen, in der Ausführung rangieren dann wieder die Dichter in schlichter zeitlicher Folge. So heißt es etwa bei Georg Gervinus:

»Das Gedankenloseste ist unstreitig, wenn man, wie zum Beispiel Bohtz tut, die einzelnen Poeten hintereinander aufstellt, über jeden wenige abgeschriebene Sentenzen gießt und dann auf *einen* Liebling alles zusammenhäuft, was man über ihn gedacht und geträumt hat.«[14]

Diese von Gervinus kritisierte Geschichte erfüllt das Kriterium der Idee des Ganzen nicht; sie ist nur eine Anhäufung, die auf einer mehr oder weniger willkürlichen Auswahl beruht. Während es der Mangel dieser Literaturgeschichte ist, ohne eine Idee des Ganzen auskommen zu wollen, macht die Argumentation deutlich, daß eine solche Idee gerade das Kriterium der von Gervinus vorgebrachten Kritik ist. Am Vorhandensein oder Fehlen einer Idee des Ganzen will man im 19. Jahrhundert die guten von den schlechten Literaturgeschichten unterscheiden. So wie Gervinus im Namen dieser Idee August Wilhelm Bohtz' *Geschichte der neueren deutschen Poesie* ablehnte, so lobt Julian Schmidt im Namen derselben Idee Gervinus' literaturgeschichtliche Leistungen. Bei Schmidt heißt es über Gervinus:

»Die Literatur ist ihm nicht eine Reihe zufällig neben einander stehender schöner Erscheinungen, sondern ein organisches Ganzes, das, bewußt oder unbewußt, durch einen allgemeinen Zweck bestimmt wird, und diesen Zweck soll die Geschichte zeigen. Sein Werk hat ausgesprochen einen teleologischen Charakter.«[15]

Es geht aus diesen Beurteilungen zunächst die Allgemeinheit hervor, mit der der Begriff des Ganzen als Wert aufgefaßt wurde. Sodann wird noch eine weitere Bedeutung sichtbar: Das »Ganze« in der Literaturgeschichte des 19. Jahrhunderts erfüllt sich in der Annahme einer gesetzmäßigen Entwicklung, einer Teleologie. Teleologisch sind die Literaturgeschichten von Gervinus, Hettner, Scherer bis zu Nadler. Der Gedanke der Teleologie kann sich, wie bei Scherer, mit dem der Kausalität oder, wie später bei Lanson, mit dem des Einflusses verbinden; er bleibt für das gesamte Paradigma des Historismus gültig.
Das Ganze der Literaturgeschichten – insofern es als allgemeiner Wert verstanden wird – erscheint unverzichtbar. Das Ganze *soll* sein. Es ist eine Sorge des Historikers.[16]

II. Kapitel

Die Möglichkeit historischer Unordnung

»Der Begriff der Unordnung, im Sinn einer Abwesenheit aller Ordnung, wäre somit das Erste, was analysiert werden müßte.«

Henri Bergson

Die Chronik glaubte sich im Besitz einer »natürlichen« Ordnung, der Ordnung der Sukzession. Die neue Literaturgeschichte bestritt diesen Glauben; sie sagte, die Chronik sei in Wirklichkeit ein Chaos von Daten. Diesem Chaos stellte sie die Idee des Ganzen gegenüber. Das Ganze fungierte als Sinnentwurf, als Entwurf einer Ordnung. Mit anderen Worten, die Literaturgeschichte erschien nunmehr als eine Disziplin, deren Aufgabe und Kompetenz in der Produktion von Ordnungsstrukturen, Ordnungsideen und Ordnungsteleologien lag. Der historische Diskurs konstituierte sich als eine Ordnungsmacht. Daraus leitete er seine Legitimität und seinen Autonomieanspruch im Zusammenhang der anderen Diskurse und Disziplinen ab.

Aber der Gedanke, daß der historische Diskurs sich in erster Linie mit der Herstellung von Ordnung beschäftige, setzt ein Denken voraus, in dem die Möglichkeit historischer Unordnung einen Platz hat. Die Aufgabe der Literaturgeschichte bestünde dann gerade darin, die unordentliche Masse der Literatur in eine ordentliche Struktur des Wissens von der Literatur zu transformieren.

Doch möglicherweise ist diese Denkweise allzu mechanisch. Man könnte ihr entgegenhalten, der Eindruck einer historischen Unordnung resultiere lediglich aus der mangelhaften Einsicht des Historikers. Die Geschichte als Ereignis vor der Erzählung sei nicht Unordnung, sondern verborgene Ordnung. Die Aufgabe des Historikers sei es mithin, diese verborgene Ordnung transparent zu machen. Er soll also nicht aus einer ursprünglichen Unordnung eine nachträgliche diskursive Ordnung machen, er soll vielmehr die verborgene Ordnung an den Tag bringen. Allerdings verschiebt sich in dieser Annahme lediglich das Problem. Sie besagt nämlich, daß die historischen Gegenstände als Unordnung erscheinen, daß hinter dieser scheinhaften Unordnung jedoch die wirkliche Ordnung verborgen sei. Aber nichts garantiert dem Historiker, daß er bei seiner Arbeit diese Sphäre des Scheins wirklich verlassen hat; nichts garantiert ihm, daß er von der Unordnung zur Ordnung vorgedrungen ist. In dem Glauben, er habe die verborgene Ordnung entdeckt, gibt er uns seine Ordnung und seine Wahrheit. Wie man es auch anstellt, am Anfang ist das Tohuwabohu.[1]

Hinzu kommt eine weitere Schwierigkeit. Nicht nur, daß es problematisch und beunruhigend ist, unsere Ordnungsvorstellung sich als kunstreichen Reflex einer vorgängigen Unordnung vorzustellen, es ist auch ungewiß, ob die Möglichkeit historischer Unordnung überhaupt eine Denkmöglichkeit darstellt. Wenn Sinn, Zweck und Funktion des historischen Diskurses von Anfang an durch einen fundamentalen Willen zur Ordnung definiert sind, dann ist das historische Wissen möglicherweise unfähig, so etwas wie Unordnung zu denken, weil sie dies allein in Begriffen der Ordnung tun könnte. Das hieße aber, schon der Versuch, die Unordnung zu *denken,* wäre der Anfang einer Umdeutung in eine bestimmte Ordnung. Wenn es bei Valéry heißt: »L'esprit va, dans son travail, de son désordre à son ordre. Il importe qu'il se conserve jusqu'à la fin, des ressources de désordre . . .«[2], so ist die Spur dieses Denkweges gerade zu einfach vorgestellt. Valérys Skepsis gegenüber der selbsterrichteten Ordnung des Geistes sympathisiert mit einer ursprünglichen Unordnung, die nach seiner Auffassung im Zuge der intellektuellen Arbeit verschwinde, die es aber zu konservieren gelte. Das erscheint radikal gedacht und könnte auch heute noch einer anarchischen Erkenntnistheorie einverleibt werden. Doch handelt es sich hierbei weniger um eine nachvollziehbare Einsicht in die Struktur der Unordnung (sofern es eine solche geben kann) als vielmehr um eine kritische Attitüde gegenüber dem erkenntnistheoretischen Wert der Ordnung. Genau in diese Richtung einer skeptischen Infragestellung zielen die Chaos-Sympathien der Frühromantiker, insbesondere Novalis' und Friedrich Schlegels. Die Berufung auf eine ursprüngliche Unordnung fungiert als polemische oder kritische Gegeninstanz zu den vom Menschen geschaffenen Ordnungen. Die skeptischen Philosophen denken die Unordnung in der Regel als »kritische« Gegen-Ordnung. Das heißt, sie interessieren sich weniger für die Möglichkeit der Unordnung als vielmehr für die tendenzielle Unmöglichkeit einer richtigen Ordnung. Es ist in diesem Zusammenhang bedeutsam, daß Valéry von der »Arbeit« des Geistes sprach. Denn gerade weil die Ordnung hergestellt wird, von Menschen erarbeitet werden muß, verfällt sie – so das skeptische Argument – dem Zweifel an ihrer Legitimität. Dagegen soll von der Unordnung gelten, daß sie von keiner Arbeit entstellt sei: weil sie das

Ursprüngliche schlechthin ist. So formuliert, mit den Worten Michel Serres', es die Skepsis:

»L'ordre n'est qu'une rareté où le désordre est ordinaire. [. . .] Or le plus probable, c'est le désordre. Le désordre c'est presque toujours là.«[3]

Es ist also eine bestimmte Form der Skepsis, die sich für die Unordnung interessiert, weil sie an den Ordnungen zweifelt. Hören wir nochmals den Historiker dieses Interesses:

»Informe aquatique et fluet où, bien plus que des métaphores, Bergson prend des objets que nous avions perdu pendant que Nietzsche fouille de son bâton la dissémination virale des corps, les dissolutions pratiquées par une chimie qu'il imagine supérieure. Le désordre envahit les textes et le monde, en même temps.«[4]

Die Raster der Ordnung werden von Nietzsche in der Tat als »Vermenschlichungen« begriffen. Deshalb soll man ihnen mißtrauen. Denn sie entwerfen eine Ordnung, die nicht »wirklich«, die fast nicht von dieser Welt und ihrer Geschichte ist. Nietzsche sagt:

»Der Gesamtcharakter der Welt ist dagegen in alle Ewigkeit Chaos, nicht im Sinne der fehlenden Notwendigkeit, sondern der fehlenden Ordnung, Gliederung, Form, Schönheit, Weisheit, und wie alle unsere ästhetischen Menschlichkeiten heißen.«[5]

Mit solchen Argumenten läßt sich die Möglichkeit der Ordnungen bezweifeln, läßt sich das Tohuwabohu im Zentrum und am Anfang des Denkens entdecken – oder behaupten. Aber während Nietzsche und andere Skeptiker bis zu der Annahme gehen, daß die Ordnungsvorstellungen lediglich einer menschlich-allzumenschlichen Unzulänglichkeit des Denkens entspringen, muß man die Fragestellung noch weiter radikalisieren, dahin nämlich, ob die angeblich ursprünglichere und wirklichere Unordnung nicht ebenfalls eine Fiktion darstellt. Es handelt sich tatsächlich um einen halbierten Skeptizismus, der zwar die Möglichkeit der Ordnung in Zweifel zieht, der aber an die Wirklichkeit der Unordnung glaubt.

Für die Literaturgeschichte stellt sich das Problem ebenfalls, ob das von ihr hergestellte Wissen als Überwindung einer ursprünglichen Unordnung (Masse der Werke) oder als Entbergung einer verborgenen Ordnung anzusehen sei. An diesem Punkt wird die Wechselbeziehung zwischen dem Begriff der Selektion und dem Begriff des Ganzen bedeutsam. Die Selektion reduziert das wirkliche, jedoch denkunmögliche Ganze auf das künstliche, jedoch erkennbare Ganze. Während das erste Ganze die Summe der Teile ist, soll von dem zweiten Ganzen gelten, daß es mehr als die Summe seiner Teile sei. Man muß also zwischen einem

summarischen und einem qualitativen Ganzen unterscheiden. Das qualitative Ganze ist mehr als seine Teile, weil es weniger Teile umfaßt und diese im Medium einer Idee oder Ideologie zu einem Zusammenhang organisiert. Weniger Masse, aber mehr Idee – das charakterisiert das qualitative Ganze. Im Gegensatz dazu repräsentiert das summarische Ganze einen reduzierten Ganzheitsbegriff, denn, wie Friedrich Schlegel sagt, es sei Masse, die erst zu einem Ganzen geordnet werden müsse.
Nicht nur Schlegel, sondern auch die anderen Historiker der Zeit betonen diese Folge der Argumentation. Die Selektion wird angesichts des ungeordneten Überflusses der historischen Gegenstände notwendig, unter der Voraussetzung, daß reine Chronologie nicht länger als ausreichende Ordnung aufgefaßt wird. Die Selektion darf freilich nicht willkürlich sein. Sie soll eine sinnvolle Ordnung konstituieren; sie soll eine Ordnung errichten, die den Sinn konstituiert; sie soll eine Ordnung berücksichtigen, die den Sinn hervorbringend erhält: zwischen diesen Variationen oszillieren die Positionen. Erst indem die Selektion einem ordnenden Prinzip folgt, kann sie ein qualitatives Ganzes erreichen, das wiederum deshalb ganz ist, weil es eine Ordnung repräsentiert. Selektion, Ganzheit und Ordnung bilden drei aufeinander angewiesene Positionen des historischen Diskurses, die insgesamt die beunruhigende Frage nach der Möglichkeit historischer Unordnung stellen. In diesem Sinne konstatiert Ernst Bertram: »Gegeben ist das Vielfältige; erstrebt wird das überschaubare Einfache.« Und deshalb heißt es weiter:

»Geschichte ist *Auswahl,* gewiß; ist niemals ein Gipsabguß des Gewesenen in seiner Vollständigkeit. Etwas *Gewesenes* ist damit noch nicht geschichtlich. Geschichte ist Auswahl. Aber eben *Wahl,* aus größeren Massen herausgezogen durch ein geistig Magnetisches, durch ein ordnendes, verwerfendes, wählendes Prinzip.«[6]

Die Frage einer Theorie der Literaturgeschichte, die von der Selektion ausgeht, ist die nach dem ordnenden, verwerfenden, wählenden Prinzip und, darüber hinaus, die Frage nach der Unordnung, die geordnet werden soll. Es wird an den hier verwendeten und hervorgehobenen Begriffen des »Ordnens«, »Verwerfens«, »Wählens« deutlich, daß es sich um ein System der Verknappung handelt und daß erst diese Verknappung die Ermöglichung der Ordnung garantiert.
Andererseits muß es die Ordnung als Plan schon geben, bevor das System der Verknappung realisiert wird, weil es sich sonst um unsystematische Verknappung handelte, also um Willkür. Die Ordnung ist damit ebensogut die Geburt der Verknappung. Die Ordnung als Plan liegt der Verknappung voraus und definiert sie, während die Ordnung

als Resultat aus der Realisierung der Verknappung hervorgeht. Außerdem ist zu klären, ob das, wie die Historiker sagen, notwendige System der Verknappung eine Verknappung des Sinns impliziert oder ob es tatsächlich erst, indem es wegläßt, den Sinn hervorbringt und entfaltet. Das bedeutete, daß das System der Verknappung auf eine ihm vorausliegende Unordnung trifft. Genau dies ist der Verdacht, von dem die nachchronikale Literaturgeschichtsschreibung ausgeht. Zwar sind die Werke in sich sinnvoll (ein Ganzes), aber sie sind es – noch – nicht in ihren Beziehungen zueinander. Diese sind vielmehr lediglich virtuell. Die Literatur als Masse ist Unordnung. Erst die Literaturgeschichte konstituiert sie als Ganzes, indem sie die Masse einer Ordnung unterwirft.

Doch welche Ordnung trifft hier auf welche Unordnung? Um die Ordnungsvorstellung zu erklären, muß man zunächst die dahinter liegende tatsächliche oder imaginäre Unordnung – deren Verknappung die Ordnung ermöglichen soll – suchen. Wie »tatsächlich« kann unsere Vorstellung von der Unordnung sein? Können wir sie anders erreichen als ordnend? Es geht, mit den Worten Henri Bergsons, darum, »wie die Ordnung in die Unordnung, wie die Form in die Materie eindringe«.[7]

Nach Bergson muß also der Wirklichkeit der Status vorgängiger Unordnung zugesprochen werden, die erst durch den ordnenden Akt des Denkens zu einer Ordnung für uns wird: »Ganz allgemein gesagt, ist die Wirklichkeit genau in dem Maße geordnet, in dem sie unserem Denken Genüge tut.«[8] Präzisieren wir nun diese Aussage hinsichtlich unserer Frage nach der Wirklichkeit der Literatur und sagen, die Literatur sei genau in dem Maße geordnet, in dem sie unserem Denken Genüge tut, so ist das zumindest ambivalent: will nicht die Literatur gerade unser Denken verändern? Aber das Problem ist zunächst, daß es *die* Literatur, die unser Denken verändern will, nicht gibt. Vielmehr ist es eine von mehreren möglichen Forderungen des Denkens, die besagt, die Literatur solle unser Denken verändern. Andere Forderungen lauten, die Literatur solle unser Denken bestätigen, es erweitern oder erheitern – oder uns vom Denken entlasten. Zweitens bedeutete die Annahme Bergsons, daß die Ordnung der Literatur eine nachträgliche sei, sie sei Ordnung der Theorie oder Geschichte der Literatur, während die Literatur selbst in ihrer Pluralität Unordnung sei. Natürlich geht es der Theorie letztlich um den Nachweis, daß die Ordnung, die sie an einer Sache gefunden hat, dieser Sache entspreche, ihr adäquat bzw. korrespondierend sei.

Schon jetzt zeichnet sich das Dilemma einer verselbständigten, ebenso autonomen wie falschen Literaturgeschichte ab: z. B. Josef Nadlers

Stammesgeschichte der Literatur. Belegt nicht eben diese monströse Verzerrung, daß die Literatur in Wirklichkeit Unordnung ist, weil man (der Möglichkeit nach) extrem verschiedene Ordnungen wählen kann, in denen man die Literatur wiedererkennen will? Diese gefährliche Form der Autonomie begründet ihr Recht gerade auf dem der Literatur unausdrücklich zugesprochenen Charakter der Unordnung, weil sie sich so als das Andere der Literatur, als Theorie, als Geschichte definieren kann: als Ordnung. Die Ordnung, die dem Denken Genüge tut, wäre somit nicht auf der Ebene der Literatur zu suchen, sondern auf der der Literaturgeschichte. Literatur ist oder kann Unordnung repräsentieren (als Irritation oder Evokation); Literaturgeschichte dagegen ist immer eine Agentur der Ordnung, des Denkens der Ordnung. Insofern ist die Literaturgeschichte zwar der Diskurs, der von der Literatur handelt, der aber strukturell anders als die Literatur organisiert ist.

Davon ist jene Theorie abzuheben, die eine mimetische Beziehung zwischen Literatur und Literaturgeschichte annimmt. Hier von einer Autonomie des historischen Diskurses zu sprechen hieße gerade, daß die Sache, die Literatur, verfehlt würde. Hier muß vielmehr in der Konsequenz die Forderung erhoben werden, daß der historische Diskurs keine Eigenständigkeit reklamieren darf; er soll statt dessen der Literatur *ähnlich* werden. Die bedenkliche und u. E. auch abstruse Konsequenz dieser Umkehrung, die ihrem Gegenstand gerecht werden will, indem sie ihm so nahe wie möglich ist, hebt also die Diskursdifferenz auf. Mit anderen Worten, es gibt eine Theorie der Literaturgeschichte, die die Differenz und die Beziehung zwischen Literatur und Geschichte eliminiert, indem sie die Geschichte zu literarisieren sucht. Diese fragwürdige Position wird beispielsweise von Bertram ausgesprochen: *»Geschichte ist Dichtung.«*[9] Die mimetische Strategie, die sich nach Bertrams Auffassung nicht als Methode, sondern als »Enthusiasmus« realisieren soll, suggeriert Einsicht aus Ähnlichkeit. Aber Intimität impliziert nicht notwendig Erkenntnis. Im Gegenteil, die Verwischung der Differenz zwischen literarischem und historischem Diskurs verhindert die Einsicht in die Eigenart beider.

Die Frage läßt sich so nicht lösen. Es geht nicht darum, ob einzelne Werke Unordnung aussagen oder affimieren, ob bestimmte Epochen gegenüber anderen eher als Unordnung zu charakterisieren seien. Dies sind vielmehr Fragen der Interpretation und Kritik. Es geht allein um diese Frage: Ist die Literaturgeschichte als Ganzes möglich? Die Frage soll von der Literaturgeschichte durch die Dialektik von Selektion und Ordnung beantwortet werden. Dabei ist deutlich, daß eine Ordnung, die durch Selektionen konstituiert wird, kein summarisches Ganzes hervorbringen kann, sondern lediglich ein qualitatives Ganzes. Zudem geht diese Dialektik von der gleichermaßen unsicheren und verunsichernden Voraussetzung der Möglichkeit historischer Unordnung aus. Mit Bergsons Worten: »Nichtsdestominder beharrt der Gedanke, es könne auch schlechthin keine Ordnung existieren . . .«[10] Dieser kritische Gedanke positiviert nicht schlechthin die Unordnung, sondern läßt sich als begründete Skepsis an einer Metaphysik des Ganzen verstehen. Das Denken der Unordnung negiert nicht die Ordnung, es thematisiert vielmehr die Künstlichkeit und Veränderbarkeit des Ordnungs-Ganzen. Dies bezieht sich auf die Beziehungsstruktur der Teile, die ein Ganzes bilden. Man kann deshalb sagen: Wenn das qualitative Ganze mehr ist als seine Teile, dann kann dieses »Mehr« als die Pluralität der Beziehungen zwischen den Teilen aufgefaßt werden. Es ist dieses »Mehr« der Beziehungen, das die zugleich mögliche und unmögliche historische Unordnung in den strukturierten Text »ganzer« Literaturgeschichten verwandelt.

Ordnung und Akte des Ordnens

»›Aber wie soll man Geschichte treiben, ohne Ordnung in sie zu bringen?‹ fragte Knecht. ›Gewiß soll man Ordnung in die Geschichte bringen‹, wetterte Jakobus ... ›Geschichte treiben heißt: sich dem Chaos überlassen und dennoch den Glauben an die Ordnung und den Sinn bewahren. Es ist eine sehr ernste Aufgabe, junger Mann, und vielleicht eine tragische.‹«

Hermann Hesse

Wenn wir von der »Ordnung« der Literaturgeschichte sprechen, soll damit nicht der Glaube erhärtet werden, es ließe sich die grundlegende Gestalt aller Literaturgeschichten erklären oder gar deklarieren. Es kann nicht um eine solche Historie a priori gehen, die dem Gedanken der Geschichte widerspricht. Es geht vielmehr um die Exponierung des Gedankens, daß Literaturgeschichte sich als *ordnende* Wissenschaft konstituiert. Aber dieses Ordnen kulminiert nicht in einer allen Ordnungen vorausliegenden Ordnung; unhintergehbar sind allein die Akte des Ordnens, die zu rekonstruieren bei prinzipiell jeder geschriebenen oder projektierten Literaturgeschichte möglich ist. Es ist gerade dieses Unhintergehbare der Akte des Ordnens, das die Hintergehbarkeit der Ordnungen ermöglicht. In der Idee der Ordnung soll das Allgemeine repräsentiert sein, um so erst das jeweils Individuelle in seiner individuellen und allgemeinen Bedeutung verstehbar zu machen.

Aber möglicherweise widersteht gerade das Individuelle der Kunst dem Anspruch einer allgemeinen Ordnung, weil, wie August Wilhelm Schlegel zu verstehen gibt, die Kunst Kunst des Genies sei, von dem gelten müsse, daß es »etwas sey, worauf garnicht zu rechnen ist, eine bloße Gunst der Natur«.[1] Diesen Zweifel sucht Schlegel selbst durch das Argument einzuschränken, daß es nicht auf das Genie als Person ankomme – dies sei vielmehr eine »Gränze unserer Erkenntniß« –, sondern auf seine realisierten Werke. Darüber hinaus entspricht dieser Zweifel an der Möglichkeit der Ordnung gerade nicht mehr jener durch die Genieästhetik bedingten Verfallenheit an das absolut Singuläre des künstlerischen Individuums und der damit verbundenen Geschmacksproblematik; dieser Zweifel an der Ordnung entspringt vielmehr einem allgemeinen Willen zur Ordnung. Und dieser Wille will vor allem das bedrohliche Chaos der Vielfalt begrenzen. Das bedeutet erstens: Reduktion der Masse; es bedeutet zweitens: Konstruktion eines Telos. In die sinnvoll verminderte Masse der Werke soll eine teleologische Spur eingezeichnet werden, die eine Entwicklung erkennen läßt. Mit August Wilhelm Schlegels Worten:

»Die Geschichte soll, wie wir gesehen haben, nicht ein bloßes Aggregat von Wirklichkeiten seyn, sondern zur Einsicht ihrer Nothwendigkeit führen, sie soll in dem Chaos der Erscheinungen einen gesetzmäßigen Gang entdecken.«[2]

Um das Chaos zu vermeiden, soll die Literaturgeschichte, wie nunmehr Friedrich Schlegel sagt, einen »geordneten Begriff« haben, ohne welchen wir uns »verlieren« und »verirren« würden. Die Literatur vor der Geschichte, so müssen wir daraus schließen, ist chaotisch, ist Chaos, Masse und Menge. Die Werke vor dem Wissen erscheinen als Labyrinth. Das historische Wissen, so denken die Historiker dieser Zeit, ist der rote Faden durch dieses Labyrinth der Werke. Schon Reimman stellt seiner *Einleitung in die Historiam Literariam* die Abbildung eines Labyrinths voran, mit der Inschrift: »dem Faden nach«, und auch Hermann Marggraff versichert in seinen 1839 erschienenen *Charakteristiken,* daß es »zur Lösung der Literaturfragen nöthig sei, den Einschlagsfaden zu suchen«.[3]

Daneben ist dann die Bedeutung zu berücksichtigen, daß, sofern wir uns in der ungeordneten Vielfalt der Literatur (Masse, Chaos) verlieren, wir nicht nur *uns* verloren haben, sondern die Bedeutung der Literatur noch gar nicht gefunden haben – sie also nicht einmal verlieren können. Hierin kündigt sich der Anspruch der Literaturgeschichte an, mehr als ein akzidentelles Supplement der Literatur zu sein. Die Literaturgeschichte erblickt die Legitimation ihres Anspruchs in der ihr eigentümlichen und angelegentlichen Suche nach der Synthese. Erst in der literaturgeschichtlichen Synthese erscheine das Notwendige der Literatur, das heißt jener Begriff, der die Zufälligkeit individueller Geschmacksbildungen transzendiert und so Literatur wiederum als Einheit und damit als einheitlichen Begriff erkennen läßt. Der Wille zur Ordnung, der ein Wille zur Synthese ist, wird zur Legitimation des Autonomieanspruches der Literaturgeschichte und zugleich zum Ethos des Historikers. Bei Wilhelm von Humboldt heißt es dazu:

»Der Geschichtsschreiber, der dieses Namens würdig ist, muß jede Begebenheit als Theil eines Ganzen, oder was dasselbe ist, an jeder die Form der Geschichte überhaupt darstellen ... Er muß das Nothwendige vom Zufälligen trennen, die innere Folge aufdecken, die wahrhaft wirkenden Kräfte sichtbar machen.«[4]

Er muß, kurz gesagt, eine Ordnung vorschlagen und diese zu beweisen suchen. Dieses synthetische Niveau kann zeitlich fixiert werden.

»Die Suche nach dem ›inneren Sinn‹ und dem ›inneren Zusammenhang‹ der Geschichte wird angesichts der scheinbar chaotischen und labyrinthischen Ansammlung der vielfältigen und verschiedenen Einzelerscheinungen wichtig. Die Wissenskompilationen des 17. und 18. Jahrhunderts provozieren um 1790/1800 allein durch das Ausmaß ihrer Anhäufung die Frage nach dem geschichtlichen Zusammenhang.«[5]

Was hier beschrieben wird, läßt sich als die Genese der synthetischen oder ganzheitlichen Literaturgeschichtsschreibung verstehen. Die Ordnung, die sie prätendiert, ist nicht allein beliebige Anordnung des Einzelnen, sondern – im emphatischen Sinne einer metaphysischen Begründungstheorie – *Ordnung des Ganzen.* Damit wird zugleich die neuzeitliche narrative Bedeutung des Geschichtsbegriffs exponiert, der als die Aufgabe des Historikers bestimmt, die Geschichte als eine Geschichte zu *erzählen.* Eine so verstandene narrative Historie läuft aber offensichtlich Gefahr, die Gesetze ihrer scheinbar autonomen Ordnung nunmehr nicht aus historischen Prinzipien, sondern aus ästhetischen Kriterien zu ziehen. Diese historisch-ästhetische Kontiguität, auf die schon hingewiesen wurde, begleitet die moderne Literaturgeschichte als Problem bis heute, indem der historische Diskurs die Mittel ästhetischer Darstellung wechselweise ablehnte oder für sich reklamierte.

»Die Modalitäten erzählender Darstellung waren in der Geschichte der Historiographie einem Prozeß unterworfen, der sich durch Phasen fortschreitender Literarisierung, aber auch gegenläufiger ›Entliterarisierung‹ kennzeichnen ließe. Droysens Polemik gegen die *künstlerisch* geschlossene Erzählform des Historismus impliziert eine entliterarisierte Form der Darstellung – eine Geschichtsschreibung, der begrenzten, standortbewußten Perspektive und des offen gehaltenen Horizonts, wofür paradoxerweise gerade die Poetik der modernen Literatur Paradigmen anbieten könnte.«[6]

Ebenfalls hat Jauß darauf hingewiesen, daß diese »Interferenz von Poetik und Historik« in abgewandelter Weise in der analytischen Geschichtsphilosophie Arthur C. Dantos anzutreffen ist. Danto betont zwar ausdrücklich, daß wir etwas auslassen müssen, wenn wir eine Geschichte erzählen[7], womit er die Notwendigkeit der Selektion berücksichtigt, er kommt aber weiterhin dazu, die Homogenität des historischen Diskurses durch die Einführung eines »idealen Chronisten« wiederum ermöglichen zu wollen.[8] Dantos Konzeption des idealen Chronisten muß allerdings als Alternative und Kontrast zu der von ihm so genannten Position der substantialistischen Geschichtsphilosophie gesehen werden, von der er schreibt,

»daß die substantialistische Philosophie der Geschichte mit dem *Ganzen* der Geschichte befaßt ist: der ganzen Vergangenheit und der ganzen Zukunft: mit dem Ganzen der Zeit. Im Unterschied hierzu haben Historiker es lediglich mit der Vergangenheit zu tun und mit der Zukunft nur, wenn sie Vergangenheit geworden ist«.[9]

In diesem Sinne wären nun auch jene Literaturgeschichten als substantialistische zu kennzeichnen, die sich und ihren Gegenstand nach Maßgabe einer Idee des Ganzen realisieren wollen. Denn diese Geschichten umfassen *der Idee nach* auch die Zukunft, weil sie, wenn sie als ganze Geschichte erzählt werden sollen, wie jede Geschichte einen Schluß haben müssen – »denn zu jeder Geschichte muß es schließlich einen Schluß geben«.[10] Die scheinbar unsinnige Forderung, daß eine Geschichte die Zukunft mit umfassen müsse, charakterisiert tatsächlich die Literaturgeschichtsschreibung des 19. Jahrhunderts – nicht indem diese Beschreibungen und Ordnungen der zukünftigen Literatur gegeben hätte, was offensichtlich unmöglich ist, sondern indem sie die zukünftige Entwicklung der Literatur vorausgesagt hat. Und erst durch solche Prognosen konnte die Ordnung der Literaturgeschichte als die Entwicklung eines Ganzen von einem Anfang bis zu einem Ende vorgestellt werden. Das Thema der Prognosen impliziert das der Teleologien; auch Hegel und Schlegel haben der Literatur ein Telos prädiziert.

Diese teleologischen Vorhersagen und Vorsagen werden freilich durch zwei Argumente eingeschränkt, wenn nicht widerlegt. Während nämlich der Darstellung der ganzen Vergangenheit möglicherweise nur eine praktische Unmöglichkeit entgegensteht, ist die Darstellung des Ganzen der Geschichte eine logische Unmöglichkeit, da wir den Teil dieses Ganzen, der (noch) in der Zukunft liegt, noch nicht wissen können. Danto zieht daraus den Schluß, daß jede Darstellung der Vergangenheit »wesentlich« unvollständig bleiben müsse, da eine solche die vollständige Darstellung der Zukunft zur Voraussetzung haben müßte: »Es gibt, kurz gesagt, keine logisch folgerichtige, *vollständige* Darstellung der Geschichte. Unser Wissen um Vergangenes ist, mit anderen Worten, begrenzt durch unser Wissen (oder unsere Unkenntnis) von der Zukunft.«[11] Nun ist diese Kritik allerdings selbst ganzheitlich (wenn auch nicht substantialistisch). Sie benutzt nämlich, um den notwendig unvollständigen (selektiven) Charakter jeder Vergangenheitsdarstellung zu beweisen, nicht das Argument der älteren Historiker, dem zufolge die Masse der Gegenstände zu groß (chaotisch) sei, sondern verweist auf die prinzipielle Unmöglichkeit, die ganze Zukunft zu wissen. Damit ist vorausgesetzt, daß ein wesentlicher Zusammenhang zwischen dem Vergangenen und dem Zukünftigen bestehe. Ein zweites, möglicherweise weniger plausibles Argument betrifft die immanente logische Konsistenz:

»Es gibt weitere und engere Zusammenhänge, doch die Geschichte als Ganzes ist der schlechthin weitestmögliche Kontext, und nach der Bedeutung oder dem Sinn des Ganzen der Geschichte zu fragen, kann nur bedeuten, daß man sich des kontextuellen Rahmens beraubt, innerhalb dessen derartige Fragestellungen einzig vernunftgemäß sind. Denn es gibt keinen Kontext, der weiter wäre als das Ganze der Geschichte, in dem das Ganze der Geschichte selbst lokalisiert werden könnte.«[12]

Auch dies ist eine ganzheitliche Argumentation, da sie jedes Problem als Teil eines übergeordneten Ganzen versteht und eben dort sistiert wird, wo es ein solches übergeordnetes Ganzes nicht mehr gibt. Schwierig ist zudem an dieser Vorstellung folgendes: wenn jede Bedeutung nur unter der Bedingung verstanden werden kann, daß man sie in ihrem kontextuellen Rahmen untersucht, so impliziert dies die Notwendigkeit, den kontextuellen Rahmen zu verstehen, was wiederum erforderte, den nächsthöheren kontextuellen Rahmen hinzuzuziehen usw. Dies wäre gerade kein infiniter, sondern ein finiter Regreß, weil jede Explikation einer Bedeutung schließlich den weitestmöglichen Kontext erreichen müßte. Danto erörtert deshalb selbst die Annahme, daß man unter Geschichte als Ganzes nicht notwendig alles Vergangene und Zukünftige verstehen müsse. »Vielleicht ist nicht alles und jedes Teil der Geschichte als eines Ganzen, noch Geschichte als ein Ganzes der weitestmögliche Kontext. Eine Story, so haben wir gesagt, muß manches weglassen.«[13] Die hier angedeutete Lösung des Dilemmas kann durch die Unterscheidung zwischen einem summarischen und einem qualitativen Ganzen expliziert werden. Denn auch bei Danto kommt damit ein modifizierter Ganzheitsbegriff ins Spiel, der nun nicht mehr das Ideal summarischer Vollständigkeit meint, sondern ein qualitatives Bedeutungsganzes, das sich erst durch die Reduktion und Selektion des Vollständigen als sinnvolles Ganzes erweist. Dieses qualitative Ganze ist eine Konstruktion des Historikers; es ist das Resultat der Akte des Ordnens und damit künstliche Ordnung.

Wo dagegen dieses Bedeutungsganze nicht als eine Konstruktion des Historikers und als künstliche Ordnung begriffen wird, sondern als die objektive Gestalt der Geschichte, haben wir es mit der Position des Historismus zu tun. Hans Robert Jauß sieht den Historismus durch drei

Illusionen charakterisiert: die Illusion des vollständigen Verlaufs, die Illusion des ersten Anfangs und des definiten Endes, die Illusion eines objektiven Bildes der Vergangenheit.[14] Tatsächlich vermeint man, darin die vorkritischen Naivitäten der Aufklärung, der Romantik und des eigentlichen Historismus erkennen zu können. Man sieht deutlich, diese drei Illusionen fordern Emphase und vermeiden Skepsis, sie favorisieren das Erinnern und verhüllen das Vergessen, sie verharmlosen die Notwendigkeit der Selektion und koinzidieren in dem Versprechen, das Ganze der Geschichte zu erzählen. Die drei Illusionen, wie Jauß sie in Anlehnung an Droysen nennt, suggerieren die Möglichkeit einer vollkommenen Historie, einer Historie, die vollständig und klar erzählt werden könne, weil ihr Gegenstand vollständig und klar sei. Jauß weist nun, wiederum in Anlehnung an Droysen, nach, daß dieser historische Diskurs nicht, wie er selbst vorgibt, seinen Gegenstand objektiv reproduziert, sondern ihn allererst mit ästhetischen Mitteln hervorbringe. Dazu heißt es schon bei Droysen:

»In abstracto gibt es jeder leicht zu, daß unser Wissen Stückwerk und auch unser historisches Wissen unvollständig ist. Aber schon die Art, wie man vorherrschend die Form der Erzählung für geschichtliche Dinge braucht, macht die Illusion und will sie machen, als wenn wir von den geschichtlichen Dingen einen *vollständigen* Verlauf, eine in sich geschlossene Kette von Ereignissen, Motiven und Zwecken vor uns hätten. Und auch bei den Forschern stellt sich nur zu leicht die Illusion ein, als sei das, was uns überliefert vorliegt, wenn nicht das Ganze, so doch das Wesentliche, und könne und müsse genügen, ein Bild des Ganzen zu geben.«[15]

Jauß folgert hieraus, die historische Erzählung mache sich ein »Gesetz der Fiktion« zunutze, indem sie disparate Elemente einer Geschichte (die noch keine ist) zu einem Ganzen füge und so mittels eines ästhetischen Effekts tatsächliche Lücken schließe. Ein solcher Effekt sind etwa Scheinüberleitungen, von denen es bei Siegfried Kracauer heißt: »Scheinüberleitungen sind ein sehr beliebter Oberflächenkunstgriff. Sie schaffen die Illusion eines Strömens . . .«[16]

Ebenfalls, fährt Jauß fort, berufe sich die zweite illusionäre Annahme des Historismus, die des ersten Anfangs und des definiten Endes, auf ein »Gesetz der Fiktion«, und zwar auf die aristotelische Bestimmung der poetischen Fabel, die Anfang, Mitte und Ende haben müsse, um, wie wir hinzufügen, den Eindruck eines Ganzen hervorzurufen.

Die dritte Illusion besteht nach Jauß in der Suggestion, der Historiker müsse nur von sich absehen, um ein objektives Bild von der Vergangenheit zu gewinnen. Die doppelte Unwahrscheinlichkeit dieser Annahme kann man daran erkennen, daß erstens die gänzliche Eliminierung der subjektiven Anteile des erzählenden Historikers überhaupt für möglich gehalten wird, und daß zweitens als Resultat dieser methodischen Subjektlosigkeit die Vergangenheit so erzählt werden könnte – mit dem Wort Rankes –, »wie es wirklich gewesen ist«. Von der Absicht her wäre dieser Historiker gänzlich neutral, eine tabula rasa, auf der sich die Schrift der Geschichte wiederholte; aber er wäre zugleich notwendig allwissend. Jauß meint hier die Poetik des historischen Romans wiederzuerkennen, was auch bei dieser dritten Illusion des Historismus eine problematische Motivierung durch ästhetische Verfahren belege.

Diese drei Illusionen kennzeichnen (soweit sie zutreffen) Kompositionsweisen des historischen Diskurses. Über der Kontingenz der Geschichte etabliert dieser Diskurs eine lückenlose Ordnung, einen jederzeit motivierten Verlauf, der der fundamentalen Forderung genügt, ein Ganzes zur Darstellung zu bringen. Dieser glättende Diskurs schreibt gegen die verwirrende Vorstellung eines Labyrinthes an. Er ist der rote Faden, der durch das Tohuwabohu der Mannigfaltigkeit führt. Man muß sich indes vergegenwärtigen, daß es einen solchen historischen Ariadne-Diskurs mit seinen drei typischen Illusionen einzig in der Tendenz gibt: als Tendenz des Historismus. Insofern es sich allerdings um eine kompositorische Tendenz zur Ordnung handelt, haben wir es mit einer allgemeinen Strategie der Literaturgeschichtsschreibung zu tun. Diese Strategie ist nicht nur programmatischer Natur, sie soll vielmehr die Praxis der neuen Geschichtsschreibung von der alten unterscheiden helfen. In diesem Sinne erklärt Georg Gervinus in seiner *Geschichte der poetischen National-Literatur der Deutschen* die grundsätzliche Notwendigkeit der Selektion: »denn eine Wahl war unvermeidlich.«[17] Das solchermaßen Unvermeidliche wird im folgenden zur souveränen Haltung des Historikers erhoben:

»wer nicht das Ganze umfaßt und mit gleich großer Kühnheit wie Sicherheit das Treiben von Jahrhunderten mit einem Blick überschlagen kann, sondern am kleinen Maß seiner persönlichen oder nationellen, seiner gelehrten oder dogmatischen Beschränktheit die Welt ausmessen will, der darf nicht wagen nach der Palme der Geschichtsschreibung zu ringen.«[18]

Daß hier mit der Begründung des zu vermeidenden Dogmatismus die Ordnung des Ganzen zum neuen Dogma erklärt wird, geschieht noch im Hinblick auf den Historiker, dessen Eignung und, mehr noch, dessen Charisma als eine besondere Disposition zur Historie über das Gelingen des historischen Diskurses entscheiden soll. Gemeint ist ein Historiker, der zwar von seiner Person absieht, der aber zugleich mit einer ihm eigenen »Kühnheit« das Material von Jahrhunderten selegiert. Mit

anderen Worten, er entspricht der dritten Illusion des Historismus – und er entspricht ihr wiederum nicht.
Noch eine andere Ordnungsproblematik zeichnet diese aufgeklärte Literaturgeschichtsschreibung aus. Gervinus hält es nämlich für eine Verpflichtung der Objektivität, daß in der Literaturgeschichte eine strikte Trennung zwischen Geschichte und Kritik herrschen müsse. Er sagt von seiner *Geschichte,* »daß es nichts ist als Geschichte«. Und er führt dies aus: »Ich habe mit der ästhetischen Beurtheilung der Sachen nichts zu tun, ich bin kein Poet und kein belletristischer Kritiker.«[19] Man kann nun im Detail zeigen, daß diese Trennung nicht durchgehalten wurde und wahrscheinlich auch nicht durchgehalten werden kann. Weder Gervinus noch seine Nachfolger haben einen reinen historischen Diskurs hervorgebracht, der von Kritik nichts wüßte. Man muß in Gervinus' *Geschichte* nur das Kapitel über den »Sturm und Drang« lesen, um zu bemerken, wie die Ordnung der Kritik die Ordnung der Geschichte durchkreuzt; hier finden sich nicht nur Werturteile, sondern ausgesprochene Polemiken. Es handelt sich in der Folge gewissermaßen um eine klassische Figur, daß die nachklassischen Literaturgeschichten den »Sturm und Drang« und die Romantik als defizitäre Früh- und Spätformen der Klassik »kritisieren«. Die von Gervinus bestrittene, gleichwohl praktizierte Interferenz von Geschichte und Kritik findet sich auch bei Hermann Hettner, mit dem Unterschied allerdings, daß dieser sich ausdrücklich als Historiker *und* Kritiker verstand.[20] Doch wenn bei Gervinus der ganzheitliche Diskurs als eine besondere Leistung vom Historiker gefordert wird, als etwas, das er zu den historischen Daten hinzuzubringen hat, so wird von ihm andererseits die Forderung nach dem Ganzen mit der Entwicklung der Geschichte begründet. Die jüngste Vergangenheit sei eine Revolution gewesen, die man nicht vorübergehen lassen dürfe, ohne »eine einigermaßen würdige Erzählung der Begebenheiten jener Zeit der Nachwelt zu hinterlassen«.[21] Im Gegensatz zur politischen Geschichte, an der Gervinus das Ausbleiben eines einheitlichen deutschen Nationalstaates als Hindernis für eine geschlossene Darstellung auffaßt, heißt es:

»Die Geschichte der deutschen Dichtung dagegen schien mir ihrer inneren Beschaffenheit nach eben so wählbar, als ihrem Werthe und unserem Zeitbedürfniß nach wählenswerth. Sie ist, wenn anders aus der Geschichte Wahrheiten zu lernen sind, zu einem Ziele gekommen, von wo aus man mit Erfolg ein Ganzes überblicken, einen beruhigenden, ja einen erhebenden Eindruck empfangen und die größten Belehrungen ziehen kann.«[22]

Das Ziel, von dem Gervinus spricht, zu dem die deutsche Literatur

gekommen sei und von dem aus sie nun als ein Ganzes erkannt werden könne, ist, wie in fast allen Literaturgeschichten der zweiten Hälfte des 19. Jahrhunderts, das Werk Goethes. Das ist bei Hermann Hettner ebenso der Fall wie bei Wilhelm Scherer.
Auch Scherer erlaubt es das erreichte Ziel, eine deutliche Ordnung zu finden. »Der Gang unserer Literaturgeschichte läßt sich daher auf ein merkwürdig einfaches Schema bringen: drei große Wellen, Berg und Tal in regelmäßiger Abfolge.«[23] Abgesehen von der wissenschaftsgeschichtlichen Merkwürdigkeit, daß diese hochspekulative Theorie ausgerechnet von dem dezidierten Positivisten Scherer stammt, der die Literaturgeschichte nach dem Vorbild der Naturwissenschaften neu begründen wollte (und der an Gervinus kritisierte, daß dieser die Kategorie der Kausalität nicht genügend beachtet habe), läßt sich hieran die Kenntnis der jeweiligen Genesen des Ganzen der Geschichte erweitern. Scherer argumentiert nämlich, daß die drei »Blüteperioden« der deutschen Literatur (600, 1200, 1800) nicht nur mit den drei Zeiträumen identisch seien, in denen der Frau eine besondere kulturelle Bedeutung zukam, sondern daß dieser Umstand die jeweilige *Ursache* für die »Blüteperioden« gewesen sei. Nun ist zwar die Ursache für diese Regelmäßigkeit des Geschichtsbildes weiblich, aber die Wirkung ist ausschließlich männlich, denn die »Blüteperiode« um 1800 etwa wird für uns nicht in den Werken von Frauen evident, sondern, wie Scherer sagt, in denen von Schiller und Goethe usw. Um nun dennoch seine Theorie aufrechterhalten zu können, begründet Scherer diesen Sachverhalt mit einer allgemeinen Theorie des Wesens der Frau.

»Sie treten nicht an die Öffentlichkeit, um ins Allgemeine zu wirken; aber sie wirken auf den Mann und durch ihn auf die Welt. Ihr Lächeln lohnt dem Tapferen, dem Gewandten, dem Schönredenden, dem Dichter. Sie sind der Hort der guten Sitte, sie verlangen maßvolle Haltung und gebildete Form. In ihrem Dienste wendet sich die Poesie vorzugsweise dem Seelenleben zu und leistet in Epos, Roman, Lyrik das Beste.«[24]

Es geht uns hier nicht um die mögliche Plausibilität dieser Theorie und dieser Ordnung (beide sind offensichtlich eher gewagte Konjekturen), sondern um den Tatbestand, der es nötig erscheinen läßt, sich überhaupt auf eine Theorie zu beziehen, um eine Ordnung zu begründen. Die Ordnung, die Gervinus in den von ihm konstatierten ganzheitlichen Verlauf der Literatur introduziert, ist teleologisch. Die Ordnung, die Scherer in der Geschichte der Literatur gefunden hat, ist zyklisch. Beide Ordnungen prätendieren, ein Ganzes zu sein. Es ergibt sich aber, daß diese Ordnungen ihre Kohärenz nicht allein durch den Gebrauch ästhetischer Verfahren erlangen. Die von Jauß benannten drei Illusionen lassen sich zwar als konstitutiv für diese Konzeptionen nachweisen – wenn auch nicht durchgehend –, aber sie reichen nicht aus, um die theoretischen Konstruktionen dieser ganzheitlichen Geschichtstypen zu erklären. Denn wohl sind die Illusionen des vollständigen Verlaufs, des ersten Anfangs und definiten Endes und des objektiven Bildes der Vergangenheit als Instrumente einer ästhetisch wirksamen Vereinheitlichung des historischen Diskurses in diesem relevant und können zeigen, wie die Narration das Bild des Teleologischen einerseits und das Bild des Zyklischen andererseits hervorbringt; doch sie können eben nicht zeigen, wie es überhaupt zur Annahme eines Telos oder Zyklus kommt. Dieser Sachverhalt zwingt uns vielmehr, einen weiteren Bezugspunkt der substantialistischen Literaturgeschichte anzunehmen, die sich nun folgendermaßen charakterisieren läßt:

Die substantialistische Literaturgeschichte, die im 19. Jahrhundert entsteht, ist durch das Interesse definiert, das Ganze der Geschichte und die Geschichte als Ganzes zu erzählen. Diese zweite Bestimmung (Geschichte als Ganzes) ist nicht zu verstehen im Sinne numerischer Vollständigkeit, sondern als Ordnungskonzeption: das *geordnete* Ganze sei mehr als die Masse der Teile, die bloß ein Chaos sei, und es sei mehr als die Anzahl der ausgewählten Teile, nämlich ein bestimmter Verlauf. Diesem bestimmten Verlauf soll eine notwendige, substantielle Bedeutung zukommen, die im historischen Diskurs expliziert wird, und diese – und nur diese – Explikation mache die Autonomie des historischen Diskurses aus. Die Ordnung dieses Ganzen der substantialistischen Literaturgeschichte entsteht erstens als das Resultat der Verwendung ästhetischer Verfahren im historischen Diskurs; sie entsteht zweitens als das Resultat der Verbindung des historischen Diskurses mit einer Ideologie.

Diese Ideologie kann, wie bei Gervinus, ein nationales Telos, sie kann, wie bei Scherer, eine Theorie der kulturellen Iteration, die durch eine Metaphysik des Weiblichen begründet wird, sein; sie kann, wie bei Nadler, eine Rassenideologie sein oder, wie bei Korff, eine Ideologie der strikten Gegenbürgerlichkeit des Dichters usw. Die Verbindung des historischen Diskurses mit einer Ideologie ist dabei nicht, wie man annehmen könnte, eine Naivität des 19. Jahrhunderts, sondern charakterisiert prinzipiell jede Literaturgeschichte, die einen ganzheitlichen Verlauf der Literatur, sei er teleologisch oder zyklisch, stipuliert, also jede substantialistische Literaturgeschichte. Das betrifft, wenn man nach sich aufdrängenden aktuellen Beispielen sucht, sicherlich die marxistische Literaturgeschichtsschreibung, die zweifellos teleologisch ist; Danto nennt sogar im Anschluß an Löwith die marxistische »Weise, das Ganze der Geschichte zu betrachten, wesentlich theologisch«.[25] Die ideologische Unterscheidung zwischen fortschrittlichen und dekadenten Werken der Literatur impliziert ja offensichtlich die Annahme des Fortschritts auf ein Ziel hin, wobei in der marxistischen Literaturgeschichte hinzukommt, daß ein Werk dann – und nur dann – fortschrittlich ist, wenn es eine fortschrittliche *gesellschaftliche* Position zum Ausdruck bringt.

Bekanntlich gibt es hier den polemischen Gegensatz zwischen der marxistischen Literaturgeschichte, die sich, zumindest bei Lukács, betont zur Parteilichkeit bekennt, und der von ihr wiederum so genannten »bürgerlichen« Literaturgeschichte, die sich auf das Ideal einer strikten Objektivität berufe, worin nun gerade *ihr* ideologisches Stigma sich erkennen lasse.

Tatsächlich scheint die neuere westliche Literaturwissenschaft in ihrer Distanzierung von ganzheitlichen Geschichtskonzeptionen eher überhaupt auf die Disziplin der Literaturgeschichte verzichten zu wollen, als sich irgend dem Verdacht des Ideologischen auszusetzen. Nun liegt das unter anderem daran, daß gerade die deutsche Literaturgeschichte das prekärste Beispiel für die Begründung einer teleologischen Literaturgeschichte durch eine Ideologie gegeben hat. Bedeutsam ist in diesem Zusammenhang etwa die Erinnerung des Literaturhistorikers Walter Muschg an die Literaturgeschichte von Josef Nadler, die er »als ragendes Monument einer dem chauvinistischen Rassenwahn verfallenen Literaturwissenschaft«[26] bezeichnet und wo zugleich auf »das kraß teleologische Bild der Literaturgeschichte, das er [Nadler] zeichnet«[27], hingewiesen wird.

Muschg scheint eine gewisse Beruhigung in dem Gedanken zu finden, daß Nadlers Literaturgeschichte selbst eine historische Situation bezeichne, nämlich den Abschluß der ganzheitlichen oder, wie wir sie nennen wollen, der substantialistischen Literaturgeschichte.

»Der bedeutende Eindruck, den dieses Werk auf den ersten Blick erweckt, ist in der Tatsache begründet, daß hier überhaupt noch einmal eine Gesamtgeschichte der deutschen Literatur aus einheitlichem Blickpunkt von einer Hand geschrieben wurde. Das ist ein Widerspruch gegen den herrschenden Geist der modernen Literaturwissenschaft, die sich den Beruf einer solchen Gesamtdarstellung und das Interesse an ihr abzusprechen pflegt.«[28]

Der herrschende Geist, so lesen wir, ist durch progressive Spezialisierung und Partialisierung bestimmt, eventuell auch durch den Geist des

Kollektivs, auf jeden Fall aber durch den Verzicht auf die Idee des Ganzen (den einheitlichen Blickpunkt) und damit auch durch die Minimalisierung ideologischer Gefährdungen. Was daraus folgt, ist, so scheint es, Objektivität.

Man kann hierin durchaus eine erneute Sorge und eine erneute Illusion des Historikers erkennen. Denn möglicherweise werden die ideologischen Beziehungen der nachnadlerschen Literaturgeschichten weniger eklatant – sie werden dezenter –, doch sie verschwinden nicht aus dem historischen Diskurs, solange er mehr sein will als eine Chronik bzw. die Repristination der Chronik in den Annalen. Immer dann, wenn dieses »Mehr« eine bestimmte *Entwicklung* meint, befinden wir uns erneut in der Nähe des teleologischen Denkens und seiner ideologischen Implikationen. Nur muß diese Ideologie nicht unbedingt mit einer politischen Theorie koordiniert sein. Sie kann als das ideologische Außerhalb, das die Ordnung des noch so begrenzten Ganzen begründet, auch eine bestimmte Methode sein. Auf einer sehr allgemeinen Ebene forderte Friedrich Schlegel, der historische Diskurs müsse einer »Idee des Ganzen« gehorchen. Er definierte damit, wie wir mittlerweile sehen, die bestimmte historische Gestalt der substantialistischen Literaturgeschichte. Etwa gleichzeitig exponierte August Wilhelm Schlegel die eine methodologische Prämisse dieser Theorie, indem er die Forderung seines Bruders umkehrte und vom eigentlichen »Charakter der Historie« sagte, »in den einzelnen Theilen muß die vollkommenste Empirie herrschen, nur im Ganzen darf die Beziehung auf eine Idee liegen«.[29] Wir erkennen also, daß die Literaturgeschichte, wenn sie die Idee des Ganzen zentral stellt, nicht nur im ganzen auf eine Idee bezogen sein darf, sondern notwendig die Beziehung auf eine – ideologische – Idee ist.

Die Idee des Ganzen ist deshalb niemals etwas Gegebenes. Sie ist kein Gegebenes in der nahen Aktualität der Gegenwart, und sie war kein Gegebenes in der Ferne des Altertums, der unverlierbaren Distanz des Griechischen. Die Idee des Ganzen ist vielmehr stets eine Idee der Ordnung, eine Sorge des Historikers. An den Konzeptionen des Ganzen können wir deshalb dauerhafte Strategien der Diskursproduktion ablesen: einen sehr menschlichen Willen zur Einheit der Sprache. Die theoretischen Aussagen zur Literaturgeschichte lassen sich, wie wir gesehen haben, als Rechtfertigungen der bestimmten Konzeptionen des Ganzen deuten, während gleichzeitig in diesen Rechtfertigungen die doppelte Sorge und Besorgtheit des Historikers offenbar wurde, nämlich das Ganze zu wollen und doch seine Unmöglichkeit einsehen zu müssen.

Deshalb findet sich schon in der Historiographie des 19. Jahrhunderts, in der die Idee des Ganzen mit der Naivität des Anfangs gerade als die überlegene Auffassungsweise des Geschichtlichen gedacht wurde, die Einsicht in die Differenz der Relata und die verbindende Kraft der Relationen. Daß es sich bei dem historischen Diskurs um ein Beziehungsdenken handle und handeln müsse, geht aus dem Sachverhalt hervor, daß, um von Literaturgeschichte sprechen zu können, zunächst die eine und allgemeinste Beziehung zwischen Literatur und Geschichte hergestellt werden müsse. Aber da Geschichte als sich ihres eigenen Kontextes beraubende Totalität kein sinnvoller und schon gar kein praktikabler Bezugspunkt ist, wird die Beziehung auf Geschichte als Totalität vertreten durch die Beziehung auf eine geschichtliche Idee. Diese Idee, auf die das Ganze selbstreflexiv bezogen sein soll, kann, wie schon gesagt wurde, eine politische Idee, die Idee einer normativen Ästhetik oder die Idee einer Methode sein. Daran wird deutlich, daß das historische Ganze sich wohl in Beziehungen zu konstituieren vermag. Es wird aber ebenfalls deutlich, daß die Ordnung des Ganzen nicht Totalität ist, sondern notwendige *Partialität.* Im Zusammenhang der Literaturgeschichte von einem Ganzen zu sprechen ist also nur dann sinnvoll, wenn diesem Ganzen eine bestimmte Bedeutung zukommt, wenn es sich um ein signifikantes Ganzes, um ein im doppelten Sinne des Wortes bedeutendes Ganzes handelt.

Die Partialität der Perioden

> »Es ist daher zwischen dem Gange der Welt und der Weltgeschichte ein wirkliches Mißverhältnis sichtbar. Jenen möchte man mit einem ununterbrochenen fortfließenden Strom vergleichen, wovon aber in der Weltgeschichte nur hie und da eine Welle beleuchtet wird.«
>
> Friedrich Schiller

Je umfassender ein historisches Ganzes konzipiert wird, um so umfassender sind auch die Lücken in demselben und um so eklatanter deshalb das »Mißverhältnis« zwischen Gang der Welt und Weltgeschichte.[1] Es kehren hier, wie man sieht, die allgemeinen Probleme der Geschichtsschreibung, wie sie in den wechselseitigen Beziehungen der drei Begriffe der Selektion, des Ganzen und der Ordnung gezeigt wurden, wieder, allerdings in gesteigerter Problematik. Denn während einerseits offensichtlich ist, daß die materialen Lücken größer werden, wird andererseits gerade deshalb das Niveau der Generalisierung deutlicher: deutlicher werden die Strategien der Ordnung, die Ideen und Ideologien als Prinzipien intendierter Kohäsion. Tatsächlich wäre eine am Ideal der Vollständigkeit orientierte Universalgeschichte – und sei es nur eine Universalgeschichte der Literatur – einer doppelten Widerlegung ausgesetzt. Denn selbst wenn die praktische Unmöglichkeit, sie zu schreiben, überwunden werden könnte, so wäre sie immer noch deshalb illusionär, weil sie einen idealen Leser voraussetzt. Die Universalgeschichte ist deshalb wahlweise die extrem perspektivische Illustrierung einer Idee oder die Ideierung eines stark selegierten historischen Materials. An diesen Positionen läßt sich wahrnehmen, was Wellek und Warren den prinzipiellen »logischen Zirkel« der Literaturgeschichte nennen[2] und was wir oben als erstes historisches Dilemma bezeichnet haben: Die Ordnung des historischen Ganzen ergibt sich als Resultat der Beziehung auf eine Idee, während sich die – einheitliche – Idee gerade als Resultat der einheitlichen Betrachtung der Geschichte einstellen soll. Wir können nun die idealistische Theorie der Geschichte (zumindest ihrer naiven Provenienz nach) daran erkennen, daß ihr diese dilemmatische

Form der Beziehungsdialektik nicht problematisch erscheint, sondern daß sie vielmehr in der Einführung *einer* Ordnungsidee durch den Historiker die eigentliche Dignität der Universalgeschichte erblicken wollte. In diesem Sinne heißt es bei Schiller:

»So würde denn unsere Weltgeschichte nie etwas anderes als ein Aggregat von Bruckstücken werden und nie den Namen einer Wissenschaft verdienen. Jetzt also kommt ihr der philosophische Verstand zu Hülfe, und, indem er diese Bruckstücke durch künstliche Bindungsglieder verkettet, erhebt er das Aggregat zum System, zu einem vernunftmäßig zusammenhängenden Ganzen.«[3]

Erst diese Hilfe des philosophischen Verstandes ermögliche den Übergang vom blinden Ungefähr zum übereinstimmenden Ganzen, das freilich nur in der Vorstellung des Historikers vorhanden sei. Aus dieser Quelle stammt auch die einheitliche und vereinheitlichende Idee:

»Er nimmt also diese Harmonie aus sich selbst heraus und verpflanzt sie außer sich in die Ordnung der Dinge, d. i. er bringt einen vernünftigen Zweck in den Gang der Welt und ein teleologisches Prinzip in die Weltgeschichte.«[4]

Erneut bekundet sich hier der Autonomieanspruch der Geschichtsschreibung, nicht lediglich nachträglicher Bericht eines vorangegangenen Geschehens zu sein, sondern im historischen Diskurs die Geschichte als sinnvolles Geschehen allererst zu konstituieren, Geschichte zu »machen«. Wobei wir für wahrscheinlich halten können, daß sich Schiller von einer terminologischen Präfiguration leiten bzw. verleiten ließ, von der »Ordnung der Dinge« zu sprechen, in die hinein der philosophische Geist *seine* Harmonie verpflanze, während er doch offensichtlich erst durch diesen Akt der Ordnung den Dingen eine Ordnung unterstellt. Der Historiker ist nicht nur der Schöpfer seines Diskurses, sondern Hersteller der Geschichte. Diese Annahme ist freilich nur dann verständlich, wenn der Gedanke der Unordnung, des tatsächlichen Chaos der historischen Ereignisse, vorausgesetzt und in Zusammenhang mit der Idee der Ordnung gedacht wird, die eine Idee des Ganzen ist.
Dieser Zusammenhang wird methodologisch besonders auffällig, wenn dieses Ganze universal konzipiert ist, als Weltgeschichte oder als Geschichte der Weltliteratur, wie z. B. in Eppelsheimers *Geschichte der Europäischen Weltliteratur:*

»Wir brauchen neben dem Lexikon die *Geschichte der Weltliteratur,* weil erst die historische Erarbeitung des literarischen Werdens die Möglichkeiten fundierter Ordnung und Wertung – kurzum, die sinnvolle Bewältigung der Literaturmassen der Weltliteratur schafft.«[5]

Wiederum begegnet die Masse der Literatur dem Historiker als das Widerständige, das seine Arbeit zugleich notwendig und fragwürdig macht. Und wiederum können wir sehen, daß, je größer die Massen sind, die Arbeit des Historikers *als Arbeit* desto eklatanter auf sich aufmerksam macht. Anders gesagt, je größer die Masse ist, die bewältigt werden soll, um so weniger darf sie berücksichtigen, um so mehr muß sie auslassen: die größte umfangslogische Konzeption bedingt die radikalste Reduktion des Materials. Ebenso verhält es sich mit der Darstellung des universalhistorischen Ansatzes, die, da sie doch möglichst viel nennen will, auch auf das bloße Nennen restringiert ist und sich so immer mehr der Annalistik annähert.

»Geschichten sind entsprechend der Größe der raumzeitlichen Einheit, auf die sie sich erstrecken, in Ausmaß und Größenordnung unterschieden.« Aus dieser allgemeinen Beschreibung leitet Kracauer das von ihm formulierte »Perspektiv-Gesetz« ab: »Unterschiede im Ausmaß bezeichnen Unterschiede im Abstand.«[6] Je größer der Abstand, d. h. der Umfang, desto größer und großzügiger die Perspektive, d. h. die Selektion, das Vergessen. »Ich fürchte, die Idee von Universalgeschichte ist eine Fata Morgana, eine Schimäre . . .«[7] Universalgeschichte ist deshalb häufig nur ein theoretisches Postulat, eine Figur des transzendentalen Diskurses, eng verbunden mit der geschichtsphilosophischen Emphase der bürgerlichen Emanzipation am Ende des 18. Jahrhunderts. Die extrem distanzierte Perspektive soll im wörtlichen Sinne das Ganze der Geschichte erfassen und exponiert so – paradoxerweise – gerade das Fragmentarische ihres Verfahrens, wie etwa in Eppelsheimers *Geschichten der Europäischen Weltliteratur,* an der das tatsächlich Essayistische des universal konzipierten Ganzen exemplarisch deutlich wird. Die harten Worte von Wellek und Warren werden dieser Sachlage durchaus gerecht:

»Die meisten Geschichten der Weltliteratur sind Versuche, die Haupttraditionen der europäischen Literatur, zusammengehalten durch ihre gemeinsame Abstammung von Griechenland und Rom, darzustellen. Keine geht jedoch über ideologische Allgemeinheiten, oder oberflächliche Zusammenstellungen hinaus . . .«[8]

Zudem läßt sich beobachten, daß die beiden von Wellek und Warren genannten Defizite, wenn sie in einem Werk nebeneinander erscheinen, was meistens der Fall ist, keineswegs in einer stringenten Beziehung zueinander stehen. Es gibt hier vielmehr, was Kracauer für das Verhältnis von Makro- und Mikro-Geschichten festgestellt hat, eine prinzipielle Differenz, die häufig gar nicht und wenn, dann nur mit ästhetischen Mitteln, also suggestiv, überbrückt werden kann. Als eine solche ideologische Allgemeinheit läßt sich etwa bei Eppelsheimer die Idee einer fortschreitenden »europäischen Integration«[9] hervorheben, während die

Zusammenstellung den wechselnden Kriterien von Epochen, Perioden, Gattungen, Stilformen oder Autoren folgt. Es ist deutlich, daß diese beiden Ebenen in einer vagen Verbindung miteinander stehen. Eppelsheimer weist wiederholt darauf hin, daß es Goethe war, der etwa um das Jahr 1830 den Begriff der Weltliteratur in die literaturgeschichtliche Diskussion einführte, und zwar als Kritik an der, wie es ihm schien, beschränkten Position der Romantiker, denen sich die Idee der Literaturgeschichte in der Geschichte der Nationalliteratur erfüllte. In diesem Fall bedarf es keiner weitgehenden Interpretation des ideologischen Niveaus der jeweiligen Geschichte, um die Art der Beziehung zu einer Idee festzustellen, denn diese Idee ist die der jeweiligen Nationalität. Nun hat freilich der Begriff der Nationalität verschiedene Verwendungen, deren Gemeinsamkeit – ob sie nun aufklärerisch, wie bei Gervinus, metaphysisch, wie bei den Romantikern, oder rassistisch, wie bei Nadler, ist – man in der Beziehung zu einem politischen System sehen kann; denn der Begriff der Nation verweist zweifellos auf Politik. In diesen politischen und damit »unliterarischen Bezügen«, die »zu Spekulationen über Nationalcharakter und nationale Ethik, die nur wenig mit Literatur als Kunst zu tun haben«[10], einladen, erblicken Wellek und Warren die Problematik einer Geschichte der Nationalliteratur. Diese Problematik läßt sich doppelt, nämlich in politischer und ästhetischer Hinsicht, erläutern.

Denn die Geschichten, die von der Annahme einer nationalen Wesenheit ausgingen, liefern gerade in ihren wirksamsten Erscheinungen das eher unerfreuliche Beispiel eines am Falle der Literatur demonstrierten Chauvinismus. Als ein extremes Beispiel kritisiert Scherer die *Geschichte der deutschen National-Litteratur* von Vilmar, der, wie Scherer referiert, die Behauptung aufstellt, »die Deutschen hätten die erste und größte Dichterfähigkeit, sie seien das eigentliche Dichtervolk auf dieser Welt«.[11] Scherer bemerkt dazu: »Schamlose Prahlerei! Als ob es keine Griechen, als ob es keinen Shakespeare, keinen Dante, Molière und Cervantes gäbe!«[12] Gegen diesen »falschen Patriotismus« bringt Scherer nun gerade wieder den Begriff der Weltliteratur ins Spiel. Aber auch er gibt den Gedanken der Nationalität nicht auf, dessen »reaktionäre Tendenz« er bei Vilmar kritisierte, er empfiehlt vielmehr, von der »Überschätzung des germanischen Elements« abzusehen, um die »wahre Deutschheit« in der Bewahrung und Steigerung der klassischen Bildung zu begreifen. Zwar ist diese Position rationaler (und sicher nach den Erfahrungen zweier »deutscher« Weltkriege auch sympathischer), aber sie ist eben auch eine Ideologie, die in dem prätendierten nationalen Wesen kein allgemeines Kriterium der Literatur liefern kann – auch nicht der deutschen Literatur. Auch Scherer folgt einer normativen Idee, wie seine *Geschichte der deutschen Literatur* deutlich zeigt; der von ihm zur literaturhistorischen Methode berufene Positivismus ist keinesfalls in Einklang zu bringen mit der Apotheose der Klassik, besonders Goethes, in der sein Werk gipfelt und bedeutsam endet.

Es ist daher grundsätzlich zu fragen, ob der Begriff der Nationalität überhaupt geeignet ist, die Realität literarischer Zusammenhänge verständlich zu machen. Man wird zwar konzedieren müssen, daß die Zugehörigkeit zu einer gemeinsamen Sprache (was indes den Begriff der Nation bereits überschreitet), einem Staat oder einem Volk wechselseitige Einflüsse und begrenzte Beziehungen der Ähnlichkeit hervorbringen kann; aber daraus die Existenz eines einheitlichen Nationalstils ableiten zu wollen, wäre deshalb unsinnig, weil die determinierende Kraft des Nationalen auf den einzelnen Schriftsteller nicht so eindeutig und linear ist, wie man es anzunehmen gezwungen wäre, und weil zweitens es gerade die Verschiedenheit der Zeit ist, die die intendierte Vorstellung einer einheitlichen Zeit vernichtet. Es ist, wie Hans Robert Jauß sagt,

»noch nicht die Konsequenz daraus gezogen worden, daß es zwischen dem Rolandslied und RACINE so wenig eine erforschbare und lehrbare Kontinuität gibt wie zwischen dem Nibelungenlied und GOETHEs Iphigenie«.[13]

Universalgeschichte und Nationalgeschichte der Literatur gehen, so scheint es, von der Annahme aus, daß ihr Umfang an seinen Grenzpunkten keiner willkürlichen Beschränkung unterliege, sondern eine *natürliche* Ordnung repräsentiere. Wenn man akzeptieren will, daß sich der Anfang der Weltliteratur und der Nationalliteraturen zumindest in Annäherungswerten bestimmen ließe – ein Vergleich verschiedener Geschichten erweist allerdings, daß durchaus verschiedene Anfänge möglich sind –, so ist die Fixierung eines Endes durchweg problematisch. Sie ist überhaupt nur in teleologischen Konzeptionen denkbar, so nämlich, daß die Literatur *ihr* Ziel erreicht habe. Dies kann als ein endgültiges Resultat angesehen werden, wie bei Hegel, oder als das Erreichen eines vorläufigen Endpunktes, wie bei Gervinus und Scherer. Aber diese Gegenwart des Endes kann nur wahrgenommen werden von einer Gegenwart aus, für die jene bereits Vergangenheit ist. Günter Hess hat dieses Problem ständig in die Vergangenheit absinkender Gegenwarten – und damit die prinzipielle Unabschließbarkeit der Literaturgeschichte – in Zusammenhang mit dem Epochenbegriff erörtert:

»Indem ›Gegenwart‹ aus der Perspektive der jeweiligen historischen Situation für das immer letzte und doch immer schon wieder der Revision bedürftige Kapitel der Literaturgeschichte das Epochenetikett liefern muß, steht mit der Summe der Varianten auch die Problematik des stets offenen Epochenbegriffs zur Diskussion.«[14]

Die Gegenwart ist der Zeitraum, der eine geschlossene Darstellung eines Ganzen der Literatur systematisch verhindert, da er immer in die Zukunft hinein geöffnet ist. Man kann es den Doppelcharakter der Gegenwart nennen, der jene Schwelle der permanenten Transformation bezeichnet, die den Umfang des Vergangenen beständig erweitert, indem sie die noch unbekannte Zukunft vergegenwärtigt. Deshalb läßt sich selbstverständlich jede Literaturgeschichte, die von einem bestimmten Zeitpunkt »bis zur Gegenwart« konzipiert war, nach einer gewissen Zeit bis zu der jeweils neu erreichten Gegenwart fortschreiben, was aber offensichtlich in bezug auf die Prämissen einer substantialistischen Geschichtsschreibung, die an einem präzisen und definiten Ende interessiert ist, weil nur dies das Vergangene als vergangenes Ganzes erscheinen ließe, als ein irrationaler Faktor erscheinen muß. Daher gibt es in der Literaturgeschichte des 19. Jahrhunderts die plötzlichen Fixierungen eines Endes, die das Nachfolgende, das es ja de facto gab, als Nichtliteratur oder bloßes Epigonentum diskriminierten.[15] Ein solcher Purismus gegen das Neue ließ sich allerdings nicht lange vertreten und ist im 20. Jahrhundert gänzlich einer liberalen Haltung gewichen, die sich bewußt ist, daß das Ende der Historien durch nichts anderes begründet sein kann als durch die Kontingenz der Zeitlichkeit des Historikers. Doch drängt sich in diesem Zusammenhang eine Überlegung auf: Wenn es eine Periode, die Gegenwart, gibt, die nie abgeschlossen, sondern immer offen und auf die Zukunft hin ohne Konturen ist, wie ist es dann mit der Konsistenz der anderen Perioden bestellt? Ist nicht ihre Geschlossenheit ebenfalls eine Illusion, da ja auch ihnen einmal dieser irritierende Status einer Gegenwart zukam? Und welches Kriterium kann den zeitlichen Verlauf so strukturieren, daß die Behauptung gerechtfertigt erscheint, hier sei eine Periode beendet und eine neue beginne? Wir erweitern damit die Skepsis, die bisher nur den Anfang und das Ende einer Literaturgeschichte betraf, auf den zwischen diesen einigermaßen irrealen Punkten liegenden Verlauf und erörtern damit die Problematik der Periodisierung.[16]

Wenn man die Eigenart historischer Diskurse untersucht, so geben die vorgenommenen Fixierungen eines Beginns und eines Endes großen

Aufschluß über die Ambitionen des jeweiligen Werkes; signifikant aber für die eigentliche Produktivität und Originalität ist die Art der Einteilung der dazwischen liegenden Zeit. Das Ganze, das die erzählte Geschichte sein soll, kann nicht, wie Schiller sagt, in der Imitation des ununterbrochen fortfließenden Zeit-Stromes hergestellt werden, sondern ist notwendig beschränkt auf die Beleuchtung einiger Wellen, was wir so verstehen, daß die Konstruktion des Ganzen den entgegengesetzten Akt des Trennens und Unterscheidens zur Voraussetzung hat, der erst in einem weiteren Akt die deutlich akzentuierten Teile, die wir als Perioden oder Epochen zu bezeichnen gewohnt sind, zu einer Einheit zu ordnen ermöglicht.

Aber was verleiht dieser Einheit in der Einheit die Konsistenz, die es dem Historiker gestattet, von einer distinkten Periode zu sprechen? Worin liegt denn der Sinn, wenn wir von der Literatur des 18. Jahrhunderts oder der der fünfziger Jahre des 20. Jahrhunderts sprechen, außer vielleicht in dem vieldeutigen Hinweis auf eine Zeitspanne, der wir keinen anderen Namen geben wollen oder können? Ist die Periode das *kleine* Spiel in dem großen Spiel der Geschichte, vorgestellt von einer Anzahl Akteure, die allesamt eine gewisse Ähnlichkeit miteinander haben? Deren Stimmen sich zu einem eigenartigen Einklang ergänzen und verbinden, zu einem Spiel, das größer ist als das Werk eines Schriftstellers und kleiner als die Geschichte? Und während die in einer Zeitspanne vereinigten Autoren häufig vielleicht gar nichts voneinander wußten oder ihre Werke gegen die anderen schrieben, um sich von ihnen abzugrenzen, wäre es da nicht dem Historiker zu seinem Ruhm vorbehalten, allein dieses Spiel wahrzunehmen und ihm einen Namen, sagen wir »Romantik« oder »Realismus«, zu geben? Dies würde allerdings erneut auf die prekäre Anreicherung des historischen Diskurses mit fiktionalen Verfahren deuten. Denn dieses Spiel kann notwendig nur begrenzt sein. Ihm kommen deshalb auch ein Anfang, möglicherweise ein Höhepunkt, bestimmt aber ein Ende zu, weil dieses Ende bereits den Beginn des nächsten Spiels ankündigt, der nächsten Periode.

Wir können also die Periode als Teil eines Ganzen verstehen, freilich als ein seinerseits strukturiertes Teil. Wie viele Teile konstituieren ein Ganzes? Diese Frage ist sehr hypothetisch. Es erscheint daher angemessen, sie umzudrehen: In wie viele Teile kann das Ganze zerlegt werden? Doch obschon diese Frage praktikabel ist, geht sie von einem Begriff des Ganzen aus, der lediglich die gesamte Sukzession der vergangenen Zeit meint. Dieser Begriff ist also noch nicht qualitativ; er ist noch nicht mit der Idee der Einheit verknüpft. Gleichwohl sind solche »Datumsgren-

zen«, etwa zwischen den Jahrhunderten und Jahrhunderthälften, sehr häufig. Sie entsprechen jedoch, wie Wellek und Warren einwenden, lediglich einem praktischen Erfordernis[17] und haben darüber hinaus keinerlei Bedeutung.
Ähnlich verhält es sich mit dem ebenfalls von Wellek und Warren diskutierten Versuch, den Wechsel der Perioden durch das Aufkommen einer neuen Generation zu erklären. Diese Theorie, die zuerst von Cournot und später von Petersen und Wechssler vertreten wurde, könnte ihre Plausibilität von jenen in der Literaturgeschichte ausmachbaren Gruppen beziehen, die im Sinne innovativer Dichtergesellschaften einen neuen Stil durchgesetzt haben, so etwa im »Sturm und Drang«. Aber der Begriff der Generation ist keineswegs geeignet, die Singularität dieser Erscheinungen zu generalisieren. Denn es handelt sich dabei eigentlich um einen biologischen Begriff. »Wenn wir drei Generationen in einem Jahrhundert voraussetzen, z. B. 1800-1833, 1834-1869, 1870-1900, so müssen wir mit dem gleichen Recht Serien wie 1801-1834, 1835-1870, 1871-1901 usw. usw. anerkennen.«[18] Da diese Serien in biologischer Hinsicht völlig gleich sind, ist unverkennbar, daß es hier nicht um den allgemeinen Wechsel der Generationen geht (der, so gesehen, auch deshalb kein geeignetes Ordnungsprinzip sein kann, weil man mit jedem Jahr und mit jedem Tag den Beginn einer Generation datieren könnte), sondern wiederum nur um bestimmte *bedeutende* Generationen. Wenn dem aber so ist, dann entfällt gerade die intendierte Regelmäßigkeit bei der Begründung der Perioden.
Neben der Willkür der Datumsgrenzen und der Einteilung nach Generationen ist eine häufige literaturgeschichtliche Praxis der Periodisierung die Übernahme von Unterteilungen aus der politischen Geschichte. Ein Werk ist »viktorianisch«, weil es zur Zeit der Königin Viktoria geschrieben wurde. Offensichtlich kann aber die Existenz der Königin Viktoria keine kausale Bedingung für die Einheitlichkeit einer Literatur sein. Und selbst wo bestimmte politische Ereignisse einen unübersehbaren Einfluß auf die Literatur der Zeit hatten, können sie gleichwohl nicht zur hinreichenden Erklärung dieser Literatur dienen. Es handelt sich hier zudem nicht um den expliziten Versuch einer historischen Untersuchung der Beziehungen zwischen literarischer und politischer Geschichte, sondern allein um die Entlehnung eines Namens, der die Vorstellung einer bestimmten, d. h. begrenzten Zeit nahelegen soll.
Die im engeren Sinne literarischen Periodisierungen stützen sich auf bedeutende Autoren – Geist der Goethezeit – oder Autorengruppen – Göttinger Hain –, meist aber auf eine implizite Poetik, eine Zeit-Poe-

tik. Dieses wichtigste Kriterium der Periodisierung werden wir noch genauer prüfen. Was nun den Eindruck eines eklatanten Nominalismus hervorruft und bestärkt, das ist die Tatsache, daß fast alle Literaturgeschichten in der Unterteilung einen undurchschaubaren Pluralismus der Benennungen praktizieren. Dieser Pluralismus ist indes eher eine methodische Konfusion. Und wir würden uns täuschen, wenn wir annähmen, es bekunde sich darin ein Pluralismus der Beziehungen, in dem jede Periode auf die ihr eigentümliche Idee bezogen sei, auf ein dominantes politisches Ereignis, auf eine bestimmte personale Konstellation usw. Wir würden uns täuschen, weil diese Beziehungen tatsächlich, in den meisten Fällen, nicht selbst zum Gegenstand der historischen Aneignung in der Reflexion werden, sondern als mehr oder minder approximative Namen gebraucht werden, kurz gesagt, weil wir es nicht mit literaturgeschichtlichen Interpretamenten, sondern mit entlehnten Konventionen zu tun haben.

Diese Verfahren figurieren bei Wellek und Warren unter dem Titel einer extrem *nominalistischen* Auffassung der Periode, die diese als ein rein sprachliches Etikett auffasse, um einen begrenzten Zeitabschnitt zu bezeichnen. Hiervon wird eine extrem *metaphysische* Auffassung unterschieden, die der Periode den Charakter einer Wesenheit unterstelle, deren Natur intuitiv erfaßt werden müsse.[19] Diese Konzeption hat offensichtlich den Nachteil minimaler Überprüfbarkeit, da sie auf Setzungen beruht. Aber es sei die Geschichte selbst, die die Perioden hervorbringe oder eben »setze«. Damit verbindet sich der Gedanke größerer Objektivität, da als das produktive Subjekt die Geschichte selbst angenommen werden muß und so neuerdings die eliminierte Subjektivität des Historikers zum methodischen Postulat wird. Dieser metaphysischen bzw. ontologischen Ansicht zufolge ist die Periode nicht das Resultat einer historischen Konstruktion. Sie muß also nicht hergestellt werden, da sie als Wesen jeweils unabhängig von der Einsicht des Historikers schon da ist. Um aber aus dieser Virtualität herauszutreten, muß sie notwendig doch vom Historiker begriffen werden. Doch dieses Begreifen – als Akt der Intuition gefaßt – ist, ontologisch gesprochen, ein Vernehmen. Das Erfassen der metaphysischen Wesenheit der Periode wird damit allerdings zum *Glücksfall des Vernehmens* und bringt so die Subjektivität des Historikers erneut ins Spiel: nicht als methodisches Postulat, sondern als privilegierte Erfahrung.

Als Alternative zu den »extremen« Positionen einer entweder nominalistischen oder metaphysischen Auffassung schlagen Wellek und Warren einen dritten Weg vor. Sie sagen von der Periode:

»Ihre Geschichte kann nur mit Bezugnahme auf ein veränderliches Werteschema geschrieben und dieses Werteschema muß aus der Geschichte selber abstrahiert werden. Eine Periode ist also ein Zeitabschnitt, der durch ein System von literarischen Normen, Maßstäben und Konventionen beherrscht wird und dessen Beginn, Ausbreitung, Veränderung, Integration und Verschwinden verfolgt werden kann. [. . .] ›Romantik‹ zum Beispiel ist keine einheitliche Qualität, die sich wie eine ansteckende Krankheit oder eine Seuche ausbreitet, noch ist sie natürlich nur ein rein verbales Etikett. Sie ist vielmehr eine historische Kategorie oder, wenn man den Kantischen Begriff vorzieht, eine ›regulative Idee‹ (oder besser: ein ganzes Ideensystem), mit deren Hilfe wir den historischen Prozeß interpretieren. Aber dieses Ideenschema haben wir im Prozeß selber gefunden. [. . .] Eine Periode ist also kein Typus oder eine Kategorie, sondern ein Zeitabschnitt, der durch ein Normensystem definiert wird, das im historischen Prozeß eingebettet liegt und sich nicht daraus entfernen läßt. [. . .] Obschon also eine Periode ein Zeitabschnitt ist, dem wir eine gewisse Einheitlichkeit zuschreiben, ist es doch offensichtlich, daß diese Einheit nur relativ sein kann. Sie bedeutet lediglich, daß während dieser Periode ein bestimmtes Normenschema am weitgehendsten verwirklicht wurde.«[20]

Dieser Konzeption der Periode liegt unverkennbar ein Zirkel zugrunde, der insgesamt von Bedeutung für die Geschichtsauffassung von Wellek und Warren ist. Dieser Zirkel besagt, daß Geschichte immer in Beziehung auf ein Normenschema geschrieben (: geordnet und unterteilt) wird, dieses Normenschema aber erst aus der Betrachtung der Geschichte gewonnen werden kann. Insofern also die Literaturgeschichtsschreibung ein Ideensystem zur Voraussetzung hat, ist doch diese Voraussetzung zugleich das Ziel, hat die Erkenntnis des Ideensystems die Literaturgeschichte zur Voraussetzung. Um im historischen Diskurs den Aussagenkomplex zu markieren, der den Inhalt der Vorstellung »Romantik« allererst bedeuten soll, muß es bereits eine festgelegte Bedeutung von Romantik geben, denn sonst wäre weder eine zeitliche Begrenzung möglich, die eine Fixierung von Beginn und Ende der Periode zuließe, noch wäre überhaupt einsehbar, warum sich der Historiker der Arbeit unterziehen soll, ausgerechnet für diesen Zeitraum eine gewisse Einheit nachzuweisen. Doch diese Schwierigkeit ist nur scheinbar. Sie ist, obwohl Wellek und Warren selbst auf die Zirkelstruktur ihrer Argumentation hinweisen, kein Circulus vitiosus. Der Eindruck eines vitiösen Zirkels kann allein unter der falschen Prämisse entstehen, jede Literaturgeschichte sei eine absolut erste. Nur dann hätten wir es mit einem unfruchtbaren und auch unlösbaren Zirkel zu tun, denn die absolut erste Literaturgeschichte müßte in einem präzisen Sinne die Einheit »Romantik« in der Masse der Literatur erst *entdecken* und müßte dazu freilich einen Begriff von der Möglichkeit des Romantischen besitzen. Der Gedanke einer absolut ersten Literaturgeschichte ist jedoch eine Fiktion. Die Literaturgeschichtsschreibung ist nicht voraussetzungslos, sondern folgt selbst Konventionen, die keinesfalls allein im Feld des historischen Diskurses entstehen und tradiert werden, die vielmehr in den zahlreichen Selbstdeutungen der literarischen Exponenten und den kritischen Reaktionen jener Zeitspanne als *ein* zentrierter Diskurs vorbereitet werden. Natürlich bezieht sich der Historiker auf andere Historien, und selbstverständlich setzt das Schreiben der Geschichte ein Studium der Geschichte voraus.

Wenn wir nun nach dem Ideensystem forschen, auf das sich die periodisierende Beschreibung gründet, nach dem »System von literarischen Normen, Maßstäben und Konventionen«, dann läge es nahe, die sich so bildende regulative Idee mit Kant selbst als die Einheit der Geschmacksbildung zu bestimmen. Der Begriff des Geschmacks – und mehr noch der des gebildeten Geschmacks – wäre dabei allerdings nicht als eine rein rezeptive Qualität aufzufassen, sondern insbesondere als das produktive Vermögen, dem der Geschmack als das poetische Kriterium des gelungenen Werkes gilt. Dieses Allgemeine einer Periode, das sich aus der wechselseitigen Beziehung von literarischer Produktion und Rezeption ergibt, ließe sich als die Beziehung auf eine implizite Poetik bezeichnen.

Freilich ist damit das schwierige Problem der Periode noch nicht gelöst. Denn die implizite Poetik darf keineswegs als die nun endlich in den Blick gekommene »eigentliche« Wesenheit der Periode verstanden werden. Sie ist vielmehr auf andere, implizite und explizite Poetiken zu beziehen, die sie imitiert, variiert oder zurückweist. Die »Querelle des Anciens et des Modernes« kann uns als exemplarisches Beispiel dienen, da in diesem Streit der Beziehungsstreit der Poetiken als Grundlage einer allgemeinen Definition der Moderne zutage tritt. Die »Querelle« zeigt, wie die Poetik der Modernen konstituiert werden soll, indem diese sich auf die Poetik des Alten beziehen. Die »Querelle des Anciens et des Modernes« ist zweifellos ein besonders deutlicher Fall einer historischen Beziehung: der Beziehung zwischen zwei impliziten Poetiken, die durch den literaturhistorischen Eklat in Form eines Streites explizit werden.

Die Erörterung der Beziehung auf eine implizite Poetik macht bereits deutlich, daß diese Poetik ihrerseits *in Beziehungen steht.* Diese weiteren Beziehungen können und müssen ebenfalls als historische begriffen werden. Ebenso müssen die Beziehungen der gesamten Periode zu der vorausliegenden und zu der folgenden Periode berücksichtigt werden. Denn gerade aus diesem bedingenden Verhältnis ergibt sich die von Wellek und Warren konstatierte »relative« Einheit der Periode. Gemeint ist damit die beschränkte, nicht absolute Einheit – also der heutige minimalisierende Sinn von »relativ«. Weil aber die Begründung des »nur« Relativen hier im Beziehungscharakter des auf anderes Bezogenen deutlich hervortritt, ist der ursprüngliche Sinn von »relativ«, nämlich »relational«, als die bedeutsamere Verwendung zu nehmen. Die Relationalität der Periode zwingt dazu, sie nicht als absolute, sondern als offene Einheit zu verstehen.

»Besäße irgendeine Periode eine absolute Einheit, so lägen die Perioden wie Steinblöcke ohne Kontinuität der Entwicklung nebeneinander. Daher ist das Nachwirken eines vorhergehenden Normensystems und die Vorwegnahme eines folgenden ganz unvermeidlich.«[21]

Ohne an dieser Stelle bereits auf den in dieser Begründung für selbstverständlich genommenen Gedanken der Evolution einzugehen, scheint uns doch der beschriebene Charakter einer prinzipiellen Offenheit der Periode unwiderlegbar. Die überaus große Schwierigkeit, die Einheit des Werkes nur eines einzelnen Autors nachzuweisen, ist in der Beschreibung der Periode unermeßlich vervielfacht. Dabei können wir nicht einmal der Annahme vertrauen – die problematisch genug wäre –, daß die Periode sich aus den vielen Werken der vielen Autoren jener Zeit zusammensetze, denn zweifellos müssen wir die unzeitgemäßen Werke beachten. Jenes imaginäre Gesamtwerk einer Epoche ist deshalb ausschließlich das Produkt des Historikers. Zudem ist der Verweis auf eine vorausgehende und eine folgende Periode lediglich eine Minimaldefinition. Denn es ist prinzipiell immer möglich (und, wie die Romantik zeigt, auch real), daß sich die relative bzw. relationale Einheit einer Periode neben den anderen Beziehungen auch aus mehreren Beziehungen auf mehrere vorausliegende Perioden ergeben kann.

Zur Genealogie einer literaturgeschichtlichen Periode gehören also – mindestens – drei Beziehungen: erstens die Beziehung auf eine implizite Poetik, zweitens die Beziehung auf eine oder mehrere vorausgehende Perioden, drittens die Beziehung auf eine folgende Periode. Auch dieses Schema ist offensichtlich eine Minimaldefinition. Denn so wie die Beziehung auf die implizite Poetik auf andere Poetiken bezogen werden muß, so setzen auch die vorausgehenden Perioden ihrerseits jeweils mindestens drei Beziehungen voraus usw.

Wir können hier die Schillersche Metaphorik wieder aufgreifen und sagen, daß den Perioden zwar eine Funktion der Ordnung im historischen Diskurs zukommt, daß sie aber keineswegs das Feste im ununterbrochen fortfließenden Strom der Geschichte sind, jedenfalls nicht im Sinne isolierbarer und geschlossener Einheiten. Die Analyse der Struktur literaturgeschichtlicher Perioden legt es vielmehr nahe, den Zusammenhang der Perioden als einen Verweisungstext von Beziehungen zu deuten. In diesen Text ist die Partialität der Perioden eingeschrieben.

Subjektivität

»Keine Wöchnerin kann absonderlichere und ungeduldigere Wünsche haben als ich. Diese Wünsche betreffen bald die unbedeutendsten Dinge, bald die erhabensten, aber alle haben sie in gleich hohem Maße die momentane Leidenschaft der Seele. In diesem Augenblick wünsche ich mir einen Teller Buchweizengrütze.«

Sören Kierkegaard

Es gibt eine bestimmte »Logophilie«[1] der Moderne, die auf besondere Weise die moderne Literatur kennzeichnet. Dieses manchmal exzessive Interesse am Wort und an den Wörtern resultiert nicht zuletzt aus einer neuen Unselbstverständlichkeit des Wortes, das man nun in einer scheinbar paradoxen Doppelstrategie wiederzugewinnen sucht. Einmal durch den Versuch, das Wort von allen Äußerlichkeiten zu befreien, um es ganz es selbst sein zu lassen: le mot pur, das reine Wort. Zum anderen, indem man das Wort mit zahlreichen neuen Bereichen verbindet und es dort entdeckt, wo man es bislang nicht vermutet hat: das transdiskursive Wort, das überschreitende Wort. Das reine Wort nähert sich dem Unverständlichen, dem Dunklen, dem Nichts und dem Erhabenen. Das überschreitende Wort nähert sich dem Alltag, der Turbulenz, dem Alles und dem Unbedeutenden.
Es soll hier nun die These entwickelt werden, daß die beiden Strategien des modernen Willens zum Wort, die Umkehr und die Überschreitung, nicht nur in engem, sondern in bedingendem Verhältnis zu den beiden fundamentalen Erscheinungsweisen neuzeitlicher Subjektivität stehen. Man kann sie, ohne damit etwas Neues zu sagen, aber indem man sich einer vertrauten Terminologie bedient, als die Formen der Reduktion und der Abundanz bezeichnen. Der Wille zum Wort und die neuzeitliche Subjektivität interpretieren sich im Medium, mit Friedrich Schlegel gesprochen, der »Wechselbegeisterung«.
Den Begriff der Subjektivität verwenden heißt, sich exponieren. Wird er verwendet, so ruft er sogleich die Kritik durch gegenteilige Exponate hervor. Positionen der Subjektivität werden durch den Vorwurf des

Subjektivismus kritisiert, so wie umgekehrt Positionen der Objektivität durch den Vorwurf des Objektivismus kritisiert werden. Diese beiden »Ismen« sind Negativformen. Man bekennt sich nicht zu ihnen, sondern gegen sie. Sie sind polemisch.

Vorpolemisch, d. h. ernstgemeint, sind dagegen Subjektivität und Objektivität. Aber sie sind es nicht als evidente Positivität. Vielmehr gilt: Indem die eine akzeptiert wird, wird die andere kritisiert, z. B. im Positivismusstreit.[2] Der Begriff der Subjektivität wird jeweils befürwortet oder abgelehnt. Wird er befürwortet, so muß man ihn gegen seinen polemischen Gegenbegriff, den Objektivismus, positivieren. Wird er abgelehnt, so muß man ihn als seine eigene polemische Dekadenz, den Subjektivismus, negieren. Verbleibt man zunächst innerhalb der Episteme und des Studiums der Wissenschaften und der Kunst, so zeigt sich, daß die unterschiedlichen Positionen zur Subjektivität in einem weiteren Schritt unterschieden werden können, indem man nämlich fragt, ob es der Bereich der Wissenschaft *oder* der der Kunst ist, in dem die Subjektivität ihre umstrittene Rolle spielt.

Für die Wissenschaft läßt sich dann mit Aristoteles etwa geltend machen: »Es ist ausgeschlossen, daß ein und dasselbe Prädikat einem und demselben Subjekt und in derselben Beziehung zukomme und auch nicht zukomme.«[3] Dagegen läßt sich einwenden, daß dieser Satz vom Widerspruch im ästhetischen Bereich gerade nicht gilt. Vielmehr gilt hier, wie dies Lukács gegen Aristoteles vorgebracht hat, »daß einander ausschließende Widersprüche *innerhalb* eines Werks sehr wohl vorkommen können«.[4] Wenn man nun in der so definierten Widerspruchslosigkeit eine notwendige Bedingung wissenschaftlicher Objektivität erkennt, wie es sich scheinbar von selbst versteht, dann ist leicht einzusehen, daß ihr Gegenteil, die Subjektivität, geradezu als Ermöglichung ästhetischer Erfahrung erscheint: weil sie der privilegierte Ort widersprüchlicher Erfahrung und der Erfahrung von Widersprüchen ist. Während man so mit und gegen Aristoteles den Begriff der Subjektivität als für die Ästhetik zentral annehmen kann[5], gibt er sich, von der Wissenschaft her, als Mangel zu erkennen.

Von dieser ersten Position, die, weil sie Subjektivität als einen wissenschaftlichen Mangel ansah, sie gerade an die Kunst abtreten wollte, kann eine andere Position unterschieden werden, die besagt, auch in der Kunst sei Subjektivität ein Mangel und daher zu überwinden oder überhaupt zu vermeiden. Diese Position impliziert die Forderung einer objektiven Kunst. Vertreten wird sie etwa in Korffs *Geist der Goethezeit,* wo die Literatur des »Sturm und Drang« als ein Jugendzustand gekennzeichnet wird, der nicht dauern könne: »Der Mensch wird gezwungen, aus der Phantasieform der Subjektivität herauszutreten und sich mit der Wirklichkeit der objektiven Welt auseinanderzusetzen.«[6] Dieses »Heraustreten« bezeugt sich literaturgeschichtlich mit der deutschen Klassik als – so lautet Korffs »grundsätzliche Formel« – »Läuterung des Subjektivismus durch Idealismus«. Subjektivität erscheint somit auch hier als Mangel, nämlich aus der Sicht der Kunst.

Zweifellos gibt es auch Vorzugspositionen der Subjektivität, sowohl von der Wissenschaft wie von der Kunst her gesehen; doch selbst sie können den polemischen Zusammenhang, in dem der Begriff der Subjektivität steht, nicht verwischen. Diese Behauptung ist ebenso wahrscheinlich wie unbefriedigend. Zudem wurde deutlich, daß es sich um eine Korrespondenz von Positionen und Negationen handelt. Jede Mangelposition impliziert eine Vorzugsposition, und umgekehrt. Jeder Mangel der Subjektivität ist ein Vorzug der Objektivität; jeder Vorzug der Subjektivität ist ein Mangel der Objektivität. Angesichts dieser reziproken und relationalen Verhältnisse erscheint ein Votum als erkenntnistheoretische Naivität. Deshalb kann man zwar wahlweise eine Position akzentuieren, aber man kann es nicht, indem man eine andere unberücksichtigt läßt. Man muß also akzeptieren, daß Subjektivität und Objektivität nicht nur mit Mangel- und Vorzugspositionen identifiziert werden, sondern vor allem mit der übergeordneten Ebene einer Vermittlungsposition beider. Es ist für die Geschichte unseres Denkens kennzeichnend, vielleicht aber lediglich für die Geschichte des deutschen Idealismus, daß die Beziehung von Subjektivität und Objektivität sich vorwiegend als ein Modell der Balancen präsentiert, ob nun als Vermittlung, wie bei Hegel, oder als Indifferenzpunkt, wie bei Schelling.

So ist bei Hegel Subjektivität bestimmt als das Beisichselbstsein des Menschen in seiner Innerlichkeit.[7] Wäre er aber nur dort und nicht auch in der Welt, so wäre Subjektivität nichts anderes als die Pathologie des Solipsismus und Autismus, des in sich selbst eingekerkerten unglücklichen Bewußtseins. Daß die Vermittlung eine glückliche sein soll, begründet die Forderung, daß sie eine Versöhnung zu sein habe: Modell der Balance.

Der grundlegende Sachverhalt dieser Vermittlungsposition wird von Henrich im Blick auf die idealistische Ästhetik und darüber hinaus kanonisch formuliert: »Kunst ist weder Darstellung nur von Welt, noch auch Darstellung nur von Subjektivität, sondern Darstellung von Subjektivität *in* Welt.«[8] Besonders die Romantiker haben dann aus dieser balancierten Subjektivität ein vielfach variiertes Geheimnis gemacht, in dem sich Innen und Außen beständig vermischen. Noch dort, wo man sich von Hegel abwendet, um sich seinem Gegner, Kierkegaard, zuzuwenden, ist das Modell der Balance wirksam. Nicht allein die Idee der Subjektivität und die der Transzendenz charakterisieren Kierkegaards Denken, vielmehr: »c'est la jonction des deux.«[9]

Entgegen der Häufigkeit balancierter und balancierender Vorstellungen von Subjektivität läßt sich fragen, ob nicht Balance selten und, im Gegenteil, Ausgefallenheit häufig ist. Dafür spricht viel. Dafür sprechen, wie wir noch zeigen werden, Hegel, Heine und Friedrich Schlegel. Zwar votieren gerade sie für die Balance, aber was sie sehr genau beschreiben, ist deren Fehlen. Deshalb mag es ratsam sein, den umgekehrten Weg zu gehen, indem man den Begriff der Subjektivität dort zu bestimmen sucht, wo er gleichsam gänzlich aus der Balance kommt, im Extrem, in der Selbststeigerung, die zur Selbstüberschreitung wird.[10] Und deshalb erscheint es unangemessen, angesichts der Komplexität der Welt ausgerechnet die Subjektivität als ein Reservat des Einfachen und jederzeit Verfügbaren zu imaginieren. Es ist also geboten, das Problem, »das Subjektivität sich selbst ist«[11], zu überdenken.

Dieses Problem, das Subjektivität sich selbst ist, hat Gründe und Folgen, die, so wird befürchtet, mit der Integrität des Subjekts der Subjektivität zu tun haben. Es wird nämlich einerseits aus ökonomischer Sicht das Verschwinden des Subjekts für möglich erachtet[12]; es wird andererseits aus ästhetischer Sicht die These vertreten, daß es vor der Destruktion der Subjektivität »das Subjekt als ästhetisches Thema überhaupt nicht gibt«.[13] Alles, folgt man den hier referierten Thesen, scheint im Umkreis der Subjektivität problematisch. Besonders im Bereich der Ästhetik wirken daher Theorien der balancierten Subjektivität eher als Reflexe einer faktisch extrem unbalancierten Subjektivität. Daraus folgen drei Positionen für die Kunst, die alle drei das Hereinbrechen des Prinzips der Subjektivität in die moderne (d. h. zunächst die romantische) Literatur registrieren. Es sind die Positionen Hegels, Heines und Friedrich Schlegels, aus deren Beschreibungen, Beurteilungen und Prognosen sich eine vorläufige Theorie ästhetischer Subjektivität entnehmen läßt.

Drei Grundgedanken der *Ästhetik* Hegels, die er 1820/21, 1823, 1826 und 1828/29 jeweils als Vorlesung hielt und die 1835, also vier Jahre nach seinem Tod, erstmals in der von seinem Schüler H. G. Hotho bearbeiteten Form in den *Werken* erschien, erläutern auf für uns bedeutsame Weise das Verhalten Hegels zur ästhetischen Subjektivität. Für uns bedeutsam, nicht weil sie eine einschlägige, zitationswürdige Position in der Geschichte des Denkens der Subjektivität ist, was sie auch ist, sondern weil sie in dieser Geschichte den Koinzidenzpunkt einer neuen Freiheit der Subjektivität mit dem Willen zur Beherrschung dieser Subjektivität bezeichnet.

Der erste Grundgedanke reflektiert die historische Stellung der Kunst in ihren Beziehungen zur Natur und zum Geist; der Kunst wird hierbei bekanntlich eine »mittlere« Stellung zugewiesen. Aus dieser Zuweisung resultiert die – gegen produktions- und rezeptionsästhetische Theorien – sogenannte realästhetische Funktion von Kunst, das »schöne Scheinen der Idee«, aus der wiederum als zweiter wichtiger Grundgedanke die Bestimmung eines Ideals des Kunstschönen deduziert wird. Der dritte Grundgedanke betrifft die historische Aufeinanderfolge der Kunst*formen* und damit die These vom Ende der Kunst. Nun sind diese Gedanken nicht als getrennte Thesen zu denken, sondern sie belegen in ihrem Zusammenhang gerade das, was man den Systemcharakter der Philosophie Hegels schlechthin und seiner *Ästhetik* insbesondere zu nennen pflegt.

Daß, um gleich mit dem ersten Grundgedanken zu beginnen, der Gedanke die schöne Kunst überflügelt habe und diese damit »nach der Seite ihrer höchsten Bestimmung für uns Vergangenes« sei[14], besagt, daß sie als ein Vergangenes auch ein Unterlegenes ist. Sie kann so zwar, wie Hegel eingangs ausführlich erläutert, Gegenstand der Philosophie sein und ist deshalb ausdrücklich der wissenschaftlichen Erörterung »gemäß«; sie kann aber keineswegs auch oder noch Organon der Philosophie sein, und zwar deshalb nicht, weil sie eben nach der Seite ihrer höchsten Bestimmung unzulänglich ist. Diese höchste Bestimmung ist die Wahrheit. Diese wird adäquat einzig im Denken erreicht, dessen Medium die Philosophie ist. Weil das Kriterium der Wahrheit als höchste Bestimmung gleichermaßen auf Kunst und Philosophie angewendet wird, erscheint die Philosophie, nachdem sie sich nämlich von ihren mythologischen und ästhetischen Vor- und Behelfsformen zur Wissenschaft emanzipiert hat, als das schlechthin Überlegene und Gegenwärtige.

Andererseits verteidigt Hegel die Kunst gegen den Vorwurf, sie sei lediglich ein Mittel zur Vortäuschung und treffenden Nachahmung der Wirklichkeit – und damit jedenfalls auch der Wirklichkeit unterlegen. Dagegen verwahrt Hegel sich und die Kunst mit dem »idealistischen« Argument, gerade die empirische Wirklichkeit, wie sie sich der Unmittelbarkeit des Empfindens darbietet, sei Täuschung, die Kunst indes die »wahrhaftigere« Wirklichkeit. »Weit entfernt also bloßer Schein zu sein, ist den Erscheinungen der Kunst die höhere Realität und das wahrhaftigere Dasein zuzuschreiben.« (*Ä* I, S. 22) Die »bloße Nachahmung« dieser gewöhnlichen Wirklichkeit erzeuge dagegen »die Heuchelei des Lebens« (*Ä* I, S. 65). Dieses Argument begründet die mittlere Position der Kunst: »[. . .] das Kunstwerk steht in der *Mitte* zwischen der unmittelbaren Sinnlichkeit und dem ideellen Gedanken.« (*Ä* I, S. 60) Es steht damit in der Mitte zwischen Begierde und Intelligenz, zwischen Natur und Geist. Problematisch ist die Hierarchisierung, weil die Kunst nicht als etwas schlechthin Differentes in der Mitte steht, sondern beides zugleich ist: »*noch nicht* reiner Gedanke, aber seiner Sinnlichkeit zum Trotz auch *nicht mehr* bloßes materielles Dasein . . .« (*Ä* I, S. 60) Diese Zugehörigkeit zu verschiedenen Sphären erkennt Hegel wohl als »Bruch«, mildert ihn aber sogleich, indem das, was zunächst nur Mitte war, nun »das erste versöhnende Mittelglied« wird. (*Ä* I, S. 21) Dieser Gedanke der Versöhnung wird in der Folge immer wieder betont.

Dies ist das erste Modell der Balance. In ihm sind die Position und die Positivität der Sinnlichkeit reduziert. Das wird am deutlichsten demonstriert in der Kritik der Begierde. Hegel begründet sie mit einem rezeptions- und einem realästhetischen Argument. Die Begierde sei nicht das Verhältnis, in dem der Mensch zum Kunstwerk steht, da das Kunstwerk nur geistige Interessen befriedigen soll, die Begierde aber durch die Dinge und die Sinne bestimmt ist. Deshalb bezieht sich der Mensch »begierdelos« auf das Kunstwerk. (*Ä* I, S. 58) Andererseits nach dem Zweck des Kunstwerks gefragt, gesteht Hegel, »daß die Kunst die Wildheit der Begierden zu mildern die Fähigkeit und den Beruf habe«. (*Ä* I, S. 73) Kurz darauf heißt es ähnlich: »Die Kunst durch ihre Darstellungen befreit innerhalb der sinnlichen Sphäre zugleich von der Macht der Sinnlichkeit.« (*Ä* I, S. 74 f.) Darin bekundet sich eine – traditionsgebundene – Partialität der Ästhetik, die schließlich durch die Entwicklung der Kunstwerke widerlegt werden wird, die nämlich nicht durchweg die geforderte Milderung der Leidenschaften affirmieren, sondern deren Entfesselung und Steigerung – und damit die Sinnlichkeit als eine eigentümliche Möglichkeit ästhetischer Subjektivität – programmatisch realisieren.[15] Denn es gibt – nach Hegel und auch nach dem Surrealismus – diese Begierde in der Literatur der Moderne. Es gibt sie insgesamt in der massiven Präsenz jener ästhetischen Grenzphänomene des Häßlichen, Erotischen, Absurden, Esoterischen usw. »Solche Theorien sind natürlich Extreme«, schreibt Lukács über den Surrealismus, weil »jede Grenze, jede Norm, jede Bewertung innerhalb der unmittelbaren Subjektivität« vernichtet werde.[16] Eben darum geht es: um die Entgrenzung der Begrenzung der Subjektivität, auch der unmittelbaren. Natürlich sind das Extreme. Und natürlich ist das, wenn man die Kunst, wie Hegel und Lukács, an ihrer Wahrheitsfähigkeit mißt und diese zudem, wie Lukács, als »objektive« Wahrheit definiert, Exzentrik. Zugleich jedoch muß man, weil diese Exzentrik auf ihre Weise in der modernen Kunst unübersehbar zentral ist, mit Ausschlußverfahren reagieren: Hegel tut es, indem er das Ende der Kunst deklariert, und Lukács, indem er, was Hegel für beendet hielt, es aber offensichtlich nicht war, als Dekadenz diskreditiert. Während Hegel die Stellung der Kunst als balancierte »Mitte« bestimmt, betrachtet er das Ideal des Kunstwerks als das balancierte Ganze. Balanciert im Ganzen des Kunstwerks sollen ausdrücklich Subjektivität und Objektivität sein. Dies ist das zweite Modell der Balance. Es drückt sich etwa in Hegels Darstellung des Verhältnisses des Künstlers zur Zeit aus, wobei die »bloß *subjektive* Auffassung [. . .] in ihrer extremen Einseitigkeit« (*Ä* I, S. 344) die Vergangenheit auf dreifache Weise zugunsten der Gegenwart ins Unrecht setzen kann: erstens aus Unkenntnis (hierunter fällt auch – Hans Sachs hat die Bibel »vernürnbergert« –, was heute als Aktualisierung historischer Stoffe eine häufige dramatische Technik ist), zweitens aus Hochmut, drittens aus Beschränkung auf den Alltag. »Von dieser Art der Subjektivität soll uns die Kunst gerade befreien.« Denn sie ist, sagt Hegel, »in einseitiger Weise subjektiv und läßt der wirklichen objektiven Gestalt gar kein Recht widerfahren.« (*Ä* I, S. 347) Besonders diese dritte Art der Subjektivität ist wichtig – sie gilt an dieser Stelle der drastischen Realistik in Goethes *Götz von Berlichingen,* denn der Zuschauer gehe nicht ins Theater, um auf der Bühne zwei Bauern, zwei Reiter und noch ein Glas Schnaps zu sehen.

Weiter läßt sich das gemeinte Ideal an Hegels Darstellung von Manier und Originalität verfolgen. Manier ist gerade nicht ideal, sondern partikular; sie ist deshalb »das Schlechteste, dem sich der Künstler hingeben kann, indem er sich nur in seiner beschränkten Subjektivität als solcher gehenläßt«. (*Ä* I, S. 377) Originalität dagegen sei identisch mit der »wahren Objektivität«, da sie Subjektivität und Sache zusammenschließe. Zu unterscheiden hiervon sind die Überschußformen der Originalität par excellence: Witz, Humor und Ironie (also insbesondere gegen Jean Paul, Tieck und Schlegel), da in ihnen häufig der Künstler das eigentliche Objekt nur zum Anlaß nehme, in seiner Subjektivität jedoch allein verbleibe. In dieser »schiefen Originalität« verfällt zugleich die Kunstform; d. h. sie ist nicht länger »das Ganze im strengen Zusammenhange aus einem Guß, in einem Tone« (*Ä* I, S. 383), wie sie Hegel als das Ideal des Kunstwerks fordert. So wird denn auch das zweite Modell der Balance als eines kenntlich, das Subjektivität wegbalanciert. Dieses Ideal wird freilich nicht nur abstrakt entwickelt, sondern bereits in Kontrastierung zu den Kunstformen hervorgehoben, die es nicht erfüllen.

Damit wird die dritte Grundfrage thematisch. Der Hegelsche Gedanke der Vermittlung im Kunstideal impliziert ästhetisch ein Sollen: balancierte Subjektivität soll sein, Subjektivität soll balanciert sein. Doch ist für Hegel diese Forderung keine Legitimationsinstanz für eine Renaissance regelpoetischer Normierung der Kunst. Hegel argumentiert vielmehr auch hier historisch. Die Geschichte der drei Kunstformen, die zugleich die Geschichte der Kunst von ihrem Anfang bis zu ihrem Ende ist, läßt sich hinsichtlich der uns interessierenden subjektivitätstheoretischen Frage folgendermaßen resümieren:

Die symbolische Kunstform ist bestimmt durch die Fremdheit der Idee und der Natur. Die Idee kann den ihr gemäßen Kunstausdruck nicht erreichen, weil sie in sich selbst noch unbestimmt ist,

»deshalb steigert sie nun die Naturgestalten der Wirklichkeit selber ins Unbestimmte und Maßlose; sie taumelt in ihnen herum, sie braut und gärt in ihnen, tut ihnen Gewalt an, verzerrt und spreizt sie unnatürlich auf und versucht, durch Zerstreuung, Unermeßlichkeit und Pracht der Gebilde die Erscheinung zur Idee zu erheben«. (*Ä* I, S. 108)

Die Kunst ist hier also noch auf doppelter Weise auf der Suche. Sie kennt die Einheit von Innen und Außen noch nicht, weil sie ein wirkliches Innen nicht kennt. Deshalb kann sie sich auch nicht in einem äußerlichen Außen verlieren; sie kann im Außen nur sich und damit jenes *suchen.*

Was die symbolische Kunstform lediglich sucht, das erreicht die klassische Kunstform. In ihr kommt die Idee mit der ihr adäquaten Gestalt in vollendeten Einklang. »In dieser schlechthin angemessenen Einheit von Inhalt und Form ist die *zweite Kunstform,* die *klassische,* begründet.« (*Ä* I, S. 391) In ihr ist das Verhältnis von Innen und Außen, von Subjektivität und Objektivität harmonisiert, vermittelt oder eben balanciert. Die solchermaßen balancierte Subjektivität, wie sie scheinbar nur die Griechen erreichen, nennt Hegel »die substantielle Subjektivität«. (*Ä* I, S. 401) Die klassische Kunstform ist so zwar von der Partikularität des Inneren und Äußeren frei, weil in ihr der Geist sich in dem ihm gemäßen Kunstgegenstand als ein Allgemeines realisiert; aber es ist eine an sich selbst besonderte Allgemeinheit, insofern der Geist sich als menschlicher und nicht als absoluter erfaßt. Dieser Mangel ist der der Kunst selbst, nämlich nicht Philosophie zu sein.

Die dritte, die romantische Kunstform, hebt die von der klassischen gewonnene Fähigkeit wieder auf, obschon auf höherer Stufe. Während es in der symbolischen Kunstform gerade die Mangelhaftigkeit der Idee war, die die balancierte Ausgewogenheit des Kunstideals verhinderte, ist es jetzt die höhere Vollendung des Geistes, die sich einer angemessenen Vereinigung mit dem Äußeren versagen muß. Sie ist nicht mehr allein Wissen an sich, sondern wesentlich selbstbewußtes Wissen. Dies meint auch Selbstbezüglichkeit. So wächst der romantischen Kunstform ein neuer Inhalt zu, der zugleich eine Beschränkung ihrer Realisierung ist, die sie wesentlich in sich selbst suchen muß. »Diese *innere* Welt macht den Inhalt des Romantischen aus und wird deshalb als dieses Innere und im Schein dieser Innigkeit zur Darstellung gebracht werden müssen. Die Innerlichkeit feiert ihren Triumph über das Äußere . . .« (*Ä* I, S. 113) Dies ist das Problem der Subjektivität. Das Innere, die Innigkeit und die Innerlichkeit, die das Romantische charakterisieren, sie machen insgesamt das aus, was Hegel »das in den Inhalt und die künstlerische Darstellungsweise hineinbrechende Prinzip der Subjektivität« nennt (*Ä* III, S. 11). Das hat nun aber zur Folge, daß neuerdings die Einheit des Kunstideals gestört ist, Idee und Gestalt zueinander im Unverhältnis der »Trennung« stehen. Sie sind aus der Balance geraten und damit in diesem hegelschen Sinne zu Ende.

Insofern Hegel die drei Kunstformen als das *Erstreben,* das *Erreichen* und das *Überschreiten* kennzeichnet, läßt sich sagen, daß im Gegensatz zur klassischen Kunstform, die die Einheit *findet,* die symbolische, die sie *sucht,* und die romantische, die sie *überschreitet,* sich exzentrisch verhalten. Diese Positionen sind in der Tat auch Positionen der Subjektivität. Die Frage, die sich uns stellt – und die schon oft gestellt wurde –, ist: Warum soll der mit dem Prinzip der Subjektivität begründete Charakter der Überschreitung der romantischen Kunstform gleichbedeutend mit dem Ende der Kunst sein? Wäre die Überschreitung nicht ebenso denkbar als eine produktive Neukonstituierung der Kunst, insbesondere da es sich ja, wie Hegel sagt, um ein Überschreiten der Kunst *in Form der Kunst* handelt? Die negative Antwort Hegels resultiert aus dem subjektivitätstheoretischen Befund. Es ist das »hineinbrechende« Prinzip der Subjektivität, das alle ästhetischen Modelle der Balance außer Kraft setzt und die Kunstwerke insgesamt aus der begrenzenden Ausgewogenheit eines statuierten imaginären Zentrums in eine schwer zu kontrollierende und häufig ebenso schwer zu verstehende Exzentrik der Inhalte und Formen eines damit nicht mehr selbstverständlich Schönen überführt. Da die moderne Kunst mit der ästhetischen häufig auch die moralische Grenze überschreitet, wird sie zum doppelten Skandalon einer Kunst, die ihrer intentionalen Häßlichkeit und Amoralität zum Trotz gleichwohl Kunst zu sein beansprucht. Dieser Anspruch kann abgelehnt werden, indem das Ende der Kunst deklariert wird. Hegel tut das, indem er die beiden Formen der Auflösung der romantischen und also letzten Kunstform bestimmt.

Es ist erstens die *prosaische Objektivität* der neuen Kunst, die sich prinzipiell jeden Inhalt wählen kann, besonders aber sich den *unschönen* Gegenständen der Alltäglichkeit zuwendet und diese porträtartig nachahmt. Die Kunst überschreitet hier also die Grenze zwischen der ideellen Sphäre der Kunst und der Gewöhnlichkeit des Lebens, die wir, wie Hegel sagt, in der Kunst nicht suchen. Weil es aber prinzipiell jeder Gegenstand sein kann, ob groß oder klein, hoch oder niedrig, handelt es sich um die subjektive Nachahmung des Vorhandenen; es regiert »die blanke Subjektivität des Künstlers«. (*Ä* II, S. 229)

Es ist zweitens der *subjektive Humor* der neuen Kunst, der die Art der Darstellung und der Komposition so verändert, daß sie nun in einer irritierend fremdartigen Ordnung die Einheits- und Einheitlichkeitsvorstellungen der Ästhetik hinter sich läßt. Auch hier regiert »die bloße Subjektivität des Dichters«. (*Ä* II, S. 230)

Während vielleicht andere Formen der Überschreitung der Kunst in Form der Kunst vorstellbar wären, soll die Überschreitung des Kunstideals durch eine zweifach gesteigerte Subjektivität das Ende der Kunst bedeuten. Dabei ist zu beachten, daß die beiden Auflösungsformen der romantischen Kunstform in bestimmter Weise mit den Eigentümlichkeiten der Begierde übereinstimmen, die gerade in der Kunst gemildert werden sollte. Nun sind allerdings die prosaische Objektivität und der subjektive Humor in ihrer Funktion als Entgrenzung Formen der ›Verleidenschaftlichung‹ der Kunst, da sie alle Dinge und alle Formen für möglich und möglicherweise auch begehrenswert erachten.

Es gibt in der Moderne tatsächlich eine Inflation der Themen und Formen, die das Banale und selbst das Geschwätz, die Konfusion und sogar die Ekstase neben sublimen, esoterischen und artifiziellen Kompositionen zuläßt. Wir sind die Zeitgenossen dieser Dissemination des Schönen im Sinne der Verbreitung *und* der Zerstreuung. Dieses Gewirr von Stimmen und Schreibweisen ist uns sehr nah, während der griechische Himmel, unter den Winckelmann und Hegel sich zu versetzen liebten, uns sehr fern ist.

Dennoch bleibt es Hegels Verdienst, der ästhetischen Moderne die Dissemination als Diagnose gestellt zu haben. Dissemination, das ist das

Prinzip der Subjektivität, das in die Kunst hineinbricht und als eine exzentrische Variable die beruhigende Suggestivität der Balance in die beunruhigende Labilität unserer Kriterien verwandelt. Daß Hegel diesem Prinzip nichts anderes zugetraut hat, als das Publikum zu langweilen und insgesamt das Ende der Kunst zu bewirken, wissen wir – zumindest was den zweiten Punkt angeht – heute besser. Das freilich ist kaum unser Verdienst.

Das Ende der Kunstperiode glaubt auch Heinrich Heine – im Anschluß an Hegel und gegen ihn – deklarieren zu müssen. Doch es handelt sich dabei nicht gleichbedeutend um ein Ende der Kunst, sondern um die Ablösung der Kunstidee, die die *Goethesche* Kunstperiode konstituierte. Wenn Heine hierbei von Objektivität spricht, so ist das für die klassische Ästhetik fundamentale balancierte Modell der Ganzheit gemeint. Nach Heine aber ist die Rede von Ganzheit angesichts der Zeitverhältnisse eine unrealistische.

»Einst war die Welt ganz, im Altertum und im Mittelalter, trotz der äußeren Kämpfe gabs doch noch immer eine Welteinheit, und es gab ganze Dichter. Wir wollen diese Dichter ehren und uns an ihnen erfreuen; aber jede Nachahmung ihrer Ganzheit ist eine Lüge . . .«[17]

Heine argumentiert also auch hier durchaus politisch, indem er die Auflösung des Kunstideals – und damit das Ende der Kunstperiode – nicht im Rahmen einer rein poetischen, sondern einer ursächlich weltlichen Evolution interpretiert. Die byronische Zerrissenheit sei deshalb nicht eine Kunstattitüde, modische Exzentrik, sondern die ebenso schmerzliche wie wahrheitsliebende Erfahrung der wirklichen Zerrissenheit.

Der »große Weltriß«, der durch Heines Dichterherz geht, erlaubt es ihm, die Besonderheit der romantischen Kunstproduktion im Sinne eines tieferen Realismus zu verstehen. Fremdheit der Themen und Exzentrik der Form (z. B. das Mittelalter einerseits und der Witz andererseits) werden zur Signatur einer real fremdgewordenen und exzentrischen Welt. Während so »die schöne objektive Welt«, die Goethe durch Wort und Beispiel gestiftet hat, versinkt, begründen die neue Zeit und die neuen Ideen »an dessen Stelle das Reich der wildesten Subjektivität«.[18]

Die Nähe zu Hegels Diagnose ist unverkennbar, nicht aber zu seiner Prognose. Denn Heine sagt, die neue Poesie sei subjektiv, und das ist, wenn auch nicht ideal, so doch immerhin keine Lüge und damit – zumindest solange die Zeiten so, nämlich zerrissen, sind – eine Lösung.[19]

Daran ist zweierlei wichtig. Erstens, daß Subjektivität nicht in erster Linie als Innerlichkeit, sondern als Zerrissenheit begriffen wird – und damit Subjektivität gerade nicht als Ermöglichungsformel der scheinhaften Restituierung ganzheitlicher Weltvorstellungen im Innenraum weltabgewandter »romantischer« Phantasie; Subjektivität als Zerrissenheit ist vielmehr die weltzugewandte »romantische« Reflexion. Zweitens, daß Subjektivität, wie Odo Marquard sagt, von Heine als provisorische und interimistische Subjektivität begriffen wird; d. h. er akzeptiert sie zwar – und sieht nicht etwa in ihr die Auflösungsbedingung von Kunst schlechthin –, aber nicht als eine ästhetische Vollstufe, die die Objektivität der ganzheitlichen Kunstperioden zu ersetzen oder gar zu übertrumpfen vermöchte. Subjektive Poesie ist nun vielmehr der realistische und einzig mögliche Mangelzustand. Darin stecken Trauer über das Verlorene und Hoffnung auf ein vielleicht Kommendes. Was Heines Position also von der Hegels unterscheidet, ist, daß er ästhetische Subjektivität als das gegenwärtige Kunstprinzip nicht nur konstatiert, sondern auch akzeptiert. Ästhetische Subjektivität, so läßt sich zusammenfassend sagen, ist für Heine ein Provisorium. Als solchermaßen provisorische und partiale Kunstkompetenz ist Subjektivität zeitgemäß, weil auch Welt und Gesellschaft Provisorien sind. Heines Einschätzung der Subjektivität ist also nicht nur durch die Beziehung zu einem Kunstideal, sondern gleichzeitig durch die Beziehung auf einen Gesellschaftszustand motiviert.

Einig dagegen sind Hegel und Heine, dessen Position, soweit sie hier dargestellt wurde, aus den Jahren 1828-1834 datiert, in dem doppelten Resultat, daß die moderne Kunst romantisch und – deshalb – subjektiv sei. Aber dies ist nicht allein eine literaturhistorische Feststellung, gewonnen aus der Beschreibung poetischer und poetologischer Zeittendenzen. Es kontaminieren darin vielmehr zwei geläufige Subjektivitätszuschreibungen, denen zufolge die ästhetische Begeisterung bzw. Einbildungskraft per definitionem in einem emphatischen und unauflöslichen Verhältnis zur Subjektivität stehe, und daß gerade die romantische Poesie eine Potenzierung dieser ohnehin unhintergehbaren Subjektivität des Ästhetischen meine. Was so generell selbstverständlich scheint, ist es im Detail nicht.

Die Position einer forcierten Subjektivität der Poesie *und der Wissenschaft* findet sich zwar in Novalis' und Friedrich Schlegels Entwürfen der den trennenden Chemismus der Moderne transzendierenden Universal- bzw. Sympoesie, in der gerade der Poesie zugetraut wird, was die

Philosophie nicht länger vermögen soll, nämlich das Denken des Selbst und des Außen als Sympathie in der Intersubjektivität.[20]
Eine solche Position, die hier nicht weiter verfolgt werden soll, läßt sich aber im Falle Friedrich Schlegels erst für die Zeit nach dem *Studium*-Aufsatz annehmen. In diesem, der 1795 geschrieben und 1797 veröffentlicht wurde, geht es Schlegel (noch) gar nicht um eine emphatische Rettung der Subjektivität, die er im Gegenteil ablehnt – um eine objektive Poesie zu fordern.
In einem Stadium, das noch früher als die Frühromantik zu situieren ist, gibt es eine vehemente Ablehnung der Subjektivität. Friedrich Schlegels Aufsatz *Über das Studium der griechischen Poesie* ist de facto in weiten Teilen eine dreifache Auseinandersetzung mit der modernen Poesie, die er in ihrem allgemeinen Zustand beschreibt, deren Wert er beurteilt und deren Zukunft er prognostiziert. Dazu dienen ihm – unter dem klar spürbaren Einfluß Winckelmanns – eben die Werke der Griechen, deren kardinale, zugleich faktisch verlorene und normativ unverlierbare Auszeichnung es war, »ein Ganzes«[21] zu sein. Der Charakter der *organisch* konzipierten Ganzheitsvorstellung spricht sich unter anderem darin aus, daß der ganzheitlichen *natürlichen* Poesie der Griechen die Künstlichkeit der modernen Poesie entgegengesetzt wird. (S, S. 86) Künstlichkeit der Moderne meint in diesem Zusammenhang zugleich Griechenferne und Verlust des Ganzen, also das, was Heine als romantische Zerrissenheit bestimmte und wofür Schlegel den prägnanten Ausdruck des »Chemischen« fand.
Das Medium des Vergleiches, in dem auch die »Querelle des Anciens et des Modernes« einer neuen Entscheidung zugeführt werden soll, bewirkt, daß der zunächst retrospektive Vergleichspunkt späterhin auch als prospektive Bedingung in die Beschreibung des Gegenwärtigen Eingang findet. »Es springt in die Augen«, schreibt Schlegel,

»daß die moderne Poesie das Ziel, nach welchem sie strebt, entweder noch nicht erreicht hat, oder daß ihr Streben überhaupt kein festes Ziel, ihre Bildung keine bestimmte Richtung, die Masse ihrer Geschichte keinen gesetzmäßigen Zusammenhang, das Ganze keine Einheit hat. [. . .] Eben die trefflichsten Gedichte der Modernen, deren hohe Kraft und Kunst Ehrfurcht fordert, vereinigen nicht selten das Gemüt nur, um es schmerzlich wieder zu zerreißen. Sie lassen einen verwundenden Stachel in der Seele zurück, und nehmen mehr als sie geben. Befriedigung findet sich nur in dem vollständigen Genuß, wo jede erregte Erwartung erfüllt, auch die kleinste Unruhe aufgelöst wird; wo alle Sehnsucht schweigt. Dies ist es, was der Poesie unseres Zeitalters fehlt! Nicht eine Fülle einzelner, trefflicher Schönheiten, aber Übereinstimmung und Vollendung, und die Ruhe und Befriedigung, welche nur aus diesen entspringen können; eine Juno, welche nicht im Augenblick der feurigsten Umarmung zur Wolke würde.« (S, S. 91 f.)

Auch bei Schlegel also lautet die Diagnose der Zeit auf Zerrissenheit. Dieser Zustand einer Zerrissenheit der Poesie und des Gemüts indiziert einen ersten pathologischen Zustand der Subjektivität, den die moderne Poesie repräsentiert, den sie belegt (aus der Wirklichkeit zitiert) und den sie hervorbringt (in die möglicherweise noch unangefochtenen Gemüter infiltriert). Diesen Zustand beschreibt Schlegel – und nicht allein »der feurigsten Umarmung« wegen – in erotischen Termini der Begierde: als Vorlust. Mehr noch, es ist die gefesselte Vorlust, die unendlich erregt und hinausgezögert wird, die aber die solchermaßen gesteigerte Begierde nicht die *Befriedigung* jenes *vollständigen Genusses* finden läßt, in der jede *erregte Erwartung erfüllt* wird. Auch Hegel beargwöhnt und diskreditiert an der Begierde, daß sie unendlich ist und keine Lösungen oder Auflösungen bereithält, sondern die Anspannung perpetuiert. Dieses Nichtzuendekommen, das nach Hegel die Kunst gerade überwinden soll, um Kunst zu sein, ist Schlegel zufolge ein wesentliches Charakteristikum der modernen Poesie.

Was die moderne Literatur bewirkt, ist die Erregung des Gemüts; was sie dagegen nach Schlegel bewirken *soll*, um wirklich Kunst zu sein, ist Befriedigung. Dieses Sollen impliziert Urteil und Gesetz, nach dem entschieden wird, was sein soll und was nicht. Was sind das für Gesetze? Schlegel geht davon aus, daß es »reine Gesetze der Schönheit und der Kunst« gebe; man kann diese angebliche Reinheit nicht unabhängig von der gräcomanen Affinität Schlegels denken; man wird sie also historisch denken müssen. Schlegel sagt:

> »Nimmt man aber diese reinen Gesetze, ohne nähere Bestimmung und Richtschnur der Anwendung, zum Maßstab der Würdigung der modernen Poesie: so kann das Urteil nicht anders ausfallen, als daß die moderne Poesie, die jenen Gesetzen fast durchgängig widerspricht, durchaus gar keinen Wert hat. Sie macht nicht einmal Ansprüche auf Objektivität, welches doch die erste Bedingung des reinen und unbedingten ästhetischen Werts ist, und ihr Ideal ist das Interessante, d. h. subjektive ästhetische Kraft.« (S, S. 86)

Das Objektive ist das Schöne, das Subjektive ist das Interessante. Objektiv ist dabei nicht die Nachahmung der Wirklichkeit.[22] Nachahmung nennt Schlegel vielmehr – und stimmt darin wiederum mit Hegel überein – subjektiv. Subjektiv ist deshalb konsequent die »romantische« Poesie.

Poesie wird insgesamt teleologisch und damit normativ aufgefaßt. Der absolute ästhetische Wert der Objektivität, der an anderer Stelle als »Ruhe und Befriedigung« konkretisiert wurde, wird von der (nur) interessanten Poesie nicht erreicht. Daraus folgt die negative Charakterisierung der modernen Poesie als »Chaos« und »Anarchie«: »Diese Anarchie bleibt nicht an den äußeren Grenzen stehn, sondern erstreckt sich über das ganze Gebiet des Geschmacks und der Kunst.« (S, S. 93) Die normative Kritik Schlegels fordert einen Sollzustand der Literatur, dessen positive Auszeichnung als Harmonie und Befriedigung von der Literatur der Moderne nicht erfüllt wird. Man kann sogar sagen, daß die Moderne die systematische Negation dieses Anspruchs bedeutet. Weil Schlegel (noch) an ihm festhält, kann er argumentieren, daß die moderne Literatur »durchaus gar keinen Wert hat«. Hieran knüpft nun Schlegel seine Prognose an. Das negative Urteil über die moderne Poesie wird durch die Prognose gemildert, daß die derzeitige interessante Poesie Ausdruck einer Krise und poetischen Revolution sei, als deren befriedigendes Resultat das goldene Zeitalter einer objektiven Poesie sich in Vorbereitungen bereits ankündigt. »Die Herrschaft des Interessanten ist durchaus nur eine vorübergehende Krise des Geschmacks: denn sie muß sich endlich selbst vernichten.« (S, S. 117) Zum Zwecke dieser Selbstvernichtung des Interessanten und also bloß Subjektiven durchläuft die ästhetische Energie dessen Subformen: das Pikante, das Frappante, das Fade und das Schockante (sowie die drei Unterarten des Schockanten: das Abenteuerliche, das Ekelhafte, das Gräßliche). Hierbei soll sich nach Maßgabe des Schlegelschen Energiemodells eine Transformation der ästhetischen Kraft einstellen. Die ästhetische Kraft, so Schlegels Prognose, wird sich in den verschiedenen Spielarten des Interessanten verzehren, und zwar so, daß diese gleichzeitig verschwinden. Das Resultat dieser Selbstinfizierung wird sein, daß die ästhetische Kraft sich von ihren subjektiven Mängelzuständen des Pikanten, Frappanten usw. befreit haben wird, um nunmehr als strebende Kraft neuerlich objektiv zu werden. Dann erst wird möglich, daß »die moderne Poesie die zunächst bevorstehende Stufe ihrer Entwicklung: die durchgängige Herrschaft des Objektiven über die ganze Masse, erreichen kann«. (S, S. 188) Mit dieser Utopie der objektiven Poesie ist im Rahmen des *Studium*-Aufsatzes[23] der aus der Beschreibung hervorgegangenen negativen Beurteilung der modernen Poesie zumindest die Spitze abgebrochen. Denn deren interessantes Defizitstadium ist lediglich provisorisch. Der pathologische Zustand einer auf unbefriedigte Erregung restringierten Subjektivität wird in eine Befriedigung übergehen, in der es keine Sehnsucht mehr gibt. Mit anderen Worten, das Erreichen der Objektivität wird das Ende der Anarchie sein.

Noch aber herrscht Anarchie – und zwar, wie Schlegel sagt, sowohl im Bereich der Kunsttheorien wie in dem der Künste selbst. Den anarchischen – und also subjektiven – Charakter der Kunst hat Schlegel in einem »vollständigen ästhetischen Kriminalkodex« zusammenfassen wollen, der sich aus einer »Theorie der Inkorrektheit« und einer »Theorie des Häßlichen« (*S,* S. 161) zusammensetzte. Diese beiden Theorien sind Theorien der Form und des Inhalts.

Unter Inkorrektheiten nämlich sind die technischen Unvermögen zu verstehen, die das ästhetische Fundamentalgesetz verletzen, dem zufolge das Werk ein Ganzes zu sein habe. Die kategorisch wünschenswerte Ausbildung des Ganzen wird durch die Übertretung innerer und äußerer Grenzen verhindert. Die innere Gefahr liegt vornehmlich in der (»monströsen«) Vermischung der Dichtarten, während die äußere Gefahr die ist, daß das Werk grenzenlos wird, es also nicht mehr deutlich von anderen Werken »und von der übrigen Natur gar nicht, oder nicht gehörig abgesondert wäre, da es doch eigentlich eine kleine abgeschlossene Welt, ein in sich vollendetes Ganzes sein sollte«. (*S,* S. 160) Das Häßliche dagegen ist jener Bereich einer provokant thematischen Ausweitung der Kunst, der dem Kunstideal widerstreitet. Die Subformen des Häßlichen vom Pikanten bis hin zum Gräßlichen überschreiten die Grenze jener kleinen abgeschlossenen Welt als einer schönen Welt oder Welt des Schönen. Das technisch Inkorrekte und das inhaltlich Häßliche sind somit beide Grenzüberschreitungen oder Regelverletzungen, die deshalb von der Ästhetik »kriminalisiert« werden: als Über- oder Unterschreitung eines eigentlich Korrekten und Schönen. Das Ideal des Harmonischen bleibt für Schlegel die griechische Poesie, die zwar auch ihre Sonderbarkeiten habe, »welche oft exzentrisch genug sind« (*S,* S. 138), die aber insgesamt korrekt und schön und also ganz ist.

Nun ist jedoch Schlegel ebenfalls bewußt, daß sich aus solcher retrospektiven Griechensuche zwar Kriterien für die Moderne gewinnen lassen, daß aber faktisch die moderne Poesie diesen Kriterien nicht genügt und deshalb die Urteile bloß negativ sein können. An dieser Stelle kommt der prognostische Wert der Zukunft ins Spiel – was einmal war, aber nicht mehr ist, wird wieder sein. Dieser Glaube an die Evolution und die Vorhersagbarkeit der literarischen Entwicklung setzte das vermeintliche Wissen eines Ziels der Poesie voraus. Dieses vermeintliche Wissen, ob es die weitere Entwicklung, wie bei Hegel, als die Beendigung dieser Entwicklung oder, wie bei Schlegel, als das Erreichen eines neuerlichen Stadiums der objektiven Poesie in die nahe Zukunft projiziert, ist immer ein problematisches Wissen. Es ist ein unhistorisches Wissen. Es setzt sich zudem dem Risiko einer einfachen Widerlegung durch die Späteren aus, die nur abzuwarten brauchen, um es besser zu wissen. Warum dieses Risiko? Weshalb bescheidet man sich nicht mit der Vergangenheit und Gegenwart und deren Beschreibung? Warum diese riskanten Vorhersagen? Offenbar ist das Resultat der Beschreibung allzu negativ; es bietet keine Lösung – und keine Befriedigung. Die moderne Poesie, so scheint es für Hegel, Heine und Schlegel, steckt in einer Krise. Und zwar deshalb, darin stimmen die drei Diagnosen überein, weil sie subjektiv ist. Das Prinzip der Subjektivität dringt in die Poesie ein und bringt eine Revolution der Kriterien hervor, und das ist für diejenigen, die weiterhin an einem Ganzen der Kunst und der Kunstwerke interessiert sind, unbefriedigend. Daher die Prognosen und das Risiko.

Wir wissen heute, daß die Prognosen zu riskant waren. Weder hat sich das prognostizierte Ende der Kunst eingestellt, noch hat sich das als gewiß vorausgesehene Reich der Objektivität herausgebildet. Der von Heine konstatierte »Weltriß« hat vielmehr eine Rehabilitation der schönen Ganzheit dauerhaft verhindert. Obschon jedoch die Prognosen falsch waren, war die zwar unterschiedlich bewertete, aber gleich beschriebene Situation der modernen Literatur *als Beschreibung* richtig. Diese Beschreibung des Romantischen nahm in der Tat eine Reihe von ästhetischen Revolutionen vorweg, deren Verwirklichung und deren Irritationskraft – im Symbolismus, der Decadence, dem Surrealismus, der Artistik, Esoterik und Exoterik – bis heute fortdauern. Die von Hegel, Heine und Schlegel als Subjektivität gefaßte Überschreitung der Kunst im Namen der Kunst ist zum Signum der Moderne geworden. Das, was Hegel als Ende, Heine als Provisorium und Schlegel als Krise ansahen, erscheint für uns als der Anfang der Moderne, die es sich geradezu zur Aufgabe machte, das Prinzip einer anarchischen Subjektivität zu potenzieren, indem sie zugleich die formalen Grenzen und die thematischen Beschränkungen des Kunstideals überschritt. Es ist wiederum Schlegel, der uns hilft, diesen Vorgang anschaulich zu begreifen. Denn es genügt, die von ihm noch inkriminierten (aber eben auch aufgestellten) Theorien des Inkorrekten und Häßlichen von dem Odium des Mangels zu befreien, um in ihnen eine positive Beschreibung der Moderne lesen zu können.
Was Schlegel als Inkorrektheit glaubte denunzieren zu müssen: die innere und äußere Entgrenzung der Kunstform und die Vermischung der Dichtarten, das avanciert in der Moderne zum Prinzip der Virtuosität. Diese Virtuosität meint nicht (nur) das meisterhafte Beherrschen einer Technik, sondern die prinzipielle Möglichkeit zur Überschreitung

und Variation jeder Technik. Die Ermächtigung des Virtuosen läßt sich etwa am Wandel des Romanhelden verdeutlichen.
Aber die kurze Geschichte des Romanhelden ist nur ein Symptom. Es handelt sich nicht lediglich um die Auflösung der tragischen und komischen, immer aber deutlichen Subjekte in die sprechenden Anteile einer indirekten Subjektivität; es handelt sich auch und zugleich um die innere und äußere Entgrenzung der literarischen Formen, nicht nur des Romans. In der daraus resultierenden Offenheit des ehemals Verbindlichen kann nun Virtuosität zur möglichen Schreibweise und damit zur Schreibweise des Möglichen werden. Das freilich ist eine vergleichsweise labile und gefährdete Position. Es ist eine mißtrauische Position.[24]
In der von Schlegels Begriff des Inkorrekten hergeleiteten Virtuosität als – einem – Prinzip der Moderne lassen sich wiederum die beiden anfangs behaupteten Formen der Subjektivität entdecken. Denn offensichtlich hat die Virtuosität die Destruktion der souveränen Subjekte und ihrer »ganzen« Welt zur Voraussetzung. Das ist die Reduktion. Nicht minder offensichtlich und gleichzeitig begründet derselbe Prozeß eine scheinbar unbegrenzte Fülle poetischer Verfahren, die nicht länger inkorrekt, sondern typisch sind. Das ist die Abundanz.
Dasselbe gilt für Schlegels Theorie des Häßlichen. Sieht man sie erst einmal nicht mehr im Zusammenhang eines ästhetischen Kriminalkodex, so wird sie zur positiven Antizipation und Beschreibung der Moderne, die sich durch den Begriff des Schönen allein gerade nicht länger charakterisieren läßt. Das Häßliche ist zwar keine Erfindung der Moderne, ebensowenig wie es erst seit Baudelaires *Fleurs du Mal* das Böse in der Literatur gibt; aber es tritt in eine veränderte Beziehung zum Wert und zur Wahrheit. Das Häßliche ist nicht wertlos oder unwahr – ein Affe des Schönen, so wie der Teufel ein Affe Gottes ist –; es ist einfach präsent. Und das auf eine unübersehbare Weise. Das Ästhetische *erweitert* sich, indem es den Wert eines idealen Schönen einschränkt, um nun das Schöne und das Häßliche gleichberechtigt und vor allem häufig schwer unterscheidbar zu umfassen. Das wird in subjektivitätstheoretischer Hinsicht doppelt wichtig und wirksam. Es kommt nämlich einerseits zu zahlreichen Darstellungen – bei Kafka, bei Bekkett, bei Bernhard – reduzierter und restringierter Subjektivität.[25] Das ist die Reduktion. Und es kommt andererseits zu einer generellen Entgrenzung des Schönheitsbegriffs, die es gestattet, über so gut wie alles zu schreiben. Das ist die Abundanz.[26]
Die beiden Formen der Reduktion und Abundanz sind, wenn man die normativen Regeln, die sie hinter sich lassen, betrachtet, Formen der

Überschreitung. Sie sind, wenn man die »anarchischen« Regeln, nach denen sie sich hervorbringen, betrachtet, Formen der Virtuosität. Sie sind, wenn man nach Regeln sucht, um sie zu beschreiben, Formen des Indirekten. Sie sind, mit einem Wort, Formen der Subjektivität.

III. Kapitel

Paradigmata des Fortschritts

> »A baser meaning has been read into these characters the literal sense of which decency can safely scarcely hint.«
>
> James Joyce

Was von der einzelnen Periode gilt: daß sie in Beziehungen zu anderen Perioden steht, das gilt offensichtlich nicht minder von den einzelnen Werken, die den Begriff einer Periode konstituieren. Die auffälligsten und vertrautesten Beziehungen auf dieser Ebene sind scheinbar die, die sich durch das chronologische Nacheinander der Werke eines Autors ergeben. Es gehört zu den Gewohnheiten der literaturgeschichtlichen Betrachtung, dieses Nacheinander als Entwicklung zu interpretieren. Die darin sich enthüllende Regularität ist zweifellos eine, die erst aus der Position des Rückblicks erkennbar, d. h. möglich wird. Solcher Rückblick gewinnt seine Plausibilität aus der suggestiven Einheit des Lebens. Die biologische Entwicklung von der Jugend zum Alter erhält die Bedeutung einer schöpferischen Entfaltung: von der Unreife zur Reife. Die Einfachheit dieses Schemas resultiert aus der Möglichkeit, es klar zu begrenzen. Geburt und Tod des Individuums markieren die Spanne, in der es eine Entwicklung gegeben hat.
Doch diese Entwicklung muß, was die Werke betrifft, keineswegs die Gestalt eines kontinuierlichen Wachsens gehabt haben. Die organische Analogie suggeriert dies freilich. Ja, ihre Faszination ist offensichtlich so groß, daß sie nicht nur das Leben des Einzelnen, sondern das Leben aller zu interpretieren vermag. In diesem Sinne heißt es bei Bergson:

> »Die Entwicklungsgeschichte des Lebens in all ihrer Lückenhaftigkeit läßt doch schon ersehen, wie sich der Intellekt kraft ununterbrochenen Fortschritts in aufsteigender Linie, über die Reihe der Wirbeltiere hin bis zum Menschen, herausgebildet hat.«[1]

Da für Bergson Erkenntnistheorie und Lebenstheorie untrennbar waren, ist die so beschriebene Koinzidenz immerhin verständlich. Aber sie ist nicht selbstverständlich. Denn erstens ist die Entwicklungsgeschichte des Lebens, im Gegensatz zum Leben des Individuums, vorab nicht terminierbar – es sei denn in einer metaphysischen Konstruktion wie derjenigen Hegels, die den Verlauf der Weltgeschichte in der erreichten Selbsterkenntnis des absoluten Geistes bestimmt zu haben glaubt. Und zweitens ist, wie wir es nennen wollen, das biologische Paradigma der Gattung keineswegs geeignet, mit der physiologischen Ausbildung des Intellekts zugleich einen Fortschritt der intellektuellen und schöpferischen Verrichtungen zu begründen.

Es ist hier vielmehr an jene fortschrittskritischen Einwände zu erinnern, die zu bedenken geben, daß die Dokumente dieser Verrichtungen, der Kultur, allemal auch solche der Barbarei gewesen seien. Hiermit kommt nun eine inhaltliche Bestimmung ins Spiel, die von der Idee des Fortschritts nicht zu trennen ist. Diese Idee ist keineswegs so alt wie die Geschichte, als deren Interpretament sie heute erscheint. Zwar lassen sich seit dem 16. Jahrhundert verschiedene Ansätze zu Fortschrittskonzeptionen nachweisen, eine beherrschende Bedeutung kommt ihnen aber erst seit der Aufklärung und damit seit der Französischen Revolution zu.[2]

Nach John B. Burys Deutung waren es im Altertum die Götter und im Mittelalter der christliche Gott, deren alleinige Kompetenz den Gedanken an einen von Menschen bewirkten Fortschritt unterband. Erst der Gedanke der Theodizee, der Gott zwar als Schöpfer des Menschen anerkennt, aber ihn nicht länger als verantwortlichen Lenker der Geschichte des Menschen versteht, stiftet die – vorläufig gedankliche – Eigenverantwortlichkeit des Menschen. Fortschritt in der Geschichte, wie er sich aus seiner eigenen Geschichte ergibt, ist eine optimistische Konzeption, der zufolge die Geschichte in einer »wünschenswerten Richtung« fortschreitet. »This idea means that civilisation has moved, is moving, and will move in a desirable direction. [. . .] The movement may be Progress, or it may be in an undesirable direction and therefore not Progress.«[3] Gerade in dieser Hinsicht ist der Begriff des Fortschritts nicht deckungsgleich mit dem der Evolution, die lediglich ein neutrales Konzept von Entwicklung beschreibt, wobei offen bleibt, ob die Entwicklung wünschenswert ist oder nicht.[4]

Ebenso ist der Begriff des Fortschritts zu unterscheiden von dem der Teleologie. Zwar tendiert der Fortschritt, weil er eine – wünschenswerte – Richtung verfolgt, zu einem Ziel; aber dieses Ziel muß nicht notwendig, wie in der Teleologie, definitiv sein. Vielmehr können sich Richtung und Ziel des Fortschritts ändern und dennoch wünschenswert sein. Allerdings wirft eine solche Veränderung jeweils die Frage auf, ob die vorherige Richtung denn tatsächlich wünschenswert war und nicht vielleicht bloß notwendig. Daraus ergibt sich wiederum die Frage, ob die vorherige Richtung, die uns heute möglicherweise über den Umweg der Notwendigkeit als wünschenswert erscheint, es auch damals, nämlich für die damaligen Menschen, war. Diesen Zweifel veranschaulicht beispielhaft der Benjaminsche »Engel der Geschichte«, dem sich das Bild der Vergangenheit als »eine einzige Katastrophe, die unablässig Trümmer auf Trümmer häuft und sie ihm vor die Füße schleudert«, darbietet:

»Er möchte wohl verweilen, die Toten wecken und das Zerschlagene zusammenfügen. Aber ein Sturm weht vom Paradiese her, der sich in seinen Flügeln verfangen hat und so stark ist, daß der Engel sie nicht mehr schließen kann. Dieser Sturm treibt ihn unaufhaltsam in die Zukunft, der er den Rücken kehrt, während der Trümmerhaufen vor ihm zum Himmel wächst. Das, was wir den Fortschritt nennen, ist dieser Sturm.«[5]

Dieses Schreckbild des Fortschritts entspringt der Einsicht in die »Dialektik des Fortschritts«[6], die mit der Herstellung des Wünschenswerten zugleich andere Wünsche und Werte zerstört. Deshalb, und weil die Geschichte des Fortschritts in der Regel die Geschichte der Sieger sei, will Benjamin im Medium des Eingedenkens, das das bloße Erinnern überschreitet, die Geschichte gegen den Strich lesen. Dieses offensichtlich vom Messianismus und vom Materialismus gleichermaßen beeinflußte Konzept, dem es im Interesse der Zukunft auf eine »Erlösung« der Vergangenheit ankäme, raubt dem Fortschrittsgedanken die Selbstverständlichkeit, mit der er eine wünschenswerte Richtung anzeige, und nimmt an ihm vielmehr eine Dialektik der Gleichzeitigkeit von Fortschritten und Rückschritten wahr: der Ermöglichung und der Verhinderung von Freiheit. Wir können darin in bezug auf den Fortschritt das politisch-philosophische Paradigma der Freiheit erkennen.
Während nun dieses Paradigma möglicherweise weit genug ist, um als Rahmen für eine Interpretation der neuzeitlichen Geschichte als Freiheitsgeschichte zu dienen, ist allerdings der Freiheitsbegriff als Bezugspunkt für eine Interpretation des Fortschritts in der *Literatur*geschichte zu eng. Die Beziehung auf das Paradigma der Freiheit als Sollzustand des Fortschritts läßt sich als die *inhaltliche* Emphase einer Geschichtstheorie kennzeichnen, dort nämlich, wo die Emphase des Gattungsparadigmas und des Richtungsparadigmas sich in einer optimistischen Verlängerung zeitlicher Stetigkeit in die Zukunft erfüllt. Es ist die Zukunftsperspektive, die die Idee des Fortschritts mit der der Freiheit verbindet. Bei Bury heißt es: »It is from its bearings on the future that Progress derives its value, its interest, and its power.«[7] Insofern ist der kritische Reflexionsgehalt des Freiheitsparadigmas ein fruchtbares Korrektiv und Korrelat. Aber diese Inhaltlichkeit, die die Frage: Fortschritt in bezug

worauf? klar beantwortet, bringt zugleich die Ambivalenz des Fortschritts hervor. Er zeigt sie, indem er die Geschichte gegen den Strich liest und so die Kehrseite des Fortschritts entlarvt. Kurz, diese ,Geschichtsschreibung (die freilich eher ein Programm ist) wird zur Archäologie der traditionellen Geschichtsschreibung.

Es gehört zur Dialektik einer solchen Geschichtsauffassung, daß die Konzeption, die die Spuren der Kehrseite des Fortschritts entziffert, selbst fortschrittlich heißt. Doch diese Konzeption zeigt die Ambivalenz des Fortschritts nicht nur, sie bringt sie auch im wörtlichen Sinne hervor, weil nämlich der Freiheitsbegriff selbst ambivalent oder zumindest nicht eindeutig ist.

Das läßt sich vorzüglich an der literaturgeschichtlichen Problematik erläutern. Und zwar können wir uns dabei, worauf auch Adorno hingewiesen hat, auf das Dilemma der Dekadenz berufen: »Die imago von Fortschritt ist verschlüsselt in einem Begriff, den heute alle Lager einstimmig diffamieren, dem der Dekadenz.«[8] Dekadenz ist ein negativer Begriff, der immer im Gegensatz zu einem positiven Begriff steht und dessen Opposition hervortreibt. Da es sich um einen negativen Begriff handelt – einen Begriff, der etwas Negatives designiert –, findet man wesentlich nur Argumente *gegen* Dekadenz, keine *dafür*. Dekadenz ist ein Urteil, es sei denn, man wolle in dem unzeitgemäßen Denken Nietzsches eine Ausnahme von dieser massiven Struktur der Ablehnung sehen. Bei ihm, immerhin, heißt es: »Abgerechnet nämlich, daß ich ein *décadent* bin, bin ich auch dessen Gegensatz.«[9] Und er expliziert diesen Gegensatz, indem er sagt, im allgemeinen sei er *gesund,* im besonderen (»im Winkel«) aber ein *décadent* gewesen. Nietzsches Affinität zu extremen moralischen und ästhetischen Positionen läßt ihn auch hier, jedenfalls im Ansatz, eine Umwertung der Werte, genauer des Wertes der Dekadenz, probieren. Aber es ist nicht jenes von Nietzsche so häufig geübte Verfahren der Umkehrung und Verkehrung des Selbstverständlichen in sein Gegenteil, was für die provozierende Radikalität seines Denkens und dessen Verbundenheit mit dem Umgekehrten und eben nicht tatsächlich Neuen zeugte. An Nietzsches Bekenntnis zur Dekadenz können wir vielmehr die Stilisierung einer Selbstbezichtigung und die Einsicht in eine allgemeine Erkenntnisdisposition ablesen. Denn die Dekadenz ist zwar auch bei ihm ein Symptom des Verfalls; aber dieser Verfall bedeutet gleichzeitig einen Abfall von selbstverständlichen Gewohnheiten. In diesem Sinne wird für Nietzsche die Dekadenz zur Kunst der Verfeinerung im allgemeinen und der Beobachtung im besonderen.

Diese positive Akzentuierung steht nie allein, sondern immer in Verbindung mit ihrem Gegenteil. Deshalb ist Nietzsche beides:

»*décadent* zugleich und Anfang. [. . .] Ich habe für die Zeichen von Anfang und Niedergang eine feinere Witterung als je ein Mensch gehabt hat, ich bin der Lehrer par exellence hierfür – ich kenne beides, ich bin beides.«[10]

Und:

»Von der Kranken-Optik aus nach *gesünderen* Begriffen und Werten, und wiederum umgekehrt aus der Fülle und Selbstgewißheit des *reichen* Lebens hinuntersehn in die heimliche Arbeit des Décadence-Instinkts – das war meine längste Übung, meine eigentliche Erfahrung, wenn irgendworin wurde ich darin Meister.«[11]

Man könnte folglich Nietzsches Verhältnis zur Dekadenz ein dialektisches nennen, wenn er nicht auch die Dialektik als »Décadence-Symptom« entziffert hätte.

Die Ambivalenz Nietzsches gegenüber der Dekadenz, die er verurteilt und von der er sich, wie er wohl weiß, doch nicht zu lösen vermag, zeugt auch von der Ambivalenz des Fortschritts. Denn man kann nicht einfach – wie Nietzsche als einer der ersten gesehen hat – der Negativität der Dekadenz die Positivität des Fortschritts entgegenhalten, weil die Dekadenz eine exzentrische Form der Kritik an der Regularität des Fortschritts ist und so auf einen *anderen* Fortschritt verweist, und weil es der bestimmte Fortschritt der Moderne ist, der die Symptome der Dekadenz hervortreibt, der, jedenfalls in Nietzsches Sicht, die Moderne insgesamt als Dekadenz charakterisiert.

Dekadenz ist ein Urteil. Aber im Namen welcher Moral oder Ästhetik soll man dieses Urteil aussprechen, wenn sie auf so unabsehbare Weise mit dem Fortschritt, der das Urteil per definitionem ausspricht, verbunden ist? Nietzsche gibt auch hier eine Antwort, eine Antwort, die sich scheinbar jeder maßvollen Konvention entledigt hat, die aber in der dissonanten Polemik das negative Vokabular, mit dem die Dekadenz verurteilt wird, nur um so deutlicher zeigt. Dieses Vokabular benutzt eine morbide und moribunde Metaphorik: Dekadenz, das ist vor allem immer wieder Niedergang, Verfall, Krankheit. Darin sind deutlich zwei Konzeptionen verwoben, die den Fortschritt charakterisieren: Fortschritt ist insbesondere Anfang und »Gesundheit«. Wir können bezweifeln, ob damit wirklich eine ursprungsmythologische Interpretation des Fortschritts gemeint ist, die im Fortschritt selbst den langsamen Niedergang einer ursprünglichen Fülle (und Gesundheit) des Anfangs sieht. Es kann vielmehr der »Anfang« durchaus als bewußte Gegenkonzeption zur Theorie der ewigen Wiederkehr des Gleichen verstanden werden, als »Sprung« aus der Zirkularität. Anfang in diesem Sinne meinte nicht Ursprung, sondern jederzeit mögliches Neubeginnen, einen Absprung vom Tradierten, kurz, eine Umwertung aller Werte.

Das zweite Kriterium des Fortschritts allerdings, »Gesundheit«, liegt vor jeder Umwertung. Nietzsche ergreift hier ein letztes Mittel, sich gegen die Dekadenz zu verwahren. Er vergreift sich zu einer Ideologie des Gesunden und Normalen und appelliert an eine Instinktsicherheit, die dem Menschen längst abhanden gekommen war. In dieser Entlehnung eines pathologischen Vokabulars offenbart sich Unsicherheit. Den deutlichsten Ausdruck fand diese Denunziation der Dekadenz bekanntlich in Nietzsches Kritik an Wagner.

»Dem *Künstler der décadence* – da steht das Wort. Und damit beginnt mein Ernst. Ich bin ferne davon, harmlos zuzuschauen, wenn dieser *décadent* uns die Gesundheit verdirbt – und die Musik dazu! Ist Wagner überhaupt ein Mensch? Ist er nicht eher eine Krankheit? Er macht alles krank, woran er rührt – *er hat die Musik krank gemacht.*

Ein typischer *décadent,* der sich notwendig in seinem verderbten Geschmack fühlt, der mit ihm einen höheren Geschmack in Anspruch nimmt, der seine Verderbnis als Gesetz, als Fortschritt, als Erfüllung in Geltung zu bringen weiß.«[13]

Diese »Gesundheit« ist zweifellos eine Ideologie; sie ist keinesfalls ein ästhetisches Kriterium. Aber was für ein Wert ist die Gesundheit, und was für ein Unwert ist die Krankheit? Die Gegensätze sind klar markiert, und offenbar empört es Nietzsche an dieser Stelle besonders, daß die Dekadenz selbst Fortschritt zu sein beansprucht. Denn so wird gerade wieder die scheinbare Selbstverständlichkeit des Gegensatzes in Zweifel gezogen. Der Begriff des Fortschritts galt hier als ein Raster, durch das die Dekadenz hindurchfallen müsse. Doch während es evident ist, daß das Kranke nicht das Gesunde sein kann, gilt dies für den ästhetischen Bereich nicht mit derselben Selbstverständlichkeit. Die Dekadenz kann nicht nur möglicherweise mit ihrem erklärten Gegensatz, dem Fortschritt, koinzidieren, es ist vielmehr so, daß die als Dekadenz bezeichnete Kunst allemal den Anspruch, fortschrittlich zu sein, mit ihrem Auftreten verbindet.[14]

Die Dekadenz überschreitet die Grenzen einer traditionellen Ästhetik, indem sie bestimmte Züge an ihr eskaliert und diese gesteigerten Exponate der Tradition mit neuen Techniken, Themen und Absichten verbindet. Das Befremdliche der Dekadenz darf deshalb nicht in den ihr zugedachten Termini der Minimalisierung: Verfall, Abfall, Niedergang, Degenereszenz, Erschlaffung usw., gesehen werden, sondern in ihrem ausgesprochen hyperbolischen Charkter. Als die typische Figur des dekadenten Kunstwerks erscheint die Hyperbel: Übertreibung und Überschreitung. Aus diesem Grund werden gerade avantgardistische und insgesamt moderne Kunstrichtungen als dekadent diskreditiert. Auch diesen Zusammenhang von Dekadenz und Moderne belegt Nietzsche in seiner Kritik an Wagner:

»Gerade, weil nichts moderner ist als diese Gesamterkrankung, diese Spätheit und Überreiztheit der nervösen Maschinerie, ist Wagner der *moderne Künstler par excellence,* der Cagliostro der Modernität. In seiner Kunst ist auf die verführerischste Art gemischt, was heute alle Welt am nötigsten hat – die drei großen Stimulantia der Erschöpften, das *Brutale,* das *Künstliche* und das *Unschuldige* (Idiotische).«[15]

Aufschlußreich erscheint hieran nicht so sehr der Angriff auf Wagner, der unermüdliche Versuch, Wagners Kunst in die Sphäre der Krankheit hineinzudämonisieren. Das alles zeugt von der lebenslangen Verstrikkung Nietzsches in den »Fall Wagner«; beispielsweise betrifft und beleuchtet der Vorwurf des Verführerischen gerade eine der kontinuierlichsten Intentionen Nietzsche-Zarathustras.[16] Interessant erscheint vielmehr die Identifizierung von Dekadenz und Moderne. Wagner, dieser *typische décadent,* gilt zugleich und deshalb als der *moderne Künstler* par excellence. Nun ist offenkundig, daß Nietzsche in den Zeichen dieser Modernität keinen Fortschritt, sondern einen Rückschritt erblickt. *Diese* Moderne ist ein Urteil. Wir können füglich nach der Instanz fragen, auf die sich dieses Urteil stützt. Eine Antwort läßt sich aus einer Umkehrung der drei Stimulantia des Erschöpften gewinnen. Diese Umkehrung enthüllt die implizite Poetik bzw. Ästhetik, die Nietzsche gegen die Moderne und die Dekadenz: die dekadente Moderne und die moderne Dekadenz, ins Spiel bringt, aber nicht ausspricht. Wenn der Erschöpfte (Dekadente: Künstler und Rezipient) das *Brutale* verlangt, so kommt darin eine Störung des adäquaten Verlangens, das den Gesunden auszeichnet, nach dem *Sublimen* zum Vorschein. Das Brutale verletzt die (Geschmacks-)Regeln des Sublimen, das Sublime verurteilt das Brutale. Während der erschöpfte Moderne nach dem *Künstlichen* verlangt, steht der Gesunde in einem stabilen Bunde mit dem *Natürlichen.* Diese Kontroverse inspiriert von Aristoteles bis Herder und darüber hinaus die Poetiken. Dem Natürlichen wird ein überlegener Wert beigemessen, den das Künstliche in seinen verschiedenen Erscheinungsformen als Raffinement oder Virtuosentum immer nur unterbieten könne. Schließlich kontrastiert dem *Unschuldigen* (Idiotischen) eine Valenz der *Reife.* Diese figuriert als ein kulturspezifischer Wert, der eine ursprüngliche, freilich unwiederholbare Naivität ersetzt, indem er die Assimilation der Tradition vollbringt: als das Sentimentale, das das Naive durchscheinen läßt.[17] Reife heißt in diesem Sinne – und nunmehr auf den Künstler und die Sprache bezogen – harmonische Vermittlung des Subjektiven und Objektiven. Das Idiotische als extrem subjektiv-individuierter Sprachgebrauch hat sich dagegen gerade weiter, als es die Konvention gewährt und gutheißt, vom Allgemeinen distanziert. Daß hierin nicht innovatorische Überschreitung, sondern schlichtweg Übertretung gesehen werden soll, macht das Polemische. Methodisch verlangt die Sachlage allerdings nur eine *länger* vermittelnde Rückbindung der solchermaßen exponiert individuierten Subjektivität an die objektivierte, d. h. verallgemeinerte Regularität des verständigen (»reifen«) Diskurses.

Wir sind mit unserer Deutung des »Idiotischen« freilich näher an Herders »Anpreisung idiotischer Schönheit« orientiert, der zufolge sich »idiotische Schriftsteller« vor allem durch Originalität auszeichnen, allerdings den Charakter einer Nationalsprache nicht überschreiten, sondern gerade dieser die höchsten »Tugenden und Schönheiten ihres Ausdrucks« abgewinnen: »Idiotische Schriftsteller also, die selbst den Eigensinn ihrer Sprache nutzen, aus dem Überflüssigen und Unregelmäßigen derselben Vorteile ziehen, aus ihren Fundgruben Schätze heraufholen [. . .] usw.«[18] Wenn Nietzsche sich unausdrücklich auf das Sublime, auf das Natürliche, auf die Reife beruft, so beruft er sich damit auf eine vor-moderne Ästhetik. Tatsächlich verraten die enragierten Ausfälle gegen Wagner, macht man erst einmal ihren argumentativen Hintergrund explizit, eine eher konservative Einstellung zur modernen Kunst. In seinem Haß gegen Wagner geht Nietzsche so weit, wirklich unzeitgemäß zu werden. Es kommt hier gar nicht darauf an, eine gerechtere Beurteilung der Wagnerschen Musik zu finden, wichtig ist allein, daß Nietzsche in seiner ausschweifenden Polemik die Position einer Gegen-Moderne bezieht.

Wir können hieran nun dieselbe Konfiguration der Argumente entdekken, der wir schon bei Hegels, Heines und Schlegels Beurteilung der Moderne folgten. Auch hier führt die Beurteilung in die Irre, während die Beschreibung in großen Teilen zutrifft, sogar genau zutrifft. Die Rede vom Brutalen, vom Künstlichen, vom Unschuldigen (Idiotischen) ist nichts anderes als eine Variation des Schlegelschen »Kriminalkodex« der ästhetischen Werte. Diesseits der Polemik erkennen wir darin Strategien der Überschreitung. Eben weil das Sublime, das Natürliche und die Reife – auch zur Zeit Nietzsches – von der Kunst bereits überschritten waren, können sie nicht länger als umfangslogische Beschreibung des Ästhetischen dienen. Im Gegenteil, das Feld des Ästhetischen war – auch zur Zeit Nietzsches – bereits so erweitert, daß das Sublime mit dem Brutalen, das Natürliche mit dem Künstlichen und die Reife mit dem Unschuldigen koexistierten. Wenn Nietzsche glaubt, mit den Begriffen des Brutalen, Künstlichen und Unschuldigen (Idiotischen) Verurteilungen ausgesprochen zu haben, die sich in ihrer Negativität von selbst verstünden, so verschwindet diese Selbstverständlichkeit, sobald man sie in ihrem historischen Zusammenhang betrachtet. Auch er hat nämlich ex negativo und ganz gegen die eigene Absicht eine Position der Moderne beschrieben. Das läßt sich nochmals und weitergehend an einer Bemerkung Nietzsches zum Stil demonstrieren:

»Womit kennzeichnet sich jede *literarische décadence?* Damit, daß das Leben nicht mehr im Ganzen wohnt. Das Wort wird souverän und springt aus dem Satz heraus, der Satz greift über und verdunkelt den Sinn der Seite, die Seite gewinnt Leben auf Unkosten des Ganzen – das Ganze ist kein Ganzes mehr. Aber das ist das Gleichnis für jeden Stil der *décadence:* jedesmal Anarchie der Atome, Disgregation des Willens, ›Freiheit des Individuums‹, moralisch geredet – zu einer politischen Theorie erweitert ›*gleiche* Rechte für alle‹ [. . .] Das Ganze lebt überhaupt nicht mehr: es ist zusammengesetzt, gerechnet, künstlich, ein Artefakt. –«[19]

Nicht zufällig gebraucht Nietzsche an dieser Stelle den Begriff des »Chaos«, der schon Hegel und besonders Friedrich Schlegel ein Hauptargument gegen die Moderne war. Es genügt hier, das zu tun, was Nietzsche so oft als seine Begabung pries: die Perspektive umzustellen. Wenn man sich einmal von dem vielleicht nachhaltigsten Kriterium der Kunst: daß sie ein Ganzes sein müsse, um Kunst zu sein, gelöst hat, liest man diese Passage als Beschreibung des *offenen* Kunstwerkes.[20] Indem Nietzsche dieses veränderte ästhetische Verhältnis zu dem traditionellen Sollwert des Ganzen darstellt – und diese Veränderung auf den mediokren Status eines literarischen Pointillismus aus Schwäche reduziert –, bekundet er, überdeutlich, die Absicht, in diesem Prozeß einen Regreß, einen Rückschritt erkennen zu wollen.
Es ist kein Zufall, sondern einerseits ein Indiz für die äußerste Sensibilität Nietzsches in diesen Fragen und andererseits mit Notwendigkeit in der Sache begründet, daß er an diesem Punkt seiner Argumentation den Begriff der Freiheit einführt. Zwar ist das wiederum ablehnend gemeint, zeigt aber dennoch einen Zusammenhang an, in dem der Begriff des Fortschritts auf den der Freiheit bezogen ist. Bei Nietzsche ist dieser Zusammenhang zweifach negiert. Erstens *meint* seine Charakterisierung der literarischen Dekadenz einen Rückschritt. Zweitens dient Nietzsche die darin entdeckte Beziehung zur Idee der Freiheit lediglich als ein

Element der Polemik. Nun beschreibt aber die literarische Dekadenz wesentliche Züge des Avantgardismus und der Moderne, die uns gerade als fortschrittlich gelten können. Dieser Fortschritt indes ist zunächst einer der Form oder, wie Nietzsche sagt, des Stils. Die Überschreitung des klassischen Dogmas und der Regelpoetik bringt tatsächlich eine ganz neue Freiheit hervor, die vom Dogma und der Regel her gesehen als Chaos erscheint, in der Wirklichkeit der Geschichte jedoch nichts anderes als den modernen Prozeß der Autonomisierung der Kunst markiert. Die Souveränität des Wortes, wie sie der Symbolismus betont hat, und die kombinatorischen Techniken der Collage, wie sie beispielsweise die modernen Erzählformen bezeugen, sind Elemente jener *allgemeinen Befreiung der ästhetischen Form,* die in der politischen Interpretation der Geschichte der Moderne als Freiheitsgeschichte ihre Entsprechung findet.

Aber es handelt sich, wohlgemerkt, um eine Entsprechung, nicht um ein evidentes Ableitungsverhältnis. Deshalb kommt es bei der inhaltlichen Einschätzung des literarischen Fortschritts wiederum zu einer Ambivalenz in bezug auf den Begriff der Freiheit, wenn in der dogmatischen marxistischen Ästhetik gerade diejenigen Kunstwerke, die wesentlich an der Befreiung der Form beteiligt waren und sind, im Namen der politischen Freiheit als rückschrittlich bzw. eben dekadent kritisiert werden. Fortschrittlich sollen in diesem Sinne ausschließlich jene Werke sein, die in einer direkten und bejahenden Beziehung zum – sozialistischen – Freiheitsbegriff interpretierbar sind, die also, in der älteren Formulierung Lukács', »parteilich« sind. Allerdings gerät hierbei, was oft bemerkt worden ist, die Frage des literarischen Fortschritts aus dem Blick, was die überraschende Konsequenz haben kann, daß sich die ästhetischen Urteile – etwa im Falle der Dekadenz – Nietzsches und der marxistischen Kritik auffällig gleichen, obwohl sie von einem diametral entgegengesetzten Freiheitsbegriff ausgehen. Im Namen des Fortschritts negieren beide das Anstößige der Dekadenz.

Angesichts dieser komplexen Verhältnisse verliert der Begriff des Fortschritts seine Selbstverständlichkeit und die Aura suggestiver Evidenz. Fortschritt – insbesondere literarischer Fortschritt – versteht sich nicht von selbst. Er ist vielmehr das relativ komplizierte Resultat einer – mindestens – zweifachen Bezugnahme auf die Begriffe der Dekadenz und der Freiheit. Da aber offensichtlich sowohl Dekadenz als auch Freiheit inhaltliche Prädikationen implizieren, deren jeweilige bestimmte Verbindung mit einer Ideologie unübersehbar und unvermeidbar ist, erscheint Fortschritt als ideologisches Interpretament. Darin liegt eine

Erklärung für den emphatischen Charakter des Fortschrittsbegriffs, auch für die Emphase, mit der sich die verschiedenen Theorien für den jeweils gemeinten Fortschritt engagieren.
Es ist nun aber aus demselben Grund sehr viel schwieriger, im Begriff des Fortschritts ein *allgemeines* Kriterium einer Verlaufs- und Strukturgeschichte der Literatur zu sehen. Dem steht nämlich entgegen, daß die Begriffe des Fortschritts, der Freiheit und der Dekadenz sich zwar wechselweise interpretieren, daß sie jedoch zugleich mit dieser Interpretation die Beschreibung der Sache in eine Bewertung der Sache und ein – emphatisches – Engagement für die Sache transformieren. Dadurch wird die Ambivalenz der Begriffe nicht eliminiert, sondern exponiert. Die so sich abzeichnende Geschichte der rivalisierenden Poetiken ist allerdings nicht identisch mit einer Geschichte des Fortschritts der Literatur.
Um diese dilemmatischen Komplikationen zu vermeiden, bietet es sich an, eine Konzeption des literarischen Fortschritts zu betrachten, die zwar bewußt auf emphatische Bezugnahmen verzichtet, die sich aber systematisch auf die Beziehungsstruktur des Geschichtlichen beruft. Das ist in besonderem Maße im russischen Formalismus – aber auch, wie noch zu zeigen sein wird, im französischen Strukturalismus – der Fall. Während die bisher diskutierten Theorien jeweils mit einem fixierten Begriff der Literatur arbeiteten – einer Literatur, die in eine wünschenswerte Richtung tendiere, einer Literatur, die ein bestimmtes Postulat der Freiheit erfülle –, wird im späten russischen Formalismus jede stationäre Definition der Literatur bestritten, die Erkenntnis von Literatur ausschließlich im Rahmen einer Theorie der Evolution für möglich erachtet. Es wird dabei vor allem auf die Wandelbarkeit der Genres verwiesen. Das legt zweifellos eine veränderte Einschätzung der traditionellen Gattungsgeschichten nahe. Dazu heißt es bei Tynjanov:

»Die transmentale Sprache gab es schon immer: in der Kindersprache, in der Sprache der Sektierer usw., aber erst in unserer Zeit wurde sie zu einem literarischen Faktum. Und umgekehrt wird das, was heute ein literarisches Faktum ist, morgen zu einem einfachen Faktum des Lebens und verschwindet aus der Literatur. [. . .] Hier erweisen sich nicht nur die *Grenzen,* die ›Peripherie‹, die Grenzgebiete der Literatur als fließend, nein, es geht um das ›Zentrum‹ selbst: nicht, daß im Zentrum ein uralter ererbter Strom fließt und evolutioniert und die neuen Erscheinungen nur an seinen Ufern auftauchen – nein, eben diese ganz neuen Erscheinungsformen rücken ins Zentrum vor, das Zentrum hingegen gleitet an die Peripherie. Jedes beliebige Genre rückt in der Epoche seines Verfalls aus dem Zentrum an die Peripherie, an seinem Platz aber taucht aus den Kleinigkeiten der Literatur, aus ihren Hinterhöfen und Niederungen eine neue Erscheinung im Zentrum auf.«[21]

Es ist nicht nur verwunderlich, sondern führt auch zu ernsten theoretischen Schwierigkeiten, daß Tynjanov seine dynamische, gegen stationäre und »feste« Definitionen gerichtete Theorie der Literatur ausgerechnet auf dem und mit dem Terminus des literarischen Faktums begründet. Gemeint ist damit eine umfangslogische Beschreibung der Literatur, die es einem gedachten Zeitgenossen erlaubt, zwischen literarischen und außerliterarischen Fakten zu unterscheiden. Da der Begriff des Faktums nun aber eigentlich eine stationäre Kategorie ist, engt Tynjanov hier das Phänomen des literarischen Wandels auf den Wandel der Genres ein. Hierbei bleibt erstens die Herkunft des Neuen zweideutig, da es einerseits aus dem Leben, andererseits aus den Kleinigkeiten der Literatur herkommen und nunmehr zur Hauptsache werden soll. Zweitens ist Tynjanov gezwungen, seine These mit sehr unwahrscheinlichen Beispielen zu belegen. Es dürfte ausgesprochen schwierig, wenn nicht unmöglich sein, irgendeine Literatur nachzuweisen, in der tatsächlich Elemente der Kindersprache oder der Sprache der Sektierer bzw. Zeitschriften und Almanache zu einem neuen Zentrum der Literatur geworden sind. Es ist unsinnig, diesen subsidiären Formen die Kraft zuzutrauen, etwa einen bestimmten Typus epischen Erzählens zu verdrängen. Hier wird gerade die Stabilität der sich wandelnden Gattungen unterschätzt. Daß dagegen diese – und andere – außerliterarische Sprachformen und -verwendungen in den jeweils akzeptierten Bereich der Literatur eindringen können, unterliegt keinem Zweifel. Gänzlich illusionär erscheint allerdings die umgekehrte Versicherung, daß ein literarisches Faktum verschwinden könne, um zu einem Faktum des Lebens zu werden. Daß die literarische Sprache Verwendungen der Alltagssprache aufzunehmen in der Lage ist und daß bestimmte literarische Formen aus der Literatur verschwinden können, ist keineswegs ein stichhaltiges Indiz für die Annahme, diese Formen könnten oder müßten nunmehr die Sprache des Alltags (»Lebens«) bereichern. Eine solche Poetisierung der Welt gehörte zwar durchaus zu den ausgesprochen utopischen Hoffnungen der romantischen Universalpoesie, aber, ohne das hier ausweisen zu können, es spricht, selbst bei nur oberflächlicher Beobachtung der Alltagssprache, nichts für eine derartige Wechselbeziehung, im Gegenteil.

Sieht man einmal von diesen fragwürdigen Extrapolationen ab, so läßt sich die formalistische Theorie der Evolution durch ihr Interesse am Neuen bestimmen, so daß wir von einem formalistischen Paradigma des Neuen sprechen können. Dieser Theorie liegt die allgemeine Überlegung zugrunde, daß die Literatur eine »dynamische Sprachkonstruktion« sei. »Das Wesen der ›neuen Form‹ liegt gerade im neuen Konstruktionsprinzip, in der neuen Verwendung der Beziehungen zwischen dem konstruktiven Faktor und den untergeordneten Faktoren, also dem Material.« Und: »Diese Neuartigkeit aber ist das Bewußtsein von Evolution.«[22]

Das Material der literarischen Aussage und auch dessen Akzentuierung im Formalismus werden uns noch beschäftigen. Was uns hier interessiert, ist der Charakter der Beziehung. Daß es sich überhaupt um eine explizite Theorie der Beziehung, d. h. um ein relationales Erklärungsmodell, handelt, ist in der dynamischen Konzeption begründet. Literatur wird nicht als das Resultat eines genuinen Schöpfungsaktes begriffen, sondern als prozessuales Verfahren oder, in der Terminologie Tynjanovs, als dynamische Sprachkonstruktion. Dieser Verfahrensbegriff hat die Struktur einer Beziehung, Beziehung zwischen dem konstruktiven Faktor und dem Faktor des Materials. Da im Formalismus das Material wesentlich als – literarische – Form aufgefaßt wird und der konstruktive Faktor als Formung, läßt sich die formalistische Ansicht von der Entstehung literarischer Werke auf die schematische Formel einer *Formung der Form* reduzieren. Und weil nun dieser Prozeß in historischer Hinsicht stets unter dem Gesichtspunkt des Neuen wahrgenommen wird, erscheint die Eigenart der Formung als Deformation des Alten.[23]

Weder ist also das Neue jemals ein gänzlich voraussetzungsloses Beginnen, es steht vielmehr immer in dieser formierend-deformierenden Beziehung zum Alten, noch – und dies betrifft einen Aspekt der Rezeption – wird es jeweils als positive Neuerung wahrgenommen. Das Neue erscheint vielmehr häufig als Störung und Verletzung eines bestehenden Übereinkommens, wovon eine Geschichte der Polemik Zeugnis gäbe und worüber die Geschichte der Skandale und Prozesse unterrichtet. Zweifellos können wir die Beziehung zum Alten und die diversen moralischen und ästhetischen Bezüge, die das Ereignis der Rezeption ausmachten, nicht voneinander trennen, sondern müssen sie als verbundene Beziehungen, als Beziehungen, die ihrerseits aufeinander bezogen sind, begreifen. Diese Sachlage – deren Charakteristikum es ist, eine Beziehungslage zu sein – verdeutlicht, daß ein literarisches Werk sich durchaus als Beziehung konstituiert und daß es darüber hinaus in anderen Beziehungen steht.

Diese Beziehungen nennt Tynjanov die Korrelationen. Sie werden unterschieden in Korrelationen zur literarischen oder zur außerliterarischen Reihe. Zur literarischen Reihe gehören die Korrelationen zu den anderen Werken des Autors, zum Genre und zur Periode bzw. Epoche, das also, was wir die Beziehung auf eine implizite Poetik genannt haben. Zur außerliterarischen Reihe gehören die Korrelationen, die auf Sachverhalte des sozialen und kulturellen Lebens bezogen sind, das also, was wir im weitesten Sinne als Beziehung zur Geschichte bezeichnet haben und was Starobinski die »relation au monde« nennt. Nach Tynjanov kann keine Theorie der Literatur von dieser doppelten Beziehungsstruktur absehen: »Genau genommen darf es keine Untersuchung der literarischen Erscheinungen außerhalb ihrer Korrelation geben.«[24] Die historische Untersuchung erreicht dann ihre Bestimmung in der Wahrnehmung von »Differenzqualitäten« an den literarischen Werken.[25] Und diese Differenzqualität ist das jeweils Neue. Aber damit ist keine eindeutige Vorstellung eines Fortschritts verknüpft – denn die Differenzqualität ist nicht notwendig auch eine Qualitätsdifferenz. Das formalistische Paradigma impliziert die Idee des Fortschritts nicht. Es intendiert dagegen eine neutrale Geschichte der Innovationen. Diese Intention kommt nicht zuletzt darin zum Ausdruck, daß die solchermaßen aufgefaßte formalistische Theorie der Evolution jene Eigenschaft nicht für sich reklamiert, die scheinbar notwendig mit dem Gedanken des Fortschritts verbunden war: Stetigkeit. Der formalistischen Argumentation zufolge vollzieht sich die Evolution der Literatur vielmehr in Sprüngen.

Lehre vom Sprung

»Der Übergang ist immer ein Sprung«

Friedrich Schlegel

Wie entsteht das Neue? Ist es plötzlich da, überraschend und schockierend? Oder wächst es gemächlich aus dem Alten hervor und ist dann eben da, als könne es gar nicht anders sein? Wie neu darf ein literarisches Werk sein, um noch zur Literatur zu zählen? Offenbar nicht allzu neu. Andererseits scheint die Literatur nichts so sehr zu suchen und zu verlangen wie das Neue. Schriftsteller ist nur der, der etwas zu sagen hat, das so nie zuvor gesagt worden ist.

Aber häufig ist das Neue allzu plötzlich da. Die Überraschung ist gelungen, nicht aber das Debut am literarischen Markt. Leser und Kritiker sind vielmehr schockiert. Im Extremfall schaltet sich die Justiz ein. Die Geschichte der Prozesse, Skandale und Verrisse zeugt von der Schwierigkeit, das Neue als solches zu erkennen. In diesen *Fällen* versagt häufig die zeitgenössische Literaturkritik, indem sie etwa sagt, der Autor sei *zu weit* gegangen, er habe *das Ziel* der Literatur verfehlt usw. Die Späteren wissen es dann besser. Was z. B. Sainte-Beuve an Fehlurteilen über Balzac, Stendhal und Flaubert hat verlauten lassen, gilt heute nurmehr als besonders triftiges Indiz für deren damalige *nouveauté.*

Im Rückblick der Historiker schwächt sich der Premieren-Lärm erst recht ab. War bei der Neuerscheinung eines Werkes noch nicht klar, ob es sich bei ihm tatsächlich um Literatur handle, so ist diese Frage entschieden, wenn das Werk seinen Platz in den Literaturgeschichten gefunden hat. Zwei Dinge scheinen damit festzustehen: das Werk gehört zur Literatur, und es markiert eine bestimmte Station in der Entwicklung, die die Literatur als Literaturgeschichte nimmt. Ob wir diese Entwicklung als eine stetige oder eine sprungartige anzusehen haben, ist damit noch nicht ausgemacht.

Das Problem der stetigen Entwicklung besteht darin, daß ein Allgemeines vorausgesetzt werden muß, an dem sich die Entwicklung vollzieht und also ablesbar ist. Dieses Allgemeine muß vorausgesetzt werden, um den Vorwurf abzuwehren, es handle sich bei einer bestimmten Entwicklungsstufe gar nicht mehr um Entwicklung, Ausprägung des einen, sondern um etwas ganz anderes. Entwicklung verlangt also einen Rahmen. Dieser Rahmen ist in der Regel durch den umfangslogischen Status einer Literaturgeschichte definiert: Geschichte einer Epoche, Geschichte einer Nationalliteratur, Geschichte der Weltliteratur. Eine Besonderheit stellt die Geschichte eines Motivs oder eines Themas dar. Sie kann zeitlich universal, inhaltlich jedoch sehr beschränkt sein. Weitere Unterschiede ergeben sich durch die Wahl der Methode, ob man etwa Stilgeschichte, Sozialgeschichte oder Psychohistorie betreibt. In allen diesen Geschichten variiert der Sinn des Stetigen. In der Geschichte einer Epoche werden die zeitlichen Übergänge wesentlich näher beieinander liegen als in einer Geschichte der Weltliteratur. Sehr viel weitmaschiger können dagegen die Übergänge in der Geschichte eines Motivs sein (hier können ganze Jahrhunderte übersprungen werden). Aber zeitliche Nähe ist kein ausreichendes Kriterium, von dem sich auf eine stetige Entwicklung schließen ließe. Zwei Werke (oder Epochen) können sich zeitlich sehr nahe sein und gleichwohl inhaltlich sehr fern. Auch die intimste chronologische Mikrologie kann nicht den Gedanken abwehren, daß der Übergang *immer* ein Sprung sei.

Hält man dagegen an der Idee einer stetigen Entwicklung der Literatur fest, so bleibt auf die Frage, was denn nun jenes Allgemeine sei, an dem sich die Entwicklung vollzieht, nur die offenbar tautologische Antwort: es ist die Literatur selbst. Die chronologische Dispersion wird in diesem Argument, wenn es eines ist, durch den Hinweis auf das gemeinsame Medium zum Verschwinden gebracht. Das soll heißen, in Wirklichkeit finden wir in der Entwicklung der Literatur keine Brüche, denn überall haben wir es mit derselben ›Weise des Sagens‹ zu tun. Das Medium wirkt als verbindendes *melos,* das noch so Entferntes miteinander kommunizieren läßt. Wir wollen dieses Argument als Unifizierung bezeichnen.

Es wird unterstützt durch eine Spezifizierung, die besagt: Nicht nur die ›Weise des Sagens‹, sondern auch das Was des Gesagten ist stetig, nämlich stets gleich oder ähnlich. Während also das Argument der Unifizierung behauptet, die notwendig zu machende Voraussetzung eines Allgemeinen sei durch die Zugehörigkeit heterogener Werke zur homologen Seinsweise der Dichtung erfüllt, erklärt das Argument der Spezifizierung, es gebe über die temporale und formale Heterogenität hinweg wiederum eine Sympathie, die auf der tieferen Ebene der inhaltlichen Aussage als Garantie für thematische Stetigkeit gelten könne.

Das Argument der Unifizierung nun ist deshalb eine Täuschung, weil es

zwar eine Bedingung für Geschichte und Entwicklung benennen kann, nämlich ein Allgemeines, das sich entwickelt, aber nicht zugleich den Beweis für die Stetigkeit dieser Entwicklung erbringt. Vielmehr erweist sich, daß die Bedingung zwar notwendig für das Zustandekommen einer Geschichte ist. Aber sie ist gerade nicht das *Geschichtliche* und erst recht nicht das *Stetige* daran. Es handelt sich sogar um eine Enthistorisierung, die lediglich den umfangslogischen »Raum« der Literatur begrenzen und definieren will – und auch dies nicht problemlos kann, weil eine solche Definition das jederzeit sichere Wissen von der ›Eigentlichkeit‹ der Literatur forderte.
Wiederum, wie schon bei der allgemeinen Problematik der Frage nach dem Geschichtsganzen, entsteht die Schwierigkeit daraus, daß man sich des kontextuellen Rahmens beraubt, innerhalb dessen die Frage nach der Entwicklung einzig sinnvoll zu erörtern wäre. Und die Literatur als Ganzes ist faktisch der weiteste Kontext, innerhalb dessen so etwas wie literarische Entwicklung sich feststellen läßt. Sie läßt sich jedoch nur deshalb feststellen, weil sie sich und ihren Kontext allererst als Entwicklung herstellt. Literatur als Ganzes, das Ganze der Literatur, das Literaturganze – dies ist keine reale Größe, von der wir bei der Analyse literarischer Werke und ihrer historischen Verweisungen ausgehen könnten. Dies ist vielmehr – vielleicht – der einzige präzise Sinn, in dem die Literatur eine Utopie ist. Das heißt, um sinnvoll die Frage nach der Entwicklung der Literatur stellen zu können, muß man den Begriff der Literatur und erst recht den des Literaturganzen *als eine Frage* erhalten.
Betrachten wir nun das Argument der Spezifizierung, das nicht das *Wie* des Sagens, sondern das *Was* des Gesagten als das Verbindende ansieht, um so den Nachweis der Stetigkeit literaturgeschichtlicher Entwicklung zu liefern. Auch hier läßt sich einwenden, daß ein solches Bedingungsverhältnis nicht ausreichend begründet werden kann. Die Absicht, in der erfüllten Bedingung thematischer Ähnlichkeiten die Spur einer stetigen Entwicklung zu finden, wird sich auch in diesem Fall als Illusion erweisen. Weil etwa Homer, Lautréamont und Kafka jeweils die Verwandlung des Menschen in ein Tier beschrieben haben, besteht kein Anlaß, die Ähnlichkeit dieser Themen als einen Hinweis darauf zu nehmen, daß von Homer über Lautréamont zu Kafka eine stetig sich entwickelnde Geschichte der Verwandlung sich nachzeichnen ließe, in die freilich der von seinem Thema eingenommene Forscher noch zahllose weitere Beispiele einfügen könnte: als »Stationen« auf einem Weg (seinem Weg).
Eine literaturhistorische Theorie, die solche Stationen untersucht, ist die

der Einflußforschung[1] – eine zweifellos interessante und legitime Theorie, die dort, wo sie sich nicht darauf beschränkt, was Lanson weithin gerade tut, in komplizierten Operationen den Nationalcharakter einer Literatur aus den fremden Einflüssen herauszuschälen, aufschlußreiche Beeinflussungen aufzudecken vermag. Es ist etwa bekannt, wie groß der Einfluß Baudelaires auf Poe war. Ohne Baudelaire, schreibt Edouard Gaede, wäre Edgar Allan Poe nicht das, was er ist.[2] Das gilt auch umgekehrt. Sicherlich ist der Einfluß in diesem Fall direkt. Beiden ist das Interesse an den Phänomenen des Morbiden und des Bösen gemeinsam, die sie in einen Zusammenhang mit der Idee des Schönen bringen und so in den Bereich der Literatur einführen. Zwar waren sie damit keineswegs die Ersten und auch nicht die Einzigen; aber die Radikalität, mit der sie diese relative Innovation in ihren Werken realisierten und selbst immer wieder in die Nähe der Manie rückten, hatte immerhin zur Folge, daß ein irritiertes Publikum schockiert reagierte.[3]

Diese rezeptionsästhetischen Sachverhalte verraten eine Irritation, die mit dem plötzlichen Erscheinen dieser Werke zu tun hatte. Die Reaktionen fielen unangemessen aus, weil diese Werke das aufsprengten, was scheinbar das vernünftig Erwartbare war. Kurz, sie wirkten als *Sprung* in der Geschichte. Es liegt nun nahe, daß die Literaturgeschichte daran interessiert ist, diesen Sprung zu erklären – und sie kann es in diesem Fall, da Poe ja von Baudelaire beeinflußt war und umgekehrt.

Doch es ist offensichtlich, daß hier nicht eigentlich erklärt, sondern bloß eine interessante Verschiebung inszeniert wird. Denn diese Antwort enthüllt gerade eine wesentliche Schwierigkeit der Theorie des Einflusses. Sie macht uns nämlich darauf aufmerksam, daß bei der wechselseitigen Beeinflussung jedes Werk von dem anderen unter einem unterschiedlichen Aspekt profitiert haben muß. Sie müssen also überhaupt erst einmal verschieden sein, um etwas (ein Werk) beeinflussen zu können. Dabei wird nun aber problematisch, inwieweit das beeinflußte Werk noch originell und nicht vielmehr epigonal ist. Wann aus der Ausübung einer Beeinflussung eine Dominanz wird, und wann aus der – bewußten oder unbewußten – Annahme einer Beeinflussung eine Abhängigkeit wird, ist also nicht immer leicht auszumachen. Damit aber scheint die Einflußforschung weniger geeignet, tatsächlich das Neue in der Geschichte zu erklären, als das prekäre Gleichgewicht geistiger Eigentumsverhältnisse zu inkriminieren. Dies mag zwar für sich interessant sein, es erklärt aber nicht die Entstehung des Neuen.

Überhaupt handelt es sich häufig gar nicht um beweisbare direkte Bezugnahmen, sondern vielmehr um etwas, das sich sehr viel angemessener als freie Verweisung auf einen anonymen Zwischen-Diskurs, in dessen Zeichenreservoir sich Figuren des Imaginären gesammelt haben, bestimmen ließe. Die Verwandlung des Menschen in ein Tier etwa ist eine solche Figur des Imaginären, deren Herkunft weder auf bestimmte Autoren oder Quellen noch auf *einen* bestimmten Diskurs eingeschränkt werden kann; es gibt sie vielmehr in der Literatur, im Mythos, in den Besessenheitsriten der Eingeborenen, kurz überall dort, wo eine bestimmte Definition des Realen auf das Imaginäre hin überschritten wird.

Worauf zielt nun das Interesse der Einflußforschung? Was gewinnen wir, wenn wir erfahren, ein anderer Autor habe früher Ähnliches geschrieben? Offenbar soll dies doch besagen, das Neue sei so neu nicht. Worüber die spätgeborenen Autoren häufig klagen: daß es angeblich nichts Neues unter der Sonne gebe, worüber sich zu schreiben lohnen würde, das scheint für die Einflußforschung eher eine Beruhigung zu sein. Was sich so allerdings einstellt, ist das gerade von der Literaturhistorie häufig beschworene Phänomen der Zeitlosigkeit ihres Gegenstandes – ein Resultat, zu dem auch die Einflußforschung Lansons gelangt. Das Objekt des Literaturhistorikers, sagt Lanson, sei eine Vergangenheit, die bleibe, denn die Literatur sei zugleich vergangen und gegenwärtig.[4]

Für Lanson und viele andere Literaturhistoriker bekundet sich darin jener sakrale Ewigkeitswert der Dichtung, der sie zu einem Forschungsgegenstand ganz eigener Art mache, nicht aber die Kontingenz, die in der Möglichkeit zum Ausdruck kommt, verschiedene in chronologischer Hinsicht einander ferne Werke in eine nahe Beziehung miteinander zu setzen. Es ist möglicherweise dieser Charakter der Setzung, der den Verdacht der Willkürlichkeit hervorruft. Er ist freilich vordergründig in dem Charakter solcher Geschichten begründet, die ihren Gegenstand auf dem Feld der thematischen Verstreuung erst zusammensuchen – und so den Eindruck sprungartiger Übergänge besonders eindringlich machen.

Aber verhält es sich mit dem Vorgehen der ›normalen‹ Literaturgeschichte, die sich an die Sukzession der Zeit hält, anders? Zweifel hieran begründet etwa Roland Barthes:

»Man betrachte eine Literaturgeschichte [...]: von der Geschichte hat sie nur den Namen, sie besteht aus einer Folge von Monographien, von denen nahezu jede einen Autor einschließt und ihn für sich selbst untersucht; die Geschichte ist hier nichts anderes als die Aufeinanderfolge einzelner Männer; mit einem Wort, es handelt sich nicht um eine Geschichte, sondern um eine Chronik.«[5]

Wenn in den Geschichten, die sich als solche zu profilieren suchen, das synthetische Niveau der Verbindungen und Übergänge häufig sehr niedrig ist, muß dann nicht auch für ihr Funktionieren das Prinzip angenommen werden, das die freie Verweisung charakterisiert: die zugleich trennende und einigende Kognition des Sprungs?

Der Versuch der Literaturgeschichte, die von Barthes ironisierte Aufeinanderfolge einzelner Männer als notwendiges Werden erscheinen zu lassen, schwächt gerade das Besondere der Literatur. Nicht allein die für Entwicklung konstitutive historische Differenz, sondern auch die jedem Kunstwerk zugehörige und über alle Ähnlichkeit mit anderen Kunstwerken hinausweisende Individualität wird so verkannt. Was die historische Fragestellung einzig sinnvoll macht, das ist eben die Differenz. Es gibt selbst im Zeitalter der Reproduzierbarkeit keine identischen literarischen Kunstwerke. Dies zu markieren, ist die Funktion des treffenden Ausdrucks von Viktor Schklowskij, der von der »Ungleichheit des Ähnlichen« spricht.[6]

Es läßt sich somit als eine Eigenart des historischen Diskurses kennzeichnen, daß er die historische Ungleichheit des strukturell Ähnlichen untersucht. Keine Struktur – und kein Text – ist geschlossen, weil jeder Struktur eine Metastase der Ungleichheit inhärent ist. Diese Metastase, die zugleich Umstellung, Verstellung und Verwandlung bedeutet, können wir als die notwendige Beziehung zur Geschichte definieren. Insofern ist es keine ontologische, sondern die historische Differenz, die das Ähnliche in der Geschichte auf die Geschichte verweist.

Dieser zunächst noch abstrakte Sachverhalt soll im folgenden an einem extremen Beispiel erläutert werden. Drei kurze Texte – von Homer, Lautréamont und Kafka – verweisen aufeinander. Sie liegen offenbar in der Geschichte sehr weit auseinander. Und es erscheint fast unsinnig, sie als *eine* Geschichte lesen zu wollen. Dennoch sind sie einander sehr ähnlich, ähnlicher als manche Texte, die nicht durch Jahrhunderte, sondern bloß durch Jahre oder Tage voneinander getrennt sind. Letztlich wird an diesem extremen und gleichsam überkomponierten Beispiel nur der Sprung deutlicher, der jedes Werk von jedem anderen trennt.

Bei Homer heißt es:

». . . da rührte/ Kirke sie mit der Rute und sperrte sie dann in Köfen./ Denn sie hatten von Schweinen die Köpfe, Stimmen und Leiber,/ Auch die Borsten; allein ihr Verstand blieb völlig wie vormals.«[7]

Bei Lautréamont: »Ich träumte, ich wäre in den Körper eines Schweines hineingeraten, aus dem hinauszugelangen mir nicht leichtfiel, und ich wälzte meine Borsten in den kotigsten Sümpfen.«[8]

Bei Kafka: »Als Gregor Samsa eines Morgens aus unruhigen Träumen erwachte, fand er sich in seinem Bett zu einem ungeheuren Ungeziefer verwandelt.«[9]

Es lassen sich also die zunächst ganz heterogenen Texte von Homer, Lautréamont und Kafka aufeinander beziehen, mehr noch, sie sind einander in doppelter Weise ähnlich. Nicht nur thematisieren sie ein Gleiches: die Verwandlung des Menschen in ein Tier, sie problematisieren damit zugleich die Identität der Arten und ihrer Geschichten, deren identitätsstiftende Kontinuität jeweils als durch einen Sprung zerrissen dargestellt ist. Texte also, deren Lehre – wenn wir uns überhaupt dazu verstehen können, poetischen Texten eine Lehre zuzutrauen – vom Sprung handelt.

Die Textpassagen bei Homer, Lautréamont und Kafka, so sagten wir, verweisen aufeinander, weil sie ähnlich sind. Nicht weil die Autoren einander – persönlich oder indirekt – beeinflußt hatten, war dies der Fall, sondern weil sie sich auf eine überindividuelle Figur des Imaginären bezogen hatten: Verwandlung des Menschen in ein Tier. Diese Figur gehört nicht bloß zum Imaginären, weil sie sich als literarische zu erkennen gibt, sie exponiert es auch, weil sie phantastisch ist.

Andererseits verweisen die imaginären Verwandlungen des Menschen in ein Tier auf die reale Verwandlung eines Tieres in den Menschen und artikulieren so ein allgemeines Thema: die Gefährdung menschlicher Identität durch einen Sprung in seiner Entwicklung.[10]

Es läßt sich in einer vorläufigen Weise diese Figur als menschheitsgeschichtliches Verwandlungstrauma deuten: Trauma, das die Rückgängigmachung der Menschwerdung zum Thema hat. Dieses gleichsam universale Trauma erscheint jedoch in singulären Situationen und modifiziert dadurch seinen jeweiligen Sinn. Es ist, mit Schklowskijs Worten, sowohl ähnlich wie ungleich. Das läßt sich zuerst an den unterschiedlichen Begründungen der Verwandlung feststellen. Genauer muß gefragt werden, ob die Verwandlung im Text begründet wird. Das ist bei Homer und Lautréamont, nicht aber bei Kafka der Fall.

Die Gefährten des Odysseus werden von Kirke in Schweine verwandelt. Sie bedient sich dazu sowohl betörender Säfte als auch einer Rute, d. h. eines Zauberstabes (*O, 10. Ges.,* V. 235, 238). Allerdings wird so unterschieden, daß die Säfte zunächst nur dazu dienen sollen, die Erinnerung an die Heimat auszulöschen; die eigentliche Verwandlung wird dann mit der Rute bewirkt. Die eindeutige Zuordnung der bewirkenden Kräfte bleibt allerdings problematisch, wenn berücksichtigt wird, was anschließend Hermes zu Odysseus sagt:

»Weinmus rührt sie dir ein und mischt ihr Gift in die Speise;/ Dennoch gelingt es ihr nicht, dich umzuschaffen; die Tugend/ Dieser heilsamen Pflanze verhindert sie. Höre nun weiter./ Wenn dich Kirke darauf mit der langen Rute berühret,/ Siehe, dann reiße du schnell das geschliffene Schwert von der Hüfte,/ [...].« (*O, 10. Ges.*, V. 291-294)

Es ist hier also nach Hermes' Worten das Gift, das die Verwandlung hervorrufen soll. Weiterhin scheint es, daß der Einsatz des Schwertes gegen die Rute nicht mehr die Verwandlung betrifft, sondern Kirke insgesamt zu einer neuen Haltung gegenüber Odysseus und seinen Gefährten zwingen soll.

Was hierin zum Ausdruck kommt, ist die nicht definitiv zu beantwortende Frage, ob die Verwandlung ursächlich durch Zauberei oder durch die Macht der Göttin bewirkt ist. Aber so wie Kirke die schöngelockte Göttin (*O,* V. 220) und die Zauberin (*O,* V. 289) genannt wird, so ist auch der Ursprung der zauberischen Mittel, in diesem Fall des Gegenmittels, das Hermes Odysseus gibt, nicht ausschließlich den Göttern zugänglich. Denn von der Blume Moly heißt es: »Sterblichen Menschen/ Ist sie schwer zu graben; doch alles vermögen die Götter.« (*O,* V. 305 f.) Offensichtlich ist es also dem Menschen grundsätzlich möglich, sich, obschon unter erheblichen Schwierigkeiten, der Mittel zu bedienen, auf die auch die Göttin nicht verzichten kann. Daß aber die Göttin überhaupt sich dieser Mittel bedienen muß, das heißt, daß sie nicht nur Göttin, sondern zudem Zauberin sein muß, um den Menschen zu verwandeln, zeigt eine gewisse Nähe zwischen Göttern und Menschen an, deren häufig vertraulicher Verkehr ja insgesamt eine Auszeichnung der homerischen Mythologie ist.

In dieser Welt gehört es zur ungesicherten Existenz der »sterblichen Menschen«, daß ihnen ihr Menschsein entzogen werden kann und sie sich in Schweine verwandelt finden. Diese Verhältnisse sind indes nicht absolut, was daran offenbar wird, daß die Verwandlung rückgängig gemacht werden kann:

»Sie ging, in der Hand die magische Rute,/ Aus dem Gemach und öffnete schnell die Türe des Kofens/ Und trieb jene heraus in Gestalt neunjähriger Eber./ Alle stelleten sich jetzt vor die mächtige Kirke, und diese/ Ging umher und bestrich jedweden mit heilendem Safte./ Siehe, da sanken herab von den Gliedern die scheußlichen Borsten/ Jenes vergiftenden Tranks, den ihnen die Zauberin eingab./ Männer wurden sie schnell, und jüngere Männer denn vormals,/ [...].« (*O,* V. 388-395)

War die Verwandlung zu deuten als Rückgängigmachung der Menschwerdung, so kann die Rückverwandlung, die die Form einer Verwandlung der Verwandlung hat, als Erneuerung des Menschseins aufgefaßt werden. Begründet ist diese homerische Verwandlung also durch Magie

– es ist eine magische Verwandlung. Motiviert aber ist sie durch die das homerische Menschenbild bestimmende Interaktion von Menschen und Göttern. Die Geschichte des Menschen und damit die Geschichte seiner gefährdeten Identität sind prästabiliert durch die Beziehung zu den Göttern, die zwar jederzeit die Verwandlung des Menschen, aber auch seine Rückverwandlung bewirken können. Darüber hinaus handelt es sich nicht um eine wirkliche Veränderung seines Selbst, da die Verwandlung nur die Gestalt betrifft: »allein ihr Verstand blieb völlig wie vormals./ Weinend ließen sie sich einsperren . . .« (*O,* V. 240 f.) Das sind einige Elemente der Verwandlung bei Homer.

Auch bei Lautréamont wird die Verwandlung des Menschen in ein Tier im Text begründet, so daß der Leser nachvollziehen kann, wie ein derart unwahrscheinliches Geschehen möglich werden konnte. Und man kann sofort sehen, daß Lautréamonts Begründung – zumindest für uns heute – sehr viel weniger phantastisch wirkt als die Homers, gleichsam dadurch, daß Lautréamont nicht versucht, die Verwandlung des Menschen in ein Schwein als ein reales Ereignis vorzustellen, sondern ihr ausdrücklich den Status des Imaginären zuspricht. Es kommt hier nämlich ein dritter imaginärer Bereich, neben dem der Literatur und dem des Mythos, ins Spiel, aus dem wir solche Verwandlungen kennen: der Traum.

Auch im Traum ist die Verwandlung des Menschen entgegen den Gesetzen der (»wachen«) Natur möglich und traditionell bezeugt. Lautréamont, indem er den Traum in die Literatur hineinspiegelt, verdoppelt die Ebenen des Imaginären und erreicht durch diese gesteigerte Irrealisierung des Ereignisses (»Ich träumte, ich *wäre* in den Körper eines Schweines hineingeraten . . .«) die Erhöhung seiner begründeten Wahrscheinlichkeit. »Ich war auf der Klippe eingeschlafen«, so beginnt die Begründung, die dann auf die Eigenart dieses Schlafes hinweist, der mit durch Magnetismus und Chlorofom hervorgerufenen »lethargischen Katalepsien« verglichen wird, um dann abrupt die Art der zu berichtenden Verwandlung anzukündigen: »Aber kommen wir sofort zu dem Traum . . .« (*M,* S. 152).

Dessen Inhalt wird offen von Maldoror, dem Helden und Subjekt der *Gesänge,* als das menschheitsgeschichtliche Verwandlungstrauma angegeben, freilich mit dem entscheidenden Unterschied, daß es sich hier nicht länger um ein *Trauma* handelt, vor dem man Angst hat, sondern um einen *Traum,* der einen Wunsch ausdrückt: »Sollte dies eine Belohnung sein? Ziel meiner Wünsche, ich gehörte nicht mehr der Menschheit an! Derart legte ich diese Tatsache aus und empfand eine Freude dabei, die mehr als tief war.« (*M,* S. 152) Diese psychoanalytische Traumdeutung avant la lettre (Freuds *Traumdeutung* erschien 1899, die *Chants de Maldoror* wurden zwischen November 1868 und dem Spätsommer 1869 geschrieben), die Freuds Grundthese vom Traum als einer Wunscherfüllung vorwegnimmt, transformiert zugleich den literarischen Stil, der nicht nur den Traum zu erzählen erlaubt, sondern der selbst von der *verdichtenden* und *verschiebenden* Sprache des Traums affiziert wird, der selbst »traumartig« wird.[11] Insofern hatten die Surrealisten offensichtlich recht, wenn sie in Lautréamont den Vorbereiter der von ihnen intendierten *écriture automatique* anerkannten. Daß Lautréamont die Verwandlung als Traum darstellt, ist daher nicht (allein) durch den plausibilisierenden Begründungscharakter bedingt und erschöpft sich auch nicht in der poetischen Innovation einer traumartigen Sprache, die unübersehbar ein Beitrag zur Literatur der Moderne ist, sondern erklärt sich vor allem durch die radikale Umkehrung des Traumas in einen Traum, und zwar in dem präzisen von Freud später definierten Sinn. Maldoror berührt hier bereits den Bereich des Unbewußten:

»Aber wer kennt seine innersten Bedürfnisse oder den Grund seiner verpesteten Freuden? Die Verwandlung erschien meinen Augen immer nur als das hohe und großmütige Echo eines vollkommenen Glückes, das ich schon lange erwartete. Endlich war er gekommen, der Tag, da ich ein Schwein wurde!« (*M,* S. 152)

Im Zusammenhang der Erörterung der Verwandlung der Gefährten des Odysseus hätte die Frage, ob es sich dabei möglicherweise um einen Wunsch handeln könnte, als geradezu unsinnig erscheinen müssen. Allzu deutlich sprach der Text – wie wohl auch der gesunde *Menschen*verstand – dagegen. Weinend, hieß es (*O,* V. 241), ließen sie sich einsperren, und wiederum, aber »vor Freude«, weinen sie bei ihrer Rückverwandlung (*O,* V. 398). Auch Maldoror weint bei seiner Rückverwandlung (»[. . .] erwachte ich und fühlte, daß ich von neuem ein Mensch wurde«), freilich aus dem entgegengesetzten Grund: »In meine ursprüngliche Gestalt zurückzukehren, war ein so großer Schmerz für mich, daß ich noch ganze Nächte darüber weine.« (*M,* S. 153)

Die solchermaßen veränderte Funktion der Verwandlung – und der Rückverwandlung – kann offenkundig nicht als stetige Tradierung eines literarischen Themas verstanden werden. Sie erscheint vielmehr als – sprungartige – Umwertung des Wertes des Menschen selbst, die eine radikale Konversion der ethischen Standpunkte einschließt. Das ist bereits im Namen Maldoror angedeutet, der sich (»L'aurore du mal«) als die aufgehende Sonne des Bösen lesen läßt.[12] Die Identität des Menschseins wird nicht länger als zwar gefährdeter, aber unbedingt zu bewahrender Wert aufgefaßt, sondern als Begrenzung und Beengung, die nicht einmal im Traum auf Dauer durchbrechen zu können den Kummer Maldorors hervorruft.[13] So gibt es auch für Maldoror das Verwandlungs*trauma;* doch für ihn ist es die ununterbrochene Menschwerdung des Menschen, die das Chaos und die Dämonie des Unbewußten *verdrängt.* Dieser Gedanke der Menschwerdung ist es, der sich nicht mehr mit der Abhängigkeit des Menschen von den Göttern oder von Gott in Einklang bringen läßt, sondern allein noch mit der Abhängigkeit des Menschen von sich selbst, den selbstauferlegten Zwängen und dem selbstauferlegten gesunden Menschenverstand. In dieser veränderten Beziehung des Menschen zu seiner Geschichte kann Maldoror – im Gestus einer romantischen und antirationalistischen Metakritik der Aufklärung – der Verwandlung des Menschen eine neue Deutung geben. Das Neue hieran, das als Umkehrung des Wertes der Verwandlung erscheint, resultiert aus der motivierenden Beziehung zum Unbewußten als einer verdrängten Tiefenstruktur der Geschichte.

Die Verwandlung von Kafka, die diesem ganzen Komplex – zumindest soweit es die *Ähnlichkeits*beziehung betrifft – den Namen gibt oder ihn von ihm nimmt, beginnt *nach* der Verwandlung. »Als Gregor Samsa eines Morgens aus unruhigen Träumen erwachte, fand er sich in seinem Bett zu einem ungeheueren Ungeziefer verwandelt.« (*V*, S. 56) Die gesamte Erzählung beschäftigt sich nicht mit dem Akt der Verwandlung selbst, sondern mit den Folgen für den Verwandelten. Gregor Samsas Verwandlung in einen Käfer wird als ein irreduzibles Ereignis eingeführt. Die Verwandlung bei Kafka ist in einem absoluten Sinne literarische Verwandlung, denn sie wird nicht durch die Bezugnahme auf einen anderen Bereich, der per definitionem einer ist, in dem Verwandlungen jederzeit möglich sind, erläutert. Ein solcher subsidiärer Bereich, der die Funktion eines Hilfs-Diskurses hat, ist bei Homer der Mythos, bei Lautréamont der Traum. Gerade gegen diese zweite Begründung spricht schon der erste Satz bei Kafka, der besagt, daß Gregor Samsa »aus unruhigen Träumen *erwachte*«. Und gleich darauf wird die Betonung noch einmal auf die Abwehr dieser möglichen Begründung gelegt: »Es war kein Traum.« (*V*, S. 56) Im Mythos und im Traum ist das Wunderbare, das jedes Gesetz – nicht nur das Naturgesetz – überschreitet, jederzeit möglich: Verwandlungen so gut wie Rückverwandlungen. Kafkas Erzählung dagegen verfährt, bis auf die eine nicht begründete Verwandlung eben, durchaus realistisch. Es ist, mit einem Wort, keine verwandelte Welt, sondern die Welt, wie sie ist, die Realität. Sie wird repräsentiert durch die beiden großen Abhängigkeiten, die den Verlauf der Erzählung bestimmen und an die auch Samsa nach seinem Aufwachen zuerst denkt: Beruf und Familie (Eltern).

Es läßt sich nun zeigen, daß es diese beiden Instanzen der Realität sind, die Samsas Verwandlung zwar nicht begründen, sie aber um so deutlicher motivieren. Denn Beruf und Familie sind offenbar für ihn zu einer immer größeren und unerträglicheren Last geworden, die zudem miteinander verbunden sind. »›Ach Gott‹, dachte er, ›was für einen anstrengenden Beruf habe ich gewählt! Tag aus, Tag ein auf der Reise.‹« (*V*, S. 56) »Der Teufel soll das alles holen!« (*V*, S. 57) Und: »Wenn ich mich nicht wegen meiner Eltern zurückhielte, ich hätte längst gekündigt . . .« (*V*, S. 57) Man erkennt bereits die Struktur des Wunsches, der keineswegs ohne Beziehung zur Verwandlung ist: Gregor Samsa möchte sich verändern. Er möchte dies freilich in einem durchaus realistischen Sinne, und diesen Sinn ventiliert er in seinen weiteren Überlegungen, die vor allem »die Schuld der Eltern an ihn«, den Chef, betreffen. Zwar wird die doppelte Abhängigkeit, in der er sich durch diese übernommene Schuld befindet, voraussichtlich weitere fünf bis sechs Jahre für ihn fortbestehen, aber noch glaubt er an die Möglichkeit einer Veränderung. »Dann«, so heißt es, »wird der große Schnitt gemacht.« (*V*, S. 57) Dieser große Schnitt, dessen realistische Erfüllung verhindert ist, hat aber bereits, ohne daß Samsa dies bewußt wäre, als die Verwandlung stattgefunden. Die Folgen davon lassen sich – zumindest partiell – als Ausdruck des doppelten *erfüllten Wunsches* deuten, denn er ist zugleich von der Last des Berufes und der Pflicht gegenüber der Familie befreit. Dafür gerät er allerdings in eine um so größere Abhängigkeit von den Eltern. Doch das sind die Kosten jeder regressiven Lösung, die zwar die Wohltat der Entlastung von bedrückenden Verpflichtungen gewährleistet, aber zugleich mit dieser Aufgabe der Eigenverantwortung das Verantwortetwerden durch andere bewirkt. Daß dies Verantwortetwerden durch andere für Samsa tödlich ausgeht, steht auf einem anderen, späteren Blatt.

Die Behauptung allerdings, die Verwandlung sei durch den Widerstand gegen die Realität motiviert und ihr Resultat deshalb als erfüllter Wunsch zu verstehen, zwingt erneut dazu, die Frage nach dem Traum aufzunehmen, dessen allgemeiner Mechanismus sich anscheinend in der rätselhaften Singularität dieser Erzählung als poetischer Interpret in Szene setzt. Man muß dabei diesen allgemeinen Mechanismus des Traumes, der von Freud analysiert wurde, von jenen Träumen unterscheiden, »die überhaupt niemals geträumt worden, die von Dichtern geschaffen und erfundenen Personen im Zusammenhange einer Erzählung beigelegt werden«.[14] Um diese letztere Bestimmung handelt es sich offensichtlich nicht. Sie ließe sich wohl, wie schon angedeutet, auf den Text Lautréamonts anwenden, in Kafkas Erzählung jedoch kann sie keinen Anhaltspunkt finden, weil es hier keine erfundene Person gibt, der ein Traum beigelegt würde. Es ist vielmehr so, daß die Konstruktion der erzählten Verwandlung in dem Maße, wie darauf hingewiesen wird, daß sie kein Traum sei, wie ein Traum funktioniert und solchermaßen ihren Sinn – oder jedenfalls einen Teil ihres Sinns – preisgibt. Das menschheitsgeschichtliche Verwandlungstrauma thematisiert immer die Identität des Menschseins. Das ist das Ähnliche an ihm. Aber die Perspektive, in der das geschieht, ist ungleich. Die besondere Botschaft des Kafkaschen Textes bestünde demnach darin, in den konkreten: beruflichen und familiären, Bedingungen der Reproduktion des Menschseins den Ursprung des Wunsches nach der Transzendierung *dieses* Menschseins zu sehen.

Noch einmal: Die Verwandlung Gregor Samsas ist keineswegs, wie oft gesagt wurde, *hermetisch.* Sie verweist vielmehr deutlich auf eine ideologische Situation. Die Reflexionen des erwachenden Samsa zu Beginn der Erzählung formieren sich zum kritischen Diskurs über das übermächtige Realitätsprinzip – Realität, die nicht Befriedigung verspricht, sondern Sorgen elementarster und allgemeinster, freilich durchgehend gesellschaftlich konkretisierbarer Art: »Die Sorgen um die Zuganschlüsse, das unregelmäßige Essen, ein immer wechselnder, nie andauernder, nie herzlich werdender menschlicher Verkehr.« (*V,* S. 57) Samsa begründet hier, warum es – für ihn – nicht unter allen Umständen sinnvoll ist, an einem so ausgezeichneten Menschsein festzuhalten, bevor er noch realisiert hat, daß er dieser Mensch mit diesen realistischen Sorgen nicht mehr ist.

Beides nun, daß der Wunsch in der Erzählung erfüllt *und* entstellt erscheint, gehört zur *traumartigen* Schreibweise, nicht jedoch zum traditionellen Topos des Traumes in der Literatur. Es versteht sich dabei von selbst, daß die Annahme keinen Sinn ergibt, es sei Gregors Wunsch gewesen, sich in jenes ungeheure Ungeziefer, das am Anfang der Erzählung genannt wird, oder eben in jenen »Mistkäfer«, als den ihn die Dienerin bezeichnet, zu verwandeln. Das wäre vielmehr, in der Sprache der *Traumdeutung,* der manifeste Trauminhalt, dessen Verweisung auf den latenten Traumgedanken eben in jener mit dem Käfer-Dasein verbundenen entlastenden Verantwortungslosigkeit allererst entschlüsselt werden müßte.

Aus diesem Zusammenhang erhellt eine weitere Besonderheit des Kafkaschen Textes, die ihn von denen Homers und Lautréamonts unterscheidet. Da es in der *Verwandlung* nicht um die Darstellung eines Traumes geht, sondern um eine traumartige Darstellung, wird verständlich, warum hier nicht nur das rückverwandelnde Erwachen entfallen muß, sondern sich Samsa auch in weit radikalerer Weise verwandelt, als dies bei den Gefährten des Odysseus und bei Maldoror der Fall war. Eine Passage aus dem III. Abschnitt der Erzählung belegt dies drastisch:

»Manchmal dachte er daran, beim nächsten Öffnen der Tür die Angelegenheiten der Familie ganz so wie früher in die Hand zu nehmen; [. . .] Dann aber war er wieder gar nicht in der Laune, sich um seine Familie zu sorgen, bloß Wut über die schlechte Wartung erfüllte ihn, [. . .].« (*V*, S. 87)

Im ersten Teil dieser Passage erinnert sich Samsa an die Konditionen seines Menschseins, deren gravierendste ja seine Stellung als ökonomischer Mittelpunkt der Familie war. Im zweiten Teil ist diese Erinnerung ausgelöscht und durch die mehr und mehr von ihm adaptierte animalische Perspektive des Käfers ersetzt. Er revoltiert als Käfer gegen die Behandlung des Käfers und decouvriert, was das eigentliche Thema des II. und III. Abschnitts ist, aus dieser animalischen Perspektive die sozialen Verhaltensweisen der Menschen, speziell seiner Familie, die sukzessive dazu übergehen, ihn zu mißhandeln und schließlich zu töten. Das damit instituierte zweite realistische Trauma fungiert, mit einem formalen Ausdruck, als Negation des Traumes, dem seinerseits die Aufhebung des ersten realistischen Traumas als Funktion zukam.
Während die Gefährten des Odysseus lediglich in Schweine hineinverwandelt werden, wobei sie ihren menschlichen Verstand behalten, und auch Maldoror nur die Triebfreiheit des Tieres zu seiner weiterhin intakt bleibenden menschlichen Vernunftfreiheit hinzugewinnt, ist die Verwandlung Gregor Samsas radikaler – weshalb sie sich auch radikaler der Deutung entzieht.[15] Doch wie sehr sich auch die imaginäre Situation, in der Gregor Samsa nicht mehr lediglich einen Käfer bedeutet, nicht nur mit Attributen des Käfers vermischt, sondern dieser Käfer ist, einer rationalen Erklärung entziehen mag, es ist gerade diese imaginäre *Situation,* die in allen Stadien der Verwandlung auf das Reale der Geschichte verweist. Mit anderen Worten, das Imaginäre der Verwandlung wird zwar bei Kafka im Text nicht begründet – wie bei Homer und Lautréamont –, aber es steht in einer wesentlich deutlicheren motivierenden Beziehung zur Geschichte und den in ihr ausmachbaren sozialen Institutionen. Dies sind einige Elemente der Verwandlung bei Kafka.

Was eine Vergleichung dieser drei Einzeluntersuchungen zeigt, ist die

Ungleichheit des Ähnlichen. Aber dieses Ähnliche zeichnet sich nicht durch chronologische Affinität aus, die es – möglicherweise – erlaubte, so etwas wie eine kontinuierliche Entwicklung anzunehmen und zu begründen. Daraus eine ihrem Anspruch nach noch so spezielle Geschichte zu konstruieren, die sich z. B. als Geschichte der Verwandlungen bezeichnen ließe, wäre zunächst durch nichts anderes als das konstruierende Interesse legitimiert, das die in der Geschichte verstreuten Elemente nach Maßgabe einer strukturalen Recherche suchen müßte. Ist diese Verstreuung willkürlich oder planvoll? Unordnung oder Ordnung? Sprung oder Entwicklung? Man könnte etwa, wie Ranke, sagen, Willkür, Unordnung und Sprung seien lediglich Eindrücke einer unvollkommenen historischen Perspektive, die es noch nicht vermocht hat, zu dem überall wirkenden »innigen Zusammenhang« vorzudringen.[16] Auch hier ließe sich allerdings mit Kracauer einwenden, daß ein solcher Zusammenhang nicht wirklich in der Geschichte begründet sei, sondern in der »Sehnsucht nach Synthese«[17], die den Historiker veranlasse, die der Geschichte zugeschriebene Kontinuität in eigener Regie herzustellen. Plan, Ordnung und Entwicklung der Geschichte wären dieser Konzeption zufolge also nicht wirkliche Gegebenheiten des historischen Universums, sondern Konstruktionen und die prinzipiell differenten Ereignisse verbindende Interpolationen der historischen Wissenschaften. Das Hauptargument, das Kracauer hier – ähnlich wie Lévi-Strauss – vorbringt, besagt, daß sich zwar Geschichten derselben Klasse miteinander in Beziehung setzen lassen, daß aber zwischen Geschichten verschiedener (Zeit-)Klassen ein Abgrund klafft[18], ein Abgrund, der sich, wie wir schon jetzt sagen können, einzig durch einen Sprung überwinden läßt.

Denn was wäre etwa der innige Zusammenhang, der zwischen den Verwandlungsdarstellungen bei Homer, Lautréamont und Kafka waltet? Er betrifft, wie die Einzeluntersuchungen gezeigt haben, eben nur jenes allgemeine Ähnliche, das es erlaubt, die je einzelne poetische Verwandlung eines Menschen in ein Tier als Problematisierung seiner Identität, als menschheitsgeschichtliches Verwandlungstrauma zu interpretieren. Doch jedes der untersuchten Beispiele entwarf eine individuelle Perspektive auf *seine* Geschichte, d. h. auf die nähere Geschichte, in der es selbst situiert war, und in Beziehung zu der die Idee der Verwandlung einzig sinnvoll erschien. Jedes Beispiel erwies sich in Beziehung zu den anderen als ungleich, radikal in der Beziehung zwischen Homer einerseits und Lautréamont und Kafka andererseits, weniger radikal zwischen diesen beiden, die sich, bei allen Differenzen, natürlich schon zeitlich in einen plausibleren Zusammenhang bringen lassen, so wie sie eben auch gemeinsam zu jener Innovation der modernen Literatur gehören, die Julia Kristeva unter dem Titel *Révolution du langage poétique* insbesondere am Beispiel Lautréamonts, aber auch Kafkas untersucht hat.[19] Dennoch, so scheint es, gibt es diese Beziehung zwischen Lautréamont und Kafka und Homer. Aber es gibt sie nicht als kontinuierliche Entwicklung, die von der Geschichte selbst offengelegt würde. Es gibt sie vielmehr als eine produktive Verweisung des historischen Denkens, als Kognition des Sprungs, über dessen die Ungleichheit des Ähnlichen vermittelnde Funktion sich mit einem Wort Friedrich von Hardenbergs sagen läßt: »Nur d[urch] einen Sprung kommt man vom Allg[emeinen]- *Willkürlichen, von n* – auf das Besondere, Individuell-Bestimmte.«[20]

Es ist eine andere Verweisung, die hier in Hinsicht auf das Problem Homer, Lautréamont und Kafka weitgehend unbeachtet geblieben ist, und zwar deshalb, weil es offenbar überaus problematisch ist, etwa zwischen Homer und Kafka einen Stilwandel beobachten zu wollen. Was dazu vielmehr erforderlich ist, ist ein gleichsam intimeres historisches Niveau, in dessen präzis definiertem Rahmen, der Partialität einer Periode und der Typik eines Genres also, sich z. B. die individuell bestimmte Ungleichheit der *Chants de Maldoror* im Zusammenhang des Symbolismus analysieren ließe.[21]

Es ist dieser partielle Sinn von Geschichte, in dessen Rahmen die formalistische Theorie der Literatur ihren Begriff von Evolution entfaltet. Tynjanov untersucht den Begriff des Genre und kommt zu dem Resultat, es könne keine einheitliche statische Definition z. B. des Begriffs Poem geben. Denn das Genre verändert sich beständig; es, mit dem Wort Tynjanovs, »evolutioniert«. Dies geschieht, indem sich die haupt- und nebensächlichen Merkmale eines poetischen Systems (Genre) *verschieben.* Ein epigonales Werk etwa ließe sich dann dadurch bestimmen, daß es die Merkmale eines Systems und deren Beziehungen untereinander lediglich wiederholt. Ein bedeutendes Werk dagegen – und das heißt für den Formalisten immer: ein innovatorisches Werk – bewirkt eine Verschiebung des Systems. Das einzelne Werk schreibt sich durch seine differentielle Qualität in eine Entwicklung ein und verändert sie zugleich. Dazu heißt es bei Tynjanov: »Das ist nicht planmäßige Evolution, sondern Sprung, nicht Entwicklung, sondern Verschiebung.«[22]

Die Präsenz des Sprung-Problems im historischen Diskurs ist unübersehbar und unabweisbar.[23] Doch handelt es sich dabei wirklich um ein

Problem und um eine *Lehre* vom Sprung, um etwas, das sich lehren und lernen ließe? Läßt sich dem Sprung überhaupt ein distinkter theoretischer Status zuweisen? Oder meint Sprung vielleicht sogar, daß er sich der Distinktion entziehe, um durch sein eigenes Rätsel das Rätsel der Geschichte gleichsam plastischer zu machen? Es gibt einige Historiker, die diese Auffassung vertreten. Um die Realität des historischen Sprunges von der Idee planmäßiger Evolution zu unterscheiden, unterstellt Tynjanov einen Gegensatz von Entwicklung und Verschiebung. Doch ist überhaupt eine Entwicklung vorstellbar, die nicht zugleich Verschiebung ist?
Diese Frage findet sich vorgeformt in der Philosophie Leibniz', der mit seinem »Kontinuitätsgesetz« *(Rien ne va par saut*[24]*)* die Wirklichkeit des Sprungs bestritten hat, indem er argumentierte, der Sprung sei ein bloßer Erkenntnisirrtum, wirklich seien einzig die *Grade,* die einer aus dem anderen notwendig hervorgehen.
Für die literaturgeschichtliche Problematik hieße dies, unter der Annahme des Sprungs eine wahrscheinlich illegitime Weise der Vermittlung von indifferenten Sinneinheiten zu verstehen, mit anderen Worten, zwischen Homer, Lautréamont und Kafka gebe es keinen Zusammenhang als den der Willkür des Sprungs. Eine etwaige historische Untersuchung der Verwandlung bei Homer *oder* Lautréamont *oder* Kafka wäre dann ein jeweils gänzlicher Neubeginn des Sinnverstehens – und damit unhistorisch. Die Annahme dagegen, die vom *Tout va par degrés dans la littérature* ausginge, hätte die Vorstellung ernst zu nehmen, daß sich schließlich zwischen Homer, Lautréamont und Kafka ein lückenloser Zusammenhang einer durch Grade vermittelten Sinntradierung rekonstruieren lassen müsse. Offensichtlich trifft weder das eine noch das andere ohne Einschränkungen zu. Weder gibt es keinen Zusammenhang, noch gibt es ihn lückenlos.
Um zwischen der Angemessenheit der Sprung- oder der Grad-Hypothese zu unterscheiden und zu entscheiden, muß man klären, ob nicht der Unterschied zwischen Sprung und Grad selbst bloß graduell ist. Der Sprung als absolute Negation aller historischen Bezüge wäre nämlich genetisch und faktisch nicht anders zu denken als so, wie ihn die Metaphysik in den Worten Wolffs gedacht hat: als Wunder. Was manchmal in der literaturgeschichtlichen und philosophischen Tradition als Sprung bezeichnet wurde und wird, ist deshalb keine wunderbare und sich der Erklärung entziehende creatio ex nihilo, es ist vielmehr Index der die Kontinuitätsvorstellung von Geschichte skandalisierenden Differenz. Der Sprung markiert diese *historische Differenz* und markiert

damit die für alle historischen Prozesse konstitutive *Ungleichheit* des Ähnlichen.

Insofern hat eine Vorstellung, die einen absoluten Gegensatz zwischen Sprung und Grad behauptet, von vornherein den Sprung als eine Fiktion festgelegt, oder als ein Denkspiel, nach dessen Regeln es dann freilich nicht schwerfällt, die Idee gradueller Stetigkeit zu positivieren. Nun läßt sich allerdings an beliebigen Beispielen aus der Geschichte zeigen, daß nicht jeder graduelle Übergang durch einen zureichenden Grund als Element einer prästabilierten historischen Harmonie gelten kann. Es lassen sich deshalb mit ebensoviel Recht die Grade als depotenzierte Sprünge ansehen wie die Sprünge als potenzierte Grade. Was jeweils depotenziert oder potenziert wird und damit als Grad oder Sprung erscheint, ist die historische Differenz.

Der Sprung führt über diesen Abgrund, den wir die historische Differenz nennen. Es ist der Sprung, der das Getrennte und Disparate (das im historischen Universum Verstreute) zusammentreten läßt, der es in eine Beziehung treten läßt. Insofern ist, wie Friedrich Schlegel sagt, jeder Übergang ein Sprung. Im Übergang über den Abgrund des Sinns, was nur ein anderer Ausdruck für historische Ferne ist, entsteht der Beziehungssinn, entsteht Literaturgeschichte.

Gleichwohl bleibt der Sprung »seltsam«.[25] Und es ist zweifelhaft, ob sich hieran etwas ändert, wenn wir für den Sachverhalt einen geläufigeren Titel wählen, etwa den der Diskontinuität.

Die Idee historischer Diskontinuität

»Ob man nun die Kontinuität oder die Diskontinuität betont, ist Sache der freien oder zweckmäßigen Wahl, man kann die Geschichte mit demselben Recht auf die Verwandtschaft wie auf die Besonderheit ihrer Erscheinungen hin ansehen.«

Georg Simmel

Offensichtlich ist bei einer immanenten Betrachtung des Sprung-Problems wohl eine Differenzierung der Verwendungsweisen des »Begriffs« möglich, nicht aber die schlüssige Beantwortung der Frage, ob es sich in einem exakten Sinne überhaupt um einen Begriff handelt – und nicht etwa um eine Metapher.[1] Kurz, der Terminus und damit die Lehre vom Sprung bleiben gleichsam in der Schwebe. Das ist vor allem deshalb der Fall, weil die dem Sprung vorausliegende oder entgegenstehende Vorstellung von Stetigkeit nicht als geklärt gelten kann. Hierbei ist zu berücksichtigen, daß die Vorstellungen von Stetigkeit nicht durch die von Entwicklung substituiert werden kann, da die Annahme von Sprüngen durchaus mit der Konzeption von Entwicklung kompatibel ist.[2] Nur in organisch oder prozessual gedachten Geschichtsabläufen ist scheinbar mit der Konzeption von Entwicklung auch Stetigkeit impliziert. Diesen modellartigen Vorstellungen stehen freilich in der Neuzeit die realen Erfahrungen der Revolution als eines plötzlichen Neubeginns in der Geschichte und die damit verbundene Vorstellung eines Verlustes der Geschichte entgegen, wobei gerade die letztere ein neues Interesse an der Geschichte motiviert. Erfahrung der Revolution und Erfahrung der Geschichtslosigkeit inspirieren die Geschichtstheorie, nunmehr in allem Ernst über die Idee historischer Diskontinuität nachzudenken. Dieser Ernst dokumentiert sich in der Reflexion auf die Bedingung von Kontinuität, die, scheinbar identisch mit der Extension des Begriffsinhalts von Geschichte, jetzt ebenfalls in Frage gestellt wird. Der diskursive Einsatz des Kontinuitätsgedankens reicht weder hin, die Idee von Diskontinuität quasi selbstverständlich ad absurdum zu führen und so aus dem metahistorischen und historischen Kontext zu eliminieren, noch kann er als deduktive Explikationsfolie von Diskontinuität dienen, da der Gedanke der Kontinuität selbst kontrovers ist bzw. verwendet wird: als formale Kategorie oder als moralisches Postulat, letztlich als »Zusammenhang überhaupt«.[3]

Die zusammenfassende Umschreibung der verschiedenen Verwendungsweisen von Kontinuität als »Zusammenhang überhaupt« ist überaus vage. Gleichwohl läßt die sich darin ausprägende Intention auf sinngebende Einheit sich als das – nunmehr temporal spezifizierte – Ganzheitswollen der traditionellen Historie wiedererkennen. Zugleich werden zumindest diese Verwendungsweisen deutlich, nämlich als negierende Postulate – das Ganze negiert Unordnung, Kontinuität negiert Diskontinuität. Dabei ist bis zu diesem Punkt noch nicht ausgemacht, was hier faktisch ist, welcher Status also Unordnung und Diskontinuität im historischen Geschehen und im historischen Diskurs zuzugestehen sind. Es läßt sich, mit einem Wort, der Verdacht nicht unterdrücken, daß Kontinuität im historischen Diskurs sich als Ausschlußverfahren von Diskontinuität realisiert. In der Tat stellt sich dem Historiker die Frage, wie eine diskontinuierliche Geschichte zu erzählen sei. Gefährdet erscheint so überhaupt die Möglichkeit, *eine* Geschichte zu erzählen. Tritt das Eklatante der Krisen, der Brüche, der Unterbrechungen, der *Sprünge* in den Vordergrund, so verblaßt die einheitliche Kontur der Story, um die es dem Historiker geht. Das Phänomen der Diskontinuität, so scheint es, zerschneidet den Ariadne-Faden der historischen Erinnerung. Auch die Schnur des Literaturhistorikers, auf die er die vielen verschiedenen Bücher seiner Wahl aufgefädelt hatte, reißt und gibt so erneut die prekäre Vorstellung einer ursprünglichen Unordnung frei. Gegen diese Unordnung, diese »fiebernde Bibliothek«, wie es bei Borges heißt[4], werden die Geschichten geschrieben. Man versteht, daß die Diskontinuität hier eher stört. Aber sie stört lediglich diesen Typ der Geschichtsschreibung, dem es darauf ankommt, den Einschlagsfaden zu finden und ihn gleichmäßig fortzuspinnen.

Vielleicht ist es tatsächlich, wie Georg Simmel meint, eine Sache der Wahl, ob man sich für die »Stetigkeit« oder den »ruckweisen Charakter« der Entwicklung interessiert.[5] Es ist indes offenkundig, daß das Interesse der traditionellen Historien mehr nach der Seite der Kontinuität als nach der der Diskontinuität geht und daß es deshalb in ihnen wenige Unterbrechungen, jedoch viele kunstvolle Überleitungen gibt.

Dagegen muß das Interesse am Phänomen der Diskontinuität nicht notwendig zum Ende der Geschichten führen. Es entsteht daraus lediglich ein anderer Typ der Geschichtsschreibung, ein Typ, den wir später als Diskurs der Beziehungsgeschichte erläutern werden. Es wird dann, mit einem Wort, weniger auf das Nachzeichnen jenes imaginären Stromes der Zeit ankommen, als vielmehr darauf, die *entdeckten* Beziehungen zwischen heterogenen Daten und Werken sinnvoll zu interpretieren und in eine zeitliche Ordnung hinein zu entfalten. Wo aber, wie es bei Leibniz einmal heißt, »die Ordnung ein wenig offenklafft«[6], da lassen wir sie getrost offen.

Diese Probleme – so speziell immer unsere Perspektive und Darstellung sein mögen – sind so allgemein, daß sie mit Selbstverständlichkeit auch in der Geschichtsphilosophie thematisch werden. Dabei werden allerdings von seiten der Geschichte[7] bekanntlich Anspruch und Möglichkeit von Geschichts-Philosophie insgesamt bestritten. Das prominenteste Argument in dieser Sache zitiert man in der Regel aus Jakob Burckhardts *Weltgeschichtlichen Betrachtungen*. Dort heißt es über die »Geschichtsphilosophie« – die Burckhardt mit seinem Werk nicht zu geben beabsichtigt –: »Diese ist ein Kentaur, eine contradictio in adjecto; denn Geschichte, d. h. das Koordinieren ist Nichtphilosophie und Philosophie, d. h. das Subordinieren ist Nichtgeschichte.«[8] Von entgegengesetzter Seite ist es Schopenhauer gewesen, der diese Kennzeichnung der Geschichte zum Anlaß nahm, dieser den Systemcharakter der Wissenschaft abzusprechen: »denn ihr fehlt der Grundcharakter der Wissenschaft, statt deren sie bloße Koordination desselben aufzuweisen hat. Daher gibt es kein System der Geschichte wie doch jeder anderen Wissenschaften«.[9] In dieser Kontroverse, die mit wechselnder Bewertung das der Geschichte eigene Verfahren als ein In-Beziehung-Setzen (Koordinieren) auffaßt, erscheint die Philosophie einmal als das Störende und ein andermal als das Unerreichbare. Der von Schopenhauer angemeldete Überlegenheitsanspruch der Philosophie über die Geschichte wird uns noch im einzelnen beschäftigen. Hier mag er lediglich als ein Gegen-Zeuge für die Behauptung der Unmöglichkeit von Geschichts-Philosophie zur Kenntnis genommen werden, wobei wir noch anmerken, daß es nach Schopenhauers Auffassung nicht so sehr die dem Einzelnen verschworene Natur der Geschichte ist – die sie »in jeder Hinsicht dem Romane« annähert –, durch die sie aus der Sicht der Philosophie als ein »auf Mißverstand beruhendes« Bestreben erscheint, sondern der Sachverhalt, daß sie die »Hauptwahrheit aller Philosophie« nicht begriffen habe, der zufolge zu aller Zeit dasselbe sei, das Werden nur scheinbar und die Zeit ideal.[10]

Einig waren sich Schopenhauer und Burckhardt allenfalls in der Ablehnung von Hegels Philosophie der Geschichte, die Schopenhauer als »Afterphilosophie« und Burckhardt als »keckes Antizipieren eines

Weltplanes« einmütig, wenn auch mit verschiedenen Gründen verwarfen.[11]
Burckhardt hält der Geschichtsphilosophie vor allem vor, daß sie sich mit der Geschichte in bezug auf uns (als ob alles Dagewesene »als auf uns berechnet zu betrachten« sei) und mit der Lehre von Anfang und Ende der Geschichte befasse. Dies seien keine legitimen Fragen für den Historiker. Seine Themen seien vielmehr »das sich Wiederholende, Konstante, Typische«, aber eben auch jene »Sturmlehre«, die nunmehr sich den »beschleunigten Bewegungen des ganzen Weltprozesses«, »der sprungartigen zeitweisen Absorption aller anderen Bewegungen, dem Mitgären des ganzen übrigen Lebens, den Brüchen und Reaktionen«[12] zuwendet. Zwischen Dauer und Krise, Beharrung und Beschleunigung bleibt Burckhardts Position gleichsam unentschlossen. Wie Kracauer hervorhebt, schließt es sich bei Burckhardt nicht aus, Phänomene ausgesprochener Diskontinuität immer wieder in den Vordergrund zu stellen, und sich gleichzeitig, mit den Worten Kracauers, »nach geschichtlicher Kontinuität zu sehnen«.[13] Aber dieser scheinbaren Unentschlossenheit in der jeweiligen Praxis liegt in Wirklichkeit ein Kontinuitätspostulat zugrunde, weil der gegen den philosophischen Begriff der Subordination abgegrenzte Begriff der historischen Koordination prinzipiell Vergleichbarkeit und schließlich Gleichheit der zu koordinierenden Daten und Ereignisse unterstellt. Dazu allerdings steht die Idee einer »Sturmlehre« quer, die deshalb lediglich als Betrachtung relativer Beschleunigung im Rahmen eines ansonsten linearen Verlaufs konzipiert ist.
In dieser Hinsicht läßt sich mit Gadamers hermeneutischer Theorie des wirkungsgeschichtlichen Bewußtseins eine interessante Wendung des Problems bezeichnen. Nach Gadamer nämlich läßt sich »mit phänomenologischen Mitteln« der Nachweis erbringen, daß es Diskontinuität gibt: »Es gibt so etwas wie Diskontinuität im Geschehen. Wir kennen Diskontinuität im Geschehen in der Weise der Epochenerfahrung.«[14] Er verwahrt sich gegen einen Nominalismus, dem Einteilungen und Unterteilungen (also auch Unterbrechungen) der Geschichte lediglich willkürliche Akte des ordnenden Bewußtseins sind. Seiner Ansicht nach gibt es die »ursprüngliche Erfahrung eines Epochenabschnitts«, gibt es authentische Epochenerfahrungen, deren markanteste ihm mit der Französischen Revolution anschaulich wird. Neben anderen, sehr viel alltäglicheren Erfahrungen – die desto deutlicher ihren »Sitz im Leben« haben, so z. B. die Alterserfahrung, das plötzliche Gewahrwerden des Übergangs vom Kind zum Erwachsenen – ist es diese, an der wir qua Erfahrung der Diskontinuität der Geschichte als Geschichtlichkeit gewahr werden. Mit

anderen Worten, wir nehmen nicht das (ohnehin unwahre) breite Dahinströmen der Zeit wahr, sondern den Augenblick der Existenz, in dem jenes bildliche Strömen unterbrochen ist, weil etwas Altes durch etwas Neues ersetzt wird.

»Die Erfahrung, die wir machen, daß etwas anders geworden ist, daß alles Alte alt und etwas Neues da ist, ist die Erfahrung eines Überganges, der nicht etwa Kontinuität garantiert, sondern im Gegenteil Diskontinuität aufweist und die Begegnung mit der Wirklichkeit der Geschichte darstellt.«[15]

Allerdings ist auch an dieser eher atmosphärischen Beschreibung nicht abzulesen, welches Kriterium die Erkenntnis verbürgt, daß ausgerechnet jetzt, zu diesem bestimmten Zeitpunkt das Alte in ein Neues übergeht und dies – und nur dies – der Augenblick der Diskontinuität sei. Diese gleichsam makrohistorische Perspektive ließe sich ja problemlos in eine mikrohistorische verlängern bzw. verfeinern, womit wir erneut vor die Frage gestellt wären, welches Maß die Wahrnehmung und Erfahrung von Diskontinuität als Diskontinuität allererst hervorbringt. Wären wir gehalten, lediglich makrohistorische Ereignisse wie Epochenschwellen für Signaturen der Diskontinuität zu nehmen, dann ließe sich möglicherweise im reduzierten Rahmen der Geschichte einer Epoche gar keine Diskontinuität wahrnehmen. Offensichtlich hängt die Definition, was wann als historische Diskontinuität zu gelten hat, von der Extension der Geschichte ab, die der Historiker erzählt.
Dies freilich ist nicht Gadamers Lösung, die vielmehr in einer ins Ontologische verschobenen Dimension zu suchen ist. Kontinuität der Geschichte und Augenblick der Existenz nämlich seien nicht eigentlich ein Gegensatz; der Augenblick sei der Ermöglichungsgrund von Kontinuität, weil diese nicht – wie der Historismus suggeriere – etwas Selbstverständliches sei, sondern »eine jedem menschlichen Erfahrungsbewußtsein gestellte Aufgabe«.[16] Die Begründung dieser Ansicht liefert Gadamers Theorie der Wirkungsgeschichte, der zufolge wir uns nicht einer endgültig objektivierten Vergangenheit bemächtigen, sondern mit dieser ins Gespräch zu kommen suchen. Ohne auf dieses ohnehin häufig kritisierte Gesprächsmodell hier näher eingehen zu wollen, bleibt festzuhalten, daß Gadamer die Kontinuität von Geschichte als eine Aufgabe der Menschen ansieht, während es Diskontinuität »wirklich gibt«. Damit ist eine vorläufige Umkehrung der uns vertrauten Verhältnisse formuliert. Diskontinuität wäre demnach zwar nicht die generelle Weise historischen Geschehens (als was man sie in radikalisierter Konsequenz dieser Argumentation auch auffassen könnte), aber immerhin jener wirkliche Augenblick, in dem wir Geschichte und Geschichtlichkeit als

solche erfahren. Kontinuität dagegen wäre zwar (noch) nicht als Verfahren historischer Konstruktion anzusehen, aber immerhin als Aufgabe, der nicht unabhängig von den Anstrengungen des historischen Diskurses zu genügen ist. Kontinuität hätte also ihren »Sitz« weder im Leben noch in der Geschichte, sondern als bewußte Aneignung erst in den verschiedenen Formen der Geschichtsbemächtigung. Daß wir mit dieser methodologischen Zurüstung Gadamers ontologische Intention, nach der jede menschliche Kunde, die wir vernehmen, zu uns »redet«[17], gleichsam überpräzisiert, möglicherweise aber auch überstrapaziert haben, darf nicht unerwähnt bleiben.

Die Bedeutsamkeit des »Augenblicks« wurde jedoch noch darin gesehen, daß er den Blick auf das Kontinuierliche eröffne oder gar nur bestätige. Davon scheint sich nun die strukturalistische »Archäologie des Wissens« Michel Foucaults abzugrenzen – ihr geht es um die Ersetzung einer undifferenzierten Berufung auf Veränderung durch »die Analyse der Transformationen«.[18] Wenn es an derselben Stelle heißt, daß das Verschwinden einer Positivität und das Aufkommen einer anderen mehrere Transformationstypen impliziere, so können wir durch die terminologischen Eigenarten hindurch wahrnehmen, daß Foucault hier das Problem diskutiert, das sich in Gadamers Sprache als der plötzliche Übergang vom Alten zum Neuen darstellte. Für Gadamer freilich war dies eine existentielle Erfahrung (ein Anstoß zu einer Aufgabe). Zwar bekundete sich auch darin jene von Foucault dem Historiker zugeschriebene »Sorge um die Kontinuitäten«, nicht aber ließ sich daraus eine Minimalisierung der Diskontinuität ableiten. Diese Minimalisierung der Diskontinuität durch das Prinzip sukzessiver Depotenzierung des Plötzlichen – wir können auch sagen: durch die sukzessive Auflösung des Sprungs in unendlich viele Grade – erklärt Foucault geradezu zu einer generellen Strategie dessen, was er die Ideengeschichte nennt.

»Für die Ideengeschichte ist der Unterschied, so wie er erscheint, ein Irrtum oder eine Falle; anstatt sich von ihm zum Stehen bringen zu lassen, muß die Spitzfindigkeit der Analyse versuchen, ihn aufzulösen: unterhalb seiner einen kleineren Unterschied zu entdecken und unter diesem einen noch eingeschränkteren, und dies unendlich weiter bis zur idealen Grenze, die die Nicht-Unterschiedlichkeit der vollkommenen Kontinuität wäre.«[19]

Was so kritisiert wird, ist nicht das Phänomen der Kontinuität selbst, sondern jene befremdliche historiographische Prozedur, die es anscheinend für unerläßlich hält, die Präsenz der Diskontinuität in ein Kontinuum hinein aufzulösen, um so letztlich Diskontinuität als bloß scheinbar zu erweisen. Wenn man einmal spielerisch die Annahme zuläßt, daß es in den historischen Wissenschaften nicht nur Interessen und Ideologien, sondern sogar Neigungen gibt, so könnte man von einer Abneigung der traditionellen Ideengeschichte gegen Phänomene des Diskontinuierlichen sprechen, während die strukturale »Archäologie« Foucaults geradezu eine Vorliebe für dergleichen Phänomene hegt: »Noch lieber als die Ideengeschichte spricht die Archäologie von Einschnitten, Rissen, klaffenden Öffnungen, völlig neuen Formen der Positivität und plötzlichen Neuverteilungen.«[20]

Zugleich schränkt Foucault diese »Vorliebe« ein – was unter anderem zeigt, wie schwer es ist, sich von den Vorgaben und Vor-Urteilen der Ideengeschichte zu lösen. Diese neue Situierung im historischen Diskurs intendiert keine »Kehre«; sie polemisiert allerdings gegen die Verwechslung von Unterbrechung und Irrationalität, die bislang das Ernstnehmen des Unterbrochenen verhindert habe. Foucault anerkennt nicht nur die historische Faktizität diskontinuierlicher Phänomene, ihm kommt es vor allem auf eine rationale Beschreibung und Analyse derselben an. Der erste Schritt dazu kann in der Intention gesehen werden, die vorläufig unpräzisen *Bilder* der Einschnitte, der Risse, der klaffenden Öffnungen usw. aus der Sphäre von Anmutungsqualitäten in solche einer Transformationsanalyse selbst zu transformieren. Ein diskontinuierliches Ereignis ist keine irreduzible Größe (ein unvermittelter Sprung), sondern es funktioniert als ein System differentieller Transformationen zwischen zwei – oder mehreren – Positivitäten. Solche Positivitäten sind für Foucault im weitesten Sinne diskursive Praktiken – im weitesten Sinne, weil wir sie im Einzelfall eben auch als Designate für »Epochen« verstehen können, insofern sich die Rede von Epochen als diskursive Praxis in den Erzählungen der Historiker realisiert. Diskontinuität geschieht nicht in »Augenblicken«, sondern, sofern sie sich überhaupt beschreiben läßt – und nur dann ist sie für den Historiker interessant –, durch Oppositions- und Verwandtschaftsbeziehungen hindurch. Die Transformationsanalyse ist Beziehungsanalyse. Dies und der retrospektive Charakter der Analyse lassen sich etwa an der heute vielbeschworenen sogenannten Aktualität der Romantik belegen. Für Hegel und den jungen Friedrich Schlegel war die »neue« Positivität der romantischen Subjektivität ein absoluter Bruch, ein »Ende«, während wir aus der Perspektive des späten 20. Jahrhunderts in ihr den Ursprung der Moderne und also einen bestimmten Transformationstyp zwischen »Klassik« und »Moderne erkennen.

Deshalb ist für Foucault der »Bruch« niemals absolut. Er tangiert nicht zugleich alle diskursiven Formationen (in einem definierten Rahmen) und tangiert nicht alle gleich stark; »er ist immer eine durch eine gewisse Zahl abgegrenzter Transformationen spezifizierte Diskontinuität zwischen abgegrenzten Positivitäten.«[21] Auch daraus geht hervor, daß Foucault keineswegs beabsichtigt, die traditionelle Situierung von Kontinuität und Diskontinuität im historischen Diskurs einfach umzukehren. Es geht ihm allein um eine »gleichberechtigte« Analyse. Davon spricht er in der kurzen Rede, die er in der *Archäologie des Wissens* den möglichen Feinden der Archäologie gewidmet hat:

»›So wie Ihr es gebraucht, entwertet Ihr das Kontinuierliche. Ihr behandelt es als ein Stützelement, auf das sich alles übrige beziehen muß; Ihr macht aus ihm das erste Gesetz und die essentielle Schwere jeder diskursiven Praxis; Ihr hättet gern, daß man jede Veränderung im Feld dieser Trägheit analysiert. Aber Ihr gebt ihm dieses Statut nur, indem Ihr es neutralisiert und zu einer ursprünglichen Passivität an die äußere Grenze der Zeit zurückstoßt. Die Archäologie beabsichtigt, diese Disposition umzukehren, oder vielmehr (denn es handelt sich nicht darum, dem Diskontinuierlichen die bisher der Kontinuität zugestandene Rolle zu verleihen) das Kontinuierliche und das Diskontinuierliche gegeneinander auszuspielen: zu zeigen, wie das Kontinuierliche aufgrund derselben Bedingungen und nach denselben Regeln gebildet wird wie die Dispersion; und daß es – nicht mehr und nicht weniger als die Unterschiede, die Erfindungen, die Neuheiten oder die Abweichungen – in das Feld der diskursiven Praxis eingeht.‹«[22]

Foucaults wissenschaftstheoretische Kritik, die wir strukturalistisch nannten und die dieser selbst gelegentlich – zweifellos in ironischer bzw. polemischer Absicht – »positivistisch« nennt[23], dezentriert die traditionelle Zentralstellung des Kontinuitätspostulats. Er stützt sich dabei auf bestimmte Prozeduren einer bestimmten Historie (die er Ideengeschichte nennt). Foucaults Versuch einer Rehabilitierung des Diskontinuierlichen, die sich als methodische Positivierung des »Bruchs« zwischen zwei Positivitäten präsentiert, ist also metahistorisch. Diese Metahistorie gibt sich nicht für einen direkten Zugang zu der Geschichte aus – den sie nicht für möglich hält; sie ist vielmehr von vornherein als Analyse und Beschreibung der diskursiven Praktiken konzipiert, in denen sich die Geschichte des Wissens und das Wissen von der Geschichte konstituieren: zugleich kontinuierlich und diskontinuierlich. Denn offensichtlich wäre es unsinnig, den Spieß nun einfach umdrehen zu wollen, nun, nachdem so viele kontinuierliche Geschichten erzählt worden sind, eine Geschichte der Diskontinuität schreiben zu wollen, ganz abgesehen davon, daß man mit einem solchen Projekt demselben alten Kontinuitätspostulat anheimfiele, in einem Paradox: Kontinuität der Diskontinuität.

Darum kann es nicht gehen. Denn auch hier zählt der Grundsatz einer jeden Beziehungstheorie: ohne Relata keine Relation. Es gilt deshalb, wie Foucault sagt, Kontinuität und Diskontinuität gegeneinander auszuspielen. Kurz, man muß eine Metaposition einnehmen. Von dieser Position her zeigt sich, daß Diskontinuität kein unwägbares oder irrationales Geschehen ist, das uns in Augenblicken ekstatischer Erkenntnis beeindruckt, sondern ein relativ häufig beobachtbarer Typus der Transformation im Feld der diskursiven Praxis. Die komplexen Regeln der Transformation, die nach strukturalistischer Einsicht nie einsinnig oder monokausal ist, zu analysieren, macht sich die *Archäologie* zur Aufgabe. Sie kann sich deshalb in ihrem Anspruch zu Recht historisch nennen. Daß sie selbst in den Werken Foucaults weithin noch Projekt ist, spricht nicht gegen sie. Wichtig scheint vielmehr, daß Foucault das irritierende Phänomen der Diskontinuität in den Bereich rationaler Analyse und kontrollierbarer Verfahren rückt. Diskontinuität wird so zum Implement einer historischen Methodologie, einer »Archäologie«.
In besonderer Weise, so sagten wir oben, wird diese Wende zur Methode in der Feststellung eklatant, daß Diskontinuität nicht als solche, sondern immer in bestimmten Verwendungen analysiert werden kann, Verwendungen, die den Rahmen definieren, innerhalb dessen eine Geschichte erzählt wird. Offenbar meint Diskontinuität jeweils etwas anderes, wenn ich die Transformationen zwischen zwei Epochen oder die zwischen verschiedenen diskursiven Einheiten (Philosophien, Philologien, »Literaturen«) innerhalb einer Epoche untersuche. Wobei wir hier unberücksichtigt lassen, daß die mit dem Epochenbegriff gegebene Problematik der Partialität der Perioden uns dazu zwingen kann, unsere Ansicht von der Extension und Viskosität einer »Epoche« reflexiv aus der Perspektive der Transformationsanalyse zu korrigieren. Darin läge dann gerade die Unvoreingenommenheit einer solchen Analyse, daß sie sich nicht damit begnügte, die präjudizierte Einheit von Epochennamen zu bestätigen, sondern sie vielmehr in Frage stellte. Wobei freilich die riskante Konsequenz sich einstellen kann, daß mit der Dekonstruktion und Verschiebung der alten (Epochen-)Einheit sich eine Neubestimmung der nun zwangsläufig ebenfalls verschobenen Transformationen als notwendig erweist. Es ist sicherlich nicht gleichgültig, ob wir mit einer Analyse des Kontinuierlichen oder des Diskontinuierlichen beginnen; in jedem Fall aber kann uns das Gegeneinander-Ausspielen beider zu einer doppelten Revision unserer Vorstellungen zwingen. Kracauer, der die Arbeit des Historikers häufig mit einer Reise in die Vergangenheit vergleicht, geht in diesem Zusammenhang bis zu der Behauptung,

daß sich auf einer solchen Reise nicht nur die Vorstellungen und Vor-Urteile des Historikers, sondern auch seine »Identität« verändern könnten.

Der methodische Status historischer Diskontinuität ist also niemals absolut, sondern stets abhängig von Extension und Intension der Geschichte, innerhalb derer und in bezug auf die sie untersucht wird – sei es eine Nationalgeschichte oder eine Weltgeschichte der Literatur, eine Geschichte der Imagination, eine Geschichte der Tränen in der französischen Literatur des 17. Jahrhunderts oder eine Geschichte der Liebe im 18. Jahrhundert.[24]

Daß es differente historische Klassen gibt, deren Differenz nicht bruchlos durch nachträgliche Integration der niederen Klassen in solche höherer Ordnung eliminiert werden kann, hat, wiederum aus strukturalistischer Perspektive, Claude Lévi-Strauss gegen Jean-Paul Sartre geltend gemacht. Die Ergebnisse dieser Kontroverse können zur Präzisierung der von Foucault skizzierten Transformationsanalyse beitragen, da sie das Problem der »abgegrenzten Positivitäten« (Foucault) klären helfen. Lévi-Strauss ist bemüht, den Universalitätsanspruch der historischen Erkenntnis, wie ihn seiner Ansicht nach Sartre in seiner dialektischen Geschichtsphilosophie vertritt, einzuschränken. Daß Lévi-Strauss sich hierbei von seinem Interesse an einer Verteidigung des »wilden Denkens« leiten läßt, ist für unseren Zusammenhang weniger wichtig als seine Darstellung der Antinomien und Probleme dessen, was er generell als historische Erkenntnis bezeichnet.

Im Vorraum dieser Problematisierung begegnen einige mittlerweile bekannte Desillusionierungen. Was Lévi-Strauss zunächst als Illusion der Historie kritisiert, sind die Annahme einer »kontinuierlichen Form« der Geschichte und die Annahme einer privilegierten Kohärenz der »geschichtlichen Tatsache«.[25] Die Kritik an beiden Annahmen führt zur Aufdeckung einer »ursprünglichen Diskontinuität«, die die historische Erkenntnis aus »Sorge um Kontinuität« zu entkräften, zu überwinden suche.[26]

Warum diese Sorge, oder – zunächst – warum dieser Glaube an Kontinuität? Nach Lévi-Strauss ist es (anders als bei der Untersuchung synchroner Strukturen) die zeitliche Dimension, welche die Vorstellung hervorbringt, Geschichte habe es nicht mit der Restitution voneinander getrennter Zustände zu tun, sondern mit kontinuierlichen »Übergängen« von einem Zustand in einen anderen. Dabei spiele – dies eine eher psychologische, wenn nicht psychologistische Erklärung – die wissenschaftsexterne Analogie zur scheinbaren Kontinuität organischer Entwicklung eine Rolle; historische Kontinuität verdanke ihre Suggestivität ihrem »Sitz im Leben«, in »unserem« Leben.

»Und da wir selbst glauben, unser persönliches Werden als einen kontinuierlichen Wandel zu erfassen, kommt es uns so vor, als fiele die historische Erkenntnis mit der Gewißheit des inneren Sinns zusammen. [. . .] Es gäbe viel zu sagen über diese angebliche Kontinuität des Ich, in der wir eher eine Illusion sehen, die von den Forderungen des gesellschaftlichen Lebens genährt wird – also einem Widerschein der Exteriorität auf der Interiorität –, als den Gegenstand einer apodiktischen Erfahrung. Aber es ist nicht nötig, das philosophische Problem zu lösen, um zu bemerken, daß die uns vorgeschlagene Geschichtsauffassung keiner Wirklichkeit entspricht.«[24]

Die scheinbare Gewißheit des inneren Sinns, dem Lévi-Strauss die Plausibilität in sich selbst und in bezug auf den Sinn der Geschichte abspricht, ist sogar als bloße Analogie unhaltbar, weil offensichtlich das Analogon kein Sein, sondern ein Sollen repräsentiert; persönliches Werden soll kontinuierlich sein, so wie schon die ästhetischen und historischen Ganzheitsvorstellungen – insofern und insoweit man diese überhaupt einer psychologisch inspirierten Interpretation unterwerfen will – von einem fundamentalen Ganzseinwollen des Menschen angeleitet schienen.
Das Hauptargument besteht nun darin, daß die »historische Tatsache« einer Erklärung unter Voraussetzung bruchloser Kontinuität nicht standhalte, weil jedes Ereignis und jede Episode unendlich viele psychische und individuelle Bewegungen implizieren würden. Auch hierauf haben wir bereits mehrfach aufmerksam gemacht, unter anderem mit dem Hinweis auf das ebenso »unerbittliche« wie in letzter Instanz unhistorische Gedächtnis des Ireneo Funes. Die Vorstellung eines unendlichen Regresses, die wiederum die Idee unendlicher gradueller Vermittlung im Gegensatz zum Sprung beschwört, zwingt hier wie dort zur Selektion. Daraus resultiert, was wir vorläufig lückenhaften Charakter und restringierte Faktur der Geschichte nennen. Nach Lévi-Strauss enthüllt sich uns hierin die Wirklichkeit als Diskontinuum, dessen Fundamentalität keine noch so umfangreiche oder subtile Verbesserung der Geschichtsschreibung überwinden könne.

»Sogar eine Geschichte, die sich universal nennt, ist nur ein Nebeneinander von lokalen Geschichten, innerhalb deren (und zwischen denen) die Lücken wesentlich zahlreicher sind als die angefüllten Stellen. Und es wäre müßig zu glauben, daß man durch Vermehrung der Mitarbeiter und durch Intensivierung der Forschungen zu einem besseren Ergebnis käme: solange die Geschichte nach Signifikanz strebt, verurteilt sie sich dazu, Gebiete, Epochen, Menschengruppen und Individuen in diesen Gruppen auszuwählen und sie als diskontinuierliche

Figuren gegen ein Kontinuum abzuheben, das gerade noch als Hintergrund dienen kann.«[27]

Weil die Geschichte – und das heißt: jede Geschichte – »unvermeidlich partiell« ist, muß sie sich eine eigene Ordnung geben bzw. ihre Akte der Ordnung begründen und ihnen eine eigene Spezifik verleihen. Diese Ordnung oder dieser »Code« besteht nach Lévi-Strauss in der Chronologie, in der Beziehung zwischen dem Vorher und dem Nachher. Doch obwohl dieser historische Code notwendig Daten enthalten muß, weil er sonst keiner wäre, ist damit doch nicht gesagt, daß die isolierten Daten an sich schon – historische – Bedeutung haben. Damit zieht Lévi-Strauss aus seiner Begründung der Wirklichkeit historischer Diskontinuität die Folgerung, die wir schon im Anschluß an Foucault gezogen haben: daß nämlich Diskontinuität auf Transformation und diese auf Beziehungen verweisen.

»Der Code kann also nur in Klassen von Daten bestehen, in denen jedes Datum soweit Bedeutung bekommt, als es mit anderen Daten komplexe Korrelations- und Gegensatzbeziehungen unterhält. Jede Klasse definiert sich durch eine Frequenz und untersteht dem, was man einen Körper oder ein Geschichtsgebiet nennen könnte. [. . .] Die Geschichte ist ein diskontinuierliches Ganzes, das aus Geschichtsgebieten besteht, von denen jedes durch eine Eigenfrequenz und eine differentielle Kodierung des Vorher und Nachher definiert ist.«[28]

Lévi-Strauss spricht sodann von der Unmöglichkeit des Übergangs zwischen den Geschichtsgebieten. Deshalb sei die Idee eines kontinuierlichen historischen Werdens widersprüchlich. Denn eine Geschichte, die zunächst den Maßstab von Jahrtausenden anlegt – eine Universalgeschichte –, um dann im Bezugs- und Begrenzungsrahmen von Jahrhunderten fortzufahren – eine Nationalgeschichte –, die nach Jahrzehnten zu zählen beginnt, weil sie bestimmte »heiße« Epochen beschreibt und hervorhebt – eine Epochengeschichte –, die schließlich innerhalb einer jährlichen Geschichte bestimmte Jahreszeiten, Tage und Stunden exponiert, eine solche Geschichte wechselt offensichtlich beständig den temporalen Code, weshalb es falsch ist, hier überhaupt von *einer* Geschichte zu sprechen. Man muß vielmehr von unterschiedlichen Geschichtsgebieten sprechen, die nach Maßgabe eines differentiellen temporalen Codes, der Extension und Intension ihrer Inhalte sich diskontinuierlich zueinander verhalten, die aber hinsichtlich ihrer generellen Intelligibilität aufeinander »verweisen«.[29]

Nicht nur verweist so die Geschichte des 18. Jahrhunderts auf die Geschichte der Neuzeit, auch zeitgleiche Geschichten können aufeinander verweisen, wenn sie von »ungleicher Mächtigkeit« sind. So würde etwa eine biographische Geschichte vom Leben Goethes auf eine Geschichte der Goethezeit verweisen, weil die Geschichte eines Lebens zwar informativer und konkreter ist, als es die Geschichte einer »Zeit« sein kann, diese aber aufgrund ihrer Abstraktheit einen höheren Grad an Intelligibilität besitzt. Lévi-Strauss erläutert das als den Unterschied zwischen »schwachen« und »starken« Geschichten.

»Die biographische und anekdotische Geschichte, die ganz unten auf der Stufenleiter steht, ist eine schwache Geschichte, die in sich selbst nicht ihre eigene Verständlichkeit enthält; diese kommt ihr erst zu, wenn man sie en bloc in eine Geschichte überführt, die stärker ist als sie; und diese unterhält mit einer Klasse von noch höherem Rang die gleiche Beziehung.«[30]

Man muß freilich berücksichtigen, daß in der Praxis der Geschichtsschreibung die Geschichtsgebiete kaum so deutlich zu trennen sind, wie es Lévi-Strauss hier in schematisierender Absicht vorführt. Offensichtlich ist mit der Annahme dieser Hierarchisierung und Verschachtelung der Geschichtsebenen die Idee in sich geschlossener Horizonte, wie sie noch für Dilthey typisch war, aufgegeben. Hier gilt es eine mögliche Doppeldeutigkeit auszuräumen. Denn zunächst waren ja die Geschichtsgebiete aufgrund ihres unterschiedlichen – temporalen – Codes gegeneinander abgekapselt. Aber diese Abkapselung, die nur ein anderer Name für Diskontinuität ist, war bereits ein Resultat der restringierten Praxis historischer Erkenntnis. Und es ist dann nur eine weitere Konsequenz dieser Restriktionen, daß in jedem Geschichtsgebiet ein ihr eigentümlicher Erkenntnismangel offenbar wird. Dieser Mangel wiederum begründet die Verweisungen, denen der Historiker in der Form der Transformationsanalyse folgt.
Das heißt nun, daß es in Lévi-Strauss' Theorie der Geschichtsgebiete zwei verschiedene Arten von Diskontinuität gibt, eine »ursprüngliche« und eine metahistorische. Denn fraglos ist die Diskontinuität, die durch die Transformationen zwischen »schwachen« und »starken« Geschichtsgebieten markiert wird, nicht in erster Linie chronologischer Natur. Wie wir gesehen haben, können zwei solche Gebiete durchaus zeitgleich sein. Diskontinuität ist dann nicht ein Hiatus in der zeitlichen Abfolge, sondern betrifft den logischen Status der Daten und ihren Erklärungsanspruch, kurz, den spezifischen Grad der Generalisierung. Diese Geschichtsgebiete sind auf der Ebene der Extension gleich, jedoch ungleich auf der Ebene der Intension. Mit anderen Worten, zwei Geschichten, deren Extension durch die Rahmendaten 1749 und 1832 definiert wäre, wären hinsichtlich ihrer Intension ungleich, wenn die eine die Geschichte von Goethes Leben, die andere aber die Geschichte der Goethezeit,

den »Geist der Goethezeit« erzählen wollte. Zudem ist klar, daß die erste nicht ohne Verweise auf die zweite zu bewerkstelligen ist, was in genauer Entsprechung für die zweite gilt – die allerdings dürfte kaum konsequent auf die angegebenen Daten einzuschränken sein, obschon es zu den Praktiken der Literaturgeschichtsschreibung des 19. Jahrhunderts gehörte, mit dem Tod Goethes zu schließen.

Von dieser gleichsam vertikalen und metahistorischen Diskontinuität ist nun zu unterscheiden, was Lévi-Strauss »natürliche« Diskontinuität nennt. Sie läßt sich, verkürzt gesagt, mit den durch die notwendige Selektion hervorgebrachten bzw. stehengelassenen »Lücken« im temporalen Verlauf identifizieren. Auch hier führt Lévi-Strauss einen treffenden bildlichen Ausdruck für den gemeinten Sachverhalt ein. Was auf der Ebene der Vertikalität die Disjunktion von »schwachen« und »stärkeren« Geschichtsgebieten bezeichnete, das erfüllt hier die Rede vom verschieden starken »Druck der Geschichte«[31], wonach es »heiße« und »kalte« Chronologien gibt, also mehr oder weniger ereignisreiche und damit für den Historiker interessante Epochen. Dieser »Druck« ist freilich nicht – oder doch nicht nur – von der Geschichte und ihrer tatsächlichen Ereignisfülle her zu verstehen, sondern durchaus von der Perspektive des Historikers her, von seinem Interesse, seiner Interpretation und seiner Ideologie. In Scherers Literaturgeschichte etwa sind die Zeit um 600, um 1200 und um 1800 »heiße« Chronologien. Es lassen sich somit »natürliche« und metahistorische Diskontinuität letztlich nicht trennen, wohl aber unterscheiden. Falsch wäre es auch zu meinen, einzig die »kalten« Chronologien seien Phänomene der Diskontinuität. »Ursprüngliche« Diskontinuität im Sinne einer Konsequenz notwendiger Selektion ist zweifellos konstitutiv für beide; der verschieden starke Druck der Geschichte exponiert und differenziert lediglich diese Ursächlichkeit.

Es ist hier schließlich ein letztes Problem der Diskontinuität zu erwähnen, das im Umkreis strukturalistischer Theorien begegnet. Es ist das Problem der Diskontinuität des Buches. Wenn man, Lévi-Strauss folgend, von den »stärkeren« zu den »schwächeren« Geschichten übergeht, so wird man im Zusammenhang der Literaturgeschichte an einem bestimmten Punkt auf das Buch stoßen. Und, so ließe sich eine weitere Sorge um Kontinuität reformulieren, wenn schon der Abstand zwischen den Werken häufig so eklatant ist, daß wir genötigt sind, das Phänomen eines diskontinuierlichen Verlaufs wahrzunehmen, so ist doch immer das Werk selbst ein Kontinuum und eine Einheit. Aber gerade diesem Glauben setzt der Strukturalismus die der modernen Literatur abgewonnene Realität des »livre discontenu« entgegen: »Seit Mallarmés *Coup de dés* und Apollinaires *Calligrammes* kann niemand mehr etwas gegen die typographische ›Exzentrizität‹ oder die rhetorische Unordnung einer poetischen ›Komposition‹ einwenden.«[32] Angesichts dieser von Roland Barthes insbesondere am Beispiel der Werke Butors entwickelten Vorstellung einer modernen Literatur wird jene »Kritik, die vom Buch vor allem fordert, daß es kontinuierlich sei«[33], als ein theoretischer Anachronismus diskreditiert, als eine Ideologie, die sich im wesentlichen dadurch auszeichnet, daß sie ihre zentrale Idee der Kontinuität und Geschlossenheit des Buches auf einen Mythos gründet. Kontinuität fungiert hier wiederum als ein Postulat und erst in zweiter Linie als eine ästhetische Struktur; sie gewinnt so die Bedeutung eines wesentlichen Wertes. Die diesem Wert impliziten Orientierungen und Interessen, die eine implizite Poetik bilden, beschreibt Barthes folgendermaßen:

»Das (traditionelle) Buch ist ein Objekt, das verknüpft, entwickelt, fließt, sich fortspinnt, das heißt, das den größten Horror vor dem Leeren hat. Die wohlwollenden Metaphern für das Buch sind das Gewebe, das man webt, das Wasser, das fließt, der Weg, dem man folgt, usw. Die unsympathischen Metaphern sind alle jene, die einem Objekt gelten, das fabriziert wird, das aus diskontinuierlichen Materialien gebastelt wird. [. . .] Denn hinter dieser Verdammung des Diskontinuierlichen verbirgt sich natürlich der Mythos vom Leben.«[34]

Diese Beschreibung ist offensichtlich nicht generell, sondern partiell; sie verfährt selbst historisch, indem sie die Phänomene des Kontinuierlichen und des Diskontinuierlichen zwei verschiedenen Literaturen zuordnet: einer alten (traditionellen) und einer neuen (modernen). Diese Theorie will ihrerseits einen Bruch in der Geschichte der Literatur wahrnehmen, vor dem es einen poetischen Wert darstellte, das Brüchige zu vermeiden, und nach dem die Herstellung des Brüchigen die Dignität eines poetischen Verfahrens angenommen habe. Dieser Bruch ist allerdings weder absolut, noch ist er geeignet, die Ebene einer zwangsläufig pointillistischen Phänomenologie der modernen Literatur zu verlassen – eines Pointillismus, der sich gleichsam mimetisch zu den von ihm intendierten Gegenständen der diskontinuierlichen Montagen und Kombinationen verhält.

Auf einer allgemeineren Ebene hat Foucault die Einheit des Buches als eines letzten und selbstverständlich gegebenen Fixpunktes bezweifelt. Foucault setzt das Phänomen der Diskontinuität entsprechend tief an, um bereits bei der problematischen Einheit des Buches jenes »System der Verweise« beginnen zu lassen, das von hier aus lediglich als *ein* Transformationstyp innerhalb des größeren Zusammenhangs aufeinander verweisender Geschichtsgebiete anzusehen ist. Foucault fragt:

»Materielle Einheit des Buches? [. . .] Die Grenzen eines Buches sind nie sauber und streng geschnitten: über den Titel, die ersten Zeilen und den Schlußpunkt hinaus, über seine Konfiguration und die es autonomisierende Form hinaus ist es in ein System der Verweise auf andere Bücher, andere Texte, andere Sätze verfangen: ein Knoten in einem Netz.«[35]

Mit dieser Beschreibung des Diskontinuitätsphänomens ist die möglicherweise radikalste Ausprägung und Auslegung des Problems im Rahmen strukturalistischer Analysen erreicht; sie besagt nämlich, daß die notwendigen »Lücken« in makrohistorischen Verläufen nicht durch eine Mikrohistorie des Buches wettgemacht werden können. Die Diskontinuität zwischen den und in den Geschichtsgebieten findet keinen Ruhepunkt in der »Idee« von der Geschlossenheit des Buches. Geschlossenheit firmiert vielmehr auch hier als ein ästhetischer Wert, nicht als eine Tatsache des historischen Diskurses. Daß Universalhistorien notwendig unvollständig sind, wird niemand bestreiten; damit ist jedoch nicht gesagt, daß Diskontinuität lediglich als ein Mangel der Makrohistorie anzusehen sei, der auf selbstverständliche Weise durch die materiale Intimität des Buches ausgeschlossen ist. Im Gegenteil, inmitten der beruhigenden Kohärenz des Buches öffnet sich ein System von Verweisen; mit jedem Satz im Buch beginnt die Geschichte seiner Beziehungen außerhalb des Buches; mit dem ersten Wort im Buch beginnt »die Öffnung des Textes«.[36]
Betrachten wir abschließend dieses Problem anhand eines Beispiels aus Eppelsheimers *Geschichte der Europäischen Weltliteratur*. Der vielzitierte Ariadne-Faden des Historikers hat hier eher die Form eines Lassos, das in großem Bogen von Stendhal zu Thomas Mann geworfen wird. Die extreme makrohistorische Perspektive führt gleichsam paradigmatisch die Gefahr universalhistorischer Versuche vor Augen. Eppelsheimer schreibt:

»Ihr Stil, der moderne europäische Realismus, setzt sich um d. J. 1830 in den gesellschaftlichen und psychologischen Romanen Balzacs und Stendhals (1829/1830) sieghaft durch und treibt die europäische Integration um ein entscheidendes Wegstück weiter: bezeugt durch Thomas Manns Roman *Buddenbrooks* (1901) . . .«[37]

Einundsiebzig bzw. zweiundsiebzig Jahre werden in dieser Aussage übersprungen. Die Relata der Relation sind – in einem dekretierenden Stil – lediglich genannt und figurieren als eher beliebige Ränder einer gewaltsamen Differenz. Schon eine »Kontinuität« zwischen Balzac und Stendhal zu beschreiben erscheint kaum auslotbar, um so weniger die Geste, die beide zu einer Einheit zusammenzieht, um sie auf die ferne

Wirkung der *Buddenbrooks* von Thomas Mann zu beziehen. Dennoch haben wir es hier durchaus mit einem typischen Satz zu tun, der, verkürzt gesagt, die beiden zeitdifferenten Daten (1829/30 und 1901) aufeinander bezieht und das erste Datum (1829/30) durch den Bezug auf das zweite (1901) beschreibt. Die Folie der entworfenen Kontinuität in dieser makrohistorischen Minimalgeschichte ist die sich in dem »beschriebenen« Zeitraum angeblich durchhaltende Idee der »europäischen Integration«. Es ist hier weniger die Konsistenz dieses Satzes zu kritisieren als vielmehr zu zeigen, daß das Datum 1829/30 als Abbreviatur des Ereignisses »gesellschaftlicher und psychologischer Roman/Stendhal/Balzac« prinzipiell auf andere Daten vor, aber auch nach 1901 hätte bezogen werden können. Eine solche jeweils veränderte temporale Perspektive hätte eine jeweils andere Bedeutung des »Ereignisses« 1829/30 zur Folge, freilich auch eine andere Geschichte, in der dieses Ereignis seine Bedeutung erhält.

Diese Bemerkungen scheinen auf den ersten Blick nicht sonderlich originell zu sein. Es ist jedoch zu bedenken, daß die mit ihnen exponierten Prinzipien der Retrospektive und der Perspektive eine erkenntniskritische Radikalisierung unseres Geschichtsbildes einschließen. Man kann in ihnen die konsequente Destruktion der naiven Vorstellung eines objektiven geschichtlichen Verlaufs sehen – der Historiker sucht einen Anfang in der Zeit auf, um dann den Schritten einer Entwicklung zu folgen. Das aber ist eine Naivität. Denn diese »Schritte« verändern sich von der zur Zukunft hin offenen Struktur des historischen Wissens her beständig. Das objektivistische Selbstmißverständnis der Geschichtsschreibung besteht in dem Glauben, sie sei eine rein progressive Bewegung, ein lineares Werden und Wachsen von einem fernen Anfang bis zur nahen Gegenwart. Die dechiffrierte Struktur des historischen Wissens überzeugt uns vom genauen Gegenteil: daß nämlich die Geschichtsschreibung – oder, wie wir jetzt einfacher sagen können, die Geschichte – eine retrospektive Konstruktion ist. Das Prinzip der Retrospektive impliziert das Prinzip unendlich neuer Perspektiven. Wir »haben« die Geschichte nicht anders als in Form einer akzelerierenden Geschichte von interpretierenden Geschichten. D. h. wir haben sie in einem genauen Sinne niemals, sondern arbeiten beständig an ihr. Zudem ist eine perspektivische Retrospektion nicht einfach als umgekehrte Linearität oder Progressivität zu deuten, sondern als eine Dispersion in die Vergangenheit zurückstrahlender Perspektiven, als Streuung und Verstreuung von Verweisungen. Im Sinne einer so gedeuteten Vorstellung von Literaturgeschichte ließe sich sagen, Epochen, Werke, Bücher, Texte oder Sinnkonstellationen erschöpfen ihre Bedeutung nicht darin, daß sie aufeinander »folgen«, sondern daß sie aufeinander verweisen. Es ist damit jedoch die Idee des Chronologischen nicht insgesamt depotenziert; zeitliche Folge ist vielmehr bewahrt in den durch die Einrichtung jeweiliger temporaler Perspektiven konstituierten Geschichten, deren differentielle Mannigfaltigkeit das historische Universum strukturiert. Literaturgeschichte wird so selbst zu einem diskontinuierlichen Unternehmen, das jederzeit neu begonnen wird; als unendliche Suche nach dem Buch, in jener »fiebernden Bibliothek«, die kein Ende hat.[38]

Literaturgeschichte als Geschichte von Sinnkrisen

»Es zerfiel mir alles in Teile, die Teile wieder in Teile, und nichts mehr ließ sich mit einem Begriff umspannen. Die einzelnen Worte schwammen um mich; sie gerannen zu Augen, die mich anstarrten und in die ich wieder hineinstarren muß: Wirbel sind sie, in die hinabzusehen mich schwindelt, die sich unaufhaltsam drehen und durch die hindurch man ins Leere kommt.«

Hugo von Hofmannsthal

Was die Geschichten und insbesondere die Literaturgeschichten strukturiert, ihnen Sinn verleiht und diesen stabilisiert, das sind die Krisen. Erst auf dem Hintergrund der Krise wird die Identität des Erzählten intelligibel und lesbar. Und es sind ebenfalls die Krisen, die das Lesen und Schreiben von Literaturgeschichten überhaupt interessant machen. Mehr noch als die Zusammenhänge, die die Literaturgeschichte konstruiert, sind es die Krisen zwischen und in diesen Zusammenhängen, die den historischen Sinn herausfordern. Nur scheinbar steht diese Behauptung in Widerspruch zu der oben skizzierten Struktur des historischen Wissens. Diese Scheinbarkeit bedarf immerhin der Erklärung.

Der Begriff der historischen Sinnkrise bietet sich nicht nur an, um die Idee historischer Diskontinuität in Hinsicht auf die speziellen Probleme der Literaturgeschichte zu präzisieren, sondern um sie insgesamt zu retten. Die Bedeutung der Sinnkrise ist keineswegs identisch mit einem ideologischen Postulat. Ob man Krisen im Interesse von Stabilität ablehnt oder sie im Interesse von Bewegtheit befürwortet, ist keine Frage der Literaturgeschichte, sondern einer normativen Literaturkritik. Daß beide nicht immer zu trennen waren und sind, zeigen die vehementen Verdikte gegen die als »krisenartig« wahrgenommenen Perioden etwa des »Sturm und Drang« oder der »Frühromantik«, die die Literaturgeschichte, z. B. die Korffs, meinte zu ihrer Sache machen zu müssen.

Auch die Analogie zu seelischen oder sozialen Krisen ist überaus mißverständlich. Wenn ein Mensch in eine seelische Krise gerät, so erscheint es vernünftig, ihm zu einer Therapie zu raten, weil er nur *eine* Identität hat, die er in dieser »Krise« verlieren könnte. Das gilt nicht für die Literaturgeschichte, in der es so viele Identitäten wie erzählbare Geschichten gibt. Mit anderen Worten, eine literaturgeschichtliche Identität (ein Thema, eine Epoche etc.) geht in einer Sinnkrise nicht »verloren«; sie wird in ihr transformiert *und* bleibt.

Der Begriff der Sinnkrise leitet sich aus der Verfaßtheit des (literatur-)historischen Diskurses her. Dieser beschreibt, so ließe sich sagen, Verhältnisse der Konstitution und Negation von Sinn. Konstitution wäre eine Art Festlegung, Formierung oder Figurierung von identischem Sinn. Diese Identität aber ist hinsichtlich ihrer Erklärung und Bestimmung nicht selbst-verständlich; identischer Sinn ist vielmehr nur insofern denkbar, als er sich von anderen Möglichkeiten, die in der Sinnkrise kritisch negiert werden, abhebt. Unter Sinnkrise ist deshalb nicht in erster Linie eine geschichtliche Erfahrung zu verstehen, sondern eine Denk- und Verhaltensmöglichkeit, auf deren Hintergrund wir allererst die »Erfahrung« von Geschichten machen. Mit den Worten Niklas Luhmanns: »Identischer Sinn hebt sich als Komplex von Bestimmtheiten oder Bestimmbarkeiten aus unbestimmt und negierbar negierten anderen Möglichkeiten heraus.«[1]

In der Weise dieser weitgehenden Formalisierung wird Sinn für Luhmann zum Grundbegriff (zum Grundbegriff der Soziologie; wovon wir hier abstrahieren). Er hält es denn auch für verfehlt, den Sinnbegriff aus dem Subjektbegriff herzuleiten, sondern meint umgekehrt, Subjekt solle durch Sinn definiert werden – »nämlich als sinnverwendendes System«.[2] Sinn wird, in Luhmanns Terminologie, als Mechanismus zur Reduktion von Komplexität aufgefaßt, genauer: Sinn sei eine bestimmte »Strategie« der Selektion unter der Bedingung hoher Komplexität.

»Durch sinnhafte Identifikationen ist es möglich, eine im einzelnen unübersehbare Fülle von Verweisungen auf andere Erlebnismöglichkeiten zusammenzufassen und zusammenzuhalten, Einheit in der Fülle des Möglichen zu schaffen und sich von da aus dann selektiv an einzelnen Aspekten des Verweisungszusammenhanges zu orientieren. Dabei ist bezeichnend, daß die Selektion einer spezifischen Sinnverwendung andere Möglichkeiten zwar vorläufig neutralisiert oder auch negiert, sie aber als Möglichkeiten nicht definitiv ausmerzt. Die Welt zieht sich nicht durch Akte der Selektion auf den jeweils gewählten Aufmerksamkeitsbereich zusammen, sondern bleibt als Horizont der Verweisung auf andere Möglichkeiten und damit als Bereich für anschließende weitere Selektionen erhalten.«[3]

Während wir hierin eine allgemeine Beschreibung der Konstitution von

Sinn sehen können, ergibt sich daraus zugleich die besondere Bedeutung, die den Selektionen und Negationen zukommt. Letztlich ist hier eine Unter- oder Entscheidung gar nicht möglich, weil die (vorläufige) Negation anderer Möglichkeiten, die Selektion innerhalb eines Verweisungszusammenhanges, allererst die sinnvolle Einheit bestimmter Verweisungen hervorbringt. Nun ist freilich dieser Konstitutionsvorgang nicht ex nihilo vorstellbar. Der Gedanke, daß aus einer absoluten Sinnleere in die Fülle des Möglichen hineinreflektiert werden könnte, um so einen ersten Sinn zu produzieren, ist absurd. Es ist vielmehr so, daß die Selektion mit der Bezugnahme auf nur Mögliches auch die Bezugnahme auf vordem und ehemals akzeptierten Sinn voraussetzt. Darin liegt gerade die Bedeutsamkeit der Sinnkrise, die nämlich der Indikator dafür ist, daß das Akzeptierte nicht länger akzeptiert ist. Man könnte deshalb sagen, die Sinnkrise tauche einen Komplex von Bestimmtheiten oder Bestimmbarkeiten in unbestimmte, aber nunmehr positivierbare andere Möglichkeiten. Sinn ist auf Sinnkrisen rück- und vorausbezogen.

Es handelt sich also um eine allgemeine Struktur. Das schließt zwar nicht aus, daß es Zeiten merklicher Beschleunigung der Aufeinanderfolge von Sinnkrisen und Sinnidentitäten gibt, sozusagen »heiße« Geschichten, in denen aus der Sicht des Historikers viel passiert, und möglicherweise ist es nicht gänzlich abwegig, dann von Krisenzeiten zu sprechen; aber in Wirklichkeit tritt in solchen Zeiten die formale Bedeutung der Sinnkrise nur deutlicher hervor, sie wird für den historischen Blick »sichtbarer«. Es gibt sie aber auch in »kalten« Geschichten und an deren Rändern, weil sonst diese Geschichten sich für uns nicht als bestimmte und bestimmbare Geschichten erkennen ließen. Dabei gibt es zweifellos nicht immer – eher selten – klar datierbare Einschnitte, sondern häufig langfristige und konfuse Überlagerungen. Als einen solchen eher konfusen »Übergang« müßte man etwa den zwischen Klassik und Romantik ansehen, weil beide – zumindest was Klassik und Frühromantik angeht – nicht einem Prinzip strikter zeitlicher Aufeinanderfolge gehorchen, sondern teilweise nebeneinander und durcheinander verlaufen. Sinnkrise und Sinnkonstitution sind – beinahe – zeitlich koextensiv. Im übrigen sind solche Ansichten, die insgesamt der Moderne meinen den Status einer permanent gewordenen Krise zusprechen zu müssen, wenn nicht widersprüchlich, so doch zumindest in ihrer Aussageform unvollständig, weil sie die Klage über eine angeblich permanente Abwesenheit der Stabilität lediglich verschweigen. Wie der Begriff der Diskontinuität, so tendiert offensichtlich auch der der Sinnkrise zur

Aufladung und Vermischung mit Werten. Sinn ist aber nicht gleichbedeutend mit Wahrheit, Schönheit oder Glück. Auch Unglück, Häßlichkeit und Lügen »machen« Sinn. Die Sinnkrise bezeichnet also letztlich eine Grenze des Erzählbaren, nicht jedoch dessen Unmöglichkeit.

Es gibt nun allerdings, wie wir wissen, gerade im Bereich der Literaturgeschichte eine Interferenz der Erzählebenen, die es zu unterscheiden gilt. Wir wollen dies tun, indem wir die Frage nach dem möglichen Subjekt der Sinnkrise stellen. Beispielhaft hinzuweisen wäre hier etwa auf die drei schon mehrmals erwähnten »Kehren« Friedrich Schlegels in seiner Einschätzung subjektiver oder objektiver Poesie innerhalb der durch sein – programmatisches – Denken und Dichten mitgeprägten Vorstellung einer »Geschichte« der Romantik. Diese Geschichte zerfiele tatsächlich unter dem Gesichtspunkt der Schlegelschen »Kehren« in drei Teil-Geschichten (in die des *Studium*-Aufsatzes, die der *Lucinde* und der Fragmente sowie die der Byron-Kritik), wobei zunächst nicht als ausgemacht gelten könnte, welche die »romantischste« ist (die mittlere, nehmen wir an).

Sieht man einmal von der dritten »Kehre« ab, die zudem nicht unabhängig von der Schlegelschen Konversion von der »Transzendentalpoesie« zum Katholizismus zu interpretieren wäre – nach der ihm bekanntlich das Wesen der Progression nicht mehr durch die progressive Universalpoesie, sondern durch die »Progressen der Religion« verbürgt schien –, so erscheinen die erste *(Studium)* und die zweite *(Lucinde)* Geschichte als zwei Seiten einer Sinnkrise. Im Zentrum der, wie wir abkürzend und verkürzend sagen, Geschichte des *Studiums* sehen wir ein Interesse an Klassizität, das die romantische Subjektivität als die das Klassische unterminierende Sinnkrise noch abwehrt. Im Zentrum der Geschichte der *Lucinde* sehen wir eben diese romantische Subjektivität, die als Sinn verstanden und verteidigt wird. Das Subjekt dieser Sinnkrise, so ließe sich folgern, ist tatsächlich der Autor Friedrich Schlegel. Er ist es zugleich aber auch nicht. Er ist es deshalb nicht – oder nicht nur –, weil die Schlegelschen »Kehren« wiederum bloß als Brüche innerhalb des übergeordneten Gesichtspunktes »Romantik« bedeutsam und historisch intelligibel wurden. Dieser Gesichtspunkt ist jedoch offensichtlich nicht die singuläre Kapriole eines Autors, sondern kann nur als kollektives Interpretament verstanden werden. Aber eben auch nicht so, daß nun viele Autoren als die harmonisch-kontroversen Konzeptoren der sie übergreifenden Geschichte gelten könnten. Zwar haben etwa Eichendorff und Heine nicht lediglich romantische Literatur, sondern auch eine »Geschichte« der romantischen Literatur geschrieben (wobei Eichendorff eher eine Theodizee und Heine eher eine polemische Ästhetik verfaßt haben), aber diese gehören gleichsam mit zu den Dokumenten, aus denen die retrospektive Geschichtsschreibung sich und uns ihr Bild des Romantischen herstellt. Das – kollektive – Subjekt der Sinnkrisen ist also in dieser Hinsicht die mehr oder weniger anonyme Stimme des historischen Diskurses.

Andererseits sind die Sinnkrisen häufig sehr persönlich. Oft begegnen wir hier sogar solchen Stimmen, die sich der gewöhnlichen Schreiberwartung entzogen haben und nur mehr schweigen oder schreien. Die Literaturgeschichte hat beispielsweise einige Mühe, das »merkwürdige« zwanzigjährige Schweigen Paul Valérys zwischen *Monsieur Teste* und *La jeune Parque* zu erklären. Es handelt sich bei *Monsieur Teste* zwar aus historiographischer Sicht um eine relativ schwache Geschichte, weil sie mehr oder weniger »nur« biographisch oder monographisch ist – und deshalb zweifellos nicht sonderlich viel erklärt –; aber dafür ist sie konkret.

Es werden hierbei, wenn man es nicht überhaupt vorzieht, den Zufall verantwortlich zu machen, gewöhnlich zwei heterogene Deutungsmuster miteinander verbunden. Zunächst sei die unter dem Einfluß Mallarméscher Negativität stehende intellektuelle Skepsis des Autors der Grund seines Verstummens gewesen; später habe dann die bedrückende Erfahrung des Weltkriegs Valéry erneut zu literarischer Produktion veranlaßt. Wie es auch um die spezielle Kohärenz dieser Deutungen bestellt sein mag: man kann in diesem Fall und in ähnlichen Fällen von einer Sinnkrise auf der Ebene des literarischen Erzählens sprechen. Dabei ist das Schweigen Valérys nur ein besonders deutliches Indiz, denn im Rahmen einer Monographie zielt die Erwartung auf Kontinuität des Schreibens, während das Schweigen sofort als Skandal auffällig wird. Das Schweigen in der Zeit einer übergeordneten Schreiberwartung ist ein Extrem. Andere, weniger auffällige Indikatoren solcher die Sinnproduktion bedingender Sinnkrisen hätten wir in stilistischen oder thematischen Brüchen, ästhetischen »Kehren« oder poetisch-poetologischen Sprüngen zu sehen.

Anna-Teresa Tymieniecka hat die spezielle Sinnkrise in der »Geschichte« des Valéryschen Schreibens zum Anlaß genommen, ein allgemeines »Gesetz« schöpferischer Interiorität aufzustellen, dem zufolge dem Wiedergewinnen der Welt ein Weltverlust vorhergehe.[4] Ohne diese produktionsästhetischen Überlegungen, die, was ihre Verifizierbarkeit angeht, immer problematisch sind, hier über Gebühr strapazieren zu wollen, ließe sich doch am Rande vermerken, daß dieses Gesetz der

Kreativität zugleich die Formulierung einer Theorie des Epigonalen einschließt. Das meint, daß dort, wo eine wie immer beschaffene Sinnkrise nicht vorausgeht, auch von einer *Wieder*gewinnung, ja, einer Gewinnung von Sinn (»Welt«) nicht die Rede sein kann, sondern nur von mehr oder weniger routinierter Reproduktion alten Sinns.

Nun ist aber der nicht-epigonale, d. h. authentische Vorgang literarischer Sinnproduktion nicht so mechanistisch aufzufassen, daß die vorhergehende Sinnkrise im gelungenen Sinnkonzept überwunden sei. Im Gegenteil, häufig genug, wovon besonders die moderne Literatur zeugt, ist die Sinnkrise in einer Weise aufgehoben und transformiert, daß sie zugleich Voraussetzung *und* Gegenstand des literarischen Erzählens ist. Solche Verdoppelungen und Spiegelungen sind, wie gesagt, gerade in der modernen Literatur keine Seltenheit. Auch in dieser Hinsicht läßt sich auf Valéry verweisen, der etwa mit *Le cimetière marin* eines der markantesten Beispiele der dichterischen Darstellung einer dichterischen Sinnkrise gegeben hat. Im *Cimetière marin,* wo es paradigmatisch vom Dichter im Gedicht heißt: »Ma présence est poreuse«[5], wo sich also Identitäts- und Sinnkrise überlagern, sind, so ließe sich folgern, Sinnkrise und Sinnkonstitution koextensiv. Gerade in dieser Spannung, die zugleich ein neues Sinnverstehen herausfordert, erscheint die eigentliche Produktivität – und Progression – des Valéryschen Gedichts.[6]

Die Struktur literarisch-literaturgeschichtlicher Sinnkrisen läßt sich mithin als wechselseitige Bezüglichkeit ausdifferenzieren. Die angedeutete Interferenz der Ebenen kann deshalb auch als hierarchische Struktur verstanden werden, da die unterschiedenen Sinnkrisen in umgekehrtem Verhältnis zu ihrer Allgemeinheit von der jeweils allgemeineren Ebene übergriffen werden; wobei freilich zu berücksichtigen ist, daß *die* Sinnkrise, die sich selbst zum Thema hat, ein zwar häufiger, aber eben doch ein Sonderfall ist, den wir daher nicht in jeder poetischen Situation unterstellen können.

Dort aber, wo wir diesen Sonderfall unterstellen können, hat sich die formale Struktur der Sinnkrisen zu einem Werk individualisiert, das – im Extremfall – die Chiffren seiner eigenen Unmöglichkeit in die Sprache eingeschrieben hat. Diese Werke handeln, oberflächlich betrachtet, von der Verzweiflung, der Vergeblichkeit, der Leere, dem Wahnsinn, dem Tod, der Sprachnot, kurz: von *Krisen des Sinns.* Doch der Sinn verlöscht nicht in diesen Krisen (wie es häufig im Leben geschieht), sondern »verwandelt« sich in das neue Werk und die neue Sprache. »Ich denke immerfort an den Schwarzkäfer, werde aber nicht schreiben«, notiert sich Kafka am 21. Oktober 1913 in seinem Tagebuch.[7] Am 18. November desselben Jahres heißt es: »Ich werde wieder schreiben, aber wieviel Zweifel habe ich inzwischen an meinem Schreiben gehabt.«[8] Und zwei Tage später: »Bin ganz leer und sinnlos, die vorüberfahrende Elektrische hat mehr lebendigen Sinn.«[9] Der Sinn, der aus dieser Sinnlosigkeit hervorging, beflügelt noch heute den ›Konflikt der Interpretationen‹.

Die thematischen Sinnkrisen nun – um nicht zu sagen: die Themen, denn es handelt sich nur um ein ganz besonderes Thema – sind Verdoppelungen des Schreibens. In ihnen tritt in jedem Falle die Krise an die Oberfläche der Schrift. Sofern hier überhaupt metaphorische Ausdrücke weiterhelfen, wäre von thematischen Sinnkrisen zu sprechen, die sich als »laute« Sinnkrisen bezeichnen ließen. Denn in ihnen wird die Sprache beredt nur, um die Krise auszusprechen, sie »laut« zu sagen. Alles Begleitende, Bedingende oder Imitierende verbleibt im Hintergrund, im Vordergrund breitet sich die Sinnkrise als der eigentliche Inhalt des Textes aus. Es geht um sie, ausschließlich um sie. Die thematische Sinnkrise verweist nicht auf einen ihr vorausliegenden Sinn, sie ist der Sinn selbst. Sie wird zum Sinn des Schreibens und der Schrift.

Es ist dies ein Phänomen, das wahrscheinlich nur in der Literatur und der Kunst vorkommt. Und gerade hierin kann die kategoriale Verschiedenheit der (literarischen) Sinnkrisen von irgendwelchen anderen Krisen ausgemacht werden. Während ökonomische, politische oder seelische Krisen in der Regel als Störungen einer Ordnung begriffen werden, von der aus nun die Störung bekämpft oder therapiert werden soll – oder sie soll noch forciert werden, im Interesse einer neuen Ordnung jenseits der Krise –, trifft all dies auf literarische und im engeren Sinne thematische Sinnkrisen nicht zu. Diese schreiben zwar möglicherweise von einer gestörten Ordnung; aber eben das ist ihr Sinn (und ihre äußerste Verausgabung). In einer sehr allgemeinen Deutung meinte etwa die Luhmannsche Definition von Sinn die Stabilisierung bestimmter Möglichkeiten im Rahmen unbestimmt vieler anderer Möglichkeiten. In der Literatur dagegen kann auch die Destabilisierung von Sinn durchaus Sinn und Sinnvolles bedeuten, sie muß keinesfalls Unsinn zur Folge haben. Wir zweifeln nicht daran, daß dies mit einem differenten Bezug zur Praxis zu tun hat, mit der Verpflichtung zu sinnvollem Handeln einerseits und der poetischen Lizenz zu – mehr oder weniger – handlungsindifferenten Imaginationen andererseits.

Im engeren Bereich des Schreibens jedenfalls ist das Auftreten thematischer Sinnkrisen eine spektakuläre Bewegung, kurz, das scheinbare Paradox, daß die Krise des Sinns den Sinn des Sinns ausmacht. Da wir das Schreiben als Produktion von Sinn auffassen, können wir für den

Fall thematischer Sinnkrisen auch sagen: Die Krise des Schreibens ist der Sinn der Schrift. So kompliziert und exzentrisch diese Verhältnisse auch erscheinen mögen, es herrscht in der Literatur kein Mangel an Beispielen. Als ein solches kann, wie gesagt, der *Cimetière marin* von Paul Valéry gelten. Ein anderes, deutlicheres, ist jenes kurzes Prosastück, dem Hugo von Hofmannsthal den Titel *Ein Brief* gegeben hat und das gewöhnlich als der Chandos-Brief zitiert wird.[10]

Dieser von Hofmannsthal im August 1902 geschriebene Text steht am Anfang einer geplanten Folge erfundener Gespräche und Briefe. Erfunden ist also auch dieser Brief des Philipp Lord Chandos an Francis Bacon. Historische Personen werden hier noch einmal von einem Späteren in die Sphäre des Imaginären hineingezogen. Diesen Brief, so heißt es in der vorangestellten Erläuterung, habe Lord Chandos geschrieben, um sich bei seinem Freund Francis Bacon »wegen des gänzlichen Verzichtes auf literarische Betätigung zu entschuldigen«. (*B*, S. 7) Schon diese ersten Worte kündigen das Thema der Sinnkrise an, als dessen Signatur eben nicht nur bei Hofmannsthal das Schweigen gilt.

Aber ist dieses Schweigen, das sich doch offensichtlich in Worten bekundet, überhaupt wörtlich zu nehmen? Immerhin inszenieren hier gleich zwei Autoren dieses literarische Schweigen: der fiktive Lord Chandos und der wirkliche Hugo von Hofmannsthal. Es liegt also auf der Hand, daß wir es im Fall des Chandos-Briefes mit einer thematischen Sinnkrise zu tun haben, die von einer situativen Sinnkrise begleitet wird. Letztere betrifft einen »Bruch« im Werk Hofmannsthals. Dieser Bruch wird nicht deklariert, sondern literarisch fingiert: als fiktiver Brief. Der Brief handelt vom Schreiben und, mehr noch, vom Nichtschreiben. Konkreter gesagt, Lord Chandos verurteilt seine frühere literarische Produktion, die ihm nunmehr, da er sich zum Schweigen entschlossen hat, als Produkt einer »aufgeschwollenen Anmaßung« (*B*, S. 11) erscheint. Dies nun steht in Beziehung zu Hofmannsthal, der ab 1902 zwar nicht zu schweigen, aber anders zu schreiben beabsichtigte. Insofern markiert der Chandos-Brief eine situative Sinnkrise in der Geschichte des Hofmannsthalschen Werkes. Bei Wuthenow heißt es dazu: »Die Absage an den totalen Ästhetizismus [. . .] liegt sowohl im Verhüllen als auch im Verschweigen, schließlich wird sie im Chandos-Brief zum eine Epoche seines Schaffens abschließenden Dokument, das wiederum zur Sicherung eine Maske trägt.«[11] Das fiktive Schweigen des Lord Chandos indizierte also eine Richtungsänderung im Werk Hofmannsthals. Lord Chandos fungierte dabei als sein Alter ego. Und indem dieses zum Schweigen verurteilt wurde, schrieb der neue Hofmannsthal neu und anders. »Kein Zweifel, es muß dem ›Chandos-Brief‹ eine überaus starke seelische Erschütterung vorangegangen sein, und es war nur selbstverständlich, daß sie nach Abreagierung verlangt hat.«[12] Diese »Abreagierung« war Broch zufolge der Chandos-Brief selbst. Was aber aus ihm für *Hofmannsthal und sein Werk* folgte, war erstens der Bruch mit dem Ästhetizismus und zweitens die Wendung zum »Volkshaften«.[13] Dazu sei es erforderlich gewesen, sich anderer Darstellungsweisen zu bedienen. Hofmannsthal wendete sich also von der Lyrik ab und dem Erzählen und dem Theater zu. Genau diese Wende bezeichne der Chandos-Brief. Es fällt auf, daß die so beschriebene situative Sinnkrise dem Inhalt des Chandos-Briefes bloß beiläufig gerecht wird. Das liegt daran, daß die im Brief thematisierte Sinnkrise in Hinsicht auf daran anschließende Sinnkonzepte gedeutet wird, nicht aber an sich selbst. Die Sinnkrise wird als Markierung zwischen einem alten und einem neuen Sinn verstanden, als die Signatur dieses »Zwischen«, nicht als eigenständiger Sinn. Nun steht zwar der Chandos-Brief zu der genannten situativen Sinnkrise in Hofmannsthals Werk in einer offensichtlichen Beziehung; aber beide decken sich nicht. Der Brief ist nicht lediglich als indirekter Kommentar zu lesen – bestimmte Partien verweigern sich einer solchen Übertragung. Kehren wir deshalb zum Chandos-Brief und damit zur thematischen Sinnkrise zurück.

Der Brief läßt sich (abgesehen von der vorangestellten Erläuterung) in vier Abschnitte untergliedern, die sich kurz folgendermaßen zusammenfassen lassen: Lord Chandos berichtet von seiner früheren literarischen Betätigung, Lord Chandos berichtet von seinem gegenwärtigen Zustand der Sprach- und Sinnkrise, Lord Chandos berichtet von seinen alltäglichen Verrichtungen, Lord Chandos berichtet von seiner Ahnung einer zukünftigen Sprache.

Interessant scheint nun zunächst, daß auch hier Sinn- und Identitätskrise als *eine* auftreten. Im Zusammenhang mit der Erinnerung an seine früheren literarischen Arbeiten, »diese unter dem Prunk ihrer Worte hintaumelnden Schäferspiele« (*B,* S. 7), wird Lord Chandos gerade an der Frage irre, ob es sich denn überhaupt noch um einen Zusammenhang der Person handeln könne: »Kaum weiß ich, ob ich noch derselbe bin, an den ihr kostbarer Brief sich wendet; bin denn ichs ...« (*B,* S. 7) Dieser tiefgehende Zweifel läßt sich nicht als übertriebene Kritik an den prunksüchtigen Jugenddichtungen bagatellisieren, da die innere »Krankheit« ebensogut mögliche zukünftige Dichtungen betrifft: »Daß mich ein ebensolcher brückenloser Abgrund von den scheinbar vor mir liegenden literarischen Arbeiten trennt als von denen, die hinter mir

sind und die ich, so fremd sprechen sie mich an, mein Eigentum zu nennen zögere.« (*B*, S. 8) Sein Fall, denn als solchen bezeichnet er ihn selbst, ist von allgemeiner Art. Er betrifft nicht nur frühere und nicht nur spätere Dichtungen, sondern das Vermögen des Sprechens und Denkens insgesamt. »Mein Fall ist, in Kürze, dieser: Es ist mir völlig die Fähigkeit abhanden gekommen, über irgend etwas zusammenhängend zu denken oder zu sprechen.« (*B*, S. 11)
Die Sinnkrise des Lord Chanlos macht nun in einer weiteren Steigerung nicht nur alle innersprachliche Betätigung dilemmatisch und schließlich unmöglich; auch der Umgang mit einer gänzlich unliterarischen Alltagswelt wird zum Problem, weil selbst die profansten Dinge ihm in eine »unheimliche Nähe« rücken. Die Flucht vor den Verwicklungen der Sprache in die Natur, in praktische und körperliche Arbeit usw. erweist sich, scheinbar gegen seine Einsicht, als nutzlos: weil alle Dinge schon versprachlicht sind oder doch nach Sprache verlangen. Und in dem Maße, wie Lord Chandos sich in ein »geistloses« und »gedankenloses« Dasein flüchtet, spiritualisieren sich Gegenstände und Vorgänge. Die Sprach- und Sinnkrise wird immer wieder offenbar: »die Worte lassen mich wiederum im Stich.« (*B*, S. 14) »Aber was versuche ich wiederum Worte, die ich verschworen habe!« (*B*, S. 15) Die gegebenen Sprachen, die toten und die lebendigen, erscheinen gewissermaßen als ein mangelhaftes Material, mit dem sich zu bescheiden nur einer reduzierten Sensibilität möglich sei. Die empirischen, wirklichen Sprachen werden als Sprachnot der Wirklichkeit diskreditiert.
Sehen wir zunächst einmal von der am Schluß des Briefes geäußerten Hoffnung auf jene überlegene zukünftige Sprache ab, von der Lord Chandos zwar kein Wort kennt, in der aber die stummen Dinge zu ihm »sprechen« (*B*, S. 20) – und in der wir den Widerschein der alten Kontroversen von Kratylos bis zu Saussure über die Willkür der Worte erkennen –, so ließe sich die Krise als das unversöhnte Aufbrechen der Beziehung von Signifikant und Signifikat deuten. Das mangelhafte Material, als das die Sprache Lord Chandos vorkommt, ist eine halbierte Sprache, die deshalb keine sinnvolle mehr zu sein scheint. Die Begriffe nehmen für ihn »eine [. . .] schillernde Färbung« (*B*, S. 12) an, weil seine Wahrnehmung zu sehr auf die Signifikantenseite fixiert ist und den Kontakt zu den Signifikaten verloren hat. Seine Begriffe sind halbe Zeichen, Spinnennetze, durch welche seine Gedanken hindurchschießen, »hinaus ins Leere«. (*B*, S. 11) Lord Chandos ist den Worten zu nahe, um verhindern zu können, daß sie sich beständig entfernen. Man könnte allerdings auch sagen, Lord Chandos beschreibe nichts anderes

als die Aporien einer absoluten Literatur, einer Literatur, in der sich die losgelösten und verselbständigten Signifikanten scheinbar selbst genügen. Die Selbstgenügsamkeit des Signifikanten, die in der modernen Literatur manchmal den zweifelhaften Rang eines poetischen Verfahrens erlangt, erscheint hier als Infragestellung und Gefährdung der Produktion von Sinn. Diese spezifische Sinnkrise scheint mit der besonderen Form des Sprachzweifels im Chandos-Brief thematisiert zu sein. Aber sie ist im genauen Verstande des Wortes thematisiert, sie gilt nicht nur als Markierung oder Signatur für etwas anderes. Die thematische Sinnkrise realisiert sich als ein Werk der Literatur.
Dieser Satz enthält offensichtlich ein Paradox. Wäre nicht das Schweigen als Resultat einer Sinnkrise konsequenter? Und tatsächlich spricht bzw. schreibt ja Lord Chandos von seinem nunmehr schon zweijährigen Stillschweigen, und er kündigt an, nie mehr ein Buch schreiben zu wollen. Doch eben über dies Stillschweigen und über diese Unmöglichkeit des Schreibens spricht und schreibt er sehr prägnant. Der Sprachzweifel, der die Sinnkrise motiviert, um dann mit ihr identisch zu werden, bekundet sich in einem äußerst sinnreichen und virtuosen Sprachgebrauch, in dem die Worte nicht verlöschen, sondern das »Unbekannte und auch wohl kaum Benennbare« (*B,* S. 14) sich immer wieder zu beredten Bildern verdichten, so, wenn Lord Chandos von seiner Anfechtung berichtet, die sich in ihm ausbreite »wie ein um sich fressender Rost«. (*B,* S. 12)
Mehr noch allerdings als in solchen Bildern bekundet sich die »Anfechtung« im Sprachgestus insgesamt, in dem die Worte ständig ineinander fließen. Zumindest wird dieses »Schillern« und »Fließen« von den Wörtern ausgesagt. Die Sprache indes ist bei aller atmosphärischen Intensität, bei aller Aufgeladenheit mit Reizvokabeln des Verfalls sehr genau. Das belegt etwa der plötzliche Tempuswechsel in der folgenden Passage, die zugleich als das gelungenste Beispiel der Versprachlichung einer sprachzweiflerischen Sinnkrise erscheint:

»Es zerfiel mir alles in Teile, die Teile wieder in Teile, und nichts mehr ließ sich mit einem Begriff umspannen. Die einzelnen Worte schwammen um mich; sie gerannen zu Augen, die mich anstarrten und in die ich wieder hineinstarren muß; Wirbel sind sie, in die hinabzusehen mich schwindelt, die sich unaufhaltsam drehen und durch die hindurch man ins Leere kommt.« (*B*, S. 13)

Die einzelnen Worte »schwammen« um ihn, sie »gerannen zu Augen«, die ihn »anstarrten« – so wird ein vergangenes Erlebnis berichtet. Plötzlich aber, mitten im Satz, wechselt die Zeitstufe: »und in die ich wieder hineinstarren muß.« Das vergangene Erlebnis gerinnt selbst zum

Zustand, zur perennierenden Gegenwart. Erst darin enthüllt sich die ganze Schwere des vergangenen Erlebnisses, das nun auch über Gegenwart und Zukunft seine Macht reklamiert. In der – um einen Ausdruck Roman Jakobsons zu gebrauchen –, »Wortkunst« dieser kurzen Passage deutet sich an, mit welchen Mitteln Lord Chandos und Hofmannsthal dem drohenden Schweigen ausgewichen sind, um es produktiv zu gestalten. An die Stelle des Schweigens nämlich treten jene sprachlichen Figuren, die sich als Spiralen der Skepsis bezeichnen lassen. In diesen Spiralen agiert Lord Chandos die Sinnkrise, die das Thema seines Briefes ist.

Diese tiefe Beziehung des Schreibens zum Schweigen, des Schreibens zum Nicht-Schreiben, ist möglicherweise, so wird vermutet[14], nicht nur ein Thema des imaginären Lord Chandos, sondern ein Thema aller Literatur. Lord Chandos wäre also nur die exemplarische Figur, die aus dem Spiegelstadium der literarischen Imagination herausgetreten ist, um jene Furcht auszusprechen, die jedem Text eingeschrieben ist: die Furcht vor seiner Unmöglichkeit.

Die Krise ist das Ungewöhnliche schlechthin. In ihr bricht eine Ordnung zusammen; der Zusammenbruch führt entweder an ein Ende oder zu einem neuen Anfang – jenseits der Krise. Was dagegen eine existentialistische Literaturtheorie als den Grund des Schreibens auffaßt, ist – paradoxerweise – eine zur Dauer gewordene Krise. »Schreiben heißt, das Band lösen, welches das Wort und mich vereint. [. . .] Schreiben ist das Unbeendbare, das Unaufhörliche«, heißt es bei Blanchot.[15]

Der Chandos-Brief weist noch in eine andere Richtung, als sie diese existentialistische Grundierung des Schreibens durch die Phänomene der Einsamkeit, der Fremdheit und der Unendlichkeit[16] einschlägt. Nämlich nicht in die Zeitlosigkeit, sondern in die historische Situation der Moderne. Lord Chandos artikuliert den ubiquitären Sprachzweifel der modernen Literatur, ihr selbstquälerisches Ausharren vor der neuen Sprache. In diesem Sinne werden insbesondere die Werke der Avantgardebewegungen, aber auch die der »Moderne« insgesamt als Werke einer permanenten Krise verstanden.

Julia Kristeva etwa deutet diese Krise als Konflikt der Literatur mit dem Staat. Auf diesen Konflikt müsse auch die Theorie in besonderer Weise reagieren. Eine Theorie, die sich auf die avantgardistische Literatur bezieht, dürfe nicht, wie das in den Methoden des klassischen Denkens der Fall sei, das Moment der Stabilität privilegieren, *sondern das der Krise.* Julia Kristeva hat hier eine Antwort eigener Art gegeben. Rationalität ist nämlich nach ihrer Auffassung nicht notwendig das Resultat von Reduktionen, sondern ebensogut einer Potenzierung des Sinns und seiner Erschließungsverfahren, Resultat »multipler Logiken« also, oder insgesamt jener pluralisierten Wissenschaft mit dem eigenartigen Namen »Polylogue«: »poly-logue, multiplication de la rationalité . . .«[17] Als eine solche Multiplikation der Rationalität und der Rationalitäten dringe die Krise in die Methoden ein. Damit ist keineswegs der traditionelle Topos von der Krisis der Wissenschaften gemeint; im Gegenteil, es scheint sich um eine Positivierung und Rechtfertigung der Krise ganz allgemein zu handeln. Woher datiert dieses Interesse an der Krise? Bei Lautréamont, Mallarmé, Bataille, Artaud, heißt es bei Kristeva[18], finde sich eine häufig ausdrückliche und heftige Kritik des Staates, der Familie, der Religion. Die genannten Autoren gehören zwar allesamt der Literatur der Moderne an, erscheinen aber in einer streng chronologischen Literaturgeschichte kaum im selben Kapitel. Auf den ersten Blick sind alle vier Autoren Außenseiter, deren Werke sich der Einordnung in Periodenschemata zu entziehen scheinen. Was rechtfertigt gleichwohl die aufzählende Vereinigung des, verkürzt gesagt, schockierenden Präsymbolismus Lautréamonts, des radikalen Hermetismus Mallarmés, des pornographischen oder erotischen bzw. »obszönen« Existentialismus Batailles, des »grausamen Theaters« Artauds? Eine Minimalformulierung allenfalls zu postulierender Ähnlichkeit scheint in der doppelten Negativität dieser Werke vorzuliegen, doppelt, weil sie stilistisch-poetische Konventionen negieren, und weil sie – weniger deutlich bei Mallarmé, deutlicher bei Lautréamont, eklatant bei Bataille und Artaud – gesellschaftliche Konventionen negieren. Dieser letzteren Spur folgt Kristevas Argument, das anders formuliert lauten könnte: Die moderne – »negative«, avantgardistische – Literatur hat eine gesellschaftskritische Intention. Auf den damit implizierten Zusammenhang von Krise und Kritik werden wir noch ausführlicher zu sprechen kommen; bleibt vorläufig zu sagen, daß diese Kritik, die hier hinsichtlich einer spezifisch modernen Literatur wahrgenommen werden soll, Kritik an der Gesellschaft ist: am Staat, an der Familie, an der Religion. Nun hat es solche Kritik allerdings schon vor den genannten Autoren gegeben. Hier aber sei sie »explizit« und »heftig«; das deute auf eine Allgemeinheit und Signifikanz des Phänomens, dessen Folgen noch ganz andere Bereiche durchdringen.

Einer dieser Bereiche, so lautet Kristevas nächstes Argument, sei die Ökonomie der avantgardistischen Sprache selbst, die deshalb oft für esoterisch, unlesbar und elitär gehalten werde. Diese abschätzige Einschätzung sei aber nicht ein Kunsturteil, sondern eine gesellschaftliche

Reaktion – die Gesellschaft, die nicht lesen will, was die Literatur an ihr kritisiert und ihr entgegenstellt, erklärt diese kritische und konträre Literatur für unlesbar. Und in der Tat, sagt Kristeva, gehe diese Revolte der Literatur bis zur Störung der Regeln gewöhnlicher Kommunikation, ja sogar bis zum Zerbrechen der Struktur der Sprache. Der Schrei und die Geste (»le cri, le geste«) schreiben in die Sprache ein, was die Gesellschaft zurückstößt oder tötet, um sich zu begründen.
Daß hier die Vorstellung eines Gegensatzes von gesellschaftlicher und literarischer Sinngebung im Spiele ist, braucht nicht sonderlich hervorgehoben zu werden. Aber es ist gerade diese Deutung, welche die unterschiedliche Bewertung von Stabilität und Krise verständlich macht. Während nämlich die Gesellschaft bzw. der Staat im allgemeinen darauf aus sind, das Verhältnis von Beständen und Innovation in einer mehr oder weniger stabilen Balance zu halten, scheint dies für die Literatur und ihre Entwicklung nicht zuzutreffen: Neuheit und Originalität gelten hier vielmehr als ratio scribendi.
Aus dieser Gegensätzlichkeit, die zunächst lediglich unterschiedliche Evolutionskonzepte anzeigt, wird bei Kristeva geradezu ein Kampf zwischen Literatur und Gesellschaft – an dem sich die Theorie auf ihre Weise zu beteiligen habe. Es gehöre zu den »Entdeckungen dieses Jahrhunderts«, daß das Gesellschaftliche und die Sprache einen Zwang ausüben. Die poetische Sprache dagegen zerstöre diesen sozialen Zwang und re-konstruiere ihn. Aufgabe des theoretischen Diskurses sei es, diesen doppelten Prozeß aufzuhellen. Eben deshalb müsse der ganze Apparat der traditionellen Kritik »transformiert« werden, denn die klassischen Methoden bevorzugten in ihren Praktiken das Moment der Stabilität und nicht das der Krise. Aus mehrerlei Gründen, so wird hier nahegelegt, sei die Literatur – und insbesondere die moderne Literatur, als deren Zeugen Lautréamont, Mallarmé, Bataille, Artaud zitiert wurden – nicht mit Vorstellungen der Stabilität zu begreifen. Die Literatur widerspreche solchen Vorstellungen strukturell und inhaltlich: durch die diskontinuierliche Struktur der Originalität und durch den krisenhaften Inhalt der Negativität.
Nun mag man zu Recht bezweifeln, ob es überhaupt zulässig ist, irgendein Konzept zu »bevorzugen«. Doch von solchen vielleicht nur in terminologischer Hinsicht bedenkenswerten Einwänden einmal abgesehen, ergibt sich insgesamt: Literatur und Gesellschaft sind in einem kritischen und diakritischen Verhältnis aufeinander bezogen. Ein fundamentaler Antagonismus zwischen der Literatur und der Gesellschaft scheint dazu zu berechtigen, deren Wechselbeziehung als »Krise« zu

bestimmen. Gerade weil die Gesellschaft aus Gründen der Selbststabilisierung daran interessiert sei, die Krise als solche zu vermeiden, verschärfe sie die Krise zwischen sich und der Literatur. Nur so wird verständlich – oder soll verständlich werden –, weshalb auch der theoretische Diskurs seine Praktiken am Begriff der Krise orientieren soll. Die Krise, wie sie Julia Kristeva an der angeführten Stelle begründet hat, ist in erster Linie eine gesellschaftliche Krise. Mehr noch, die im Hinblick auf die Literatur und die Literaturtheorie entworfenen Krisenbegriffe sind abgeleitet aus dem Begriff der *politischen Krise.*[19] Aber gerade weil es sich hierbei nicht nur um eine sprachliche Äquivokation handelt, sondern um eine vorherrschende Affinität, eine permanente und kaum entwirrbare Interferenz der Ebenen und Begriffe, scheint die Auseinandersetzung damit begründet und nötig. Offensichtlich – und dies zeigte sich bereits bei der Beschäftigung mit dem Begriff der Diskontinuität – spielt in den auf Texte bezogenen Begriff der Sinnkrise jeweils ein Kontext gesellschaftlicher Krise hinein. Dieses Begriffs-Spiel als Ableitungsverhältnis zu deuten, wie es Kristeva tut, ist jedoch nur dann begründet, wenn ein repressiver Staat vorausgesetzt wird, ein Staat, der der Gesellschaft und der Literatur einen mehr oder weniger direkten sozialen Zwang (»contrainte sociale«) auferlegt, und wenn diese Maßnahme einem krisenvermeidenden Interesse an Stabilität entspringt. Weil das Moment der Stabilität dem (repressiven) Staat assoziiert ist, scheint daraus zu folgen, daß eine Theorie, die sich auf eine mit Schrei und Geste gegen Zwang und Stabilität opponierende Literatur beziehen will, sich selbst von der Stabilität weg und auf die Krise hin orientieren muß. Die letztere Folgerung resultiert allerdings aus einer überstrapazierten Analogie, in der zwei differente Krisenbegriffe zu einer nunmehr mißverständlich emphatischen »Krise« zusammengebogen und unifiziert werden.

Gesellschaftliche Stabilität scheint sich nicht zwanglos herstellen zu wollen. Aus dieser mangelhaften Perfektibilität wahrscheinlich aller komplexen Gesellschaftsformen auf die Bedingungen des theoretischen Diskurses schließen zu wollen, scheint zumindest prekär, denn theoretische »Stabilität« meint, wenn sie überhaupt etwas meint, etwas anderes. Möglich erscheint dagegen, daß die »moderne« Literatur eine ihrer Funktionen darin erfüllt, gegen den gesellschaftlich verhängten Zwangszusammenhang, heiße er Entfremdung oder Dezentrierung, eine poetische Position zu behaupten. Doch selbst daraus ginge nicht hervor, daß die Theorie gleichsam aus Solidarität mit der von ihr erkannten Literatur sich »krisenartig« transformieren muß. Die Theorie soll die Krise

beschreiben und analysieren; sie soll nicht selbst in irgendeinem Sinne zur Krise »werden«.
Hier zeigt sich, daß Kristevas These vom Antagonismus zwischen Gesellschaft und Literatur mit einem engeren Krisenbegriff operiert, nämlich dem, der insgesamt die produktionsästhetische Frage nach den Bedingungen poetischer Kreativität stellte, zu der nun Kristevas These sich als eine soziologische Antwort anführen ließe.
Tatsächlich scheint es schwierig zu sein, bei der Diskussion von Krisen sich der von allen Seiten sich einstellenden Vorurteile, Präokkupationen oder Sympathien einigermaßen sachgerecht zu erwehren. Zumindest seit 1789 scheinen historische Krisenbegriffe, gleich welcher Couleur, gemeinsam zu haben, den ursprünglich medizinischen Begriff der Krise mit dem Wohl und Wehe des Staates zu verknüpfen, ihn als politischen Begriff zu konzipieren, dem zufolge dann Krisen – offen oder versteckt – als Chance zum Sprung in das Reich der Freiheit begrüßt oder als Bedrohung der Ordnung, als Herrschaftslosigkeit und als Anarchie gefürchtet werden. Noch in den subtilsten epistemologischen Exkursen scheinen diese Bedeutungen zuweilen durch und fraktionieren dann die Theorien in solche, die die »Stabilität«, und solche, die die »Krise« bevorzugen. Aber welche Krise? Die von Reinhart Koselleck hinsichtlich der Aufklärung und insbesondere Rousseaus konstatierten Verhältnisse scheinen ihre untergründige Wirkung bis heute nicht eingebüßt zu haben. Bei Koselleck heißt es:

»Der ›état de crise‹ hat für Rousseau einen politischen Sinn, er impliziert la crise de l'État. Insoweit ist der Begriff der Krise ein Begriff, der eine Geschehenseinheit erfaßt, der keinen Raum läßt für dualistische Aufspaltungen, die einen außerstaatlichen Bereich unberührt lassen.«

Steckt also hinter jeder Krise eine politische Krise, letztlich eine Krise des Staates? Gegen diese usurpierende Allgemeinheit des ›état de crise‹ ist nun erneut die besondere Problemlage der *Sinn*krise abzuheben. Bei ihr geht es ja in erster Linie um eine sehr vermittelte und in sich verspiegelte Struktur, in der Literatur und Geschichte als Literaturgeschichte interagieren. Innerhalb dieser Struktur spielt die politische Krise zunächst nur die Rolle eines Themas unter anderen. Politische, ökonomische oder seelische Krisen haben wahrscheinlich den Vorzug der Deutlichkeit. Sie springen gleichsam bildhaft ins Auge: Wir »sehen« einen Krieg, stillstehende Maschinen oder das Leid auf dem Gesicht eines Menschen. Freilich bleibt auch hier zu bedenken, daß wir kaum sehen, was hinter diesen Bildern geschieht. Bei einer Sinnkrise »sehen« wir dagegen gar nichts.

Wie schon von der Idee historischer Diskontinuität gilt auch von der Sinnkrise, daß ihrem formalen Entwurf ein inhaltliches Moment korrespondiert. Die Sinnkrise, die unter diesem Aspekt sich als Bedingung gelingender Sinnproduktion kennzeichnen ließe, strukturiert die Werke der Autoren, strukturiert die Beziehungen mehrerer Autoren zueinander. In dieser Hinsicht wären die sogenannten Dichterfehden oder -feindschaften, etwa die zwischen Heine und Platen[20], das Amalgam, das zwei Sinnkrisen zu einer verschmilzt. Auch die Auflösung und die Neugründung von Dichtergesellschaften, Bünden oder Zirkeln, Instituten kollektiver Sinnproduktion also, sind im Lichte solcher Krisen zu sehen, die wir insgesamt als situative Sinnkrisen bestimmen wollen. Sie bezeichnen die krisenhaften Situationen in den Strukturen, mithin auch die eklatanten und schockierenden Außenseiter und Außenseiten der Literatur, die schließlich durchaus, obschon im nachhinein und mit Ausnahmen, dem ›großen Erbe‹ zugeschlagen werden. Was sich so einer bornierten Auffassung als Chronique scandaleuse der Literatur darstellen könnte, als die exzentrische Seite des schönen Scheins, ist in Wirklichkeit eine Bedingung und Bestimmung des Schreibens überhaupt. Und zwar nicht nur in der Moderne und auch nicht nur in den Fällen, die von vornherein als die »problematischen« stigmatisiert sind.

Soziale, psychische und poetische Faktoren greifen ineinander, um die jeweilige situative Sinnkrise nach einer dieser Seiten hin auszuprägen. In solchen Situationen durchkreuzen sich eine Geschichte der Institutionen und eine Geschichte der Mentalitäten. Wir haben oben bereits an die »Kehren« Friedrich Schlegels erinnert, die sein Werk und seine Vorstellungen von anderen Werken unterbrachen und strukturierten. Auf einer allgemeineren Ebene hat Korff versucht, die Sinnkrise der klassisch-romantischen Epoche zu erklären. In auffälliger Weise interagieren in diesem Versuch die genannten Faktoren. Die poetische Situation sei insgesamt durch den Konflikt von sozialer Lage und poetischer Intention bestimmt gewesen, woraus notwendig eine psychische Krise resultierte, die wiederum deutlich die literarischen Werke dieser Zeit bestimmt habe. Als Grund dieser situativen Krise gilt nach Korff zunächst die Spannung zwischen bürgerlichem Realismus (bzw. Realitätsdenken) und poetischem Idealismus. Dazu heißt es:

»Daraus aber ergibt sich das *Los der bürgerlichen Dichter.* Hineingestellt in die Spannung zwischen ihrer bürgerlichen Wirklichkeit und ihrem überbürgerlichen Idealismus müssen sie mehr oder minder und je nach Umständen zu jenen unglücklichen Existenzen werden, die die Dichter der Goethezeit mit wenigen glücklichen Ausnahmen alle gewesen sind.«[21]

Wie man sieht, setzt sich Korff zufolge diese soziale Situation aus lauter biographischen Einzelschicksalen zusammen, bzw. diesen gilt das Interesse. Doch wenngleich die Fragestellung wiederum auf den Einzelnen und »seine« Krise hinlenkt, die Korff zudem als seelische Krise deutet, so wird doch im folgenden deutlich, daß hierfür den einzelnen Autor übergreifende Gründe verantwortlich gemacht werden.

»In diesem tragischen Zwiespalt zwischen der äußeren Bürgerlichkeit und der inneren Überbürgerlichkeit der Dichter unserer klassisch-romantischen Literaturgeschichte liegt nun der Grund für ein sehr wichtiges geistig-seelisches Phänomen, das auch für die Geschichte der Goethezeit von grundlegender Bedeutung gewesen ist. Das ist das Phänomen der ›*Entfremdung*‹, und das heißt jenes besonderen seelischen Zustandes, der durch die innere Distanzierung des idealistischen Menschen von der bürgerlichen Gesellschaft hervorgerufen wird. In diesem Zustand nämlich entspringt ein großer Teil der damaligen Literatur.«[22]

Auch Korff sucht dann freilich diese das Schreiben begleitende Krise als »Krankheit« zu fassen und reduziert damit wiederum ein literaturgeschichtliches Phänomen auf einen nosologischen Sachverhalt. Zweifellos hat es diesen wirklich gegeben. Dafür ist etwa Walter Muschgs *Tragische Literaturgeschichte* ein überaus beredtes Zeugnis, wenngleich er seine »Profilierung der Schattenseite der Literaturgeschichte« mit dem Vorrang des Beharrenden, das für die Dichtung wesentlicher sei als »das rastlos Wechselnde«, begründet.[23]
Wie dem auch sei, solche ideengeschichtlichen Begründungen treffen bei aller Verschiedenheit in der Bewertung des in Rede stehenden Phänomens wieder zusammen. Sie interpretieren die von ihnen beschriebenen Krisen letztlich als individuelles Leiden – bei Korff im strengeren Sinn historisch begründet: als Resultat einer Epochenkonstellation, bei Muschg im Rahmen einer das Geschichtliche unterschreitenden Identitätsphilosophie begründet: als Resultat der »Grundformen der Dichtung« (und des Menschlichen). Das Leiden der Dichter wird zur »Idee« dieser Historien. Damit wird nun freilich die Literaturgeschichte segmentiert zur Geschichte eines Themas. Wenn also Korff die diagnostizierte Krise als »Krankheit« stilisiert, und wenn Muschg seinerseits das »Leiden« der Dichter in den Vordergrund rückt, dann ist damit zwar jeweils ein Aspekt situativer Sinnkrisen getroffen, aber eben nur ein Aspekt.
Fassen wir statt dessen die Funktion der Sinnkrisen als die jeweilige bedingende und begleitende Initiation neuen Sinns auf, so wird klar, daß sie nicht auf den Bereich inhaltlich-thematischer Negativität und Traurigkeit beschränkt ist. Dies gilt besonders dann, wenn eine beschreibbare Sinnkrise im Rahmen kollektiver Transformationen initiierend fun-

giert, wenn sie also, mit Lord Chandos gesprochen, der *neuen Sprache* nähergekommen ist.
Es handelt sich auf der Ebene der Literaturgeschichte um den Modus, nach dem sich die verschiedenen Geschichts-Erzählungen gliedern, nach dem sich ihre Ränder strukturieren und nach dem sich ihre innere »Geschwindigkeit« bemißt. Insofern spricht auch die traditionelle Literaturgeschichte von den Sinnkrisen; doch sie macht sie nur selten namhaft. Ihre Methode und ihr Stil sind zu sehr an der Idee fließender Übergänge orientiert; deshalb findet man in ihr häufig nicht wirklich Übergänge, sondern *Überleitungen*. In einer anderen Perspektive (der Perspektive der Beziehungsgeschichte) zeigt sich anstelle eines stetigen Fortschreitens der Literatur eine unruhige Bewegung sehr verschiedener Epochen und Werke, eine Bewegung, in der wir überall Lücken, Leerstellen, Brüche, Sprünge und *Krisen* wahrnehmen. Eben weil die Idee eines einheitlichen und kontinuierlichen Strömens eine irrige Fiktion ist, die auch gar nicht erzählt werden kann, ist es sinnvoll, notwendig und deshalb auch üblich, in die hypothetischen Verläufe allenthalben Unterbrechungen, Abschnitte, Läsionen und Skansionen des Sinns einzuzeichnen. Mit einem, allerdings vieldeutigen, Wort: Was wir von der Geschichte begreifen – vor allem sofern wir denkend in sie eingreifen –, das ist nicht der vielzitierte Strom der Geschichte, es sind vielmehr die »Strudel«, deren Spur die Intelligibilität der Geschichten grundiert. Die Sinnkrise ist also kein Störfaktor der Ordnung, sie ist im Gegenteil ein erkenntnisleitendes Prinzip der Akte des Ordnens.
Eben dies meinen wir aus der Einführung der Idee historischer Diskontinuität in die Konzeption evolutionärer Regularitäten folgern zu dürfen. Literaturgeschichte ist nicht synthetisches Werden (eine Folge akkumulativer Erfolge), nicht stetiges Wachsen, Strömen oder Aufblühen von Sinn, sondern die Geschichte von Sinnkrisen.
Wir neigen nun dazu, manche Perioden der Literaturgeschichte als krisenhaft par excellence zu verstehen: den Manierismus, den Futurismus, den Dadaismus oder den Surrealismus. Die jeweiligen Avantgarden scheinen eine eklatante Sinnkrise anzuzeigen (und meistens auch eine Reihe sie begleitender Skandale und/oder Prozesse). Aber diese »lauten« Sinnkrisen sind in Wirklichkeit die Außenseiten eines häufig genug nur stilisierten Außenseitertums. Wenn die Surrealisten während einer Theatervorstellung plötzlich zu frühstücken beginnen, dann ist dieses inszenierte Schockspektakel nicht bedeutsamer als die weihevoll eleganten Maskeraden des George-Kreises. Und beide, das literarische Frühstück im Pariser Theater und die antikisierende Maskerade im

Münchener Salon, sind nicht bedeutsamer als das leise Geräusch der Schreibfeder in Prousts verdunkeltem Zimmer oder das lange Schweigen Valérys. All dies sind verschiedene Signaturen sehr verschiedener Sinnkrisen, die einen laut das Wort in das Leben und den Alltag hinein überschreitend, die anderen leise in einer Wortmanie sich verbergend. Die Sinnkrisen werden zwar häufig von Gesten und Schreien begleitet, aber die Schreie sind nicht konstitutiv für ihren Ausdruck. Das Papier genügt.

IV. Kapitel

Sinn und Symbol

»So beruht denn bei einem Sprachzustand alles auf Beziehungen. Wie funktionieren diese?«

Ferdinand de Saussure

Bei der Erörterung der Rolle, die die Sinnkrisen in der Literaturgeschichte spielen, haben wir weitgehend Sinn mit Literatur identifiziert. Man wird in dieser Sache allerdings keineswegs einen Konsensus voraussetzen dürfen. Im Gegenteil, kaum etwas ist strittiger als der Sinn von Sinn.

Wir befinden uns hier gleichsam auf der Suche nach dem »Gegenstand« der Literaturgeschichte. Das Problem ist aber gerade, ob wir im Bereich des Geschichtlichen einen Gegenstand voraussetzen dürfen, auf den das historische Interesse ziele. Nietzsche jedenfalls nahm dieses Problem zum Anlaß, die Möglichkeit von Geschichte insgesamt zu bezweifeln: »Zuletzt geht mein Mißtrauen jetzt bis zur Frage, ob Geschichte überhaupt *möglich* ist? Was will man denn feststellen? etwas, das im Augenblick des Geschehens noch nicht ›feststand‹?«[1] Nietzsches skeptisches Fragen hat sich offensichtlich verschärft. Nicht mehr dem Nutzen und Nachteil einer immerhin für möglich gehaltenen Historie gilt sein Interesse, sondern dem Ermöglichungsgrund der Geschichte. Er geht der Geschichte auf den Grund, aber gerade dieser scheint nicht feststellbar zu sein. Doch ist Nietzsches Skepsis nicht auf die Geschichtsproblematik eingeschränkt. Sie betrifft vielmehr jede Erkenntnis, weil, wie er in den achtziger Jahren zu wiederholen nicht müde wird, es keine Tatsachen (Gegenstände) gebe, sondern nur Interpretationen.

»Gegen den Positivismus, welcher bei den Phänomenen stehen bleibt *›es gibt nur Tatsachen‹*, würde ich sagen: nein, gerade Tatsachen gibt es nicht, nur *Interpretationen.* Wir können kein Faktum ›an sich‹ feststellen: vielleicht ist es ein Unsinn, so etwas zu wollen.«[2]

Diese gegenkantische Wendung, die Nietzsche zumindest in dieser Hinsicht mit Dilthey verbindet, erwächst aus der Problemstellung des Historismus. Und obgleich Nietzsche hier die Ubiquität der historischen Verschränkungen zu einem allgemeinen Angriff auf die Erkenntnistheorie radikalisiert, um sodann die Universalität perspektivischer Interpretationen zu behaupten, ist diese ganze Rhetorik der Auflösung durch die Grundeinsicht in die vermeintliche Grundlosigkeit der Geschichte motiviert. Dieses verbale *fading* der Gegenstände und des Kompakten mündet in die Umdeutung (und Aushöhlung) des Sinnbegriffs. Wenn es schon keine Tatsachen geben soll, so sollte es immerhin möglich sein, den Sinn des Interpretierten zu explizieren. Doch selbst der Sinn ist nach Nietzsche letztlich nur Schein, ist »Dichtung«. »Soweit überhaupt das Wort ›Erkenntnis‹ Sinn hat, ist die Welt erkennbar: aber sie ist anders *deutbar,* sie hat keinen Sinn hinter sich, sondern unzählige Sinne.«[3] Ohne hier die allgemeinen Konsequenzen des Nietzscheschen Perspektivismus erörtern zu wollen, läßt sich immerhin sagen, daß mit dieser Dissoziation des Sinns jeder Fundamentalismus oder Substantialismus in der Geschichtsschreibung und -theorie kritisiert ist. In der Tat scheint im Rahmen dieser sinnkritischen Philosophie ein vertretbarer Zusammenhang von Sinn und »feststellbarem Gegenstand« sich nicht länger postulieren zu lassen.

Ist das ein Streit um Worte? Genau darum handelt es sich. Wir fragen nämlich nach dem Wort »Sinn« und damit nach dem Sinn der Worte. Diese Worte als Gegenstände zu bezeichnen, erschien nicht nur Nietzsche fragwürdig.[4] Damit ist nun allerdings ein doppeltes Problem benannt. Die Grundlosigkeit oder Dissoziation geschichtlicher »Gegenstände« ist erstens darin begründet, daß sie *vergangen* sind. Das Vergangene ist offensichtlich nicht direkt zu erreichen. »Direkt« meint gewöhnlich: wie in den Naturwissenschaften. Die Trennung von Natur- und Geschichtswissenschaften, die auch für Diltheys Lokalisierung des Geschichtlichen im System der Wissenschaften noch verbindlich war, ist bei Nietzsche durch die Depotenzierung der Erkenntnismöglichkeiten beider überschritten. Hinter diese Überschreitung muß man zurückgehen, will man die Kontroverse um die historischen »Gegenstände« klären. Die Klage über die Unzulänglichkeit der historischen Gegenstände, letztlich ihre Fiktivität, muß nämlich, wie Danto zeigt, keineswegs zum Zweifel an der Möglichkeit von Geschichte überhaupt führen:

»Beard und die historischen Relativisten im allgemeinen beklagen die Vorteile, derer sich Naturwissenschaftler erfreuen, während sie dem Historiker angeblich versagt seien. Er erklärt beispielsweise, daß im Gegensatz zum Naturwissenschaftler der Historiker seinen Gegenstand nicht beobachten könne. [. . .] Das ist eine in mancherlei Hinsicht recht seltsame Klage. Unsere eingestandene Unfähigkeit, die Vergangenheit zu beobachten, ist kein der Geschichte selbst inhärenter Defekt, sondern ein Mangel, den zu überwinden ja gerade der Zweck der

Historie ist.« Und: »Gerade weil wir keinen direkten Zugang zur Vergangenheit besitzen, haben wir die Geschichtswissenschaft.«[5]

Der indirekte Zugang nun, den der Historiker suchen muß, konfrontiert ihn mit Dokumenten, in erster Linie also mit Wörtern. Das ist offensichtlich für den Literaturhistoriker erst recht der Fall. Zugleich stellt sich hier abermals die Frage nach dem Sinn der Wörter. Und dabei wird nun zweitens wichtig, daß der *Literatur*historiker es in der Regel mit anderen Wörtern zu tun hat als der Historiker. Man kann sagen, der Zugang der Literaturgeschichte zu ihren Gegenständen sei in zweifacher Hinsicht ein indirekter: einerseits weil die Literatur für sie vergangen ist, andererseits weil die poetische Sprache – im Vergleich mit dem historischen Dokument – offenbar ganz besondere Schwierigkeiten impliziert. Diesem Besonderen gilt im folgenden unser Interesse. Wir werden uns zunächst von der Frage leiten lassen, ob der Sinnbegriff entgegen Nietzsches großem Verdacht nicht doch für die Literaturgeschichte konkretisierbar oder immerhin bestimmbar sei.

Wir knüpfen dabei an eine Bemerkung Schopenhauers aus dem Kapitel *Zur Ästhetik der Dichtkunst* an. Dort heißt es:

»Mir ist aus früher Kindheit erinnerlich, daß ich mich eine Zeitlang am Wohlklang der Verse ergötzt hatte, ehe ich die Entdeckung machte, daß sie auch durchweg Sinn und Gedanken enthielten. Demgemäß gibt es wohl in allen Sprachen auch eine bloße Klingklangspoesie mit fast gänzlicher Ermangelung des Sinnes.«[6]

Die hierin bekundete (zweifellos wenig elaborierte) Auffassung ließe sich als Repräsentationismus umschreiben. Die Worte dienen hier als bloßes Mittel, als das Äußere des Innern. Sie transportieren oder repräsentieren Sinn. Sinn aber ist weitgehend deckungsgleich mit »Gedanken«, zumindest gebraucht Schopenhauer diese Begriffe hier als Synonyme, wobei lediglich anzumerken wäre, daß »Sinn« weiter gefaßt ist als »Gedanken«. Sinn wäre dem zufolge gerade nicht das Besondere der poetischen Sprache. Er wäre vielmehr jenes Allgemeine, das auch anderen – unpoetischen – Sprachverwendungen eigentümlich ist, wenn sie den Anspruch erheben, sinnvoll zu sein. Als das Besondere der poetischen Sprache wäre jene von Schopenhauer abschätzig genannte »Klingklangspoesie« anzusehen. Freilich handelte es sich bei der »*bloßen* Klingklangspoesie« um ein Extrem, nicht um den ›Normalfall‹ der Dichtkunst. Dennoch scheint mit diesem Klingklang jenes Besondere bezeichnet zu sein, nach dem wir suchen.

Es zeichnet sich hier eine erste, wenngleich sehr mechanische Definition des literarischen »Materials« ab. Metrum und Reim etwa gelten Schopenhauer als die geheimnisvollen Lockmittel der Poesie. Sie locken den Zuhörer und Leser zum Gedanken hin. Selbst falsche Gedanken, so meint Schopenhauer, gewönnen durch die Versifikation einen Schein von Wahrheit. Auf Wahrheit und auf Gedanken aber kommt es ihm an. Hierin mit dem von ihm verachteten Hegel einig, bestimmt er Aufgabe und Rang der Dichtung gemäß ihrer *Beziehung zur Wahrheit.* Dichtung ist damit wahrheitsbezogen und wahrheitsdependent. Aber das, was an der Dichtung allein diese Beziehung zur Wahrheit verbürgen kann, ist der Sinn, also das eigentlich Undichterische. Poesie ist demnach ein eigenartiges Amalgam aus Beziehungssinn und selbstbezüglichem »Klang«. Auf die Stufe der Objektivation nämlich kann einzig die Musik verzichten, die Schopenhauer als die mächtigste der Künste gilt.[7] Daher handelt es sich im Falle der Dichtkunst auch nur um »eine Art Musik«, und der Wortklang »scheint« lediglich um seiner selbst willen dazusein. Das bedeutet, er ist in Wirklichkeit wahrheitsfunktional. In Schopenhauers Terminologie heißt das genauer, der Wortklang ist wahrheitsfunktional, insofern er auf Sinn (und Gedanken) bezogen ist. Nun läßt sich dies durchaus bezweifeln. Man erinnere sich etwa an das berühmte Mallarmésche Diktum, Gedichte seien aus Wörtern und nicht aus Gedanken gemacht. Zudem ist dieser Wahrheits-Finalismus – der Wortklang strebt zum Sinn, der Sinn zur Wahrheit – insgesamt nicht schlüssig, weil keineswegs als ausgemacht gelten kann, daß Wahr-Sein eine notwendige Bedingung für Sinnvoll-Sein sei.[8] Dagegen spricht gerade, wie noch zu zeigen sein wird, der *literarische Sinn* (den es freilich als solchen für Schopenhauer nicht gibt).

Aber folgen wir zunächst den Argumenten Schopenhauers:

»Das dem Gehör unmittelbar Gegebene, also der bloße Wortklang erhält durch Rhythmus und Reim eine gewisse Vollkommenheit und Bedeutsamkeit an sich selbst, indem es dadurch zu einer Art Musik wird: daher scheint es jetzt seiner selbst wegen dazusein und nicht mehr als bloßes Mittel, bloßes Zeichen eines Bezeichneten, nämlich des Sinnes der Worte. Durch seinen Klang das Ohr zu ergötzen scheint seine ganze Bestimmung, mit dieser daher alles erreicht und alle Ansprüche befriedigt zu sein. Daß er nun aber zugleich noch einen Sinn enthält, einen Gedanken ausdrückt, stellt sich jetzt dar als eine unerwartete Zugabe, gleich den Worten zur Musik; als ein unerwartetes Geschenk, das uns angenehm überrascht und daher, indem wir gar keine Forderungen der Art machten, sehr leicht zufriedenstellt: wenn nun aber gar dieser Gedanke ein solcher ist, der an sich selbst, also auch in der Prosa gesagt bedeutend wäre; dann sind wir entzückt.«[9]

Wie gesagt, der Wortklang »scheint« seiner selbst wegen dazusein. Aber sofern der Sinn »fast gänzlich« fehle, handle es sich nur noch um bloße Klingklangspoesie. Dieser Sinn, auf den Schopenhauer scheinbar keine

Ansprüche erhebt, ist ihm in Wirklichkeit wesentlich. Von hier aus läßt sich die in Schopenhauers Ästhetik implizierte Semiotik näher kennzeichnen: eine Semiotik der Repräsentation – oder, um eine vertrautere Terminologie zu wählen, eine Organontheorie des Zeichens. Wie Schopenhauer die unpoetische Zeichenverwendung auffaßt, ist deutlich. Das Zeichen ist »bloßes Mittel«, Organon. Die Worte fungieren als »bloßes Zeichen eines Bezeichneten« – eben darin besteht ihr repräsentierender Charakter, der sich in der Funktion der Referenz erfüllt. Das Bezeichnete nun sei der Sinn. Eben das nennen wir Repräsentationismus, wenn die Wörter als das bloß äußerliche Mittel eines wesentlichen inneren Sinns aufgefaßt werden. Nur scheinbar gibt es dagegen jenen selbstbezüglichen Wortklang, der der repräsentierenden Zeichenbeziehung vom Wort zum Sinn (Gedanken) entraten könne. Zufrieden und endlich »entzückt« ist der Philosoph erst, wenn er in den poetischen Worten den unpoetischen Gedanken entdeckt hat.

Es wird in der Folge der Argumentation Schopenhauers klarer, daß die *Deutlichkeit des Sinns* ihm als Kriterium für die »Gelungenheit« der Dichtung dient. Wiederum hierin mit Hegel einig, resultieren daraus, literaturgeschichtlich, eine wertende Bevorzugung des Klassischen und die polemische Ablehnung des Romantischen. Dazu heißt es:

»Der in unsern Tagen so oft besprochene Unterschied zwischen *klassischer* und *romantischer* Poesie scheint mir im Grunde darauf zu beruhen, daß jene keine andern als die rein menschlichen, wirklichen und natürlichen Motive kennt; diese hingegen auch erkünstelte, konventionelle und imaginäre Motive als wirksam geltend macht: dahin gehören die aus dem christlichen Mythos stammenden, sodann die des ritterlichen, überspannten und phantastischen Ehrenprinzips, ferner die der abgeschmackten und lächerlichen christlich-germanischen Weiberverehrung, endlich die der faselnden und mondsüchtigen hyperphysischen Verliebtheit. [. . .] Wie steht doch dagegen die Poesie der Alten, welche stets der Natur treu bleibt, entschieden im Vorteil, und ergibt sich, daß die klassische Poesie eine unbedingte, die romantische nur eine bedingte Wahrheit und Richtigkeit hat; [. . .].«[10]

Poesie erscheint in dem Maße gelungen, in dem sie sich gleichsam unpoetisch geriert. Daß die romantische Poesie nur eine bedingte Wahrheit und Richtigkeit habe, liegt lediglich daran, daß sie einem Sinnbegriff verpflichtet wurde, der per definitionem zur Freiheit der poetischen Lizenz quersteht: Was die menschlichen, wirklichen und natürlichen Motive auszeichnet, das ist ihre deutliche referentielle Beziehung zur Wirklichkeit. Was dagegen die erkünstelten, konventionellen und imaginären Motive diskreditiert, ist die hier als bedrohlich empfundene Selbstbezüglichkeit des Literarischen: das Besondere. In dieser Hinsicht

wäre Sinn also nicht nur ein der literarischen Sprachverwendung entgegengesetztes Prinzip, sondern zugleich die Instanz, von der aus Literatur beurteilt und, wie im Falle der Romantik, verurteilt werden kann. Es liegt auf der Hand, daß dieses Konzept der Repräsentation weite Bereiche der Literatur ausgrenzt. Dennoch ist es durchaus paradigmatisch – eben für jene Verwendungen, die Sinn als referentielle oder repräsentierende Beziehung auffassen.
Dagegen lassen sich Auffassungen anführen, die das genaue Gegenteil vertreten. Sie leiten sich vorzugsweise von der Linguistik her. Die dort mitgeteilten Thesen lassen sich als eine indirekte und nicht ausdrückliche Kontroverse mit dem Konzept der Repräsentation lesen. Schopenhauers Gegenüberstellung von Wortklang und Sinn kehrt hier wieder als der Gegensatz von »Referenz« und »Literalität«, allerdings mit dem entscheidenden Unterschied, daß Sinn gleichbedeutend mit Literalität ist und also gerade das Besondere der literarischen Sprache meint. Über den Gegensatz zwischen Referenz und Literalität heißt es etwa bei Todorov:

»Die Referenz (diese Beschwörung durch das Zeichen darf nicht mit dem Objekt selbst, dem Referenten, verwechselt werden, das außersprachlich ist) ist die Fähigkeit des Zeichens, auf etwas anderes zu verweisen als auf sich selbst. Der Sinn oder, wie wir in Zukunft sagen werden, die Literalität ist die Fähigkeit des Zeichens, an sich selbst und nicht als ein Verweis auf etwas anderes erfaßt zu werden. Um nur das banalste Beispiel zu nennen, der *Abendstern* und der *Morgenstern* haben dieselbe Referenz, unterscheiden sich aber in ihrem literalen Aspekt.«[11]

Es zeichnet u. a. gerade die Referenz aus, sich wechselnder Worte oder Zeichen bedienen zu können, da sie nicht an sich, sondern immer nur in bezug auf einen Referenten bedeutsam sind. Anders im Falle des Sinns oder der Literalität. Hier ist das semiotische »Material« keineswegs beliebig, weil es überhaupt kein *Material* ist, sondern das, worauf es ankommt. Worauf kommt es an? Auf das Besondere des Zeichens, das an ihm selbst erscheint, auf die Selbstbeziehung. Aber ist dies nicht etwas gänzlich Leeres, allenfalls ein tautologisches Spiel, auf jeden Fall aber Sinn-Losigkeit? Daß der »Sinn« eines Zeichens ausgerechnet dann und dort zu finden sei, wenn und wo es nicht verweist, sondern sich auf sich selbst bezieht, muß zumindest befremden. Andererseits gibt es gerade in der Literatur zahlreiche Wörter – und Sätze –, die scheinbar auf nichts verweisen. Aber an ihnen wird auch jedesmal die Frage nach dem Sinn eklatant.
Ein solches Wort ist etwa »Odradek« – eine Sorge der Philologen –, von

dem Kafka sagt, ein »Sinn des Wortes« lasse sich nicht finden: »das Ganze erscheint zwar sinnlos, aber in seiner Art abgeschlossen. Näheres läßt sich übrigens nicht darüber sagen, da Odradek außerordentlich beweglich und nicht zu fangen ist.«[12] Kafka hat sich hier, wie häufig in seinen Texten, des besonderen Kunstmittels bedient, die Frage nach dem Sinn nicht nur seinen Interpreten zu überlassen, sondern sie bereits mit in den Text einzubeziehen. Der Text wehrt sich gleichsam gegen die Sinnfragen der Interpreten, indem er sie diesen von sich aus entgegenspiegelt. Das macht zwar die Selbstbezüglichkeit explizit, löst aber nicht die Sinnfrage. Im Gegenteil, sie wird um so dringlicher. Denn sie figuriert in Kafkas Erzählung ja nicht mehr bloß als notwendiger Vorausentwurf der Möglichkeit des Erzählens, sondern im doppelten Sinne des französischen Wortes als »sujet«, als Subjekt und Thema also. Deshalb muß die Frage nach dem Sinn von »Odradek« naiv erscheinen, weil ja Kafka die Frage in seinem Text seinerseits gestellt hat. »Odradek«, dieses Wort, das scheinbar auf nichts außerhalb der Welt der Wörter verweist – aber eben auch nicht auf andere Wörter –, wird so zur Chiffre des in der Falle der Selbstbezüglichkeit gefangenen Sinns. Diesen komplizierten, indirekten und auf seine Art metapoetischen Sinn immerhin kann man verstehen. Daß Sinn (bzw. Literalität) sich im Gegensatz zur Referenz durch Selbstbezüglichkeit auszeichne, ist also keineswegs eine unproblematische Annahme.

Schien soeben noch ganz allgemein eine Begründung fragwürdig, der zufolge sich in der Literaturgeschichte von Gegenständen oder literarischem »Material« sprechen lasse, so begegnen wir jetzt dem umgekehrten Fall. Die Thematisierung der Selbstbeziehung zeigt uns eine semiotische Situation, aus der scheinbar Referenz *und* Sinn verschwinden. Was übrigbleibt, drängt sich der Wahrnehmung als die verselbständigte Materialität der Wörter auf: ein Graphismus auf dem Papier. Diese – absurde – semiotische Situation (die gleichwohl manchmal, etwa in der konkreten Dichtung, zum poetischen Prinzip werden kann) hat Danto in einer weiteren Zuspitzung einsichtig kommentiert:

> »Gewöhnlich kommt wohl kaum jemand auf den Gedanken, die Wörter, in denen etwas niedergeschrieben ist, als einen Tinten-Vorhang *zwischen* uns und der Bedeutung, die sie haben, anzusehen: Beim Lesen sehen wir, wenn man so will, durch die Wörter hindurch und über sie ›hinaus‹ und bemerken tatsächlich kaum jemals die Wörter in ihrem Status als physikalische Objekte, d. h. als Häkchen und Kringel getrockneter Tinte.«[13]

Nach Danto haben nur Analphabeten, Zeichenunkundige und Schwachsinnige ein solches Verhältnis zu Wörtern. Und dennoch kann es vorkommen, daß der Literaturhistoriker, der all dies aus Profession und par excellence nicht zu sein vermeint, sich dieser unrühmlichen Gesellschaft zurechnen muß. Wo der philologische Blick vergeblich nach Bedeutung und Sinn sucht, bleibt er schließlich am Tinten-Vorhang der Wörter hängen. Liegt das am Blick oder an den Wörtern? Bei Danto ist die Frage entschieden. Es liegt am Blick. Das Nichtzustandekommen von Bedeutung, die prekäre Fixierung des Blicks auf die äußerliche Materialität der Wörter, erklärt er mit mangelhafter Lesefertigkeit. Daß es nicht an den Wörtern liegen könne, erscheint nur deshalb plausibel, weil Danto offensichtlich an Wörter dachte, die ganz unproblematisch *etwas* bedeuten. Er dachte nicht an poetische Wörter, sondern an solche mit einer Sach-Referenz, einer Bedeutung. Es ging ihm also gar nicht um das, was Todorov allgemein »Sinn« nennt. Dennoch kann gerade der literarische Sinn, insofern er als Selbstbezüglichkeit des Zeichens definiert ist, zu denselben fatalen Konsequenzen führen, die Danto beschrieben hat.

Das wirft die Frage auf, ob eine strikte Trennung zwischen Bedeutung und Sinn überhaupt möglich ist.[14] Das von Todorov gewählte Beispiel macht dies zweifelhaft. »Abendstern« und »Morgenstern« haben, wie Todorov sagt, dieselbe Bedeutung, unterscheiden sich jedoch hinsichtlich der Literalität, des Sinns. Daraus gehe hervor, daß es hier zwar auf den Sinn ankomme, nicht aber, daß deshalb die Bedeutung fehlen müsse. Denn zweifellos verweisen ja beide Ausdrücke auf einen Stern. Es ist also falsch, zu sagen, Sinn sei dort, wo Bedeutung nicht ist. Schwieriger ist das allerdings im Falle »Odradeks«. Scheinbar gibt es hier keine Bedeutung und damit keine referentielle Beziehung zur Welt. Aber in bezug auf die Literatur darf die Beziehung zur Welt gerade nicht als Sach-Referenz aufgefaßt werden. Das Imaginäre ist nicht davon abhängig, ob ihm etwas in der Wirklichkeit entspricht. Es kommt hier alles darauf an, wie eng wir Referenz definieren. Sagen wir, eine Bedingung der Referenz sei Wahrheits-Funktionalität, dann wäre in der Tat die Rede von Einhörnern oder von »Odradek« *ohne Bedeutung*. Andererseits wären solche Reden kein unverständliches »Tönen« der Sprache. (Im Gegenteil, gerade an diese »bedeutungslosen« Wörter knüpfen die subtilsten Diskurse an.) Die »relation au monde« der Literatur ist, wie wir bei Jean Starobinski lesen, von anderer Art:

»Si la réflexion critique s'inscrit dans un trajet, l'œuvre littéraire, elle aussi, se manifeste comme un trajet, c'est-à-dire comme un systeme de relations variables établies, par l'entremise du langage, entre une conscience singulière et le monde.«[15]

Für den Fall »Odradeks« läßt sich nun noch geltend machen, daß er zwar keine Referenz im klassischen Sinne des Wortes hat (»Odradek« denotiert keinen wirklichen Sachverhalt), aber in die Dunkelheit seines Namens die Spur zu einem imaginären Referenten eingeschrieben ist. Die »Sorge des Hausvaters« (und des Philologen), so sagten wir, gilt dem Sinn selbst – und zwar wesentlich seiner Abwesenheit. Das wäre nun in der Tat eine indirekte und zudem negative Beziehung zur Welt. Darin allerdings erblickt Starobinski gerade eine Auszeichnung der großen Werke der Moderne:

»Il n'est pas besoin de rappeler que la plupart des grandes œuvres modernes ne déclarent leur relation au monde que sur le mode du refus, de l'opposition, de la contestation.«[16]

Eben dies scheint auf Kafkas »Odradek« zuzutreffen. Daraus folgt, daß Bedeutung und Sinn nicht als Gegensätze und nicht als Alternativen zu denken sind. Sinn und Bedeutung lassen sich zwar unterscheiden, nicht aber trennen. Da beide keine separaten Wirkungen haben, wäre angemessener von zwei unterschiedlichen »Hinsichtnahmen« des Zeichens zu sprechen. Dies ist denn auch die Folgerung, die Todorov aus der am Beispiel »Abendstern«/»Morgenstern« gewonnenen Struktur zieht. Über die verschiedenen »Register des Sprechens« heißt es bei ihm: »Auf allen Ebenen handelt es sich um das qualitative und quantitative Vorherrschen eines Aspekts des Zeichens, nicht um seine ausschließliche Gegenwart.«[17] Sinn als Selbstbezug des Zeichens und Bedeutung als Sachreferenz des Zeichens markieren somit nur verschiedene Wirkungsmöglichkeiten, nicht aber zwei gänzlich differente Semiosen.
Allerdings sollte man den Wert dieser Unterscheidung nicht überschätzen. Zu sehr tendieren die Verhältnisse der poetischen Sprache zu einer Art semiotischer Wechselbegeisterung, in der die Idee eines jederzeit deutlichen Auseinanderklaffens von Sinn und Bedeutung negiert ist. Man wird deshalb aber nicht dem hermeneutischen Nihilismus Valérys folgen müssen, dem zufolge es »keinen wirklichen Sinn eines Textes«[18] geben könne. Das ist zwar richtig, insoweit mit diesem Diktum die autoritative Instanz der Selbstdeutung durch den Autor kritisiert ist, stattet aber andererseits den Sinnbegriff mit einer derartigen Beliebigkeit aus, daß von Sinn eigentlich nicht länger auf distinkte Weise gesprochen werden kann. Wir werden deshalb im folgenden die Auffassung vertreten, daß Sinn – literarischer Sinn – sich durchaus bestimmen lasse, nie endgültig und vollkommen zwar, aber doch so weit, wie die methodische Intelligibilität einer historischen »Hermeneutik des

Sinns«[19] reicht. Prinzipiell kommt jedem Zeichen die Struktur der Beziehung (Beziehung auf etwas) zu. Die Vorstellung absoluter Selbstbezüglichkeit dagegen ist semiotisch widersprüchlich, es sei denn, wir identifizieren den Inhalt von Sinn mit der Schopenhauerschen »Klingklangspoesie«. Ebenso ist die ultrastrukturalistische Imagination einer »clôture« des Zeichens lediglich eine Metapher für etwas Unsagbares. Natürlich betrifft die Verweisung des Sinns nicht immer so deutliche »Sachen« wie einen bekannten Stern, weil es überhaupt hier nur selten um Sachen geht, sondern vornehmlich um Vorstellungen, Gedanken, Gefühle, die in der Welt oder in anderen Texten vorkommen. Gerade an den Texten Kafkas läßt sich das erweisen, an Texten also, die sich scheinbar insbesondere dadurch auszeichnen, Verweisungen zu verweigern. Das heillose hermeneutische Rätsel etwa, was der Käfer in der *Verwandlung* bedeute, läßt sich offensichtlich auf dem direkten Wege traditioneller Symbolübersetzung nicht lösen. Gleichwohl verweist der Käfer auf eine Geschichte der imaginären und wirklichen Verwandlungen, deren Bedeutung für die Literatur und für uns interpretierbar ist. Darin sehen wir zugleich den Grund, aus dem eine *Hermeneutik des Sinns* immer auch eine *Historik des Sinns* zu sein hat.[20] Es sind gerade die historischen Verweisungen und Beziehungen des Sinns, die ihn konkret und bestimmt erscheinen lassen. Auch dies meint die These, daß Sinn als *Beziehungssinn* aufzufassen sei.

Nun gibt es eine weitere Kontroverse, in der sich die oben skizzierte Problematik wiederholt und zugleich verschärft. Diese Kontroverse betrifft das Verhältnis von Zeichen und Symbol. Auch hier herrscht an scharfsinnigen Kontrastierungen, die häufig in der Behauptung krasser Gegensätzlichkeit gipfeln, kein Mangel. Zeichen und Symbol werden in den meisten Theorien in einen Gegensatz gebracht, der zu dem zwischen Bedeutung und Sinn parallel verläuft. Zwar rangiert der semiotische Term des Zeichens höher als der des Symbols, das vielmehr als eine Subkategorie des Zeichens erscheint; dennoch können beide hinsichtlich der Zeichen*verwendung* gegensätzliche Funktionen markieren. Wenn man etwa, wie neuerdings Todorov, das Symbol als »opposé au signe« auffaßt, so heißt das nicht, daß damit zugleich die Positionierung des Zeichens als allgemeiner Term einer Semiotik, der also das Symbol umgreift, aufgegeben wäre:

»Si l'on donne au mot ›signe‹ un sens générique par où il englobe celui de symbole (qui dès lors le spécifie), on peut dire que les études sur le symbole relèvent de la théorie générale des signes, ou sémiotiques; [. . .].«[21]

Freilich gibt es sehr verschiedene Definitionen des Symbols und des Symbolischen. Wir werden im folgenden sowohl von den philologischen Minimalisierungen des Symbolbegriffs, in denen das Symbol als singulärer Tropus firmiert, absehen als auch von den philosophischen Extrapolationen, besonders Cassirers, in denen das Besondere des Symbols nivelliert wird, weil es schließlich alle Charakteristika des Zeichens teilt.[22]

Es ist dagegen eine der Hauptthesen der Semiotik Saussures, daß das Attribut der Willkürlichkeit (Arbitrarität) dem Zeichen zukomme, nicht jedoch dem Symbol. Aus der Annahme, daß das Symbol nicht willkürlich, sondern motiviert ist, resultiert seine Besonderheit in bezug auf das Zeichen und geht hervor, daß es nicht beliebig austauschbar ist. Genau diese Charakteristika hat das so verstandene Symbol mit dem als Literalität verstandenen Sinn gemeinsam. Wir werden im folgenden der These nachgehen, daß sich der Sinn von Sinn durch eine Explikation des Symbolischen weiterhin präzisieren lasse. Grundsätzlich – und vor dem Hintergrund der Theorie Saussures – läßt sich sagen: »das Zeichen ist relational und arbiträr«; »das Symbol ist relational, aber nicht arbiträr«. Diesen beiden Definitionen entsprechen eine designatorische und eine symbolische Zeichenverwendung.[23] In dieser Gegenüberstellung wird deutlich, *daß die Struktur der Beziehung für alle Zeichenverwendung konstitutiv ist.*[24] Diese konstitutive Relationalität wurde in der Konfrontation von Bedeutung und Sinn verwischt, weil Beziehung mit Referenz gleichgestellt oder verwechselt wurde. Deshalb schien es, einzig die Bedeutung verweise qua Sach-Beziehung (-Referenz), der Sinn dagegen annihiliere die Beziehung als Selbstbeziehung. Referenz ist aber, wie wir jetzt sagen können, lediglich eine besondere Ausprägung der Beziehung, nämlich eine solche, die designiert. Zur Verdeutlichung beginnen wir – wie schon bei der Frage nach dem Sinn – mit der Erörterung eines älteren Textes, der aus der Sicht der heutigen Semiotik sicherlich antiquiert erscheint, der aber die zu erwartenden Probleme – insbesondere das Problem des Beziehungssinns – in einer historischen Perspektive zeigt. Wir beginnen mit Schellings *Philosophie der Kunst.* Überhaupt sind in dieser Sache, was auch der spätere Rekurs auf Platons *Kratylos* belegen wird, die *Fragestellungen* erstaunlich konstant. Wir begegnen ihnen dann ebenfalls bei Saussure.

Schelling unterscheidet das Symbolische vom Schematismus und der Allegorie. Der Schematismus ist durch ein Vorherrschen des Allgemeinen, die Allegorie ist durch ein Vorherrschen des Besonderen ausgezeichnet. In Schellings Terminologie und Worten: Schematismus ist die

Darstellung, in der das Allgemeine das Besondere bedeutet, bzw. in der das Besondere durch das Allgemeine angeschaut wird; allegorisch ist die Darstellung, in der das Besondere das Allgemeine bedeutet, bzw. in der das Allgemeine durch das Besondere angeschaut wird. Das Symbolische aber sei die Synthesis beider, in ihm seien das Allgemeine und das Besondere »absolut eins«.[25] Durch diese besondere Weise des Einsseins oder der Indifferenz ist auch die Kunst charakterisiert, denn »die Kunst ist symbolisch«.[26] Mit der Postulierung der Indifferenz kehren nun in Schellings Darstellung die oben diskutierten Probleme der Differenz von Bedeutung und Sinn wieder. Wir zitieren Schellings eigenartige und letztlich nichts entscheidende Lösung im Zusammenhang:

»Denn die Forderung der absoluten Kunstdarstellung ist: Darstellung mit völliger Indifferenz, so nämlich, daß das Allgemeine ganz das Besondere, das Besondere zugleich das ganze Allgemeine ist, nicht es bedeutet. Diese Forderung ist poetisch gelöst in der Mythologie. Denn jede Gestalt in ihr ist zu nehmen als das, was sie ist, denn eben dadurch wird sie auch genommen als das, was sie bedeutet. Die Bedeutung ist hier zugleich das Seyn selbst, übergegangen in den Gegenstand, mit ihm eins. Sobald wir diese Wesen etwas bedeuten lassen, sind sie selbst nichts mehr. Allein die Realität ist bei ihnen mit der Idealität eins [. . .], d. h. auch ihre Idee, ihr Begriff wird zerstört, wofern sie nicht als wirklich gedacht werden. Ihr höchster Reiz beruht eben darauf, daß sie, indem sie bloß sind ohne alle Beziehung – in sich selbst absolut –, doch zugleich immer wieder die Bedeutung durchschimmern lassen.«[27]

Wenn wir diese Passage zu verstehen suchen, ohne auf die identitätsphilosophischen Prämissen der Schellingschen Kunstphilosophie einzugehen[28], so deshalb, weil wir sie als einen semiotischen Kommentar lesen. Schellings Symbolexplikation impliziert von sich aus eine präsemiotische »Semiotik«. Daß diese in Hinsicht auf eine konsistente Theorie des Zeichens als vorauslaufend und vorläufig anzusehen ist, macht die Schwierigkeit dieser Textstelle aus. Unübersehbar ist in Schellings Argumentation die identitätsphilosophische Variation auf die terminologischen Paare, die oben angeführt wurden und die offenbar in jeder Beschäftigung mit Sinn- oder Symboltheorie begegnen, enthalten. Schellings terminologisches Paar heißt zunächst: Sein/Bedeutung.

Zwischen den beiden Elementen dieses Paares wird nun eine Bewegung inszeniert – letztlich mit dem Ziel der Indifferenzierung beider –, deren Unentschiedenheit auch durch den Titel der Dialektik nicht zu rechtfertigen ist. Zwar trifft diese Unentschiedenheit schließlich das Richtige, nämlich die wechselseitige Durchlässigkeit und Affiziertheit von Sinn und Bedeutung. Aber dieses Richtige verdankt sich nicht der Stringenz der Argumentation, sondern einer argumentationslogischen Unschärfe. Diese Unschärfe betrifft den Status der Beziehung.

Absolute Kunstdarstellung, so heißt es, sei Darstellung mit völliger Indifferenz. Mit anderen Worten, das Vorherrschen entweder des Allgemeinen oder des Besonderen, wie es die schematische oder die allegorische Darstellung kennzeichnet, muß hier fehlen. In der symbolischen Darstellung sind jedes Vorherrschen und jede Differenz zum Verlöschen gebracht: als Indifferenz. Insofern die Kunst symbolisch ist, *ist* sie dieses Einssein, *ist* sie dieses Sein. Von diesem privilegierten Sein muß das bloße Bedeuten unterschieden werden: die symbolische Darstellung »ist«, die schematische und allegorische »bedeutet«. Hier bricht erneut der Gegensatz von selbstgenügsamem Symbol-Sinn einerseits und (bloß) bedeutender designatorischer Rede andererseits auf.

Freilich ist die Formulierung, die dem Symbolischen das Bedeuten und die Bedeutung abspricht, hart. Dem Symbol ist damit nämlich zugleich der Zeichencharakter abgesprochen. Was allerdings ein Sein ohne Bedeutung vom Unsinn unterscheidet, wird offensichtlich Schelling selbst zum Problem. Deshalb versichert er, daß wir die mythologischen Gestalten, wenn wir sie als das nehmen, was sie sind, auch als das nehmen, was sie bedeuten. Nebenbei wird so zugleich der Charakter *völliger* Indifferenz eingeschränkt, denn Bedeutung wird uns nur garantiert, wenn wir zuerst das Sein akzeptieren. Die Schwierigkeit liegt nun darin, daß in Schellings Argumentation mit der Bedeutung auch die Beziehung aus der symbolischen Darstellung verschwindet, da Beziehung Differenz impliziert und deshalb wohl zur Bedeutung, nicht aber zum »Seyn selbst« gehören kann. Schelling konzipiert also das Symbolische als absolute Selbstbeziehung. Aber selbst dieser problematische Terminus scheint hier sein Recht verloren zu haben, wenn es von den poetisch-mythologischen Gestalten heißt, sie seien »ohne alle Beziehung«. Eben dies aber ist, wie wir nun schon mehrmals gesehen haben, falsch. Vielleicht sind sie ohne alle *Sachreferenz* – und sogar das müßte eine radikale Mythologiedeutung bestreiten –, in keinem Fall jedoch sind sie ohne alle *Beziehung*. Wenn Schelling deshalb sich gezwungen sieht, die Bedeutung in seine Konstruktion wieder einzuführen, indem es von den symbolischen Darstellungen heißt, daß sie »doch zugleich immer die Bedeutung durchschimmern lassen«, so ist das zunächst eine selbst nur reizvolle Darstellung eines nach wie vor nicht gelösten Problems. Das Problem ist, daß Schelling zwar die Bedeutung wieder ins Symbolische hereinholt – sie »durchschimmern« läßt –, aber weiterhin die Beziehung ausschließt. Dieser unaufgelöste Antagonismus: ohne alle Beziehung zu sein und zugleich immer die Bedeutung durchschimmern zu lassen, offenbart die semiotische Unmöglichkeit, die der präsemiotischen Reflexion Schellings entging. Es bleibt festzuhalten, daß die Struktur der Beziehung kein exklusives Attribut der designatorischen Bedeutung ist, sondern gleichfalls zum symbolisierenden Sinn gehört. Festzuhalten bleibt auch, daß »gleichfalls« hier nicht »auf gleiche Weise« bedeuten kann.

Diese *Ungleichheit* des Symbols soll nun im Hinblick auf Saussures Theorie des Zeichens näher bestimmt werden. Die neue Wissenschaft, die uns lehren soll, woraus die Zeichen bestehen und welche Gesetze sie regieren, nennt Saussure Semiologie (»sémiologie«).[29] Auch diese Wissenschaft hat im Moment ihrer Gründung und Begründung Schwierigkeiten mit ihrem Gegenstand:

»Andere Wissenschaften befassen sich mit Gegenständen, die von vornherein gegeben sind und die man nacheinander unter verschiedenen Gesichtspunkten betrachten kann. Ganz anders auf unserm Gebiet. [. . .] Man kann nicht einmal sagen, daß der Gegenstand früher vorhanden sei als der Gesichtspunkt, aus dem man ihn betrachtet; vielmehr ist es der Gesichtspunkt, der das Objekt erschafft; und außerdem wissen wir nicht von vornherein, ob eine dieser Betrachtungsweisen den andern vorangeht oder übergeordnet ist.«[30]

Diese spezielle Schwierigkeit mit dem Gegenstand ist nicht als Bescheidenheitsformel einer noch jungen Wissenschaft abzutun; sie markiert vielmehr eine Einsicht in die Struktur der Sprache und das Funktionieren der Zeichen, die von großer allgemeiner Reichweite und von besonderem Interesse für unsere Frage ist. Saussure kommt nämlich zu dem Resultat, »*daß es in der Sprache nur Verschiedenheiten* gibt«. Und er fährt fort: »Mehr noch: eine Verschiedenheit setzt im allgemeinen positive Einzelglieder voraus, zwischen denen sie besteht; in der Sprache aber gibt es nur Verschiedenes *ohne positive Einzelglieder.*«[31] Diese prinzipielle Negativität der differentiellen Natur des Zeichens gilt für die Beziehung zwischen Bezeichnendem (signifiant) und Bezeichnetem (signifié). Ein sprachliches System ist dem zufolge das »In-Beziehung-Setzen« einer Reihe von Verschiedenheiten des Lautlichen mit einer Reihe von Verschiedenheiten der Vorstellungen. Es ergibt sich aus diesem »Grundsatz der Differenzierung«, daß ein Zeichen nur durch Differenzen gebildet wird.[32]

Saussure kommt damit in die Nähe von grundlegenden Annahmen einer jeden Relationentheorie, von Annahmen, deren wissenschaftshistorische Kennzeichnung des Übergangs vom Denken der Substanz zum Denken der Funktion – bzw. der Form oder der Beziehung – insgesamt kennzeichnend für die Entwicklung des neuzeitlichen Denkens ist.[33] Bei Saussure heißt es:

»Wie die Sprache nun aber einmal ist, kann es in ihr, von welcher Seite man auch an sie herantritt, nichts Einfaches geben; überall und immer dieses selbe beziehungsreiche Gleichgewicht von Gliedern, die sich gegenseitig bedingen. Mit anderen Worten: *die Sprache ist eine Form und nicht eine Substanz* [...]. Man kann sich diese Wahrheit nicht genug vergegenwärtigen, denn alle Irrtümer unserer Terminologie, alle Unrichtigkeiten der Bezeichnung in sprachlichen Dingen kommen von der unwillkürlichen Annahme, daß bei dem Phänomen der Sprache eine Substanz vorhanden wäre.«[34]

Wir können nun erneut die Frage nach der Art der Zeichen-Beziehung stellen. Saussures Antwort ist unmißverständlich: »das sprachliche Zeichen ist beliebig« (arbitraire).[35] Dieser Grundsatz der »Beliebigkeit des Zeichens« ist inzwischen zum Gemeinplatz geworden, um den sich belustigende Anekdoten ranken, wie die von der Bäuerin aus der Schweiz, die sich fragte, warum ihre französischsprachigen Landsmänninnen »fromage« sagen: »Käse« sei doch viel natürlicher![36] Sie hält also, was in Wirklichkeit eine Konvention ist, für Natur. Der Grundsatz der Beliebigkeit des Zeichens, meint Saussure, werde von niemand bestritten.

Nun gibt es allerdings nicht nur die naive Frage jener Bäuerin, sondern auch den Spruch des Kratylos, an den anschließend Gérard Genette eine ganze Tradition des »Kratylismus«, von Platon bis Nodier und darüber hinaus, nachgezeichnet hat. Betrachten wir kurz Kratylos' Versuch, die Arbitrarität der Zeichen zu bestreiten. Hermogenes wendet sich mit folgenden Worten an Sokrates:

»Kratylos hier, o Sokrates, behauptet, jegliches Ding habe seine von Natur ihm zukommende richtige Benennung, und nicht das sei ein Name, wie einige unter sich ausgemacht haben etwas zu nennen, indem sie es mit einem Teil ihrer besonderen Sprache anrufen; sondern es gebe eine natürliche Richtigkeit der Wörter, für Hellenen und Barbaren insgesamt die nämliche.«[37]

Hermogenes hält nochmals seine Position dagegen:

»Ich meines Teils, Sokrates, habe schon oft mit diesem und vielen anderen darüber gesprochen und kann mich nicht überzeugen, daß es eine andere Richtigkeit der Worte gibt, als die sich auf Vertrag und Übereinkunft gründet.« (384 d)

Hermogenes vertritt also – wie Saussure – einen semiotischen Konventionalismus, d. h. die These, daß die Zeichen Konventionen sind. Womit zugleich gesagt ist, daß die Beziehung zwischen »Wort« und »Ding« arbiträr ist, denn sie verdankt sich einem Vertrag, einer Übereinkunft, einer Verabredung – man hat dieses Wort verabredet, man hätte auch

ein anderes verabreden können. Der semiotische Konventionalismus geht von einer arbiträren Zeichen-Beziehung aus.
Kratylos dagegen behauptet die »natürliche Richtigkeit« der Benennungen. Er unterstellt eine mimetische Korrespondenz zwischen Wort und Ding. Um hier bereits den entscheidenden Begriff vorwegzunehmen: Nach Kratylos sind die Wörter nicht willkürlich verabredet, sondern durch ihre natürliche Beziehung zu den Dingen *motiviert.* Eine solche Beziehung bezeichnet Genette als »mimologie«, im Anschluß daran Kratylos' Position als »Mimologisme absolu«.[38] Der semiotische Mimologismus geht also von einer motivierten Zeichen-Beziehung aus.
Das sich an diese beiden Positionen anknüpfende Gespräch zwischen Hermogenes, Kratylos und Sokrates läßt sich in zwei Teile gliedern: in einen ersten, in dem Sokrates (scheinbar) die Partei des Kratylos ergreift (Sokrates: »Kratylos hat recht«, 390 e), und in einen zweiten, in dem Sokrates sich der Position des Hermogenes zuzuneigen scheint (434 c ff.). Das Verfahren, das Sokrates anwendet, um seinen halbherzigen oder »sekundären Kratylismus«[39] zu vertreten, besteht im wesentlichen aus der Suche nach Etymologien und dem Nachweis lautlicher Nachahmung. Beides ist indes nicht ohne Schwierigkeit. Die Etymologien zunächst (von denen, wie Genette bemerkt, der größte Teil falsch ist) laborieren insgesamt an dem Problem, daß sie nicht weit genug geführt werden können. Es handelt sich nicht um einen infiniten, sondern um einen finiten Regreß, der allerdings wenig erklärt. »Gedanken« etwa komme von Gehen, weil es nach dem Gehen zum Denken benannt sei. (420 b) Dieses – im Hinblick auf die ansonsten geübte spekulativ-subtile Artistik – noch sehr einfache Beispiel wirft sogleich eine neue Frage auf: woher »Gehen« kommt. Von dieser Art sind sämtliche »Etymologien« des Sokrates, weshalb es nicht verwundert, wenn Hermogenes gelegentlich anmerkt: »Gar sehr dürftig, Sokrates.« (414 c) Der Regreß aber ist insofern ein finiter, weil die »ursprünglichen Wörter« einer weiteren Deutung entgegenstehen. Denn ob sie nun von den Göttern eingeführt oder von den Barbaren übernommen wurden, wie die beiden Hypothesen lauten (425 d), auf jeden Fall liegen sie im Dunkel. Deshalb entwirft Sokrates die Nachahmungslehre, der zufolge Silben und Buchstaben das Wesen der Dinge nachahmen. W, S, Sch und Z kommen etwa in »Schaudern«, »sieden«, »zischen«, »schwingen«, »schweben« vor: »weil die Buchstaben sausend sind« (427 a). Am Schluß des Beweisganges, den Sokrates zur Verteidigung des Kratylismus unternimmt, steht daher die Onomatopoesie. Gerade sie eignet sich allerdings, wie Saussure einwenden wird, denkbar schlecht zur Widerle-

gung des Grundsatzes von der »Beliebigkeit des Zeichens«. Denn erstens ist es häufig eine rein subjektive Angelegenheit, ob jemand einen bestimmten Ausdruck als onomatopoetischen wahrnimmt oder nicht, zweitens ist die Zahl der »eigentlichen Onomatopoetika« sehr gering, und drittens ist »auch bei ihnen die Prägung schon in einem gewissen Grad beliebig, da sie nur die annähernde und bereits halb konventionelle Nachahmung gewisser Laute sind (vgl. franz. *ouaoua* und deutsch *wau wau*)«.[40] Wir werden freilich sehen, daß damit der Kratylismus sein Recht noch nicht völlig verloren hat, sondern gerade in der Literatur zu einer gewissen Geltung kommt. Zunächst aber sollte er uns dazu dienen, den Hintergrund der Theorie des semiotischen Konventionalismus zu verdeutlichen. Saussure nennt noch eine weitere Gruppe von Ausdrücken, die möglicherweise der konventionalistischen These widersprechen könnten: die »Ausrufe«, deren Wichtigkeit er allerdings mit den nämlichen Argumenten bestreitet.

Deshalb bleiben schließlich nur die Symbole, die aus der semiotischen Definition des Zeichens als einer arbiträren Beziehung herausfallen. Dazu heißt es:

»Beim Symbol ist es nämlich wesentlich, daß es niemals ganz beliebig ist; es ist nicht inhaltlos, sondern bei ihm besteht bis zu einem gewissen Grade eine natürliche Beziehung zwischen Bezeichnung und Bezeichnetem. Das Symbol der Gerechtigkeit, die Waage, könnte nicht etwa durch irgend etwas anderes, z. B. einen Wagen, ersetzt werden.«[41]

Mit anderen Worten, das Symbol ist – im Gegensatz zum Zeichen – motiviert. Die Beziehung, die auch das Symbol charakterisiert, ist eine motivierte Beziehung. Hiermit läßt sich nun auch das Kriterium zur Unterscheidung zwischen Zeichen und Symbol namhaft machen. Dieser Unterschied scheint für Saussure einen Gegensatz zu implizieren, der zugleich über die Zugehörigkeit zum Kompetenzbereich der Semiologie entscheidet. Denn für Saussure, dem Todorov eine gewisse »surdité symbolique« vorwirft, ist das Arbiträre nicht eine Bestimmung des Zeichens unter anderen, vielmehr müsse für es gelten: »le signe arbitraire est le signe par excellence«; und daraus folge die Tatsache: »que la sémiologie se consacre à une seule espèce de signes: ceux qui sont arbitraires comme les signes linguistiques. Il n'y a pas de place pour le symbolique chez Saussure.«[42] Die möglicherweise fatale Konsequenz der Exklusion des Symbols aus der Semiotik, die Todorov andeutet, wäre jedoch nur dann zwangsläufig, wenn tatsächlich das Arbiträre als das entscheidende Kriterium für die Zeichenzugehörigkeit gelten müßte. Für den Begründer der Semiologie war das sicherlich eine wichtige Annahme, für die semiotische Einsicht in die Struktur aber ist dies nicht allein ausschlaggebend. Ebenso wichtig erscheint die dem Zeichen und dem Symbol gemeinsame Struktur der Beziehung.

Was besagt die Motiviertheit des Symbols? Saussure erblickte darin die Gewähr für eine »natürliche Beziehung« (bis zu einem gewissen Grad) zwischen Bezeichnendem und Bezeichnetem. Wir sehen, nicht der Akt der Signifikation hat sich geändert (er konstituiert sich vielmehr auch hier als ein Verhältnis zwischen signifiant und signifié), auch das Faktum der Beziehungsstruktur nicht; geändert hat sich die Art der Beziehung.

Vom Symbol aus gesehen – und hier kehren die ganzen sokratischen Argumente über die Vorzüge des Kratylismus wieder – wäre das Symbol sogar das »bessere« Zeichen, weil es besser begründet (motiviert) ist. Vom Zeichen aus gesehen indes wäre das Symbol ein besonderes Zeichen, eine Abweichung von der Regel. Tatsächlich wäre aber das Symbol ein ganz untauglicher Ausgangspunkt für eine allgemeine Theorie des Zeichens. Denn nicht immer sind die Symbole so »natürlich« und deutlich wie in Saussures Beispiel. Daß die »Waage« die »Gerechtigkeit« symbolisiert, ist einleuchtend. Weniger einleuchtend ist schon, um ein Beispiel aus der Symboltheorie Freuds zu wählen, daß eine »Pistole« einen »Penis« symbolisiert. Auch dieses Beispiel ist deutlich. Aber ist es auch »natürlich« motiviert? Lassen wir diese schwierige Frage zunächst beiseite. Ein anderer naheliegender Einwand ist: Eine Pistole kann auch etwas anderes symbolisieren, z. B. Macht, oder deren Gegenteil: Schwäche. Und nehmen wir einmal an, in einem bestimmten Zusammenhang stünde die Pistole tatsächlich für einen Penis, dann könnte man fragen: Warum eine Pistole? Warum nicht ein Regenschirm, eine Kerze, ein Stock usw.? Und schließlich wäre die Gleichung Pistole–Penis noch kein stabiles Resultat, weil der Penis seinerseits ein Symbol sein könnte. Kurz, es gibt keine ausschließlichen Symbole, die man sich vor oder neben dem Zeichenuniversum vorstellen könnte. Das Symbolisierte kann selbst zum Symbolisierenden werden. Das Symbolische ist deshalb kein extra-semiotisches Faktum, es ist vielmehr etwas, das dem Zeichen geschieht.[43]

Was geschieht? In formaler Hinsicht kann man sagen, das Bezeichnete wird in der symbolischen Zeichenverwendung verdoppelt. Die Pistole symbolisiert den Penis, aber bedeutet zugleich immer noch eine Pistole (Schußwaffe). Das gleiche gilt für die Waage – sie symbolisiert die Gerechtigkeit, aber bedeutet zugleich immer noch eine Waage (Meßgerät). Zudem ist hier einschränkend zu bemerken, daß die Waage ein öffentliches und konventionelles Symbol ist. Obgleich es möglich ist, sich die Waage als Symbol der Genauigkeit oder der Ausgeglichenheit vorzustellen, bedarf es keiner großen Deutungskunst, um in unserer Kultur von der Waage auf die Gerechtigkeit zu schließen. Solche Symbole werden neben einer gewissen sinnbildlichen Motiviertheit (Analogie), die die Einsicht beflügelt, einfach gelernt. Dagegen müßte man, um die Pistole als Symbol des Penis zu erkennen, zuvor die Spielregeln der Psychoanalyse akzeptiert haben oder zumindest kennen. Die Pistole ist also ein Symbol von fragwürdiger Motiviertheit. Nehmen wir schließlich ein drittes Beispiel hinzu. Wenn wir lesen, Gregor Samsa erwacht *als* Käfer, dann vermuten wir sofort, daß hier etwas mit dem Zeichen, der designatorischen Zeichenverwendung geschehen ist. Und wir wissen: Der Käfer meint hier nicht nur einen Käfer. Aber was das ist, was er noch meint, das wissen wir gerade nicht. An die Stelle eines konventionellen Wissens oder eines vorausgesetzten Codes tritt hier die Notwendigkeit der Interpretation. Man kann sagen: je schwächer die Bedeutung, um so offener der Sinn, um so dringlicher die Interpretation. Wenn wir also in Hinsicht auf die Symbole von ihrer Motiviertheit sprechen, so ist darunter keineswegs ein jederzeit verfügbares Wissen zu verstehen. Im Gegenteil, mit der Unterstellung, es gebe hier eine Motivation, beginnt erst die Arbeit.

Andererseits lassen sich sehr wohl gewisse Einschränkungen machen. Denn obwohl wir nicht immer wissen – eher selten –, worin die spezielle Motiviertheit eines Symbols besteht, so sind wir doch gezwungen, anzunehmen, daß es überhaupt motiviert ist. Mit anderen Worten: Während wir sagen können, daß es beliebig (arbiträr) ist, ob wir *Ochse* oder *bœf* sagen (oder irgend etwas anderes), ist es keineswegs gleichgültig, ob wir Waage oder Schwert sagen, falls wir Gerechtigkeit meinen, ob wir Pistole oder Regenschirm sagen, falls wir Penis meinen, ob wir Käfer oder Krokodil sagen, falls wir den verwandelten Gregor Samsa meinen. Bei jeder dieser Alternativen auf der Ebene des Symbolisierenden bleibt möglicherweise die schematische Bedeutung des Symbolisierten stabil (Gerechtigkeit, Penis, der in ein Tier verwandelte Gregor Samsa). Doch der Sinn hat sich verschoben – die Gerechtigkeit ist nicht mehr mit der Vorstellung des Abwägens, sondern nur noch mit der des strafenden oder rächenden Schwertes verbunden (ein grausames Recht); der Penis verliert die aggressive Konnotation des Schießens und Tötens und wird mit der heiteren Funktionsgerechtigkeit des Regenschirms ausgestattet; Gregor Samsa ist nicht länger das hilflose Ungeziefer, sondern ein gefährliches Reptil. Obwohl also zwischen dem Symbolisierenden und dem Symbolisierten nicht immer eine »natürliche« und deutliche Beziehung besteht, ist doch das Symbolisierende nicht beliebig. Vereinfacht gesprochen: Das Symbol kann in der Regel nicht ausgetauscht werden, ohne daß sich der Sinn entscheidend ändert. In diesem Sinne ist das Symbol motiviert. Und in diesem Sinne verstehen wir nun auch die Rede von der Selbstbezüglichkeit. Das Symbol ist selbstbezüglich, insofern es nicht ersetzt werden kann.

Strukturell gesehen haben wir es somit mit einer Verschiebung innerhalb der Zeichenbeziehung zu tun. Das Zeichen funktioniert als die Beziehung zwischen Signifikant und Signifikat. Die symbolische Verwendung bemächtigt sich des Signifikats (signifié) und verdoppelt es (in ein signifié und ein symbolisé). Das freilich wäre der einfachste und möglicherweise erfreulichste Fall. Es kann aber auch sein, daß sich das einfache Signifikat in eine Vielzahl des Symbolisierten auffächert. Und das Problem besteht dann darin, daß wir weder wissen, welches das richtige Symbolisierte ist, noch wie wir die Nebelregion des Symbolischen überhaupt begrenzen wollen. Fängt man einmal an, ein literarisches Werk auf Symbole hin zu interpretieren, so ist ein Ende des Interpretierens bald nicht mehr abzusehen. Wenn wir sagen: »Das ist symbolisch zu verstehen«, dann denken wir offensichtlich: *Es ist noch etwas anderes gemeint.* Und dieses »andere« sei nicht nur an sich bedeutsamer, sondern auch in seiner Bedeutung plausibler. Warum?

Eine Antwort bietet sich an, wenn wir das Symbol weniger auf seine Form als vielmehr auf seine Funktion hin befragen. Dann erscheint nämlich das Symbol nicht so sehr als ein Sinn-Bild, wie es Schelling betonte, sondern als Explikationsfolie des Übergangs vom Imaginären zum Realen. In der Regel verfahren die Symboldeutungen so, daß sie das Symbolisierende als Element des Imaginären auffassen, das Symbolisierte jedoch als Realität. Das verleiht der Deutung häufig Züge einer tour de force. Warum sollte die Pistole weniger real sein als der Penis? Forcierte Antwort: Weil die Pistole nicht *wirklich* gemeint ist. Ebenso die Waage: Es ist ja keine *wirkliche* Waage, sondern (meistens) eine aus Stein, die an einer Skulptur angebracht ist. Man kann und soll also mit ihr nicht wirklich wiegen, sie soll vielmehr etwas anderes bedeuten, eben die Gerechtigkeit, die ihren Sitz im Leben hat (oder haben soll . . .). Und Kafkas »Käfer«? Hat auch er eine Bedeutung außerhalb des Imaginären – oder ist sein Sinn in der Selbstbezüglichkeit der *Verwandlung* eingeschlossen? Hier beginnt die Unsicherheit der Interpretation, die lieber bestreitet, daß dieser »Käfer« noch als Symbol anzusehen sei, als ihre realistische Konzeption vom Symbolischen zu ändern.[43]

Prinzipiell gilt, daß es in einem substantialistischen Sinne keine Symbole gibt. Es gibt sie nur als Funktionen, eben als symbolisierende Zeichenverwendung. Die Annahme feststehender Beziehungen oder Inhalte ist eine Illusion. Die Motiviertheit des Symbols bezeichnet allenfalls einen zeitlich oder räumlich begrenzten Interpretationsspielraum einer bestimmten Kultur, in der das Symbol funktioniert. Denn schon in der nächsten Kultur oder in einer anderen Zeit funktioniert es möglicherweise nicht mehr. Auch Symbole haben *ihre* Zeit. Was sich uns hier aufdrängt, ist die Einsicht in die historische Dimension des Symbols. Die Rede vom »ordre symbolique« wäre irreführend, wenn wir hierunter eine zeitenthobene Ordnung verstehen wollten. Gerade weil die symbolische Rede nie vollständig erklärt werden kann – und genau daran erkennen wir das Symbolische –, kann sie sich in der Zeit und mit der Zeit verändern. Das Symbolisierende kann selbst zum Symbolisierten werden. Der Sinn des Symbols ist deshalb weniger eine Information als eine Interpretation, die dem Zeichen geschieht. Das Symbol *interpretiert* das Zeichen. Aus diesem Grund muß es selbst immer wieder interpretiert werden. Zwischen einem Symbolisierenden und einem Symbolisierten finden wir nicht *einen* Sinn, sondern die historische Spur des Beziehungssinns. Auch dies meint die These, daß Sinn als *Beziehungssinn* zu begreifen sei.

Figuren des Imaginären

»[. . .] denn wir leben wahrhaft in Figuren.«
Rainer Maria Rilke

Charles Dickens gilt in literaturgeschichtlicher Hinsicht – insofern es hier ein Interesse an Periodisierungen gibt – als realistischer oder naturalistischer Autor. Dies nicht allein wegen einer passenden zeitlichen Zuordnung, sondern aufgrund der Deutlichkeit der sozialen Themen und der sogenannten populären Schreibweise. Beides muß Dickens für eine Sozialgeschichte der Literatur besonders interessant machen.[1] Dieses Interesse wird auch dadurch nicht irritiert, daß für den Stil und den Erfolg der Dickensschen Schreibweise der Gebrauch von Komik und Sentimentalität gleichermaßen bedeutsam ist. Die Förderung von Lachen und Weinen durch den strategischen Einsatz humoristischer und sentimentaler Effekte scheint zu dem nicht in Gegensatz zu geraten, was insgesamt als die erzählerische Option aufs Reale bezeichnet werden kann. Exponierte Orte des Realen (und Sozialen) in den Romanen Dickens' sind bekanntlich die Gefängnisse und Gerichte, mit denen in Konflikt zu kommen kaum einem der Dickensschen Helden (wie ihrem Autor selbst) erspart bleibt. Aber wie kommt man im Roman ins Gefängnis? Zweifellos führen viele Wege zur Fleet Street (wie auch zu den anderen Gefängnissen der Weltliteratur, in denen etwa die Helden Balzacs und Stendhals häufig anzutreffen sind). Um dorthin zu gelangen, bedarf es freilich nicht immer einer evidenten Schuld. Vielmehr ist gerade bei Dickens die Unschuld der betreffenden Person eine regelmäßige Voraussetzung ihrer – ungerechtfertigten – Inhaftierung. Mißliche Umstände oder aber Mißverstehen und Mißverständnis können die Gründe sein. Schuld und Schulden verstehen sich für Dickens nicht von selbst; sie sind eminent auslegungsbedürftig.[2]
Das trifft in mehr als einer Hinsicht auf den spektakulären Fall Bardell gegen Pickwick zu. Es läßt sich sogar sagen, daß das Vergehen Mr. Pickwicks selbst das Resultat einer mißlungenen Auslegung ist. Immerhin sind die Folgen gravierend: zunächst ein langwieriger Prozeß, dann

die rechtskräftige Verurteilung Mr. Pickwicks, der nachfolgende Aufenthalt im Fleet-Gefängnis, schließlich der Vergleich mit der klagenden Partei und damit Pickwicks Entlassung aus der Haft. Diese Entwicklung des Falles Bardell gegen Pickwick zieht sich als der rote Handlungs-Faden durch die *Pickwick Papers*. Im zwölften Kapitel wird das Vergehen beschrieben, das fortan die Handlung des insgesamt siebenundfünfzig Kapitel umfassenden Romans entscheidend motiviert. Die Überschrift des zwölften Kapitels der *Pickwick Papers* lautet lakonisch: »Descriptive of a very important Proceeding on the Part of Mr. Pickwick; no less an Epoch in his life, than in this history.« Die Situation ist diese: Mr. Pickwick beabsichtigt, einen Diener einzustellen, und über dieses Vorhaben möchte er mit seiner Hauswirtin, Mrs. Bardell, sprechen. Mr. Pickwick wendet sich mit den folgenden – so unscheinbaren wie folgenschweren – Worten an Mrs. Bardell: »Do you think it a much greater expense to keep two people than to keep one?« Diese Frage entscheidet über die nächsten Jahre in Mr. Pickwicks Leben. Denn Mrs. Bardell antwortet: »›La, Mr Pickwick‹, said Mrs Bardell, colouring up to the very border of her cap, as she fancied she observed a species of matrimonial twinkle in the eyes of her lodger; ›La, Mr Pickwick, what a question!‹«[3] Auf der Basis dieses Mißverständnisses setzt sich das Gespräch über einige Seiten hin fort, ohne daß die Sprechenden der Inkongruenz des Gemeinten gewahr würden. Im Gegenteil, obwohl Mr. Pickwick weitläufig die Vor- und Nachteile seiner Idee, einen Diener einzustellen, bespricht, meint Mrs. Bardell die matrimoniale Offerte immer deutlicher vernehmen zu dürfen, bis es sie schließlich an ihrem Platz nicht länger hält und sie den vermeintlichen zukünftigen Gatten dankbar umarmt. In genau dieser Situation treten nun die drei Freunde Mr. Pickwicks und Mrs. Bardells Sohn aus erster Ehe auf, um Zeugen der soeben geschilderten delikaten Szene zu werden; als solche werden sie später vor Gericht aussagen. Denn jetzt erst klärt sich, langsam – »›I cannot conceive –‹ said Mr Pickwick, when his friend returned – ›I cannot conceive what has been the matter with that woman. I had merely announced to her my intention of keeping a man servant, when she fell into the extraordinary paroxysm in which you found her. Very extraordinary thing.‹«[4] – das Mißverständnis auf. Es wird, zumindest für Mr. Pickwick, endgültig deutlich, wenn Mrs. Bardell gegen ihn eine Klage wegen gebrochenen Eheversprechens vorbringt. Soweit der Fall.

Wie hat es so weit kommen können? Die Struktur des Gesprächs beruhte offensichtlich auf einem Mißverständnis, einem Mißverständnis, das sehr kunstvoll inszeniert wird – nicht von Mr. Pickwick und nicht von Mrs. Bardell, sondern von Mr. Dickens. Die beiden Sprechenden laufen vielmehr in eine linguistische Falle, die ihnen vom Autor gestellt wird. Wir haben es mit einer Gesprächssituation zu tun, in der die beiden Sprechenden sich durchaus vernünftig der Sprache bedienen, in der aber gleichwohl keine sprachliche Verständigung zustande kommt. Ihre Sätze haben Bedeutung, ergeben aber keinen – gemeinsamen – Sinn.[5] Mit einem Wort, sie reden und verstehen aneinander vorbei. Der Hauptanteil dieser mißlungenen Kommunikation liegt sicherlich bei Mrs. Bardell. Sie macht sich aus hermeneutischer Sicht einer illegitimen oder falschen Applikation schuldig. Zwar versteht sie durchaus, was Mr. Pickwick sagt; aber indem sie das so Verstandene auf sich *anwendet,* verschiebt sie die Bedeutung. Diese spezielle Anwendung ist zweifellos durch einen Wunsch motiviert. Mrs. Bardell benutzt Mr. Pickwicks Worte als Folie, auf die sie ihre Wünsche projiziert. Ohne daß dies ausdrücklich würde, fallen die Worte, kaum daß sie ausgesprochen sind, in einen anderen Kontext. Aus einem Gespräch über die Einstellung eines Dieners wird ein Heiratsantrag und umgekehrt.

Damit ein solches Gespräch funktionieren kann, müssen verschiedene Bedingungen erfüllt sein. Dazu gehört, daß die wechselnden Kontexte nicht explizit werden dürfen. Es dürfen also für die Dauer dieses Gesprächs keinesfalls die Wörter »Diener« und »Ehe« fallen. Sie würden den jeweils anderen sogleich darüber aufklären, daß sein Kontext keineswegs gemeint ist. Das Gespräch muß also so fortgeführt werden, daß die beiden Wörter, auf die es allein ankommt, ausgespart bleiben. Damit die beiden inkongruenten Kontexte dennoch zu einem Gesprächstext verwoben werden können, ist es erforderlich, das Gemeinte zu verschweigen, es vielmehr in Anspielungen zu umkreisen, um so dem Gegenüber jederzeit Gelegenheit zu bieten, das Gesagte *in seinem Sinne* zu verstehen – erforderlich ist ein *undeutlicher* Diskurs. Das Undeutliche ist jener sprachliche Nebelbereich, der die wechselnden Deutungen und Applikationen ermöglicht. Mr. Pickwick und Mrs. Bardell sprechen also undeutlich. Dieser undeutliche Diskurs ist notwendig; er ist das sprachliche Terrain, auf dem die beiden inkongruenten Kontexte koexistieren können, ohne zu kollidieren; er ist das sprachliche Tertium comparationis, ein dritter Diskurs.

Nun ist leicht einzusehen, daß ein solcher Diskurs über längere Zeit nicht geführt werden kann. Jedenfalls nicht in einer alltagssprachlichen Situation. Über kurz oder lang würde es dort zur Kollision der inkongruenten Kontexte kommen, was ja *schließlich* auch in den *Pickwick Papers* passiert. Im Roman immerhin funktioniert dieses sonderbare Gespräch; es hat zudem Folgen für den gesamten Verlauf der weiteren Handlung. Doch funktioniert dieses Gespräch auch hier nur deshalb, weil sich die Personen an bestimmte Regeln halten: an die Regeln des dritten Diskurses (Verschweigen des Gemeinten, Aussparen der bezeichnenden Wörter usw.). Sind also die Personen, die so sprechen, Figuren des Imaginären? Ist Mr. Pickwick eine Figur des Imaginären?

Das scheint schon deshalb der Fall zu sein, weil der Leser mit einem Wissen ausgestattet wird, das jedenfalls über den Horizont der einen Person des Gesprächs hinausgeht. In jener eingeschalteten kommentierenden Bemerkung nämlich, aus der hervorgeht, daß Mrs. Bardell das Eheversprechen zwar nicht *hört,* aber doch meint, es einem Augenzwinkern *ablesen* zu können (»as she fancied she observed a species of matrimonial twinkle in the eyes of her lodger«), ist von Anfang an *für den Leser* klargestellt, in welcher Weise der Kontext Mrs. Bardells von dem Mr. Pickwicks abweicht. Das Problem, an dem die beiden laborieren, ist daher für den Leser keineswegs ein Problem. Es ist für ihn, weil er die Struktur durchschaut, eher eine Quelle der Erheiterung (die zu erzeugen an dieser Stelle die Absicht des Autors gewesen sein wird). Das Gespräch zwischen Mr. Pickwick und Mrs. Bardell erfüllt also eine doppelte Funktion. Es erzeugt situative Heiterkeit (elementares Ingredienz des Dickensschen Unterhaltungskonzepts) und setzt die für die weitere Entwicklung des Romans entscheidende »juristische« Handlung in Gang. Deshalb ist gerade diese Stelle für den ganzen Roman eminent wichtig. Sie initiiert, motiviert und begründet die spätere Handlung. Beinahe siebenhundert Seiten sogenannten realistischen Erzählens werden durch eine winzige linguistische Verschiebung begründet. Das Gespräch zwischen Mr. Pickwick und Mrs. Bardell im zwölften Kapitel der *Pickwick Papers* erhält dadurch dramaturgische Qualitäten. Es ist eine artifizielle Inszenierung. Und im Hinblick auf den *plot* ist es ein Trick – eine gänzlich imaginäre Veranstaltung im Zentrum des »realistischen« Romans.

Will man aus der hier untersuchten Struktur ein Merkmal des Imaginären gewinnen, so wäre es verfehlt, die »Person« Mr. Pickwicks dafür zu nehmen. Zweifellos ist auch Mr. Pickwick eine »personnage imaginaire«[6], aber er ist als solche selbst nur eine Modulation und abhängige Variable einer sprachlichen Verschiebung in der Sprache: des Imaginären, der Literatur. Überspitzt gesagt, Mr. Pickwick ist nicht der Akteur seines Diskurses, sondern das Opfer eines ihn überlagernden Diskurses. Wenn wir hier nach den Figuren des Imaginären fragen, so werden wir

also nicht die Person Mr. Pickwicks nennen, sondern jene sprachliche Verschiebung, die ihn charakterisiert und bedingt.
Freilich gibt es eine literaturwissenschaftliche Konvention, der zufolge wir unproblematisch von den Figuren des Romans, den dramatis personae, den literarischen, fiktiven oder imaginären Figuren in dem Sinne sprechen, der die literarischen von den wirklichen oder historischen *Personen* unterscheidet. So könnte man sagen, daß Charles Dickens im Namenregister dieses Buches angeführt wird, weil er eine historische Person ist, Mr. Pickwick aber nicht, weil er eine literarische Person ist. In diesem Sinne läßt sich, folgt man der Konvention, Mr. Pickwick als Figur bezeichnen. Es ist dies allerdings eine sehr eingeschränkte Verwendung des Begriffs, dessen Bedeutung in poetologischer Hinsicht sehr viel weiter reicht, besonders was dann die traditionsreiche Beziehung zwischen dem *figura*-Begriff und dem Imaginären angeht. Sehr viel komplexer ist bekanntlich bereits das Gebiet der rhetorischen Figuren. Und selbst dies wird noch überschritten von der Idee einer Theorie der allgemeinen Figur. Wenn wir uns jetzt den Fragen der Figur zuwenden, so wird sich als ein erstes Resultat sehr schnell ergeben, daß hier der Gedanke der Abweichung als ein epistemologisches Raster eine Rolle spielt.
Die Wortgeschichte von *figura* hat auf eindrucksvolle Weise Erich Auerbach in seiner gleichnamigen Untersuchung dokumentiert. Dem zufolge findet es sich zuerst bei Terenz und bedeutet dort noch soviel wie »plastisches Gebilde«.[7] Bald allerdings, nämlich durch die Gräzisierung der römischen Bildung, tritt zu dieser durchaus bildlichen Verwendung eine abstrakte Bedeutung. Figura nähert sich der Bedeutung von forma, beide sind manchmal bedeutungsgleich, schließlich kann *figura* sogar an die Stelle von *forma* treten:

»so erschien neben und vor der ursprünglichen Bedeutung des Plastischen ein weit allgemeinerer Begriff der sinnlichen Erscheinung und der grammatischen, rhetorischen, logischen, mathematischen Form, ja später auch der musikalischen und choreographischen.«[8]

In dieser Allgemeinheit des ursprünglich bildlich-plastischen »figura«-Begriffs liegt ein erster Hinweis auf die Ambiguität der Figuren, die – ähnlich den Sinn-Bildern bei Schelling – zwischen der Disposition zur Abstraktion und dem Festhalten an der Sinnlichkeit der Erscheinungen die Schwebe halten. Mit dieser Ambiguität wird nun zugleich das Nachahmungsproblem akut. Figur kennzeichnet nicht nur den tendenziell beliebig gewordenen Modus der Erscheinung, sie markiert vielmehr – in einer Rückwendung zur Konkretion – die Fragwürdigkeit des

Scheins. Zwar macht es gerade in diesem Zusammenhang den *figura*-Begriff – im Gegensatz zu *forma* und *imago* – besonders interessant, daß er zugleich das Urbild und das Abbild präsentieren kann; dennoch gerät die Figur hier in den anrüchigen Kontext der Täuschung. Zweifellos ist diese, etwa bei Lukrez, thematisch werdende Bedeutung auf dem Hintergrund des Platonischen Kunstverdachts zu sehen. Das Sinnliche, das der Figur fraglos anhaftet, gefährdet, indem es nachbildet, den ursprünglichen Sinn. So vieldeutig die Verwendungen von *figura* hier noch sein mögen, indem sie in das Spiel zwischen Urbild und Abbild eintritt, befindet sie sich bereits auf der typischen Bahn ihrer Charakterisierung als Abweichung. Mit einem Blick auf die Zukunft bemerkt Auerbach: »Urbild, Abbild, Scheinbild, Traumbild sind Bedeutungen, die immer mit *figura* verknüpft bleiben.«[9] Im Rahmen des wirkungsmächtigen Platonischen Kunstverdachts, der die nachahmenden Darstellungen der bildenden Kunst und Literatur als »dreifach abstehend« von der Wahrheit diskreditiert, verfällt somit auch die Figur dem Verdacht. Die Figur gerät als Figur des Imaginären in einen Gegensatz zur Wahrheit des Urbildes. Ihre allzumenschliche Scheinhaftigkeit kann mit der vermuteten Realität des Ideenhimmels nicht konkurrieren. Diese latente abwertende Einschätzung der Figur und die manifeste Ablehnung der Kunst sind allerdings nur verständlich, solange und wenn beide an ihrer Wahrheitsfähigkeit gemessen werden. Erst in der Ablösung von dieser Fixierung auf die Wahrheitsfrage, die Hegel und Schopenhauer gleichermaßen den Blick auf die Kunst verstellt, kann die Figur aus dem trügerischen Schattenreich der Schein- und Traumbilder in die für möglich gehaltene positive Präsenz des Imaginären hinüberwechseln. Mit anderen Worten, erst jenseits der Wahrheitsfrage kann aus einer schlechten Wahrheitsfigur eine gute Figur des Imaginären werden.

Der Begriff der Figur steht von Anfang an in einer deutlichen Beziehung zum Imaginären. Und das nicht allein in der restringierten Bedeutung, daß das Imaginäre Figuren enthalte. Man wird vielmehr in der Folge sagen können, das Imaginäre sei figürlich, es sei Figur. In der Figur steckt auf konstitutive Weise die Kunst, aber eben auch der Kunstverdacht. Aus diesem Zusammenhang geht hervor, was die verschiedensten Verwendungsweisen der *figurae* skandalisiert. In Frage steht ihre realistische Botschaft, ihre Wahrheit. Zwar ist die Frage nach der Wahrheitsfähigkeit der Kunst und des Imaginären insgesamt kein angemessenes Kriterium zur Beurteilung beider, dennoch überlagert und belastet diese Frage den Bereich des Imaginären und hält ihn in der Abhängigkeit von der Idee einer *wahren Wirklichkeit* gefangen. Davon ist, wie wir gesehen haben, auch die Figur betroffen. Als eine verschobene und verschwiegene Form dieses Kunstverdachts werden wir deshalb auch die Theorie der innersprachlichen Abweichung kennzeichnen, mit der in der Regel sich die rhetorischen Definitionen dem Begriff der Figur nähern. So wie der offene Kunstverdacht das Imaginäre als eine – täuschende – Abweichung vom Wirklichen auffaßt, so begreift die Rhetorik das Wesen der Figur als Abweichung vom normalsprachlichen Gebrauch.

Das bezeugt bereits Quintilian, dessen Ausbildung des rhetorischen Figur-Begriffes das, wie Auerbach sagt, bedeutendste und folgenreichste Ereignis für die Entwicklung des Wortes im 1. Jahrhundert war. Dazu schreibt Auerbach:

»Im letzten Abschnitt des 8. und im 9. Buche der *Institutio oratoria* also gibt Quintilian eine eingehende Darstellung der Tropen und Figurenlehre, die einerseits, wie es scheint, eine zusammenfassende Auseinandersetzung mit früheren Meinungen und Arbeiten darstellt, andrerseits für die späteren Bemühungen um den Gegenstand grundlegend wurden. Er scheidet die Tropen von den Figuren; Tropus ist der engere Begriff und bezieht sich nur auf die uneigentliche Bedeutung von Worten und Redewendungen; Figur hingegen ist jede Formung der Rede, die vom gewöhnlichen und nächstliegenden Gebrauch abweicht. Es handelt sich bei der Figur nicht darum, Worte statt anderer Worte zu setzen, wie bei allen Tropen; es lassen sich auch aus Wörtern in ihrer eigentlichen Bedeutung und Anordnung Figuren bilden. Im Grunde sei jede Rede eine Formung, eine Figur, man brauche das Wort aber nur für poetisch oder rhetorisch besonders ausgebildete Formungen.«[11]

Die Unterscheidung zwischen Tropen und Figuren führt nicht nur bei Quintilian zu Schwierigkeiten und Unschärfen. Die Diskussion darüber, was als Tropus und was als Figur zu bezeichnen sei, bestimmt auch noch die sehr viel spätere Kontroverse zwischen Dumarsais' *Traité des Tropes* und Fontaniers *Les Figures du Discours*. Die Struktur der Abweichung aber, so läßt sich immerhin sagen, trifft auf beide zu. Auch ist Auerbachs Hinweis zu folgen, daß sich der spätere Sprachgebrauch für Figur als Oberbegriff entschieden habe. Und man kann schon hier beobachten, wie der Begriff der Figur dazu tendiert, den Bereich der Rhetorik zu überschreiten. Gleichwohl wendet man sich aus praktischen oder taktischen Gründen von der radikalen Aussicht, jede Rede als Figur aufzufassen, zu eingeschränkten Bereichen zurück, in der Hoffnung, diese mit der rhetorischen Systematik kontrollieren zu können. Nicht zuletzt aus diesem Grund ist die Geschichte der Rhetorik, wie Genette sagt, eine »restriction généralisée«.[12]

Die rhetorische Systematik besteht im wesentlichen aus einer Kombinatorik der Klassifikationen. Das ist in bezug auf die Tropen einfacher als in bezug auf die Figuren. Bei Quintilian rangieren zum Beispiel als

Tropen die Metapher, die Synekdoche, die Metonymie, die Autonomasie *und viele andere.* Bei Fontanier[13] dagegen – und er sieht darin gerade einen Vorzug seiner *Théorie des Tropes* – wird zwischen den Tropen, die aus einem Wort bestehen, und den Tropen, die aus mehreren Wörtern zusammengesetzt sind, unterschieden. Zu den Tropen, die aus einem Wort bestehen (»Tropes proprement dits«), gehören dem Titel nach vier, eigentlich aber nur drei Klassen, nämlich Metonymie, Synekdoche, Metapher und Syllepsis. Die Metonymie wird definiert als Tropus der Korrespondenz, die Synekdoche als Tropus der Konnexion, die Metapher als Tropus der Ähnlichkeit und die Syllepsis als gemischter Tropus. Die Syllepsis ist also kein eigenständiger Tropus, sondern variiert die vorher genannten (Syllepse de Métonymie, Syllepse de Synecdoque, Syllepse de Métaphore). Die Autonomasie, die bei Quintilian ein Tropus wie die Synekdoche war, rangiert bei Fontanier als eine Subkategorie der Tropen der Konnexion, als eine spezielle Synekdoche also. Bei Heinrich Lausberg wiederum, um noch eine weitere Systematik zu zitieren, werden zehn Tropen genannt: Metalepse, Periphrase, Synekdoche, Autonomasie, Emphase, Litotes, Hyperbel, Metonymie, Metapher, Ironie. Von diesen werden die kombinierten Tropen abgehoben, die die vorhergehenden untereinander kombinieren.[14]

Während etwa in dem Satz »Wir lesen Goethe« leicht zu erkennen ist, daß »Goethe« hier als Metonymie für das Werk Goethes steht, ist die Bestimmung der Ironie in den meisten Fällen komplizierter. Fontanier hat sie deshalb mit guten Gründen den Tropen, die aus mehreren Wörtern zusammengesetzt sind, zugeordnet (genauer den »figures d'expression par opposition«). Das allgemeine Signal der Ironie, so sagt Lausberg, ist der Kontext. Daß die ironischen Wörter stets das Gegenteil von dem meinen, was sie sagen, geht nicht aus ihnen selbst hervor, sondern aus dem Zusammenhang, in dem sie stehen. Die Ironie ist vielleicht besonders geeignet, zu belegen, daß sich der Sinn der Tropen nicht jeweils einer dechiffrierenden Rhetorik erschließt, sondern daß es dazu häufig einer interpretierenden Hermeneutik und Historik bedarf.[15]

Als allgemeines Kriterium der Wort- und Gedanken-Tropen gilt die »Ersetzung«[16]: Ersetzung eines Wortes durch ein anderes Wort, Ersetzung eines Gedankens durch einen anderen Gedanken. Unter dem Gesichtspunkt dieser Operation, die Fontanier unter dem Titel der »substitution« betont, fiele es allerdings schwer, dem Gespräch zwischen Mr. Pickwick und Mrs. Bardell einen tropologischen Sinn abzugewinnen. Denn die sprachliche Besonderheit dieses Gesprächs bestand ja nicht darin, ein Wort durch ein anderes zu ersetzen, sondern darin, zwei Wörter auszulassen – nämlich die entscheidenden. Zwar ließe sich auch hier geltend machen, der unbestimmte Ausdruck »person« *ersetze* den bestimmten, im Sinne Mr. Pickwicks also den »Diener«, im Sinne Mrs. Bardells dagegen den »Ehegatten«, mit dem sie abwechselnd sich oder Mr. Pickwick meint. Aber in diesem Fall ist die Ersetzung tatsächlich nur ein Spezialfall der Auslassung. Wir hätten es hier also mit einer Figur zu tun, möglicherweise sogar mit der Figur, die nach Auerbach zur Zeit Quintilians die wichtigste der Figuren war: der versteckten Anspielung.

Aber auch dagegen muß ein Einwand erhoben werden. Denn obwohl es zutrifft, daß beide, Mr. Pickwick und Mrs. Bardell, die wichtigsten Wörter verstecken oder verbergen, so ließe sich doch allenfalls von Mrs. Bardell sagen, daß sie auf etwas »anspiele«. Warum sagen beide nicht, was sie meinen? Für Mrs. Bardell ist das einigermaßen plausibel zu beantworten. Da sie von der Einbildung ausgeht, Mr. Pickwick wolle um ihre Hand anhalten, folgt sie dem gesellschaftlich vorgeschriebenen Ritual eines Heiratsantrages im 19. Jahrhundert, bei dem bekanntlich der Mann das Wort ergreift, der Frau indes Zurückhaltung auferlegt ist. Bevor also Mr. Pickwick das entscheidende Wort nicht ausgesprochen hat, kann Mrs. Bardell lediglich mit versteckten Anspielungen operieren. Ihr Diskurs wird von der Scham undeutlich und damit doppeldeutig gemacht. Andererseits gibt es für den undeutlichen Diskurs Mr. Pickwicks kaum Gründe. Da er davon ausgeht, daß er sich mit seiner Hauswirtin über die Anstellung eines Dieners unterhält, ein durchaus unverfängliches Thema also, sucht man vergeblich nach Motiven für seinen diffusen Sprachstil und hat diesen deshalb kurz und bündig seiner »linguistischen Inkompetenz«[17] zuschreiben wollen. Nun hat zwar Mr. Pickwick offensichtlich keine Motive in dieser Hinsicht, wohl aber sein Autor, dem aus Gründen der sich anschließenden Kontexte daran gelegen ist, ein folgenreiches Mißverständnis zu inszenieren. Man kann also (aus Gründen der Unterscheidung) sagen, daß hier eine fiktive Person in eine Figur des Imaginären verstrickt wird. Dazu gehört nun freilich (in diesem Fall), daß die verbergende Rede *von dem, der redet,* nicht interessenorientiert eingesetzt wird, sondern sich überhaupt erst aus ihrer Situierung in einem weiteren imaginären Kontext motiviert. Und genau dadurch unterscheiden sich die Figuren des Imaginären von den rhetorischen Figuren. Von diesen heißt es bei Auerbach:

»Die Kunst der uneigentlichen, umschreibenden, andeutenden, insinuierenden und verbergenden Redeweisen, durch die der Gegenstand, sei es geschmückt, sei es wirksamer oder perfider, herausgearbeitet werden sollte, war in der spätantiken Beredsamkeit zu einer uns fast unbegreiflichen und seltsam, ja oft albern erscheinenden Vollendung und Elastizität gediehen, und jene Redeweisen hießen *figurae.*«[18]

Was Auerbach hinsichtlich der spätantiken Beredsamkeit beschrieben hat, ist eine Rhetorik der Pracht und der Virtuosität, die gleichwohl in einen funktionalen Kontext eingebunden war. Das heißt, die rhetorischen Figuren, so bizarr sie auch wirken mögen, erfüllen einen identifizierbaren Zweck. Das läßt sich von den Figuren des Imaginären nicht immer mit Sicherheit behaupten, es sei denn, wir nennen auch die Konstituierung einer imaginären Situation einen Zweck. Wie dem auch sei, hinsichtlich der Unterscheidung zwischen Tropus und Figur können wir sagen: Alle Tropen sind Figuren, doch nicht alle Figuren sind Tropen. Ersetzung, Substitution, ein Spiel des Vertauschens (und Verwechselns) von uneigentlichen gegen eigentliche Bedeutungen – dies kennzeichnet die Tropen der Sprache. Und es paßt nicht schlecht in diesen Zusammenhang, daß ihnen selbst ein Doppelsinn zukommt, der wie ein tropisches Klima die laue Bedeutungsluft unserer Alltagssprache durchweht.

Die Beziehung der Figur im weiteren Sinne dagegen muß nicht zwischen den Polen einer eigentlichen und einer uneigentlichen Bedeutung verlaufen. Im Gegenteil, die Figur kann, wie wir wissen, die Worte durchaus in ihrer eigentlichen Bedeutung belassen – sie kann sie sogar auslassen – und dennoch sie durch eine bestimmte Anordnung als figürliche Rede hervorbringen. Das meint die ebenso klare wie problematische Definition Fontaniers:

»Les figures du discours sont les traits, les formes ou les tours plus ou moins remarquable et d'un effet plus ou moins heureux, par lesquels le discours, dans l'expression des idées, des pensées ou des sentimens, s'éloigne plus ou moins de ce qui en eût été l'expression simple et commune.«[19]

Die Figur erscheint auch hier als Abweichung, als Entfernung von einer Norm. Die Figur ist der ewige Seitensprung der Sprache. Zunächst allerdings ist festzuhalten, daß sie zwar der bildlichen Valenz nicht enträt, daß sie aber auch nicht darauf festgelegt ist. Die Figur ist kein stationärer Ausdruck, sondern eine bestimmte Beziehung zwischen den Teilelementen einer Aussage, kein Faktum, sondern ein Verfahren. Daß sie mehr oder weniger deutlich und mehr oder weniger glücklich ausfallen kann, setzt allerdings voraus, daß sie sich vom Hintergrund einer Norm abhebt. Von welcher Norm? Fontanier antwortet: von der Norm des Einfachen und Alltäglichen. Nun kann aber bekanntlich das, was zunächst als Abweichung erscheint oder so empfunden wird, mit der Zeit üblich und alltäglich werden. Gestern machte sich ein Schriftsteller auf die Suche nach der verlorenen Zeit, und schon heute gehört es zur feuilletonistischen façon de parler, auf der Suche nach allem möglichen zu sein. Doch selbst wenn man dieser liberalen Idee der Durchlässigkeit sprachlicher Bereiche mißtraut, muß sich die Theorie der innersprachlichen Abweichung die Frage gefallen lassen, was das Einfache und das Alltägliche in den Rang einer Norm erhebt. Liegt es daran, daß die Sprache des Alltags häufig, die Sprache der Kunst dagegen selten ist? Aber warum sollte man dann nicht, da unseren Gesellschaften doch das Seltene kostbar ist, die Schwierigkeit und die Erlesenheit der Sprache der Kunst als Norm annehmen, von der die Alltagssprache als eine Art Schwundstufe abweichen würde?

Michel Deguy hat es in seiner Auseinandersetzung mit der Definition Fontaniers vorgezogen, sich nicht auf diesen Machtkampf um die Vorherrschaft vor einem Abweichenden einzulassen. Er hat vielmehr die möglicherweise noch radikalere Überlegung angestellt, daß der »sens propre«, von dem der »sens figuré« abweicht, seinerseits eine Abweichung darstelle: »Il faut que le *propre* soit lui-même originellement *ecarté;* que ›l'origine‹ soit ›écart‹.«[20] Mit anderen Worten, Deguy setzt voraus, daß der alltagssprachliche und der theoretische Ausdruck deshalb nicht als Norm gelten können, weil sie an ihrem Ursprung selbst sich als Abweichungen von einem figürlichen Ausdruck gebildet haben. Man müsse deshalb hinter die Trennung zurückgehen, um die konstitutive Bedeutung der figürlichen Rede für die Alltagssprache *und* die Sprache der Kunst zu erforschen, Projekt einer neuen Rhetorik:

»Un nouveau traité des figures pourrait être cherché: traité de la figurativité en général, traite de rhétorique généralisée – de poétique généralisée. [. . .] La distinction secondaire du propre et du figuré doit remonter à un jeu primaire, primordial, de leur indivision.«[21]

Ob diese romantische Idee der Diskursindifferenzierung, die ja in der Tat von den Romantikern unter den Titeln der Transzendentalpoesie oder der neuen Mythologie vorgedacht worden war, geeignet ist, den Streit um die Normen des Figürlichen beizulegen, scheint allerdings mehr als fraglich. Man wird aber sagen können, daß selbst noch diese die Differenz zwischen Philosophie und Poesie einreißende mythopoietische Rhetorik[22] Argumente beisteuert, die den Zweifel an der Evidenz der Formel von der Figur als Abweichung verstärken.

Problematischer noch als die Norm des Alltäglichen scheint uns die des Einfachen. Fontaniers Definition der Figur kennzeichnet den Charakter der Abweichung als die bestimmte und als solche auffällig gewordene Entfernung der figürlichen Rede von dem, was der einfache und alltägliche Ausdruck gewesen wäre (hätte sein können). Dies unterstellt, daß es prinzipiell möglich sein muß, den einfachen Ausdruck zu wählen. Dies wiederum ist nur auf dem Hintergrund einer ausgesprochen mechanistischen Kunstauffassung denkbar. Etwa in dem Sinne, daß sich das Gesagte auch hätte einfach sagen lassen, nur wäre es dann keine Kunst gewesen; indem es aber im Ornat der figürlichen Rede daherkomme, sei es als Dichtung ausgezeichnet. Diese Position transportiert tatsächlich mit dem Lob den Kunstverdacht. Fontanier dehnt, wie Genette richtig dargelegt hat, das Kriterium der Ersetzung oder Substitution auf die Figuren aus.[23] Denn die Definition suggeriert eben diese Möglichkeit, den figürlichen Ausdruck durch den einfachen Ausdruck zu ersetzen, indem die Abweichung der Figur rückgängig gemacht werde. Damit wird freilich die Bedeutung des Figürlichen – und weiterhin die Bedeutung der Literatur – tendenziell auf den lächerlichen Status der Schopenhauerschen »Klingklangspoesie« reduziert. Zweifellos überschätzt hier Fontanier – wie vor und nach ihm andere Rhetoriker – den Gebrauchswert der Rhetorik in bezug auf das Imaginäre. Zwar ist nicht zu bestreiten, daß die Rhetorik als Technik der Hervorbringung der kunstvollen Rede diesen Vorgang, soweit er ein technischer ist, auch rückgängig machen kann, um so die Wende vom Einfachen zum Kunstvollen in eine vom Kunstvollen zum Einfachen umzukehren. Aber dies gilt – in der Regel – nicht für den imaginären Diskurs der Literatur. Es gilt höchstens da, wo die Literatur sich rhetorischer Mittel im engeren Sinne bedient. Das ist jedoch selbst nur eine epochale und regionale Episode der Literaturgeschichte (freilich bezieht Fontanier sein gesamtes Beispiel- und Beweismaterial aus dieser Episode: der klassischen französischen Tragödie); es ist keineswegs ein allgemeines Merkmal der Literatur.

Die Figuren des Imaginären sind nicht ersetzbar. Und zwar deshalb nicht, weil es das Einfache, von dem sie angeblich abweichen, gar nicht gibt. Wollte man zum Beispiel im Falle des Gesprächs zwischen Mr. Pickwick und Mrs. Bardell die Figur auf einen einfachen Ausdruck zurückbiegen, so wäre nicht nur die imaginäre Situation zerstört, sinnlos und uninteressant, sondern der gesamte Roman, so wie wir ihn kennen, wäre unmöglich. Wohl ist die Dickenssche Figuration leicht zu durchschauen; dennoch wäre es unsinnig, die Struktur der Auslassung, des irritierenden Verbergens der wesentlichen Wörter durch ein offenes Aussprechen des Gemeinten zu ersetzen. Es handelt sich hierbei lediglich um eine Illusion der Interpretation und der Literaturgeschichte, die manchmal glauben, den irritierenden Diskurs des Imaginären durch ihre einfacheren Versionen substituieren zu können. Das ist nicht möglich. Diese Versionen dienen allenfalls zur Bereicherung oder zur Verwirrung des Imaginären. Die Literaturgeschichte kann die Werke in ihrer Eigenart weder wiederholen noch ersetzen; sie kann ihnen nur ihren eigenen Diskurs an die Seite stellen.

Nun gibt es, um unsere Antwort auf Fontaniers Definition zu vervollständigen, zweifellos zahlreiche Texte, in denen die rhetorische Auffälligkeit einer mehr oder weniger deutlichen Abweichung gegen Null tendiert. Solche Texte – etwa die des Hermetismus oder des Symbolismus – erscheinen zwar fremd oder fremdartig, aber es ist nicht auszumachen, ob ihnen überhaupt ein einfacher Ausdruck korrespondieren könnte. Wir empfinden diese Texte zwar möglicherweise als Abweichung, wissen aber nicht, wovon sie abweichen. Wahrscheinlich ist, daß in dieser Hinsicht eine durchaus diffuse Vorstellung von der Normalität des Alltäglichen noch das Kriterium des Einfachen überlagert, eben weil der Alltag häufig nicht einfach ist, das alltägliche Handeln, Denken und Sprechen sich aber in der Regel an einfachen Mitteln orientieren. Das heißt jedoch, daß die Idee der Abweichung nichts anderes als die Präsenz des Imaginären auf dem Hintergrund des alltäglichen Wirklichen markiert. Folgende Ableitungskette resultiert daraus: Ich nehme eine sprachliche Abweichung wahr, also habe ich eine Figur bemerkt. Ich habe eine Figur bemerkt, also habe ich die Grenze zum Imaginären überschritten.

Der latente Kunstverdacht, den Fontaniers Formel noch enthielt, kann somit umgekehrt werden in eine mögliche positive Beschreibung. Die Wahrnehmung einer sprachlichen Abweichung enthält nicht länger die selbstverständliche Aufforderung, nach dem einfachen und alltäglichen Ausdruck zu suchen, sondern signalisiert uns, daß wir es mit einer Figur des Imaginären zu tun haben, die wir nun zunächst als solche untersuchen. Nur so ist eine allgemeine Theorie der Figur möglich. »Viele Theorien«, bemerkt Todorov in diesem Zusammenhang,

»haben nach einem gemeinsamen Nenner aller Figuren gesucht: aber sie waren fast immer gezwungen, einige Figuren aus ihrem Feld auszuschließen, um die anderen durch die vorgelegte Definition erklären zu können. In Wahrheit dürfte diese Definition nicht in der Beziehung der Figur zu etwas anderem als ihr selbst gesucht werden, sondern in ihrer Existenz selbst: Figur ist, was sich als solche beschreiben läßt. Die Figur ist nichts anderes als eine besondere Disposition der Wörter, die wir benennen und beschreiben können. Wenn die Beziehungen zweier Wörter identisch sind, liegt eine Figur vor: es ist die *Wiederholung*. Wenn sie entgegengesetzt sind, liegt wiederum eine Figur vor: die *Antithese*. Wenn die eine eine mehr oder weniger große Quantität als die andere bezeichnet, sprechen wir abermals von Figur: der *Gradation*. [. . .] Die Definition der Figur verschmilzt also mit der der Literalität.«[24]

Was aber ist die Literalität anderes als die Kennzeichnung des imaginären Diskurses? Wir könnten daher ebensogut sagen, die Definition der Figur verschmelze mit der des Imaginären.[25] An den Abweichungen von einem unbestimmt bleibenden Hintergrund erkennen wir das Imaginäre. Die Figur ist Signal und Erfüllung des Imaginären.

Wenn es nun bei Todorov heißt, man dürfe die Definition der Figur nicht in einer Beziehung zu etwas anderem suchen, sondern in ihrer Existenz selbst, dann müssen wir hierin eine Kritik an den rhetorischen *Ersetzungen* sehen, an jenen Versuchen also, die die Figur als Abweichung von einem einfachen und alltäglichen Ausdruck meinten interpretieren zu können. Die Versuche waren, wie wir gesehen haben, zugleich ein Verdacht: ein Kunstverdacht. Man glaubte, der fragwürdigen Wirklichkeit des Imaginären einen Dienst zu erweisen, indem man es mit der Einfachheit des Alltags verband und es so an seiner beruhigenden Wahrheit teilhaben ließ. Man müsse nur die bildliche Pracht und die seltsamen Mäander der Sätze zurückdrängen, dann kämen die einfachen und alltäglichen Ausdrücke zum Vorschein. Gegen diese mechanistische Reduktion, die überdies eine Illusion ist, wendet Todorov ein, man müsse die Definition der Figur in ihrer Existenz selbst suchen. Man könnte hier – in Erinnerung an Todorovs Definition des Sinns – zunächst glauben, daß auch der Figur die prekäre Struktur der Selbstbezüglichkeit zugewiesen werden solle. Aber der Fortgang der Argumentation überzeugt uns vom Gegenteil. Denn das, was Todorov die »Existenz selbst« der Figur nennt, ist gerade ihre Beziehungsstruktur. Jene besondere Disposition der Wörter, die wir benennen und beschreiben können, ist die Eigenart der Wörter, in bestimmten Beziehungen zueinander zu stehen: Beziehung der Unverhältnismäßigkeit oder Steigerung usw. Auch die Figuren des Imaginären erweisen sich somit als literarische Beziehungen.

Valéry, der bekanntlich das »jeu des figures«[26] zu seinem poetischen und poetologischen Programm gemacht hat, kehrt den Kunstverdacht genau um. Das Interesse an den Dingen wird von ihm als erkenntnistheoretische Naivität kritisiert. Dagegen postuliert er die Figuren und vor allem die Figuren der Beziehung als das Wesentliche:

»Il y eut un temps où je voyais. Je voyais ou voulais voir les figures de relations entre les choses, et non les choses. Les *choses* me faisaient sourire de pitié. Ceux qui s'y arrêtaient ne m'était que des idolâtres. Je *savais* que l'essentiel était *figure.*«[27]

Wenn es bei Valéry heißt, er wolle die Beziehungs-Figuren (»les figures de relations«) zwischen den Dingen betrachten und nicht die Dinge, so ist damit eine Umkehr in den Denkgewohnheiten vollzogen. Diese Umkehr ist offensichtlich eng mit der Nietzscheschen Skepsislage verwandt, da auch hier der Glaube an die Wichtigkeit und Erkennbarkeit der Tatsachen und »Dinge« durch die Annahme abgelöst wird, daß sich erst in den jeweiligen Beziehungen zwischen den Dingen deren Sinn zeige.

Die, die bei den Dingen stehenblieben, sagt Valéry, erschienen ihm als Götzendiener. Dabei haben wir zu berücksichtigen, daß die Götzen keine richtigen, sondern falsche Götter sind. Diese allgemeine erkenntniskritische Problematik wird sich zuspitzen, sobald der »Beziehungs-Sinn« Nietzsches und die »Beziehungs-Figuren« Valérys in den Zusammenhang der Literaturgeschichte gestellt werden. Denn dort sind die »Dinge«, zwischen denen die Beziehungen und Figuren ihre Muster entwerfen, Wörter. Aber auch die Wörter sind, wie wir wissen, keine letzten Einheiten, sondern selbst Beziehungen. So gibt es hier anscheinend keinen Ruhepunkt, vielmehr nur die Bewegtheit des Beziehungssinns, dessen wir uns in Form der Literaturgeschichte zu vergewissern trachten.

Philologie der Beziehung

»Was für eine Beziehung ist das Wissen?«

Novalis

Man könnte jetzt langsam beginnen, sich über das Resultat des Diskurses, den wir hier angestrengt haben, zu wundern. Zwar wird nicht alles, was wir anfassen, zu Gold[1], aber zu Beziehungen. Und es ist noch längst nicht ausgemacht, was beunruhigender sein sollte.

Wenn wir uns fragen, wozu wir eigentlich die Literaturgeschichte *brauchen,* während wir doch die Literatur *haben,* so könnte es uns einfallen, in ihr eine Art Versicherung oder Vergewisserung zu sehen. Angesichts der ebenso irritierenden wie irrealisierenden Realität des Imaginären scheint die Literaturgeschichte immerhin ein Mindestmaß an Rationalität und Folgerichtigkeit zu gewährleisten. Literaturgeschichte als Versöhnung der Welt des Imaginären mit dem Alltag unserer Begriffe? Das war jedenfalls eine der Illusionen des Historismus.

Aber während einerseits das Gerüst der Chronologie eine gewisse Ordnung garantiert, wird andererseits dieses Wissen durch den Sachverhalt eingeschränkt, daß es keine Chronologien ohne Lücken gibt. Die Frage, wie die Lücken überbrückt und begründet werden, läßt den Charakter der Literaturgeschichte als sich selbst begründende Wissenschaft hervortreten und mündet damit in die Frage, ob Literaturgeschichte als strenge Wissenschaft überhaupt möglich sei. Daß Schopenhauer ihr diesen Rang bestreitet, Humboldt wie Friedrich Schlegel und andere Romantiker denselben Zweifel nähren, indem sie Geschichte als Kunst auffassen, haben wir gesehen. Offensichtlich ist es das Dilemma der Parallelität von Literatur und Literaturgeschichte, das die Frage nach der Wissenschaftlichkeit der letzteren aufwirft. Denn diese kann ihre Objektivität nicht problemlos aus jener ableiten, da die Literaturgeschichte nicht von der Literatur *vorgeschrieben* wird. Auch die Literaturgeschichte ist – wie die Literaturwissenschaft insgesamt – ein nachträglicher Diskurs. Man würde sich folglich täuschen, wollte man annehmen, die problematischste Beziehung der Literaturgeschichte sei die zwischen Literatur und Geschichte; ebenso problematisch ist die zwischen Literatur und Literaturgeschichte. Die Beziehung Literatur – Geschichte ist vielmehr die einfachere, weil sie, genau genommen (d. h. im Sinne der traditionellen Philologie genau genommen), lediglich ein mögliches Implikat der Beziehung Literatur – Literaturgeschichte darstellt. Was für ein Wissen ist dies? Sind es tatsächlich nur Beziehungen?

Dieses »nur« gehört freilich seinerseits zur Geschichte der Minimalisierung der Beziehung, einer Geschichte, die seit Aristoteles den defizienten Charakter der Beziehung betont. Die aristotelische Kategorienlehre setzt voraus, daß reale Beziehungen nur Akzidenzien sein können. Beziehung wird damit insgesamt als abhängig von der ihr stets vorausliegenden Substanz definiert: als »ens minimum«. Dagegen opponiert etwa die frühe Relationentheorie des Eriugena, bei dem dann die Substanz selbst und darüber hinaus alle Kategorien »bezüglich« zu denken sind.[2]

Insgesamt gilt, daß die erkenntnistheoretische Rehabilitierung der Relation in der Regel mit einer Kritik oder zumindest Veränderung des Substanzdenkens einhergeht. Indem die Substanz selbst bezüglich gedacht wird, tritt die Beziehung aus dem Status eines bloßen »Zwischen« in den der Konstitution. Diese epistemologische Transformation wird erneut deutlich in Nietzsches Zweifel: »daß ein Ding aus allen Relationen gelöst noch Ding sei.«[3] Noch engagierter und gewissermaßen poetisch überhöht formuliert das Michel Deguy: »les choses sont relations entre les choses.«[4] Der vorläufige Höhepunkt allerdings in dieser Emanzipationsgeschichte der Beziehung scheint mit der Relationstheorie Julius Schaafs erreicht zu sein: »Alles was ist, ist Beziehung, und alles was nicht ist, ist ebenfalls Beziehung.«[5]

Schaafs Anspruch zielt darauf, die Beziehung als den entscheidenden und einzigen Grundbegriff der Philosophie auszuweisen. Daraus soll erstens folgen, daß die Universalmethode der Philosophie nur eine relationstheoretische sein könne. Zweitens soll daraus hervorgehen, daß auch die einzelnen Fachwissenschaften sich als »methodische Inbegriffe von Beziehungsgefügen« herausstellen. Der von der *Philosophie* der Beziehung reklamierte Universalitätsanspruch würde mithin auch Geschichte und Literaturgeschichte als separate Disziplinen umgreifen.

Das ist insofern nicht selbstverständlich, als Schaafs theoretische Intention weniger an dieser Differenzierung der Wissenschaftsbeziehungen interessiert ist als daran, die Beziehung als Letztbegründung zu rechtfertigen. Dieses das Phänomen der Geschichtlichkeit souverän vernachlässigende Interesse am Grund der Wissenschaftlichkeit der Wissenschaft hat deshalb auch keine Methode oder Systematik der Beziehungen zum

Resultat, sondern – dem Anspruch nach – eine Ontologie der Beziehung. Diese ist selbst so begründet (wir erwähnen dies lediglich der Vollständigkeit halber), daß innere und äußere Beziehungen nur als Implikate der transzendentalen Beziehung zu denken seien. Während alle anderen Kategorien in Beziehungen stehen und also auf anderes bezogen werden müssen, treffe dies auf die Beziehung – und auf sie allein – nicht zu. Die Beziehung begründe sich vielmehr selbst und sei deshalb als Letztbegründung anzusehen: »Das Wesen des Beziehungsseins schlechthin ist das wahrhaft Absolute, nur das Beziehungssein selbst und nichts anderes kann ursprünglich als das Absolute angesprochen werden.«[7] Mit dieser These hat der Begriff der Beziehung wahrscheinlich den Gipfel seiner wissenschaftshistorischen Karriere erreicht: vom »ens minimum« zum »ens maximum«. Uns wird es allerdings im folgenden darum gehen, unterhalb solcher Universalitäts- und Absolutheitsansprüche nach dem methodisch Konkretisierbaren zu suchen, nach der epistemologischen Region also, die wir als die der Philologie der Beziehung zu bezeichnen vorschlagen.
Hier interessiert uns zunächst der Beitrag des Strukturalismus. Nicht nur gibt es zahlreiche Verwendungsweisen des Strukturbegriffs, die bedeutungsgleich mit dem Begriff der Beziehung sind, der Strukturalismus läßt sich insgesamt in seiner Konkurrenz zur Hermeneutik (als Kunst *oder* Methode der Auslegung) als Beschreibung und Analyse von Beziehungen kennzeichnen.[8] Die Einheit der verschiedenen Spielarten des Strukturalismus, der sich gleich wirkungsmächtig in der Linguistik, der Poetik, der Anthropologie, der Psychoanalyse und der Philosophie[9] konkretisiert hat, bestünde dem zufolge darin, daß es sich in allen Fällen um Beiträge zu einer Theorie der Beziehung handelt. Da es aber bekanntlich einen einheitlichen Strukturalismus nicht gibt – zumindest dann nicht, wenn man den Aussagen der Strukturalisten folgt –, ist es angemessen, die verschiedenen *Strukturalismen* als regional differenzierte Theorietypen zu charakterisieren, die in der Applikation des Beziehungsdenkens übereinstimmen. Wären wir in der Verlegenheit, eine Kurzformel finden zu müssen, so würden wir sagen: Der Strukturalismus ist das Denken in Beziehungen.
Was für eine Beziehung ist das Wissen? Foucault antwortet:

»Die Episteme ist keine Form von Erkenntnis und kein Typ von Rationalität, die, indem sie die verschiedensten Wissenschaften durchdringt, die souveräne Einheit eines Subjekts, eines Geistes oder eines Zeitalters manifestierte; es ist die Gesamtheit der Beziehungen, die man in einer gegebenen Zeit innerhalb der Wissenschaften entdecken kann, wenn man sie auf der Ebene der diskursiven Regelmäßigkeiten analysiert.«[10]

Abgesehen davon, daß Foucaults Formulierung unsere Deutung des strukturalistischen Verfahrens bestätigt, macht sie noch auf eine Unterscheidung aufmerksam. Offenbar lassen sich nämlich die Beziehungen des Wissens auf verschiedenen Ebenen analysieren (bzw. beschreiben). Es ist nicht gleichgültig, ob man die internen Korrespondenzen einer bestimmten Aussageformation (eines Textes oder eines Werkes) untersucht, oder ob man dazu übergeht, die diskursiven Kettenreaktionen zu betrachten, die sich in verschiedenen Wissenschaften als Reflexion auf jene Aussageformation finden, mehr noch: als Reflexionen auf die anderen Diskurse. Während wir im ersten Fall von Wissensbeziehungen sprechen können, haben wir es im zweiten mit Wissenschaftsbeziehungen zu tun. Es ist nun gerade dieser zweite Typ, der uns besonders interessieren wird, wenn wir nach dem Verhältnis fragen werden, in dem die Philologie zu anderen Wissenschaften steht.
Betrachten wir zunächst nochmals das strukturalistische Wissen im allgemeinen. Bei J. Pouillon heißt es:

»Im Gegensatz zum Atomismus, der die Begriffe isoliert, deren Gesamtheit einfach ihr Nebeneinander ist, besteht der Strukturalismus darin, die Beziehungen zu suchen, die den Begriffen, die sie vereinen, einen Stellenwert in einer organisierten Gesamtheit geben.«[11]

Auch diese Definition bestimmt den Strukturalismus als Suche nach Beziehungen. Um was für Beziehungen handelt es sich? Es handelt sich erstens um die Wissenschaftsbeziehungen: die Episteme, die epistemologischen Beziehungen. Es handelt sich zweitens um die Wissensbeziehungen, um, wie Pouillon sagt, die Beziehungen zwischen Begriffen.
Aber ist dies nicht eine unzumutbare und zudem unnötige Beschränkung? Muß man nicht vielmehr jene Realität aufsuchen, die den Begriffen vorausliegt und von der die Begriffe immer nur eine unvollkommene Vorstellung geben? Mit anderen Worten: Muß man nicht die wirklichen Beziehungen suchen? Die Strukturalisten antworten in der Regel und in der Mehrheit: nein. Der Strukturbegriff habe nichts mit empirischer Realität zu tun, sondern mit Modellen, die nach ihr konstruiert sind.[12]
Und nur deshalb, weil die Beziehung immer ein bestimmtes Wissen impliziert, das sie organisiert und darstellt (und umgekehrt), gibt es, wie Lévi-Strauss sagt, »notwendige Beziehungen«.[13] Die »notwendigen Beziehungen«, die das Fundament der strukturalen Anthropologie bilden, sind präfiguriert durch die logischen Beziehungen der Sprache, die die Linguistik untersucht hat. Die Vielfalt anthropologischer und linguistischer Beziehungen läßt sich auf den Gegensatz von Opposition und

Korrelation reduzieren.[14] Nach Lévi-Strauss gilt, daß kein Mythos und kein Element des Mythos für sich selbst betrachtet werden können, sondern nur im Zusammenhang der Mythen und Elemente.[15] Die Begründung für diesen Sachverhalt liegt im Begriff der Transformation. Damit ist gemeint, daß sich einzelne Elemente eines Mythos, ganze Mythen und schließlich ganze Mythensysteme verändern können. Die Mythen können verschiedene Transformationen durchlaufen, und immer wenn sich ein Element einer Beziehungsstruktur ändert, verändern sich auch die anderen. Die Transformationen sind der Grund für die Geschichtlichkeit der Mythen und das strukturale Raster, in dessen Rahmen der Ethnologe die Geschichte eines Mythos analysiert (zerstükkelt) und erzählt (zusammensetzt). Damit erweisen sich auch die formalen Beziehungen der Opposition und der Korrelation als geschichtliche.

Dieser Transformationsbegriff nun enthält für uns eine ebenso einfache wie große Schwierigkeit. Er läßt sich nämlich – so scheint es – entweder überhaupt nicht oder nur ungefähr auf die Literatur und die Literaturgeschichte übertragen. Denn die Mythen können sich über längere Zeit hin verändern, weil sie nicht schriftlich fixiert werden (bis dann ein Ethnologe kommt und sie aufschreibt). Das gilt offensichtlich für die Literatur nicht. Der literarische Text ist vielmehr von Anfang an in bestimmter Weise festgeschrieben; und es gehört gerade zu den Hauptaufgaben der Philologie, den Text so und nicht anders zu überliefern. Aber wenngleich sich die Buchstaben, Wörter und Sätze eines Textes in der Regel nicht verändern, so verändert sich doch der Sinn der Werke in bezug auf die anderen Werke, insbesondere die späteren. Diesen Prozeß einer beständigen nachträglichen Kommunikation zwischen den Werken und dem Prozeß der Eingriffe außerliterarischer Instanzen in diese Kommunikation beschreibt die Wirkungsgeschichte. Die Konzeption einer Wirkungsgeschichte der Literatur ist überhaupt nur möglich unter Voraussetzung der *literarischen* Transformation. Was sich dabei verändert, ist jedoch nicht die Gestalt der Werke, sondern ihre Stellung innerhalb der Literaturgeschichte. In diesem Sinne – dem Sinn der Literaturgeschichte – gilt nun freilich auch hier, daß kein Werk und kein Element eines Werkes für sich selbst betrachtet werden dürfen, sondern nur im Zusammenhang der Werke und Elemente.

Die Beziehung erscheint als das Trennende schlechthin. Zwar ist offensichtlich, daß die Beziehung wenigstens zwei Elemente (Relata) miteinander verbindet; aber indem sie weder das eine noch das andere ist, zudem weder das eine noch das andere für sich bestehen läßt, sondern beide

aufeinander verweist, öffnet sich zwischen den Elementen ein Zwischenraum der Trennung.
Andererseits erscheint die Beziehung als das Einigende schlechthin. Kein Element kann für sich bestehen, ist vielmehr nur Element, weil und indem es in Beziehungen steht. Die Grenzen des Begriffs werden von Beziehungen überwuchert, die nunmehr nach den Gesetzen eines methodisch disziplinierten »Beziehungswahns« alles mit allem in Beziehung setzen: Denken als ein Herstellen von Beziehungen mit dem Resultat ununterscheidbarer Einheit.
Diese beiden polemischen Charakterisierungen der Beziehung verzerren offenbar deren Wirklichkeit. Sie lassen sich kaum vereinigen, da sie der Beziehung das jeweilige Gegenteil vorwerfen. Aber eben hierin ist ein Hinweis auf die wirkliche binäre Struktur der Beziehung zu sehen. Die Beziehung ist beides: Trennung und Einigung. Und indem sie beides ist, fällt der Effekt des polemischen Arguments weg. Diese Struktur ist von Schaaf zu einer Grundbestimmung des Relationalen erklärt worden: »Es ist daher jeder Beziehung eigen, daß sie, indem sie eint, zugleich trennt, und indem sie trennt, zugleich eint.«[16] Mit jeder Beziehung sind Verhältnisse der Verbindung und Unterscheidung vorausgesetzt. Verbindung und Unterscheidung oder Einheit und Differenz beschreiben die grundsätzliche Verfaßtheit jeder Beziehung. Es ist deshalb eine methodische Regel einer Philologie der Beziehung, bei der Beschreibung, Analyse und Interpretation von Beziehungen zuerst nach diesen Verhältnissen zu fragen. In ihnen ist nämlich zugleich die spezielle Struktur der individuellen Beziehungen angelegt bzw. auslegbar.
Während für die allgemeine Beziehung gilt, daß sie Einheit und Differenz impliziert, ist hinsichtlich der individuellen Beziehung zu fragen, ob sie die *Einheit in der Differenz* oder die *Differenz in der Einheit* exponiert. Je nachdem, wie diese Frage beantwortet wird, haben wir es mit einem Typ der beiden hauptsächlichen Beziehungstypen zu tun: der Beziehung der Korrelation oder der Beziehung der Opposition. Zwar lassen sich beide Typen weiter untergliedern, auch können sie in anderen Zusammenhängen anders beschrieben werden (z. B. als Ähnlichkeits- und Gegensatzbeziehung); aber prinzipiell decken sie alle individuellen Beziehungen, die in den verschiedenen poetischen und ideologischen Situationen vorkommen, ab. Der gesamte Reichtum der Beziehungen – um mit Roland Barthes zu sprechen: das »Gold« der Philologie – läßt sich auf diese beiden Beziehungen zurückführen, um von da wieder in die Fülle ihrer individuellen Konkretisationen hinein entfaltet zu werden.

Das literarische Werk begegnet uns im Akt des Lesens.[17] Es gibt kein Wissen vom Werk ohne diese Beziehung des Lesers zum Werk. Bekanntlich sind die Arten des Lesens vielfältig. Sie reichen von der einfachen Bemächtigung bis zu der subtilen Verstrickung des habituellen »Buchmenschen« in jene »Bibliothek von Babel«, die kein Ende hat.[18] Doch selbst der einsamste Leser ist, wie wir wissen, nicht allein. Kein Werk, das er liest, ist das erste. Immer begleiten ihn schon andere Wörter, Sätze, Figuren, die aus anderen Werken oder Mündern kommen und seine Lektüre bereichern. Manchmal ist es schwierig, in dieser Symphonie kultureller Stimmen den jungfräulichen Text zu entdecken. Dennoch gibt es das Werk. Aber nicht als ein kompaktes Gegenüber (gewissermaßen als Double des Solipsisten), sondern als ein Netz von internen Beziehungen, die sich in der Beziehung des Lesers zum Werk brechen. Was wir vom Werk wissen, sind Beziehungen – ein ganz und gar bezügliches Wissen. Julia Kristeva sagt: »Der literarische Text ist ein Beziehungsbündel.«[19]

Wir sagten bereits, daß kein Werk isoliert ist. Vielmehr überschreitet jedes Werk seine Grenzen in Richtung auf frühere oder spätere Werke: auf *die Werke*. Jeder Text steht im Zusammenhang einer unendlichen Bibliothek. Und dies gilt in doppelter Hinsicht: der Autor und der Leser sind begleitet von der Kenntnis anderer Bücher. Diese Kenntnis – oder besser: dieses Wissen – läßt sich nicht (gänzlich) vergessen. Dieses begleitende Wissen, das mehr oder weniger elaboriert ist, das aber niemals gänzlich fehlt, pluralisiert das Schreiben und die Lektüre. Es schafft die unhintergehbare Beziehung zwischen dem Werk und den Werken.

Freilich gibt es auch hier verschiedene Grade der methodischen Applikation, die von der willkürlichen Ordnung privaten Verfügungswissens bis zur disziplinierten Inanspruchnahme komparatistischer Verfahren reichen können. Ähnlichkeiten mit anderen Werken geben sich selbst dem reduziertesten Wissen zu erkennen. Allerdings ist es dann eine andere Sache, die »Ungleichheit des Ähnlichen« begreifbar zu machen. Immerhin läßt sich sagen, daß es, um *keine* Ähnlichkeiten zu sehen, einer besonderen methodischen Ausrüstung und ideologischen Zurüstung bedarf: der der sogenannten werkimmanenten Interpretation. Aber während es möglicherweise eine Frage des methodischen Anspruchs ist, ob man das Werk oder die Werke untersucht, steht der Literaturhistoriker notwendig auf der Seite der Werke. Der Übergang vom Werk zu den Werken ist der Anfang der Literaturgeschichte. Deshalb ist die Beziehung zwischen den Werken die historische Beziehung par excellence. Die Literaturgeschichte spricht immer von den Werken. Eine Literaturgeschichte von nur einem Werk dagegen ist offensichtlich eine unsinnige Idee. Geschichte unterscheidet sich also von bloßer Sammlung oder Aufzählung durch die besondere Art der Übergänge. Ob sie die verschiedenen Werke lediglich aneinanderreiht und sie so eigentlich beziehungslos nebeneinander plaziert, oder ob sie den Übergang von einem Werk zu einem anderen und von einer Werkgruppe zu einer anderen thematisiert (begründet, analysiert, interpretiert), entscheidet über die legitime Rede von Geschichte.

Wie kommt man in literaturgeschichtlicher Hinsicht *von einem Werk zum andern?* Darauf hat eine Analyse der Übergänge zu antworten. Es war gerade die Kritik der beginnenden Literaturgeschichtsschreibung an den vorhergehenden Chroniken, daß in diesen die Übergänge gewissermaßen fehlten. Diesen Leerstellen zwischen den Werken und den Werkgruppen stellte Gervinus die Idee einer politischen Teleologie entgegen, während bei Scherer die Idee der Kausalität diese Rolle übernahm. Auf jeden Fall, so kann man sagen, herrschte in dieser Phase der Literaturgeschichte ein großes Interesse an *Ideen* des Übergangs (der Übergang war als Idee konzipiert). Im Zusammenhang mit diesem synthetischen Niveau zeichnete sich zum ersten Mal die Möglichkeit ab, die Literaturgeschichte als einen autonomen Diskurs im System der Wissenschaften und Künste zu etablieren. Der Autonomieanspruch der Literaturgeschichte mußte und muß sich insbesondere auf eine Theorie der begründeten Übergänge stützen. Denn hier findet sich das Feld ihrer eigensten Kompetenz, einschließlich der Chance, diese unter Beweis zu stellen. Literaturgeschichtsschreibung kann in dieser Sicht als das methodische Herstellen von Beziehungen zwischen den Werken beschrieben werden: als Produktion eines temporal reflektierten Diskurses über *die Werke.*

Es gibt den Zusammenhang der Literatur oder einzelner Literaturen nur, weil und indem es die Literaturgeschichte oder einzelne Literaturgeschichten gibt. Dieser Zusammenhang indes muß, wie gesagt, temporal reflektiert sein. Mit anderen Worten, der literaturgeschichtliche Diskurs impliziert eine bestimmte Zeitstruktur. Zwar ist das ganz selbstverständlich, denn die Borgessche »Geschichte der Ewigkeit« bleibt nach wie vor ein Paradox der Geschichte; was aber nicht selbstverständlich ist, das ist die Begründung dieser Zeitstruktur. Sie begründet sich nämlich keineswegs selbst, etwa durch eine Theorie der natürlichen Abfolge. Die Literaturgeschichte kennt keine natürliche Folge. Es gibt vielmehr lediglich Übergänge, die prinzipiell begründungsbedürftig sind.

Noch die mikrologischste und intimste Chronologie läßt, wie wir wissen, aus, überspringt. Die Dimension des Übergangs und die damit implizierte Zeitstruktur (Zeitfolge) sind eine Variable der Größenordnung der Geschichte, die erzählt wird. Deshalb sieht die »natürliche« Folge in einer Nationalgeschichte der Literatur zwangsläufig anders aus als in einer Epochengeschichte. Die temporale Struktur der historischen Beziehung zwischen den Werken muß also jeweils aus der Intension und Extension der einzelnen Geschichten abgeleitet werden.

Die historische Beziehung kennt hier zwei Strategien, nach denen sie sich und die Werke ordnet: die *chronologische* und die *enzyklopädische* Beziehung. Man kann in Anlehnung an Saussures Unterscheidung des Zeichens vom Symbol sagen, die chronologische Beziehung sei arbiträr, die enzyklopädische Beziehung dagegen motiviert. Die chronologische Beziehung ist arbiträr oder, vorsichtiger gesagt, formal, weil sie die Werke einzig und allein aufgrund ihrer zeitlichen Nähe zueinander in Beziehung setzt. Grob gesagt: Lessing (1729-1781) folgt in der Regel auf Klopstock (1724-1803). Das ist offensichtlich nicht zwingend, da ihre Werke zum Teil zeitgleich sind. Aber der literaturgeschichtliche Diskurs, selbst wenn er strikt chronologisch vorgeht, kennt kein Nebeneinander, sondern allein ein Nacheinander. Dies ist aber nicht so sehr ein Resultat der wirklichen Chronologie als ein Problem der diskursiven Darstellung. Auch hier gilt, daß die Chronologie nicht selbstverständlich ist. Sie wird benutzt, manipuliert und, im Extrem, geschaffen. Zudem ist im Prinzip der chronologischen Beziehung kein Kriterium angelegt, das Unterbrechungen der Abfolge begründen könnte. Um also in die annalistische Sukzession der Daten dennoch relative Einheiten (Perioden, Epochen) einzeichnen zu können, bedarf es zusätzlicher Annahmen, die nicht *einzig und allein* durch die Konstruktion zeitlicher Nähe plausibel gemacht werden können. An diesem Punkt wird mit Notwendigkeit auf Interpretationen des Inhalts und der Form Bezug genommen. Mit anderen Worten, die temporale Ordnung der chronologischen Beziehung ist nicht selbst begründend, sie impliziert vielmehr stets eine Ideologie. Diese Ideologie ist in formaler Hinsicht so zu kennzeichnen, daß sie die Differenz in der Einheit betont. Sie betont einen durch die Zeit vorgegebenen Zusammenhang, in dem die Werke sukzedieren: Zola folgt auf Flaubert, das ist ihr Zusammenhang, ihre Einheit. Aber gerade in dieser (nur) zeitlichen Nähe gibt es den poetischen und ideologischen Kontrast, die Differenz, die nun in die Einheit eingearbeitet wird.

Die enzyklopädische Beziehung verfährt umgekehrt. Sie unterstreicht die Einheit in der Differenz. Zwei Werke können zeitlich relativ weit auseinander liegen, jedoch in thematischer, formaler und/oder ideologischer Hinsicht korrespondieren bzw. aufeinander verweisen. Zweifellos ist es der historische Diskurs, der diese Einheit konstruiert. In diesem Sinne ließe sich etwa eine Beziehung von Jean Pauls *Des Luftschiffers Giannozzo Seebuch* zu Stifters *Der Condor* konstruieren, weil erstens in beiden Werken eine Reise im Ballon dargestellt wird, weil zweitens in beiden Werken ein »romantisches« Problem und eine (zwei) romantische Stillage zum Ausdruck kommen, und weil drittens Stifter zur Zeit des *Condor* noch in zeitlicher, inhaltlicher und formaler Abhängigkeit von Jean Paul steht. Das wäre freilich trotz offensichtlicher Bezüge eine *enzyklopädische* Beziehung in ihrer gänzlich zeitenthobenen Bedeutung. Andere Werke könnten zitiert werden, etwa Jules Vernes *Cinq semaines en ballon* oder Edgar Allan Poes *The Balloon-Hoax.* In historischer Hinsicht wäre allerdings ein solches Verweisungskonstrukt nur dann sinnvoll, wenn nun in die hervorgehobene »Einheit« der literarischen Luftschiffahrten die besonderen *zeitlichen* Unterschiede eingezeichnet würden. Doch sogar dann hätten wir es, wenn überhaupt, lediglich mit einer sehr schwachen Geschichte zu tun. Die enzyklopädische Beziehung tendiert zur Vernachlässigung der Chronologie. Ein Extrembeispiel für die enzyklopädische Beziehung ist daher die Beziehung zwischen den Verwandlungen des Menschen in ein Tier bei Homer, Lautréamont und Kafka. Eine solche Beziehung ist zwar motiviert (durch das jeweilige Vorkommen einer Verwandlung), aber sie ist zugleich willkürlich, weil sie unvollständig ist und ebensogut sich auf andere Werke hätte beziehen können, die so in der Leere des Sprungs zwischen Homer und Kafka verborgen bleiben. Die enzyklopädische Beziehung kann gerade wegen ihrer Motiviertheit interessanter (und reizvoller) erscheinen als die lediglich durch zeitliche Nähe begründete Beziehung, aber die Verwegenheit ihrer Verweisungen tendiert, wie gesagt, zur Aufhebung der Geschichte, die auf einen chronologischen Zusammenhang angewiesen bleibt. Die enzyklopädische Beziehung, so wie wir sie bisher charakterisiert haben, gehört wohl zum historischen Argumentieren, doch sie wird schwerlich den Anspruch erheben können, Grundlage einer Literaturgeschichte zu sein. Dazu fehlt ihr die mikrologische Dimension, die das historische Klima der Geschichten, die erzählt werden können, ausmacht.

Nun ist bereits geltend gemacht worden, daß die chronologische Beziehung, die jetzt als die eigentliche historische Beziehung erscheint, nie allein durch zeitliche Nähe begründet ist, sondern immer durch eine zusätzliche Annahme, die wir zunächst als ein ideologisches Implikat gekennzeichnet haben. Diese implizite Ideologie läßt sich freilich auch als ein enzyklopädisches Interesse auffassen. Die chronologische Beziehung ist überall dort, wo sie argumentiert (mit Ausnahme einer radikalen Annalistik also), zugleich enzyklopädische Beziehung. Umgekehrt ist deshalb die enzyklopädische Beziehung überall dort, wo sie im definierten Rahmen einer Literaturgeschichte vorkommt, zugleich chronologische Beziehung. Als ein Beispiel für die Durchdringung von chronologischer und enzyklopädischer Beziehung kann Arnold Hausers Darstellung des Übergangs von Flaubert zu Zola dienen: »Flaubert bezeichnet den tiefsten Punkt der Kurve, die das Lebensgefühl des 19. Jahrhunderts beschreibt. Das Werk Zolas stellt trotz seiner dunklen Töne bereits eine Hoffnung, eine Wendung zum Optimismus dar.«[20]

In literaturgeschichtlicher Hinsicht stellt die gesonderte Betrachtung der chronologischen und der enzyklopädischen Beziehung also eine unzulässige Abstraktion dar. Beide markieren vielmehr nur wechselnde Aspekte derselben Sache. Chronologische und enzyklopädische Beziehung bilden eine Wechselbeziehung. Zwar kann die eine oder die andere dominieren, diese Dominanz charakterisiert dann die methodische Prämisse der jeweiligen Literaturgeschichte; aber grundsätzlich ist es die Kombination beider, die wir an den Übergängen zwischen den Werken, den Perioden und den Epochen antreffen. Für eine Theorie der Übergänge sind die chronologische und die enzyklopädische Beziehung ebensowohl die fundamentalen Kategorien wie die zentralen Untersuchungsgegenstände. Sie thematisieren das Wechselspiel der Differenz in der Einheit *und* der Einheit in der Differenz.

Die Strategien, die die einzelnen Werke miteinander in Verbindung bringen, gehören offenbar zu einem Wissen von den Werken, einem Wissen, das es ohne die Werke nicht geben kann, das aber zugleich die Bedingung der Möglichkeit ihres Zusammenhangs ist. Man kann sagen, daß sich das Wissen von der Literatur und ihrer Geschichte in dem Maße entfaltet, korrigiert und widerlegt, in dem es sich als diskursive Praxis verwirklicht. Sicherlich läßt sich in diesem Sinne die Literaturgeschichte als diskursive Praxis beschreiben. Wir haben gesehen, daß das Wissen vom Werk und von den Werken ein Wissen von Beziehungen ist. Das ist ein durchaus legitimes Verfahren: Man stellt sich auf den Standpunkt des Werkes oder der Werke und beobachtet so die Formierung eines begrenzten Wissens. Stellt man sich nun aber auf den Standpunkt dieses Wissens selbst, so wird man schnell seiner Grenzen gewahr. Nicht nur, daß dieses Wissen mit bestimmten Ideologien kommuniziert, es stößt

auch beständig an die Grenzen anderer Wissensgebiete und wird von diesen angezogen oder abgestoßen.
Jeder weiß, daß die Literaturgeschichte zu verschiedenen Zeiten und in verschiedenen Ländern bestimmte Vorlieben ausbildet: für ein soziologisches oder psychologisches Wissen, für ein ökonomisches oder formalistisches Wissen usw. Kurz, das literaturgeschichtliche Wissen steht in mehr oder weniger deutlichen Beziehungen zu anderen Wissensgebieten oder Wissenschaften. Gibt es auf dieser Ebene der epistemologischen Beziehungen Notwendigkeiten oder Prioritäten?
Zur Beantwortung dieser Frage ist auf jene Beziehung der Literaturgeschichte aufmerksam zu machen, die am meisten in die Augen fällt, die aber deshalb nicht weniger schwierig, ungelöst oder möglicherweise unlösbar ist. Wir meinen die Beziehung zwischen Literatur und Geschichte. Das Wissen, das sich im weitesten Sinne als Wissen von der Literatur formuliert hat, ist die Philologie. In gewisser, allerdings noch strittiger Weise umfaßt die Philologie auch die Literaturgeschichte. Aber sie umfaßt nicht die Geschichte und auch nicht die Geschichtswissenschaft. Zu diesen steht sie vielmehr per definitionem in einer inhaltlichen und methodischen Beziehung.
Wir sind hier an einem Punkt angelangt, wo die Thematisierung einer Philologie der Beziehung eine Umkehrung verlangt: die Thematisierung der Beziehungen der Philologie. Man muß zunächst zwischen den zwei Beziehungen Literatur – Geschichte und Literatur – Literaturgeschichte unterscheiden. Der Begriff der Literaturgeschichte ist im Grunde genommen lediglich eine Abkürzung für beide Verhältnisse. Die Beziehung Literatur – Geschichte meint zunächst das Verhältnis der Literatur zu Außerliterarischem, also das, was wir in Anlehnung an Starobinski allgemein als die *relation au monde* bezeichnet haben. Es versteht sich, daß in diesem Bereich auch dem soziologischen, psychologischen und ökonomischen Wissen eine Stimme zukommen muß. Anders gesagt, es versteht sich, daß die Philologie in diesem Bereich von diesen Wissenschaften *borgt,* weil sie gerade hier ihren eigenen Bereich der Texttreue überschreitet auf gesellschaftliche, psychische oder wirtschaftliche Situationen einer bestimmten Zeit hin. Daß sich hier immer mehrere Wissenschaftsbeziehungen durchkreuzen, hat Friedrich Schlegel in den Entwürfen zu seiner *Philosophie der Philologie* festgehalten: »Alle Entdekkungen sind Combinazionen verschiedner Wissenschaften.«[21] In zahlreichen Anläufen hat Schlegel dabei das Verhältnis von Philologie und Historik zu bestimmten gesucht. In diesem Sinne heißt es: »Das wichtigste Stück zu einer Philosophie der Philologie ist also eine historische

Kritik.« (*PP*, S. 17) Schlegel hält zunächst an der Idee der Kombination fest, die noch keine Prioritäten festsetzt. Daneben und in der Folge finden sich allerdings Überlegungen, die mehr und mehr dazu tendieren, den Rang der Historie anzuheben, da Philologie ohne sie nicht möglich sei. Hierher gehört etwa diese Äußerung: »Jeder Philolog muß ein Philomusos sein. Die Philomusie ohne Historie, ohne Unterscheidung des Progressiven und Classischen macht der Philologie ein Ende. Alles muß der Historie untergeordnet werden.« (*PP*, S. 18) Oder: »Wolff fängt ein wenig an zu historisiren. Doch lange nicht genug.« (*PP*, S. 19) Und schließlich kategorisch: »Beweis, daß jeder Historiker ein Philolog seyn müsse. – Das Altertum ist die Arena der philologischen Kunst. –« (*PP*, S. 19) Hier hat sich die Frage umgekehrt. Nicht ob die Philologie der Historie untergeordnet werden soll bzw. in dieser aufzugehen habe, ist gefragt, sondern ob der Historiker auch Philologe zu sein habe. Der Beweis hierfür scheint allerdings eher der Plan zu einem Beweis gewesen zu sein, nicht der Beweis selbst. Später heißt es: »Die Frage: ob jeder Historiker, jeder Philosoph auch Philolog seyn müsse, jetzt lieber noch nicht beantwortet.« (*PP*, S. 28) Es ist dies, wie wir anmerken können, eine Frage, die wesentlich von der Stellung des Altertums als eines privilegierten Gegenstandes im System der Wissenschaften abhing. Möglicherweise haben wir deshalb dieses Schwanken im Zusammenhang mit Schlegels wechselnder Einschätzung des Klassischen zu sehen.

Wie dem auch sei, für bewiesen dürfen wir jedenfalls halten, daß jeder *Literatur*historiker auch Philologe sein muß. Das literaturgeschichtliche Wissen ist immer auch ein philologisches Wissen, Wissen von den Werken. Daß Schlegel auch das Umgekehrte nahelegte, die von ihm pointierte Tendenz der Philologie zur Historie und Historik, scheint uns wesentlich die Bedeutung seiner Entwürfe zur *Philosophie der Philologie* mit auszumachen. Gerade in diesem Punkt allerdings wich sein Schüler August Boeckh, der neben Schlegel und Schleiermacher vielleicht bedeutendste Philologe des 19. Jahrhunderts, von ihm ab.[22]

Boeckh lehnt in seiner *Enzyklopädie und Methodenlehre der philologischen Wissenschaft* eine Identifizierung der Philologie mit dem Begriff der Literaturgeschichte ab.[23] Das geschieht zwar zum Teil zu Recht, zum Teil aber mit eher fragwürdigen Argumenten. Boeckh erklärt nämlich einerseits, die Literaturgeschichte habe es lediglich mit der »Erkenntnis der Form der Sprachwerke«[24] zu tun und sei deshalb selbstverständlich der Philologie unterzuordnen, um andererseits die historische Interpretation für die »objektiven Beziehungen« zwischen Sprachdenkmälern und geschichtlichen Bedingungen zuständig zu machen.[25] Abgesehen von der Unstimmigkeit dieser doppelten Bestimmung, greifen beide Bestimmungen für sich genommen zu kurz. Weder ist die Literaturgeschichte auf den Status einer Formengeschichte zu reduzieren, noch hat sie es allein mit dem Fundus historischer Realien zu tun. Vielmehr läßt sich sagen: Wenn die Literaturgeschichte die Fortschreibung der Literatur mit anderen diskursiven Mitteln ist, dann nimmt das philologische Wissen einen privilegierten Platz unter diesen Mitteln ein.

Schlegels Gedanke einer Annäherung der Philologie an die Historie, so daß es kein philologisches Wissen ohne ein historisches Wissen geben könne, war zweifellos gewagter als Boeckhs nachträgliche Rückkehr zur gewohnten Domestizierung der Historie.

Schlegels Gedanke scheint uns aber auch der konsequentere zu sein. In diesem Sinne bleibt die »Philosophie der Philologie« nach wie vor zu entdecken: als eine Entdeckung, die eine »Combinazion« verschiedener Wissenschaften ist.

Folgen wir deshalb noch einem letzten Hinweis der *Philosophie der Philologie*. Über die »Charakteristik der Philologie« (*PP*, S. 30) heißt es: »Nothwendige Mikrologie des φλ.« (*PP*, S. 31) Notwendige Mikrologie des Philologen also. Das wird durch eine frühere Notiz erläutert: »Vielheit der Kenntnisse ein Zweck der Philologie. Mikrologie.« (*PP*, S. 16) Nicht nur die Philologie, auch die Literaturgeschichte hat sich als Mikrologie zu bewähren. Und was die Vielheit der Kenntnisse betrifft, so ist deutlich geworden, daß sie für literaturgeschichtliches Denken nur dann sinnvoll sind, wenn sie die Markierung und die Begründung von Übergängen leisten: als Wissen der Beziehung.

Literaturgeschichte als Beziehungsgeschichte

> »*Wink* est le mot allemand pour dire les relations en ce milieu: un texte *winkt* (›fait signe‹) vers un autre.«
>
> Michel Deguy

Das historische Wissen ist zugleich ein Wissen von und in Beziehungen. Das heißt, der Untersuchungsgegenstand des Historikers kann für diesen keine andere Struktur haben als seine Methode. Diese Verwobenheit der Ebenen bringt jene eigenartige diskursive Formation hervor, die wir ganz allgemein als den Diskurs der Beziehungsgeschichte bezeichnen. In diesen Diskurs ist der Literaturhistoriker, ob er will oder nicht, verstrickt. Das betrifft allerdings zunächst nur die allgemeine Verwiesenheit der historischen Arbeit auf diese fundamentale methodologische Struktur, von der zahlreiche individuelle und ideologische Abschweifungen ausgehen können und tatsächlich ausgehen. Der Pluralismus der Historiken und der Historien machte und macht selbst die Strategien der Abwehr dieser Struktur möglich; er befördert ein zweifellos ideologisches und ebenso zweifellos antiquiertes Interesse, dem Diskurs der Beziehungsgeschichte zu entkommen, sich von ihm zu distanzieren, um ihn, im Extrem, vielleicht sogar lächerlich zu machen. Diese Strategien der Abwehr sind auf der Suche nach einer neuen Einfachheit, auf der Suche nach einer neuen Ganzheit und auf der Suche nach einer neuen Substantialität. Sie sind insgesamt auf der Suche nach drei alten erkenntnistheoretischen Illusionen. Demgegenüber ist daran festzuhalten, daß Gegenstand und Methode der Literaturgeschichte kompliziert, partial und relational sind. Und dasselbe gilt für ihr mögliches Resultat.
Damit stellt sich die Frage, ob der Diskurs der Beziehungsgeschichte zusätzlich zu seiner allgemeinen methodologischen Bedeutung auch als eine besondere Praxis aufzufassen ist. Dieses Problem der Praxis kennzeichnet den seinerseits historischen Übergang von jenen Historien, die mehr oder weniger freiwillig – manchmal eher widerwillig – den relationalen Verhältnissen des historischen Wissens Rechnung tragen, zu jenen Historien, die an den Anfang ihrer Methode *und* ihrer Praxis die bewußte relationale Reflexion stellen. Tatsächlich gleicht dieser Über-

gang demjenigen vom Unbewußten zum Bewußten: Übergang vom zwangsläufigen Akzeptieren gewisser diskursiver Regelmäßigkeiten zur reflektierten und reflexiven Aneignung des Diskurses. Solche Aneignung ist kein Vernehmen, sondern Arbeit.

Mit dem Wort vom Vernehmen der Geschichte betonte die ontologische Hermeneutik den ihrer Ansicht nach grundsätzlich passiven Charakter der Geschichtsbemächtigung durch den Historiker. In der Sicht dieser Hermeneutik war es dann auch mehr die Geschichte, die sich des Historikers bemächtigte, als umgekehrt. Die Geschichte ließ den Historiker ihre Botschaft »vernehmen«, so wie denn darüber hinaus jene seltsame Idee den Grund der Geschichte beleuchten sollte, der zufolge nicht die Geschichte dem Menschen, sondern der Mensch der Geschichte gehöre. Man kann sich leicht denken, daß mit dieser Unterwerfung unter ein metaphysisches Prinzip sich die Hoffnung auf Sachgerechtigkeit verband: Demut als Garant von Erkenntnis. Wie wir nun insbesondere an den pseudoreligiösen Zügen dieser hermeneutischen Theorie erkennen können, handelt es sich bei ihr kaum noch um eine Metaphysik der Geschichte; wir haben es bereits mit einer manifesten Tendenz zur Mystik zu tun.

Demgegenüber ist mit der Arbeit der relationalen Reflexion ein historisches Bewußtsein gemeint, das den Aspekt der freien Konstruktion betont. Das historische Wissen bringt sich dieser Annahme zufolge hervor, indem es den historischen Diskurs herstellt: als Diskurs der Beziehungsgeschichte. Der Wahrheitsanspruch kann deshalb nicht mehr aus einer vorgängigen Sympathie hergeleitet werden, er ist vielmehr im vollen Sinne des Wortes ein Risiko des Historikers. Die Beweislast liegt nicht bei der Geschichte, sondern bei seinem Diskurs. Dieser Diskurs hat im Fall der Literaturgeschichte, wir sagten es schon, die Form der Fortschreibung der Literatur mit anderen diskursiven Mitteln. Damit ist gerade nicht Fortdichtung gemeint. Die anderen diskursiven Mittel besagen vielmehr, daß sich die Literaturgeschichte von den Darstellungsweisen der Literatur und von der Literatur selbst entfernt, um sich als ein anderer Diskurs neben der Literatur zu konstituieren. In diesem Sinne ist die relationale Reflexion die methodische Anleitung zur praktischen Ausübung der Transformationsanalyse. Die relationale Reflexion betrifft einmal die historischen (: die chronologischen und enzyklopädischen) Beziehungen zwischen den Werken und im Werk. Die davon zu unterscheidende relationale Reflexivität indes betrifft die Transformation der Texte in einen anderen diskursiven Zustand: den Übergang vom literarischen zum historischen Diskurs also.

Jene Historien nun, deren methodisches und praktisches Vorgehen durch die relationale Reflexion und die Transformationsanalyse charakterisiert ist, können wir als Ausdruck einer spezifisch modernen Selbstaufklärung der Historik der Literatur ansehen. Von der Aufklärung zur Selbstaufklärung: Von der Aufklärung des 18. zur Selbstaufklärung des 20. Jahrhunderts durchläuft die Literaturgeschichte eine Reihe von Transformationen, deren Hintergrund der Übergang von der Idee des Ganzen zum Wissen der Beziehung ist. Der Übergang von der Chronik zur substantialistischen Literaturgeschichte bezeichnet zugleich die Entstehung der neuzeitlichen Literaturgeschichte und deren Vergangenheit für uns. Dagegen bezeugt der Übergang von der substantialistischen Literaturgeschichte zum Diskurs der Beziehungsgeschichte die Möglichkeit und Gegenwärtigkeit einer modernen Literaturgeschichte.

Diese Auffassung ist offensichtlich optimistisch. Sie steht damit in Konkurrenz zu den Skeptizismen, die unsere Moderne der Strukturalismen, Analytiken und Systematiken kennzeichnen. Während heute ein theoretisch mehr oder weniger elaborierter Geschichtsverdacht das Ende des Buches und das Ende der Geschichte ausruft, während unsere Zeit als Zeit des *Posthistoire* gedeutet wird, vertreten wir die These, daß der Diskurs der Beziehungsgeschichte nicht nur die spezifisch moderne Weise der Geschichtsaneignung ist, sondern daß dieser Diskurs die neue und vielleicht niemals wirklich unterbrochene Aktualität der Geschichte bezeugt. Während die Gegenwart unserer historischen Bildung selbst möglicherweise erst als die Antizipation der Möglichkeiten der relationalen Reflexion anzusehen ist, erscheint die Diagnose des Posthistoire lediglich als vormoderner Reflex auf die Vergangenheit des Historismus. Die Kurzschlüssigkeit dieser Diagnose besteht darin, vom scheinbaren Mangel eines Geschichtsganzen auf die Unmöglichkeit der Geschichte zu schließen. Die Analyse des historischen Wissens dagegen geht von dessen Partialität aus und kann deshalb den Diskurs der Beziehungsgeschichte als relationale und eben deshalb rationale und »realistische« Praxis erweisen, mithin auch seine Aktualität. Das Zurücktreten des Ganzen (der Idee des Ganzen) und das Hervortreten der Teile und ihrer Beziehungen exponieren nicht nur den Charakter der Partialität, sie implizieren auch eine zweifache Pluralisierung innerhalb der Historik. Diese Pluralisierung betrifft den Historiker und die Historien.

Es ist an dieser Stelle daran zu erinnern, daß Walter Muschg in Josef Nadlers Stammesgeschichte der deutschen Literatur nicht nur eine monströse ideologische Verzerrung sah, sondern auch den letzten Versuch eines einzelnen Historikers, ein ganzheitliches Geschichtsbild zu entwerfen. Zwar hat es solche Versuche auch nach Nadler noch gegeben, aber ihre methodische Begrenztheit, nämlich entweder oberflächlicher Abriß oder persönliche Zusammenschau zu sein, macht sie heute auf unhintergehbare Weise dilemmatisch. Zwar war die Aporie, wie ein einzelner Mensch die Masse der Werke bewältigen solle, bereits den Historikern des 18. und 19. Jahrhunderts durchaus bewußt; aber Ethos und Charisma ihrer Literaturgeschichten waren, wie wir gesehen haben, gerade darin begründet, daß sie gegen diese Aporie anschrieben. Der Glaube an die Möglichkeit einer ganzheitlichen Literaturgeschichte war in dem Glauben an die Ganzheit und sinnstiftende Identität des Individuums fundiert. Die Einheit der einzelnen Person sollte die Einheit der ganzheitlichen Literaturgeschichte gewährleisten. Im Gegenzug dazu war es der historische Diskurs, der den Glauben an diese personalen Entitäten als Begründungsinstanzen historischer Visionen zerstört oder doch zumindest in Frage gestellt hat. Die weitere Folge davon ist die Pluralisierung des Historikers. Das Individuum als Autor einer Literaturgeschichte wird heute vom kollektiven Autor abgelöst. Mit dem Kollektiv findet eine arbeitsteilige Organisation des historischen Wissens Eingang in die Literaturgeschichtsschreibung. Das hat zweifellos den Vorzug und auch den Sinn, mehr Informationen kompetenter zu vermitteln. Zugleich ist damit eine Auflösung der einheitlichen Vision und des Stils verbunden. Literaturgeschichte größeren Ausmaßes, die deshalb von einem Kollektiv verfaßt wird, entsteht als Produktion und Kombination von Teilen. Der Eindruck eines »Ganzen« verdankt sich schließlich der Montage des Herausgebers oder dem Konsensus des Kollektivs. Die Pluralisierung des Historikers hat aber noch eine weitere Konsequenz, die wir als die damit einhergehende Pluralisierung der Ideologien bezeichnen können. Damit wird nun diese Form der kollektiv verfaßten Literaturgeschichte selbst verstärkt interpretationsbedürftig. Und es läßt sich bereits absehen, daß diese methodische und ideologische Vervielfachung, dieses Gewirr vieler Stimmen in einer Geschichte, nach einem neuen Historiker-Typus verlangt: dem Historiker-Historiker, der nicht mehr selbst Literaturgeschichte schreibt, sondern der über das Schreiben der anderen schreibt.

Parallel zur Pluralisierung des Historikers verläuft eine Pluralisierung der Historien: lauter neue Historien. Hierbei handelt es sich um perspektivische und partiale Geschichten, deren praktischer Anspruch immer weniger mit dem Entwurf eines Geschichtsganzen zu tun hat. Man kann sagen, daß die Idee des Ganzen an unserem historischen Horizont verblaßt. Zwar bleibt sie als ausgesprochene oder unausgesprochene

Utopie des Ganzen der Literatur gegenwärtig, als Element der Praxis aber ist sie mehr und mehr vergangen. Dagegen und deshalb entstehen die zahlreichen Perspektiv-Geschichten, die »Beziehungs«-Geschichten. Was so entsteht, ist die extensionale und intensionale Mikrologie der Literaturgeschichte. Auf der einen Seite treten die neuen nationalen Literaturgeschichten hervor. Sie werden in der Regel von Kollektiven unter einer bestimmten Perspektive geschrieben. Nicht Literaturgeschichte als solche also, sondern Literaturgeschichte als Sozialgeschichte der Literatur ... Auf der anderen Seite setzt sich die Mikrologie als Beschränkung des Umfangs durch. Was der einzelne Historiker (aber das gilt auch für das Kollektiv) heute noch zu leisten vermag, sind Mikro-Historien, die sich von Anfang an einer begrenzten Zeitspanne und einem bestimmten Inhalt widmen. Während der eine Historiker eine Geschichte der Tränen in der französischen Literatur des 17. Jahrhunderts schreibt, schreibt vielleicht ein anderer eine Geschichte des Lachens in der deutschen Literatur des 18. Jahrhunderts usw. In diesem Sinne könnten die zahlreichen mikrohistorischen Studien über die literarische Ironie, die bekanntlich zum Lachen und Weinen disponiert, eine Ergänzung bilden: in Hinsicht auf eine ungeschriebene Geschichte der Mentalitäten, die möglicherweise nicht zu schreiben ist, die es aber vielleicht als ein Sammelsurium von Studien, die nicht voneinander wissen, schon gibt. Wir sagen »möglicherweise« und »vielleicht«, denn es fehlt uns hier der Überblick. Und es läßt sich schon absehen, daß auch diese Pluralisierung und Zerstreuung der Mikro-Historien den neuen Typ des Historiker-Historikers notwendig macht, der nicht mehr selbst Literaturgeschichte schreibt, sondern die zerstreuten Geschichten sammelt und über ihren möglichen Zusammenhang schreibt.

Wir können also sagen, die Geschichte und die Geschichten sind nicht an einem Ende angelangt, sie pluralisieren sich vielmehr in der unabsehbaren und vielleicht unendlichen Vielfalt der Transformationen der Literaturgeschichte.

Diese Vielfalt ist jedoch, wie wir gesehen haben, nicht unstrukturiert. Sie betraf zwei deutlich unterscheidbare Bedeutungen: einmal die Literaturgeschichte als den bestimmten Diskurs, der die Literatur transformiert (von den Werken zum Wissen), zum anderen die Literaturgeschichte als den Diskurs, der sich selbst transformiert (von der Chronik zum Diskurs der Beziehungsgeschichte). Die erste Bedeutung beantwortet die Frage, wie Literaturgeschichte hergestellt wird, während die zweite Bedeutung den Sachverhalt erhellt, daß die Literaturgeschichte

selbst eine Geschichte hat. Und der Diskurs der Beziehungsgeschichte ist die Aktualität dieser Geschichte für uns.
Der Zweifel, ob Literaturgeschichte heute noch möglich sei, thematisiert ein Ende. Solche Thematisierungen sind freilich in den historischen Wissenschaften äußerst riskant, wenn nicht geradezu ruinös. Gleichgültig nämlich, ob nun das Ende der Kunst, der Untergang des Abendlandes oder, wie hier, das Ende der Literaturgeschichte angekündigt wird, es handelt sich um *Prognosen,* die leicht zu widerlegen sind. Man braucht nur zu warten, um sich und sie eines Besseren belehren zu lassen. So warten wir seit Hegel auf das Ende der Kunst und seit Spengler auf den Untergang des Abendlandes. Diejenigen, die vom Posthistoire reden, meinen dagegen, das Warten auf das Ende der Geschichte und der Literaturgeschichte schon hinter sich zu haben.
Der Fehler hierbei ist, daß sich diese Meinungen durchaus vertreten, jedoch nicht beweisen lassen. Der Augenschein spricht sogar gegen sie, denn es gibt offenbar nach wie vor eine Geschichte, die den Einzelnen und die Gesellschaften betrifft, und es gibt Literaturgeschichten, die noch geschrieben (und gelesen) werden können – und tatsächlich auch immer neu geschrieben werden. Einen Sinn können wir der Diagnose des Posthistoire deshalb nur dann abgewinnen, wenn wir darunter die Auffassung verstehen, *eine bestimmte Form der Geschichtsschreibung* sei nicht mehr möglich. Dies ist ohne weiteres zuzugestehen. Wir sind damit aber nicht an einem Ende der Geschichte angelangt, sondern an einem Übergang in der Geschichte und der Geschichtsschreibung. In der Tat sind die Visionen der ganzheitlichen Entwürfe, wie sie das eigentliche historische Zeitalter (die letzten zweihundert Jahre also) prägten, für uns nicht mehr möglich. Das Ganze und die Wahrheit der Geschichte sind für uns vergangen. Wir fragen uns aber, ob sie jemals wirklich – und das heißt: anders als im Rahmen einer Metaphysik der Geschichte – möglich gewesen sind. Gerade die zahlreichen hier dargestellten Aporien der ganzheitlichen Literaturgeschichtsschreibung – und das heißt: der Literaturgeschichtsschreibung der letzten zweihundert Jahre – machen das zweifelhaft. Tatsächlich war die Idee des Ganzen in den vergangenen Literaturgeschichten häufig nichts anderes als eine Fiktion. Und tatsächlich war die Idee der Wahrheit in den vergangenen Literaturgeschichten häufig nichts anderes als eine Ideologie. Diese Geschichten sind für uns vergangen. Doch deshalb ist die Literaturgeschichte nicht an ein Ende gekommen.
Im Gegenteil. Es kommt heute darauf an, die Literaturgeschichte von den metaphysischen Verpflichtungen des 18. und 19. Jahrhunderts frei-

zuhalten. Das erreichen wir nicht, indem wir auf Literaturgeschichte verzichten, sondern indem wir sie historisieren (mit einem Blick auf Novalis' Forderung, die Welt müsse romantisiert werden, sagen wir: *Die Literaturgeschichte muß historisiert werden*). Mit anderen Worten, in der Literaturgeschichte interessieren nicht länger die Visionen eines Ganzen, sondern die Teile und die Beziehungen zwischen den Teilen; es interessiert nicht länger die »Wahrheit«, sondern der *Beziehungssinn*. Die Frage nach der Wahrheit einer Literaturgeschichte hat ebensowenig Sinn wie die, ob ein literarisches Werk wahr sei. Die Ideen des Ganzen und der Wahrheit erweisen sich in Hinsicht auf die literaturgeschichtliche Problematik vielmehr als unhistorisch. Das in ihnen enthaltene Interesse an Zeitlosigkeit hat die Historien mehr belastet als gefördert. Die Philosophien des Posthistoire, die, wie wir vermuten, dieses Mißverhältnis reflektieren, stehen dennoch ganz im Bann der alten Ideen-Geschichten, indem sie deren Tendenz zur Zeitlosigkeit durch die Idee vom Ende der Geschichte noch potenzieren. Kurz, die Literaturgeschichte steht nicht an einem Ende und auch nicht an einem Anfang, sondern an einem Übergang.

Dieser Übergang ist keine äußerliche Grenze, sondern eine Praxis, die zum Diskurs der Beziehungsgeschichte hinführt. Was den alten Geschichten sich durch die Suggestion zeitlicher Folge wie von selbst ergab, erscheint nun als ein unendliches Unternehmen. Die Einsicht in den Beziehungssinn der Geschichte öffnet den Raum des Erzählbaren. Die solchermaßen historisierte Literaturgeschichte ist eine plurale Geschichte, eine Geschichte, die stets neu erzählt werden kann.

Die Aussagen des Literaturhistorikers haben immer den Charakter einer Interpretation. Es gehört aber zum Wesen der Interpretation, daß sie selbst interpretiert werden kann. In diesem Sinne ist die Literaturgeschichte eine unendliche Geschichte, für die selbst das Ende der Literatur oder der Menschheit nur ein relativ willkürlicher Schluß wäre. Man kann diese Geschichte unterbrechen oder sogar abbrechen, aber niemals wirklich beenden.

Anmerkungen

Emphase und Skepsis

1 Vgl. etwa: *Seminar: Geschichte und Theorie. Umrisse einer Historik,* ed. H. M. Baumgartner u. J. Rüsen, Frankfurt 1976, bes. Teil I, *Grundlagenkrise und Selbstreflexion.*

2 F. Nietzsche, *Unzeitgemäße Betrachtungen. Zweites Stück: Vom Nutzen und Nachteil der Historie für das Leben,* in: *Werke,* 1. Bd., ed. K. Schlechta, München 1973[7], S. 209 f.

3 F. Nietzsche, *Götzen-Dämmerung,* in: *Werke,* 2. Bd., ed. K. Schlechta, München 1973[7], S. 957.

4 Vgl. K. Löwith, *Nietzsches Philosophie der ewigen Wiederkehr des Gleichen,* Stuttgart 1956, S. 161 ff.

5 W. Dilthey, *Der Aufbau der geschichtlichen Welt in den Geisteswissenschaften,* ed. M. Riedel, Frankfurt 1970, S. 310.

6 A. a. O., S. 348.

7 A. a. O., S. 347.

8 A. a. O., S. 304.

9 Schon von Fr. Schlegel zum historischen Programm stilisiert: »Es gibt keine Selbsterkenntnis als die historische. Niemand weiß was er ist, wer nicht weiß was seine Genossen sind, vor allem der höchste Genosse des Bundes, der Meister der Meister, der Genius des Zeitalters.« *Kritische Friedrich Schlegel-Ausgabe,* ed. E. Behler u. a., München, Paderborn, Wien 1967, II. Bd., S. 270.

10 So z. B. H. Schmitz: »[. . .] die Geschichtspsychologie hat zwar in der Weltanschauungslehre von W. Dilthey einen bedeutenden Ertrag gezeigt, aber für das Verständnis des Ganges der Geschichte beinahe nichts beigetragen.« H. Schmitz, »Soziologische Geschichtsbetrachtung und Universalgeschichte«, in: *Konkrete Vernunft, Festschrift f. E. Rothacker,* Bonn 1958, S. 148.

11 Vgl. K. Heussi, *Die Krisis des Historismus,* Tübingen 1932.

12 R. Koselleck, »Wozu noch Historie?«, in: *Seminar: Geschichte und Theorie. Umrisse einer Historik,* a. a. O., S. 17.

13 T. Lessing, *Geschichte als Sinngebung des Sinnlosen,* Leipzig 1927; A. Heuss, *Verlust der Geschichte,* 1959; H. Lefebvre, *La fin de l'histoire,* Paris 1970.

14 H.-J. Marrou, *Über die historische Erkenntnis,* Freiburg/München 1973, S. 318.

15 Beide Begründungen finden sich bei R. Vierhaus, »Die Krise des historischen Bewußtseins und die Funktionskrise in den geschichtlichen Wissenschaften«, in: *Historizität in Sprach- und Lieraturwissenschaft,* ed. W. Müller-Seidel u. a., München 1974, S. 15-29; Vierhaus macht auch auf die modischen Aspekte der Rede von der Krise aufmerksam: »Von Krise zu sprechen, ist auch in der Wissenschaft so modisch geworden, daß man von einem Vortrag, der dieses Wort im Titel führt, die Wiederholung von schon oft Gesagtem befürchten muß oder doch am guten Geschmack des Vortragenden zweifeln darf. Man ist geneigt den Krisen-Rednern wie Egon Friedell zu antworten: ›Natürlich geht das Abendland unter, aber nur das von Spengler!‹« A. a. O., S. 15.

16 E. Troeltsch, *Der Historismus und seine Probleme. Erstes Buch: das logische*

Problem der Geschichtsphilosophie, Aalen 1961 (Neudruck der Ausgabe von 1922), S. 1.

17 A. a. O., S. 9.

18 A. a. O., S. 5.

19 O. Marquard, *Schwierigkeiten mit der Geschichtsphilosophie,* Frankfurt 1973.

20 E. Ribbat, »Epoche als Arbeitsbegriff der Literaturgeschichte«, in: *Historizität in Sprach- und Literaturwissenschaft,* a. a. O., S. 171.

21 W. Benjamin, »Literaturgeschichte und Literaturwissenschaft«, in: *Gesammelte Schriften III,* ed. H. Tiedemann–Bartels, Frankfurt 1972, S. 284.

22 R. Koselleck, »Geschichte, Geschichten und formale Zeitstrukturen«, in: *Geschichte – Ereignis und Erzählung. Poetik und Hermeneutik V,* ed. R. Koselleck u. W.-D. Stempel, München 1973, S. 222.

23 H. R. Jauß, »Literaturgeschichte als Provokation der Literaturwissenschaft«, in: ders., *Literaturgeschichte als Provokation,* Frankfurt 1970[2], S. 144.

24 R. Wellek, »The Fall of Literary History«, in: *Geschichte – Ereignis und Erzählung. Poetik und Hermeneutik V,* a. a. O., S. 429 f.

25 A. a. O., S. 434.

26 A. a. O., S. 435.

27 A. a. O., S. 429.

28 »Literary history was (and often still is) the *Allerleiwissenschaft* taught by Professor Diogenes Teufelsdröckh.« A. a. O., S. 428.

29 Diese Verwunderung formuliert Kracauer allgemein: »Existierte Geschichte nicht, möchte man fast sagen, sie sei ein unwahrscheinliches Unternehmen.« S. Kracauer, *Geschichte – Vor den letzten Dingen,* Frankfurt 1973, S. 124.

30 E. Auerbach, »René Wellek, A History of Modern Criticism: 1750-1950«, in: *Romanische Forschungen,* Bd. 67, 1956, S. 387-397.

Erinnern und Vergessen

1 W. Benjamin, »Literaturgeschichte und Literaturwissenschaft«, in: *Gesammelte Schriften III,* ed. H. Tiedemann–Bartels, Frankfurt 1972, S. 286.

2 E. R. Curtius, *Europäische Literatur und lateinisches Mittelalter,* Bern 1973[8], S. 400.

3 Ebd.

4 »Erinnerung setzt ein Vergessen und daher eine Abbreviatur des Geschehens voraus, die erst geschichtliche Ablaufformen und Ablaufbeschreibungen ermöglichen.« J. Taubes, »Geschichtsphilosophie und Historik. Bemerkungen zu Kosellecks Programm einer neuen Historik«, in: *Geschichte – Ereignis und Erzählung. Poetik und Hermeneutik V,* ed. R. Koselleck u. W.-D. Stempel, München 1973, S. 496; vgl. auch A. Kohli-Kunz, *Erinnern und Vergessen. Das Gegenwärtigsein des Vergangenen als Grundproblem historischer Wissenschaft,* Berlin 1973.

5 F. Nietzsche, *Unzeitgemäße Betrachtungen. Zweites Stück: Vom Nutzen und Nachteil der Historie für das Leben,* in: *Werke,* 1. Bd., ed. K. Schlechta, München 1973[7], S. 210. Im folgenden unter der Sigle (N) im Text zitiert.

6 Vgl. H. Lübbe, »Was heißt: ›Das kann man nur historisch erklären‹?«, in:

Geschichte – Ereignis und Erzählung. Poetik und Hermeneutik V, a. a. O., S. 542-554.

7 J. L. Borges, »Das unerbittliche Gedächtnis«, in: ders., *Labyrinthe,* München 1969², S. 47. Im folgenden unter der Sigle (B) im Text zitiert.

Die Funktion der Selektion

1 J. F. Reimman, *Versuch einer Einleitung in die Historiam Literariam so wohl insgemein als auch in die Historiam Literariam derer Teutschen insonderheit,* Magdeburg 1708; zit. n. *Über Literaturgeschichtsschreibung. Die historisierende Methode des 19. Jahrhunderts in Programm und Kritik,* ed. E. Marsch, Darmstadt 1975, S. 44 f.

2 T. Todorov, »Poetik«, in: *Einführung in den Strukturalismus,* ed. F. Wahl, Frankfurt 1973, S. 166: »Dieser Begriff der Wichtigkeit, der hier wie früher auftaucht, ohne daß man ihn besser erklären könnte, ist sicherlich mit dem literarischen System zur Zeit des Forschers verbunden.«

3 Vgl. etwa W. Lepenies, »Der Wissenschaftler als Autor. Über konservierende Funktionen der Literatur«, in: *Akzente,* 25. Jg., Heft 2, April 1978, S. 137.

4 Reimman, *Versuch einer Einleitung,* a. a. O., S. 49.

5 J. G. Eichhorn, *Litterärgeschichte. Erste Hälfte,* Göttingen 1812 (1. Aufl. 1789); zit. n. *Über Literaturgeschichtsschreibung,* a. a. O., S. 53.

6 F. Bouterwek, *Geschichte der Poesie und Beredsamkeit seit dem Ende des dreizehnten Jahrhunderts,* Göttingen 1801; zit. n. *Über Literaturgeschichtsschreibung,* a. a. O., S. 61.

7 A. W. Schlegel, »Vorlesungen über Schöne Litteratur und Kunst. Erster Teil (1801-1802)«, in: *Die Kunstlehre,* Heilbronn 1884; zit. n. *Über Literaturgeschichtsschreibung,* a. a. O., S. 66.

8 A. a. O., S. 67.

9 A. a. O., S. 68.

10 F. Schlegel, »Geschichte der europäischen Literatur«, in: *Kritische Friedrich Schlegel-Ausgabe,* XI. Bd., ed. E. Behler, München, Paderborn, Wien 1958, S. 4.

11 A. W. Schlegel, »Vorlesungen . . .«, a. a. O., S. 74.

12 So auch R. Wellek, »The Fall of Literary History«, in: *Geschichte – Ereignis und Erzählung. Poetik und Hermeneutik V,* ed. R. Koselleck u. W. D. Stempel, München 1973, S. 437: »The very material of literary history, I argued, must be chosen in relation to values, and structures involve values.«

Metaphysik des Ganzen

1 G. W. F. Hegel, *Phänomenologie des Geistes,* ed. J. Hoffmeister, Hamburg 1952⁶, S. 21: »Das Wahre ist das Ganze«; Th. W. Adorno, *Minima Moralia,* Frankfurt 1964, S. 57: »Das Ganze ist das Unwahre«; O. Marquard, *Schwierigkeiten mit der Geschichtsphilosophie,* Frankfurt 1973, S. 31: »aber das Wahre ist das Halbe«.

2 R. Koselleck, »Geschichte, Geschichten und formale Zeitstrukturen«, in: *Geschichte – Ereignis und Erzählung. Poetik und Hermeneutik V,* ed. R. Koselleck u. W.-D. Stempel, München 1973, S. 222.

3 S. Kracauer, *Geschichte – Vor den letzten Dingen,* Frankfurt 1973, S. 46.

4 A. a. O., S. 70.

5 H.-J. Marrou, *Über die historische Erkenntnis,* Freiburg/München 1973, S. 10; insgesamt S. 323-336.

6 H. R. Jauß, »Geschichte der Kunst und Historie«, in: *Geschichte – Ereignis und Erzählung. Poetik und Hermeneutik V,* a. a. O., S. 186.

7 W. v. Humboldt, »Über die Aufgabe des Geschichtsschreibers«, in: *Werke,* ed. A. Flitner u. K. Giel, Bd. I, Darmstadt 1960, S. 591.

8 A. a. O., S. 595.

9 A. a. O., S. 568.

10 Vgl. J. Schulte-Sasse, *Literarische Wertung,* Stuttgart 1971; bes.: »Die übergeschichtliche Norm der Ganzheit. Erster Versuch einer Kritik«, S. 24-29.

11 Entgegen dieser Auffassung finden sich sogar anthropologische Überhöhungen der Ganzheit, z. B.: »the reader's natural appetite for wholeness«, St. Gilman, *The Tower as Emblem. Chapters VIII, IX, XIX and XX of the Chartreuse de Parme,* Frankfurt 1967, S. 15.

12 Vgl. dazu den Abschnitt »Subjektivität« in dieser Arbeit.

13 F. Schlegel, »Geschichte der europäischen Literatur«, in: *Kritische Friedrich Schlegel-Ausgabe,* XI. Bd., ed. E. Behler, München, Paderborn, Wien 1958, S. 4.

14 G. Gervinus, *Prinzipien einer deutschen Literaturgeschichtsschreibung.* Erstveröffentlichung 1833; zit. n. *Über Literaturgeschichtsschreibung. Die historisierende Methode des 19. Jahrhunderts in Programm und Kritik,* ed. E. Marsch, Darmstadt 1975, S. 149.

15 J. Schmidt, »Georg Gervinus«, in: ders., *Neue Bilder aus dem Geistigen Leben unserer Zeit. Der ganzen Folge dritter Band,* Leipzig 1873; zit. n. *Über Literaturgeschichtsschreibung,* a. a. O., S. 374.

16 Dagegen bemerkt etwa Benjamin: »Der geile Drang aufs große Ganze ist ihr Unglück.« W. Benjamin, »Literaturgeschichte und Literaturwissenschaft«, in: *Gesammelte Schriften III,* ed. J. Tiedemann–Bartels, Frankfurt 1972, S. 286.

Die Möglichkeit historischer Unordnung

1 »Au commencement est le tohu-bohu.« M. Serres, *Hermès IV, La distribution,* Paris 1977, S. 9.

2 P. Valéry, »Tel Quel«, in: *Œuvres,* ed. J. Hytier, Bd. II, Paris 1960, S. 714.

3 M. Serres, a. a. O., S. 10.

4 A. a. O., S. 13.

5 F. Nietzsche, »Die fröhliche Wissenschaft«, in: *Werke,* ed. K. Schlechta, 2. Bd., München 1973[7], S. 115.

6 E. Bertram, *Literaturwissenschaft und Geschichte,* ed. H. Buchner, Darmstadt 1966, S. 16 f.

7 H. Bergson, *Schöpferische Entwicklung,* Jena 1930[7], S. 227.

8 A. a. O., S. 227.
9 E. Bertram, a. a. O., S. 37.
10 H. Bergson, a. a. O., S. 224.

Ordnung und Akte des Ordnens

1 A. W. Schlegel, »Vorlesungen über Schöne Litteratur und Kunst. Erster Teil (1801-1802)«, zit. nach *Über Literaturgeschichtsschreibung. Die historisierende Methode des 19. Jahrhunderts in Programm und Kritik,* ed. E. Marsch, Darmstadt 1975, S. 72.
2 A. a. O., S. 71.
3 H. Marggraff, *Deutschlands jüngste Literatur- und Culturepoche. Charakteristiken,* Leipzig 1839, S. IV.
4 W. v. Humboldt, »Über die Aufgabe des Geschichtsschreibers«, in: *Werke,* ed. A. Flitner u. K. Giel, Bd. I, Darmstadt 1960, S. 590.
5 E. Marsch, »Über Literaturgeschichtsschreibung. Eine Einführung«, in: *Über Literaturgeschichtsschreibung,* a. a. O., S. 17.
6 H. R. Jauß, »Geschichte der Kunst und Historie«, in: *Geschichte – Ereignis und Erzählung. Poetik und Hermeneutik V,* ed. R. Koselleck u. W.-D. Stempel, München 1973, S. 190 f.
7 A. C. Danto, *Analytische Philosophie der Geschichte,* Frankfurt 1974, S. 28 ff.
8 Vgl. F. Fellmann, »Das Ende des Laplaceschen Dämons«, in: *Geschichte – Ereignis und Erzählung. Poetik und Hermeneutik V,* a. a. O., S. 115 ff.
9 Danto, a. a. O., S. 16.
10 A. a. O., S. 29.
11 A. a. O., S. 37.
12 A. a. O., S. 31.
13 Ebd.
14 Jauß, a. a. O., S. 184.
15 J. G. Droysen, *Historik. Vorlesungen über Enzyklopädie und Methodologie der Geschichte,* ed. R. Hübner, München 1971^{6}, S. 144; Abschnitt: »Die kritische Ordnung des Materials.«
16 S. Kracauer, *Geschichte – Vor den letzten Dingen,* Frankfurt 1973, S. 205; vgl. auch S. 189 ff. S. 207 heißt es: »Dieses Glätten zeitigte an und für sich keine Folgen, läge es nicht auf gleicher Linie mit anderen Tricks von mehr Substanz. Insgesamt sind sie darauf aus, die Kompositionen der allgemeinen Schilderung zu straffen, so daß sie etwas von Ganzheit annehmen, das an Kunstwerke erinnert.«
17 G. G. Gervinus, *Geschichte der poetischen National-Literatur der Deutschen,* 1. Bd., Leipzig 1846^{3}, S. 4.
18 A. a. O., S. 18.
19 A. a. O., S. 12.
20 H. Hettner, *Literaturgeschichte der Goethezeit,* ed. J. Anderegg (Nachdruck des Separatdrucks *Goethe und Schiller,* 1876^{3}), München 1970, S. 723.
21 Gervinus, a. a. O., S. 6.
22 W. Scherer, *Geschichte der deutschen Literatur,* Berlin 1922^{15}, S. 20.

24 A. a. O., S. 22. Diese von patriarchalischer Megalomanie inspirierte »Anschauung« wird gelegentlich auch von psychiatrischer Seite bestätigt, etwa von Ernst Kretschmer: »Das Genie der Frau liegt in ihren Söhnen, d. h. was eine Frau als Trägerin wichtiger Erbmassen, an bedeutenden geistigen Anlagen in sich hat, das kann in ihren Söhnen zu voller soziologischer Auswirkung kommen, wie das Beispiel von GOETHES Mutter zeigt.« E. Kretschmer, *Geniale Menschen,* Berlin 1931², S. 128.

25 Danto, a. a. O., S. 24.

26 W. Muschg, »Josef Nadlers Literaturgeschichte«, in: ders., *Die Zerstörung der deutschen Literatur,* München 1961, S. 198.

27 A. a. O., S. 195.

28 A. a. O., S. 185 f.

29 A. W. Schlegel, »Vorlesungen . . .«, a. a. O., S. 68.

Die Partialität der Perioden

1 Vgl. F. Schiller, »Was heißt und zu welchem Ende studiert man Universalgeschichte«, in: *Schillers Werke,* ed. L. Bellermann, 8. Bd., Leipzig und Wien o. J., S. 25.

2 R. Wellek / A. Warren, *Theorie der Literatur,* Frankfurt/Berlin 1966, S. 233.

3 Schiller, a. a. O., S. 25 f.

4 A. a. O., S. 27.

5 H. W. Eppelsheimer, *Geschichte der Europäischen Weltliteratur. Erster Band. Von Homer bis Montaigne,* Frankfurt 1970, S. XIX.

6 S. Kracauer, *Geschichte – Vor den letzten Dingen,* Frankfurt 1973, S. 125; s. a. S. 147.

7 A. a. O., S. 157.

8 Wellek/Warren, a. a. O., S. 244.

9 Eppelsheimer, a. a. O., S. 247.

10 Wellek/Warren, a. a. O., S. 244.

11 W. Scherer, »Die Epochen der deutschen Litteraturgeschichte«, in: *Neue Freie Presse,* 15. 6. 1879; zit. n. *Über Literaturgeschichtsschreibung. Die historische Methode des 19. Jahrhunderts in Programm und Kritik,* ed. E. Marsch, Darmstadt 1975, S. 397.

12 Ebd.

13 H. R. Jauß, »Paradigmawechsel in der Literaturwissenschaft«, in: *Linguistische Berichte,* 1969, Heft 3, S. 49; dort heißt es: »Denn spätestens seit dem ersten Weltkrieg konnte kein denkender Kopf im Ernst mehr daran glauben, daß die substantielle Einheit einer nationalen Literatur vom Mittelalter bis zur Gegenwart mehr ist als eine Ideologie des 19. Jahrhunderts, daß der literaturhistorische Zusammenhang zwischen der heiligen Eulalia und dem unheiligen Paul VALERY auf etwas anderem beruht als auf einer Buchbindersynthese.«

14 G. Hess, »Die Vergangenheit der Gegenwartsliteratur. Anmerkungen zum letzten Kapitel deutscher Literaturgeschichten um 1900«, in: *Historizität in Sprach- und Literaturwissenschaft,* ed. W. Müller-Seidel u. a., München 1974,

S. 182; vgl. zum »Ende« auch S. 197: »Nicht nur bei Scherer, auch anderswo hat Goethe – meist mit einem Faust-Zitat – das letzte Wort.«

15 Vgl. G. Hess, a. a. O., S. 184.

16 Vgl. E. Ribbat, »Epoche als Arbeitsbegriff der Literaturgeschichte«, in: *Historizität in Sprach- und Literaturwissenschaft,* a. a. O., S. 171 ff.

17 Wellek/Warren, a. a. O., S. 238.

18 Ebd.

19 Ebd.

20 A. a. O., S. 240 f.

21 A. a. O., S. 241 f.

Subjektivität

1 M. Foucault, *Die Ordnung des Diskurses,* München 1974, S. 34.

2 Während Th. W. Adorno, »Einleitung« zu *Der Positivismusstreit in der deutschen Soziologie,* Neuwied 1969, S. 29, einerseits den – notwendigen – »Prozeß wissenschaftlicher Objektivation« als die – bedauerliche – Bedingung einer Verminderung der Subjektivität ansieht: »Den Verlust der Spontaneität der Erkenntnis, den das Subjekt sich selbst zufügt, um seiner einsinnigen Leistungen mächtig zu sein«, S. 30, verwahrt er sich andererseits gegen den der Kritischen Theorie vom Kritischen Rationalismus insgesamt vindizierten Mangel an Objektivität – vgl. etwa Albert gegen Habermas, *Positivismusstreit,* S. 214 –, indem er seinerseits der von Popper verfochtenen »Theorie der wissenschaftlichen Objektivität« entgegenhält, sie gelange über einen »szientistischen Subjektivismus« nicht hinaus, S. 37; vgl. auch Popper selbst: gegen Objektivität, a. a. O., S. 114, für Objektivität, a. a. O., S. 120.

3 Aristoteles, *Metaphysik,* IV. Buch 10056. Daß gegen diese »Evidenz« heute, z. B. bei Gotthard Günther, eine mehrwertige Logik angeführt wird, muß hier unberücksichtigt bleiben.

4 G. Lukács, »Über die Besonderheit als Kategorie der Ästhetik«, in: *Werke,* Bd. 10, Neuwied 1969, S. 738 f.

5 Vgl. Lukács, a. a. O., VI. 4: »Die ästhetische Subjektivität und die Kategorie der Besonderheit«. Lukács betont, »daß es kein einziges – an sich noch so objektiviertes Moment des Kunstwerks geben kann, das als ablösbar vom Menschen, von der menschlichen Subjektivität gedacht werden könnte, S. 696; es geht ihm aber um eine Aufhebung der Subjektivität, S. 705, deshalb ist Subjektivität bei Lukács zugleich Mangelbegriff: »nur subjektivistisch« S. 552, »abstrakte Subjektivität« S. 691, »abstrakt unmittelbare, ästhetisch falsche Subjektivität« S. 699; das hat seinen Grund in der Auffassung – nun wieder entgegen der aristotelischen Differenz –, »daß die künstlerische Form ebenso eine Art der Widerspiegelung der Wirklichkeit ist, wie es Lenin für die abstrakten Kategorien der Logik überzeugend nachgewiesen hat.« *Kunst und objektive Wahrheit,* in *Werke,* Bd. 4, Neuwied 1971, S. 626; deshalb »muß ein unnachsichtiger Kampf gegen die heute herrschenden Subjektivierungstendenzen der Kunst in der bürgerlichen Ästhetik der Gegenwart geführt werden.« A. a. O., S. 638. Subjektivität ist offenbar ein Kampfbegriff.

6 H. A. Korff, *Geist der Goethezeit,* I. Teil, Leipzig 1964[7], S. 33.

7 Vgl. J. Ritter, »Subjektivität und industrielle Gesellschaft. Zu Hegels Theorie der Subjektivität«, in: ders., *Subjektivität,* Frankfurt 1974, S. 11.

8 D. Henrich, »Diskussion«, in: *Nachahmung und Illusion. Poetik und Hermeneutik* I, ed. H. R. Jauß, München 1969^2, S. 225.

9 J. Wahl, »Subjectivité et transcendeance«, in: *Bulletin Société Française de Philosophie,* Tom. 37, 1937, S. 161; vgl. auch G. Lanteri-Laura, *Structures subjectives du champ transcendental,* Paris 1968, S. 108.

10 Ein Weg, den auch Walter Benjamin ins Auge gefaßt hat: »Vom Extremen geht der Begriff aus.« W. Benjamin, *Ursprung des deutschen Trauerspiels,* Frankfurt 1969, S. 16.

11 D. Henrich, »Kunst und Kunstphilosophie der Gegenwart«, in: *Immanente Ästhetik – Ästhetische Reflexion. Poetik und Hermeneutik II,* ed. W. Iser, München 1966, S. 23.

12 Z. B. bei M. Horkheimer, »Vernunft und Selbsterhaltung«, in: *Subjektivität und Selbsterhaltung,* ed. H. Ebeling, Frankfurt 1976, S. 58: »Mit dem Verschwinden der selbständigen Existenzen in der Wirtschaft verschwindet das Subjekt selbst als synthetische Einheit.«

13 H. Blumenberg, »Diskussion«, in: *Die nicht mehr schönen Künste. Poetik und Hermeneutik III,* ed. H. R. Jauß, München 1968, S. 671.

14 G. W. F. Hegel, »Vorlesungen über die Ästhetik I«, in: *Werke,* Bd. 13, ed. E. Moldenhauer u. K. M. Michel, Frankfurt 1970, S. 24 f.; die drei Bände der *Ästhetik – Werke* Bd. 13, 14, 15 – werden im folgenden unten den Siglen *Ä* I, *Ä* II, *Ä* III im Text zitiert.

15 Z. B.: A. Breton, *L'Amour fou,* Frankfurt 1975, S. 30: »Es geht darum, *die Wege der Begierde nicht,* hinter sich, *wiederverwuchern zu lassen.*« Vgl. auch S. 111.

16 G. Lukács, »Die Besonderheit . . .«, a. a. O., S. 697 und S. 696.

17 H. Heine, »Die Bäder von Lucca«, in: *Werke,* 2. Bd., ed. W. Preisendanz, Frankfurt 1968, S. 318.

18 H. Heine, »Die deutsche Literatur«, in: *Werke,* 4. Bd., ed. H. Schanze, Frankfurt 1968, S. 18; vgl. dazu W. Preisendanz, »Der Funktionsübergang von Dichtung und Publizistik bei Heine«, in: *Die nicht mehr schönen Künste. Poetik und Hermeneutik III,* a. a. O., S. 345 ff.

19 H. Heine, »Zur Geschichte der Religion und Philosophie in Deutschland«, in: *Werke,* 4. Bd., a. a. O., S. 85: »Die Poesie ist jetzt nicht mehr objektiv, episch und naiv, sondern subjektiv, lyrisch und reflektierend.« O. Marquard bezeichnet Heines Position im Anschluß an Preisendanz »als eine provisorische und interimistische Subjektivität«, *Poetik und Hermeneutik III,* a. a. O., S. 632.

20 Vgl. J. Hörisch, *Die fröhliche Wissenschaft der Poesie. Der Universalitätsanspruch von Dichtung in der frühromantischen Poetologie,* Frankfurt 1976.

21 F. Schlegel, »Über das Studium der griechischen Poesie«, in: ders., *Schriften zur Literatur,* ed. W. Rasch, München 1972, S. 84; im folgenden unter der Sigle (S) im Text zitiert.

22 Dazu heißt es: Die objektive Poesie »macht keine Ansprüche auf Realität.« (S, S. 88)

23 Schlegel bemerkt später distanziert: »Mein Versuch über das Studium der griechischen Poesie ist ein manierierter Hymnus in Prosa auf das Objektive in der Poesie.« *Kritische Friedrich-Schlegel-Ausgabe,* ed. E. Behler u. a., Mün-

chen, Paderborn, Wien 1967, II. Bd., S. 147; für eine Kontinuität des Gedankens der objektiven Poesie im Gesamtwerk F. Schlegels argumentiert F. N. Mennemeier, *Friedrich Schlegels Poesiebegriff. Die romantische Konzeption einer objektiven Poesie,* München 1971.

24 Vgl. N. Sarraute, *Zeitalter des Mißtrauens. Essays über den Roman,* Frankfurt 1975.

25 Vgl. W. Iser, »Reduktionsformen der Subjektivität«, in: *Die nicht mehr schönen Künste. Poetik und Hermeneutik III,* a. a. O., S. 435-491.

26 Diese Entgrenzung erlaubt es zweifellos auch, ein Schnapsglas auf die Bühne zu stellen, ohne daß wir mit Hegel sagen müßten, deshalb gingen wir nicht ins Theater. – Eine Abundanz, die Breton sagen ließ, die Schönheit werde entweder konvulsiv oder gar nicht sein. A. Breton, *Nadja,* Paris 1964, S. 187 (»La beauté sera CONVULSIVE ou ne sera pas.«); auch Breton spricht hiermit, nebenbei gesagt, eine Prognose aus.

Paradigmata des Fortschritts

1 H. Bergson, *Schöpferische Entwicklung,* Jena 1910, S. 1.

2 Vgl. J. B. Bury, *The Idea of Progress. An Inquiry into its Origin and Growth,* New York 1955, S. 202 ff.

3 A. a. O., S. 2.

4 A. a. O., S. 335: »Evolution itself, it must be remembered, does not necessarily mean, applied to society, the movement of man to a desirable goal. It is a neutral, scientific conception, compatible either with optimism or with pessimism.«

5 W. Benjamin, »Über den Begriff der Geschichte«, in: *Gesammelte Schriften I,* 2, ed. R. Tiedemann u. H. Schweppenhäuser, Frankfurt 1974, S. 697 f.

6 Th. W. Adorno, »Fortschritt«, in: ders., *Stichworte. Kritische Modelle 2,* Frankfurt 1969, S. 42.

7 Bury, a. a. O., S. 6 f.

8 Adorno, a. a. O., S. 37.

9 F. Nietzsche, »Ecce Homo«, in: *Werke,* 2. Bd., ed. K. Schlechta, München 1973^7, S. 1072.

10 A. a. O., S. 1070.

11 A. a. O., S. 1071.

12 Ebd.

13 F. Nietzsche, »Der Fall Wagner«, in: *Werke,* 2. Bd., a. a. O., S. 912.

14 Diesen Anspruch betont auch R.-R. Wuthenow, *Muse, Maske, Meduse. Europäischer Ästhetizismus,* Frankfurt 1978, S. 128: »Dekadenz gilt als Fortschritt im Selbstverständnis der Autoren, der sonst gepriesene Fortschritt aber als Verfall.«

15 Nietzsche, »Der Fall Wagner«, a. a. O., S. 913.

16 Vgl. B. Greiner, *Friedrich Nietzsche: Versuch und Versuchung in seinen Aphorismen,* München 1972.

17 Vgl. P. Szondi, »Das Naive ist das Sentimentalische«, in: ders., *Lektüren und Lektionen,* Frankfurt 1973, S. 47 ff.

18 J. G. Herder, *Sprachphilosophische Schriften,* ed. E. Heintel, Hamburg 1960, S. 112. – In einem Brief an Emil Fluß berichtet der junge Sigmund Freud, ein Lehrer habe zu ihm gesagt, »daß ich hätte, was Herder so schön einen idiotischen Stil nennt, das ist einen Stil, der zugleich korrekt und charakteristisch ist.« S. Freud, *Briefe (1873-1939),* Frankfurt 1968, S. 6. – Nach der Untersuchung von Martin Dibelius, der der immerhin erstaunlichen Tatsache nachgeht, daß Nietzsche das Wort »Idiot« auch auf Jesus und Kant angewendet hat, sei es nicht im Sinne einer Beleidigung zu verstehen, sondern bezeichne einen bestimmten Typus: »den wirklichkeitsfremden, die natürlichen Instinkte verleugnenden Menschen«. M. Dibelius, »Der ›psychologische Typus des Erlösers‹ bei Friedrich Nietzsche«, in: *DVjs,* 22. Jahrg., 1. Heft, 1944, S. 69.

19 Nietzsche, »Der Fall Wagner«, a. a. O., S. 917.

20 Vgl. U. Eco, *Das offene Kunstwerk,* Frankfurt 1973, bes. die Ausführungen zu Joyce, S. 293-442.

21 J. Tynjanov, »Das literarische Faktum«, in: *Russischer Formalismus,* ed. J. Striedter, München 1971, S. 399. Der letzte Satz bei Tynjanov gesperrt.

22 A. a. O., S. 411.

23 A. a. O., S. 409.

24 J. Tynjanov, »Über die literarische Evolution«, in: *Russischer Formalismus,* a. a. O., S. 447.

25 A. a. O., S. 441.

Lehre vom Sprung

1 Vgl. etwa die hierfür repräsentativen Arbeiten von Gustave Lanson, »La fonction des influences étrangère dans le développement de la littérature française«, in: G. Lanson, *Essais de méthode, de critique et d'histoire littéraire,* Paris 1965, S. 89 ff., und »Sur la notion d'influence«, a. a. O., S. 95 ff.

2 E. Gaede, »Nietzsche et la littérature«, in: *Cahiers de Royaumont. Philosophie* N°VI, Paris 1967, S. 146. Gaede äußert sich allerdings gerade kritisch: »je ne crois pas trop à ›l'influence‹ comme principe d'explication des phénomènes littéraires«, S. 145; ihm geht es vielmehr um: »un point de vue qui met en présence sans subordonner, et qui établit des relations sans établir des dépandances«, S. 146.

3 Vgl. K. Heitmann, *Der Immoralismus-Prozeß gegen die französische Literatur im 19. Jahrhundert,* Bad Homburg, Berlin, Zürich 1970, S. 33.

4 »L'objet des historiens, c'est le passé ... Notre objet, c'est le passé aussi, mais un passé qui demeure: la litterature, c'est à la fois du passé et du présent.« G. Lanson, »La méthode de l'histoire littéraire«, in: ders., *Essais de méthode ...,* a. a. O., S. 33.

5 R. Barthes, *Literatur oder Geschichte,* Frankfurt 1969, S. 12.

6 V. Schklowskij, »Über die Einheit«, in: ders., *Von der Ungleichheit des Ähnlichen in der Kunst,* München 1973, S. 14.

7 Homer, *Odyssee,* 10. Gesang, V. 237-240, in der Übersetzung von J. H. Voß, Frankfurt 1963 (Exempla Classica), S. 146; im folgenden unter der Sigle O im Text zitiert.

8 Lautréamont, *Die Gesänge des Maldoror,* 4. Gesang, Abschn. 6, in der Übersetzung von Ré Soupault, München 1976, S. 152; im folgenden unter der Sigle M im Text zitiert.

9 F. Kafka, »Die Verwandlung«, in: *Sämtliche Erzählungen,* ed. P. Raabe, Frankfurt 1970, S. 56; im folgenden unter der Sigle V im Text zitiert.

10 Zur Darstellung *dieser* Verwandlung vgl. F. Kafka, »Ein Bericht für eine Akademie«, in: *Sämtliche Erzählungen,* a. a. O., S. 147-155.

11 Vgl. E. Lenk, »Der Traum als Konstruktionsprinzip bei Lautréamont und Caroll«, in: Lautréamont, *Die Gesänge des Maldoror,* a. a. O., S. 294-317.

12 Vgl. R. Soupault, »Nachwort« zu Lautréamont, a. a. O., S. 278.

13 Dieses umgekehrte Verhältnis zur Identität betont (überbetont?) auch Raymond Jean, *Lectures du désir. Nerval, Lautréamont, Apollinaire, Eluard,* Paris 1977, S. 78: »Maldoror n'a pas de réalité ›substantielle‹. [. . .] Il ne s'incarne que dans la métamorphose, [. . .] Lautréamont, bien avant tel romancier contemporain, a liquidé avec une suprême aisance la notion d'identité qui traditionellement fonde celle de personnage.«

14 S. Freud, »Der Wahn und die Träume in W. Jensens *Gradiva*«, in: *Studienausgabe,* ed. A. Mitscherlich u. a., Bd. X, Frankfurt 1969[3], S. 13.

15 Prekär erscheint in diesem Zusammenhang das einen erheblichen Teil der Kafkaliteratur bewegende Motiv, die Texte jeweils auf Befindlichkeiten und Wünsche, die Kafka in seinen Tagebüchern und Briefen äußert, zu beziehen. Das geschieht besonders kraß bei H. Binder, *Kafka-Kommentar,* München 1975, S. 155, wo es heißt: »[. . .] daß der Verwandelte eigene, folgerichtig zu Ende gedachte Lebensmöglichkeiten des Autors manifestiert.« Die Legitimität dieser Deutung wird zudem durch den angeblichen »hermeneutischen Grundsatz, daß der Autor der beste Interpret seiner selbst sei« (S. 19) begründet, was falsch ist, da diese Maxime bekanntlich in der Schleiermacherschen Formulierung lautet: »den Schriftsteller besser verstehen als er selbst«. Fr. D. E. Schleiermacher, *Hermeneutik,* ed. H. Kimmerle, Heidelberg 1959, S. 50 u. ö. Vgl. auch U. Japp, *Hermeneutik. Der theoretische Diskurs, die Literatur und die Konstruktion ihres Zusammenhanges in den philologischen Wissenschaften,* München 1977.

16 Vgl. S. Kracauer, *Geschichte – Vor den letzten Dingen,* Frankfurt 1973, S. 182.

17 A. a. O., S. 214.

18 A. a. O., S. 168.

19 J. Kristeva, *La révolution du langage poétique. L'avant-garde à la fin du XIXe siècle: Lautréamont et Mallarmé,* Paris 1974.

20 Novalis, *Werke,* Bd. III, ed. R. Samuel in Zusammenarbeit mit H.-J. Mähl u. G. Schulz, Stuttgart 1968, S. 404.

21 Vgl. dazu G. Michaud, *Message poétique du symbolisme,* Paris 1947, S. 93 ff.; P. Capretz, *Quelques sources de Lautréamont,* Diss., Paris 1950.

22 J. Tynjanov, »Das literarische Faktum«, in: *Russischer Formalismus,* ed. J. Striedter, München 1971, S. 395; bei Tynjanov gesperrt.

23 Vgl. G. Scholz, »Sprung. Zur Geschichte eines philosophischen Begriffes«, in: *Archiv für Begriffsgeschichte* Bd. XI, Bonn 1967; dort zur Dokumentation des Sprungbegriffs: über Hegels Theorie des dialektischen Sprunges (210); den Marxschen Revolutionsbegriff (213); Kierkegaards Sprung als »Entscheidungskategorie« (214), Sprung in die Sünde (223), Sprung »über sich selbst hinaus in das Paradox hinein« (227); Lessings Sprung als Glaubensent-

scheidung (215); Jacobis »salto mortale« zur Überwindung des Spinozismus (215); Fichtes Sprung zum Ich (220); Schellings Sprung vom Absoluten zum Wirklichen (223); Blochs Sprung als »Sprengung des status quo ante« (232); Heideggers Sprung als unableitbarer Ur-sprung der Kunst in der Geschichte (234 f.); zusammenfassend für die Verwendung im 20. Jahrhundert: »Sprung wird zum Wort für das abrupte Entstehen eines erwarteten Neuen und für den Bruch mit dem Vergangenen.« (231)

24 G. W. Leibniz, *Die philosophischen Schriften,* V. Bd., ed. C. I. Gerhardt, Hildesheim 1960 (Nachdruck der Ausgabe Berlin 1882), S. 455: »Tout va par degrés dans la nature, et rien par saut, et cette regle à L'egard des changements est une partie de ma loy de la continuité.« Vgl. hierzu: G. Buck, »Die Freudigkeit jenes Sprungs ...« Negativität, Diskontinuität und die Stetigkeit des Bios«, in: *Positionen der Negativität. Poetik und Hermeneutik VI,* ed. H. Weinrich, München 1975, S. 155-176.

25 »Seltsamer Sprung, der uns vermutlich den Einblick erbringt, daß wir uns noch nicht genügend dort aufhalten, wo wir eigentlich schon sind.« M. Heidegger, »Der Satz der Identität«, in: ders., *Identität und Differenz,* Pfullingen 1957, S. 21.

Die Idee historischer Diskontinuität

1 Diese Frage steht bereits am Anfang der Überlegungen von G. Scholtz, »Sprung. Zur Geschichte eines philosophischen Begriffes«, in: *Archiv für Begriffsgeschichte,* Bd. IX, 1967, S. 206, wird aber im Laufe der Argumentation, wie auch schon der Untertitel zeigt, positiv entschieden.

2 Zur Abwehr des Sprunggedankens vgl. M. Foucault, *Die Ordnung der Dinge. Eine Archäologie der Humanwissenschaften,* Frankfurt 1971, dort: »Das Kontinuum und die Katastrophe«, S. 189-195.

3 Vgl. H. M. Baumgartner, *Kontinuität und Geschichte. Zur Kritik und Metakritik der historischen Vernunft,* Frankfurt 1972, S. 48.

4 J. L. Borges, »Die Bibliothek von Babel«, in: ders., *Labyrinthe,* München 1969², S. 105.

5 G. Simmel, »Beiträge zur Philosophie der Geschichte«, in: ders., *Das individuelle Gesetz,* ed. M. Landmann, Frankfurt 1968, S. 35.

6 G. W. Leibniz, zit. n. G. Scholz, »Sprung«, a. a. O., S. 208.

7 Gegen solche selbstverständliche Verwendungsweise des Geschichtsbegriffs polemisiert Odo Marquard: »Aber es müßte unzulässig werden, den Geschichtsbegriff präfixfrei zu gebrauchen.« O. Marquard, *Skeptische Methode im Blick auf Kant,* Freiburg/München 1958, S. 23. Eine Erörterung der Geschichte sei lediglich als Aporetik oder als »Inventur der Geschichtsbegriffe« möglich.

8 J. Burckhardt, *Weltgeschichtliche Betrachtungen,* Berlin und Stuttgart 1910², S. 2. Zum »Kentauren«-Problem: O. Marquard, *Schwierigkeiten mit der Geschichtsphilosophie,* Frankfurt 1973, S. 212; S. Kracauer, *Geschichte – Vor den letzten Dingen,* Frankfurt 1971, S. 239.

9 A. Schopenhauer, *Die Welt als Wille und Vorstellung II,* ed. W. Frhr. v. Löhneysen, Sämtliche Werke Bd. II, Stuttgart/Frankfurt 1976, S. 564.

10 A. a. O., S. 568.
11 A. Schopenhauer, a. a. O., S. 567; J. Burckhardt, a. a. O., S. 3.
12 J. Burckhardt, a. a. O., S. 1 u. 4.
13 S. Kracauer, a. a. O., S. 62; auch S. 173-176; insgesamt zu Kontinuität-Diskontinuität S. 129, 138, 185 (»Sprung«), 196, 210, 226, 272.
14 H.-G. Gadamer, »Die Kontinuität der Geschichte und der Augenblick der Existenz«, in: ders., *Kleine Schriften I. Philosophie. Hermeneutik,* Tübingen 1967, S. 152.
15 a. a. O., S. 156.
16 A. a. O., S. 160.
17 A. a. O., S. 159.
18 M. Foucault, *Archäologie des Wissens,* Frankfurt 1973, S. 245; insgesamt: »Die Veränderung und die Transformationen«, S. 236-252.
19 A. a. O., S. 243.
20 A. a. O., S. 24.
21 A. a. O., S. 249.
22 A. a. O., S. 248 f.; vgl. auch das »Prinzip der Diskontinuität« in: M. Foucault, *Die Ordnung des Diskurses,* München 1974, S. 36.
23 »[. . .] nun gut, ich bin ein glücklicher Positivist«, M. Foucault, *Archäologie des Wissens,* a. a. O., S. 182.
24 R. Barthes, *Literatur oder Geschichte,* Frankfurt 1969: »[. . .] daß man uns eine Geschichte der Tränen gebe [. . .]« S. 17; »Und wiederum Jean Pommier hat eine Geschichte der Imagination im 17. Jahrhundert gefordert (und insbesondere des Themas der Metamorphose).« A. a. O., S. 20; P. Kluckhohn, *Die Auffassung der Liebe im 18. Jahrhundert und in der Romantik,* Halle 1931.
25 C. Lévi-Strauss, *Das wilde Denken,* Frankfurt 1968, S. 295 f.
26 A. a. O., S. 303.
27 A. a. O., S. 296.
28 A. a. O., S. 299.
29 A. a. O., S. 300.
30 A. a. O., S. 300 f.
31 A. a. O., S. 298.
32 R. Barthes, »Littérature et discontinu«, in: R. Barthes, *Essais Critiques,* Paris 1964, S. 175 f.; dtsch. Übersetzung: R. Barthes, »Literatur und Diskontinuität«, in: R. Barthes, *Literatur oder Geschichte,* Frankfurt 1969, S. 86.
33 A. a. O., S. 178; dtsch. S. 89.
34 A. a. O., S. 177; dtsch. S. 87 f.
35 M. Foucault, *Archäologie des Wissens,* a. a. O., S. 36.
36 J. Derrida, »Ellipse«, in: J. Derrida, *Die Schrift und die Differenz,* Frankfurt 1972, S. 443.
37 H. W. Eppelsheimer, *Geschichte der Europäischen Weltliteratur,* Frankfurt 1970, S. 246 f.
38 Vgl. J. L. Borges, »Die Bibliothek von Babel«, a. a. O., S. 98, 99, 105.

Literaturgeschichte als Geschichte von Sinnkrisen

1 N. Luhmann, »Sinn als Grundbegriff der Soziologie«, in: J. Habermas / N. Luhmann, *Theorie der Gesellschaft oder Sozialtechnologie – Was leistet die Systemforschung,* Frankfurt 1971, S. 48 f.

2 N. Luhmann, »Moderne Systemtheorien als Form gesamtgesellschaftlicher Analyse«, in: *Theorie der Gesellschaft oder Sozialtechnologie . . .,* a. a. O., S. 12.

3 Ebd.

4 A. T. Tymieniecka, *Eros et Logos. Esquisse de Phénoménologie de l'Intériorité Créatrice, illustré par les Textes Poétiques de Paul Valéry,* Paris 1972, S. 33.

5 P. Valéry, *Œuvres,* Bd. I, Paris 1957, S. 150.

6 Hierzu ausführlich: U. Japp, »Sinnkrise und Sinnverstehen. Hermeneutische Probleme mit Valérys *Cimetière marin*«, in: *Poetik und Hermeneutik* IX, im Druck.

7 F. Kafka, »Tagebücher 1910-1923«, in: *Gesammelte Werke,* ed. M. Brod, Bd. 7, Frankfurt 1967, S. 237.

8 A. a. O., S. 240.

9 A. a. O., S. 242. Die Sekundärliteratur tendiert aus solchen Zusammenhängen dazu, Kafka insgesamt zum Zeugen der »Krise neuzeitlichen Denkens« zu machen. Damit wird aber ein kaum noch bestimmbarer Krisenbegriff eingebracht. Vgl. dazu P. U. Beicken, *Franz Kafka. Eine kritische Einführung in die Forschung,* Frankfurt 1974, S. 188, 189, 228, 233.

10 H. v. Hofmannsthal, »Ein Brief«, in: *Gesammelte Werke in Einzelausgaben,* ed. H. Steiner, Prosa II, Frankfurt 1959 (6.-9. Tausend), S. 7-20; im folgenden unter der Sigle B im Text zitiert.

11 R.-R. Wuthenow, *Muse, Maske, Meduse. Europäischer Ästhetizismus,* Frankfurt 1978, S. 234 f.

12 H. Broch, *Hofmannsthal und seine Zeit. Eine Studie,* Frankfurt 1974, S. 122.

13 A. a. O., S. 124.

14 Vgl. etwa Maurice Blanchot, *L'espace littéraire,* Paris 1955, S. 243 ff.

15 M. Blanchot, *Die wesentliche Einsamkeit,* Berlin 1959, S. 26.

16 »Der Schriftsteller weiß nie, ob das Werk fertig ist.« A. a. O., S. 12.

17 J. Kristeva, *Polylogue,* Paris 1977, S. 8. Ein solches »polylogisches« Verfahren leitet R. Barthes aus der Polysemie des Textes ab; vgl. R. Barthes, *S/Z,* Paris 1970, S. 18.

18 J. Kristeva, *Polylogue,* S. 518 f.

19 Siehe dazu R. Koselleck, *Kritik und Krise. Ein Beitrag zur Pathogenese der bürgerlichen Welt,* Freiburg/München 1959^{2}, S. 132-157; P. Hazard, *Die Krise des europäischen Geistes,* Hamburg 1939, passim.

20 Vgl. H. Mayer, *Außenseiter,* Frankfurt 1975, S. 207-223.

21 H. A. Korff, *Geist der Goethezeit. Versuch einer ideellen Entwicklung der klassisch-romantischen Literaturgeschichte,* I. Teil, Leipzig 1964^{7}, S. 9.

22 A. a. O., S. 10.

23 W. Muschg, *Tragische Literaturgeschichte,* Bern u. München 1957^{4}, S. 13. Vgl. dazu P. Kluckhohn, Rez. v. W. Muschg, *Tragische Literaturgeschichte,* in: *DVjs,* 25. Jg., 1951, S. 126: »[. . .] eine Literaturgeschichte ist das Werk nicht.«

Sinn und Symbol

1 F. Nietzsche an F. Overbeck, 23. 2. 1887, *Werke,* 3. Bd., ed. K. Schlechta, München 1973, S. 1250.
2 F. Nietzsche, »Aus dem Nachlaß der Achtziger Jahre«, a. a. O., S. 903.
3 Ebd.
4 Vgl. etwa H. u. H. Schlaffer, *Studien zum ästhetischen Historismus,* Frankfurt 1975, S. 8: »Was jedoch heißt ›Gegenstand‹ bei ideengeschichtlichen Untersuchungen? Er ist nicht gegeben, wohlbegrenzt und kompakt.«
5 A. C. Danto, *Analytische Philosophie der Geschichte,* Frankfurt 1974, S. 157.
6 A. Schopenhauer, *Die Welt als Wille und Vorstellung II,* ed. W. Frhr. v. Löhneysen, Sämtliche Werke Bd. II, Stuttgart/Frankfurt 1976, S. 551.
7 A. a. O., S. 574.
8 Vgl. Danto, a. a. O., S. 104.
9 Schopenhauer, a. a. O., S. 550 f.
10 A. a. O., S. 553.
11 G. Todorov, »Poetik«, in: *Einführung in den Strukturalismus,* ed. F. Wahl, Frankfurt 1973, S. 115. Das Beispiel »Abendstern/Morgenstern« geht zurück auf G. Frege, »Über Sinn und Bedeutung«, in: *Ztschr. f. Philos. und philos. Kritik,* N. F. 100, 1892. Die hiervon ausgehende Trennung in Referenzsemantik (Bedeutung: Welt der Gegenstände) und Sinnsemantik (Sinn: innersprachliche und mentale Beziehungen) beschäftigt die Sprachwissenschaft bis heute.
12 F. Kafka, »Die Sorge des Hausvaters«, in: *Sämtliche Erzählungen,* ed. P. Raabe, Frankfurt 1970, S. 139.
13 Danto, a. a. O., S. 151.
14 Eine Frage, die schon Schleiermacher beschäftigte: »Einige nennen das was man sich bei dem Wort an und für sich denkt die *Bedeutung,* das aber was man sich dabei denkt in einem gegebenen Zusammenhang den *Sinn.* Andere sagen ein Wort habe nur eine *Bedeutung* keinen Sinn; ein Satz an und für sich hat einen *Sinn* aber noch keinen *Verstand* sondern den hat nur eine völlig geschlossene Rede.« F. D. E. Schleiermacher, *Hermeneutik,* ed. H. Kimmerle, Heidelberg 1959, S. 90.
15 J. Starobinski, *La relation critique,* Paris 1970, S. 15.
16 Starobinski, a. a. O., S. 21.
17 Todorov, ebd. Im Anschluß an Todorov sagt das auch M. Frank, *Das individuelle Allgemeine. Textstrukturierung und -interpretation nach Schleiermacher,* Frankfurt 1977, S. 166 f.: »Wer den Aspekt der Bedeutung gegenüber dem der Selbstreferenz qua Sinn unterdrückt und das Wort in der Selbstverhaftetheit des Imaginären einschließen möchte, ist nicht minder im Unrecht wie der Positivist, der den Signifikanten auf ein an ihm selbst unwesentliches Vehikel der Bedeutung reduziert.«
18 P. Valéry, *Œuvres* (Pléiade), Bd. I, Paris 1957, S. 1507. Vgl. dazu: U. Japp, »Sinnkrise und Sinnverstehen. Hermeneutische Probleme mit Valérys *Cimetière marin*«, in: *Poetik und Hermeneutik* IX, im Druck.
19 Schleiermacher kritisiert Asts Auffassung, der der »Hermeneutik des Sinnes« eine mittlere Position zwischen der »Hermeneutik des Buchstabens« und der »Hermeneutik des Geistes« zuweist. Sinn meint demnach allerdings lediglich

die »Bedeutung des Buchstabens in dem Zusammenhang einer einzelnen Stelle«. Diese reduzierte Deutung von Sinn gehörte für Schleiermacher zu den unzulänglichen Instrumenten der »Stellen-Hermeneutik«, die er mit seiner Intention auf eine allgemeine Hermeneutik überwinden wollte. »Nur soviel ist klar, daß Wort- und Sacherklärung noch keine Auslegung sind sondern nur Elemente derselben, und die Hermeneutik erst mit der Bestimmung des Sinnes allerdings vermittelst jener Elemente beginnt.« Schleiermacher, *Hermeneutik,* a. a. O., S. 154.

20 Auch Schleiermacher protestiert gegen den Anschein, »als sei die grammatische und die historische Interpretation jede etwas Besonderes für sich.« Schleiermacher, a. a. O., S. 155.

21 T. Todorov, *Théories du symbole,* Paris 1977, S. 9.

22 E. Cassirer, *Philosophie der symbolischen Formen,* 1. Teil, *Die Sprache,* Darmstadt 1972^{5}; E. Cassirer, *Wesen und Wirkung des Symbolbegriffs,* Darmstadt 1969^{4}.

23 Vgl. dazu die Darstellung bei M. Frank, *Das individuelle Allgemeine,* a. a. O., S. 223-246 (Designatorische und symbolisierende Zeichenverwendung).

24 Freilich verstehen wir darunter keine historische Abfolge, wie sie J. Kristeva unter dem Titel »Du symbole au signe« behauptet: »la pensée du signe remplace celle du symbole«. Dieser Wechsel habe zwischen dem 13. und 15. Jahrhundert stattgefunden. J. Kristeva, »Le texte clos«, in: dies., *Recherches pour une sémanalyse,* Paris 1969, S. 116 ff. Vgl. auch die Unterscheidung zwischen »le symbolique« und »le sémiotique« in: J. Kristeva, *Polylogue,* Paris 1977, S. 14 ff. Mit »symbolique« ist hier merkwürdigerweise gemeint, was man traditionellerweise unter Semiotik zu verstehen pflegt, nämlich eine Theorie vom Zeichen. Mit »sémiotique« dagegen meint Kristeva nun, was sie »pratique« nennt. Dieses Interesse an der Überführung – oder Verwandlung – von semiotischer Theorie in gesellschaftlicher Praxis ist insgesamt kennzeichnend für die Gruppe *Tel quel* und den Telquelisme; vgl. *Théorie d'Ensemble,* Paris 1968.

25 F. W. J. Schelling, *Philosophie der Kunst* (Reprografischer Nachdruck der Ausgabe von 1859), Darmstadt 1976, S. 51.

26 A. a. O., S. 55. Daß hier der Kunst – im Gegensatz zur Ästhetik Hegels – eine gleichsam überlegene Stellung zugesprochen wird, ist mehrfach bemerkt worden. Vgl. D. Jähnig, *Schelling. Die Kunst in der Philosophie.* Bd. 1: *Schellings Begründung von Natur und Geschichte,* Pfullingen 1966; H. Freier, *Die Rückkehr der Götter. Von der ästhetischen Überschreitung der Wissensgrenze zur Mythologie der Moderne. Eine Untersuchung zur systematischen Rolle der Kunst in der Philosophie Kants und Schellings,* Stuttgart 1976.

27 Schelling, a. a. O., S. 55.

28 Vgl. dazu P. Szondi, *Poetik und Geschichtsphilosophie I, Studienausgabe der Vorlesungen,* Bd. 2, ed. S. Metz u. H.-H. Hildebrandt, Frankfurt 1974, S. 215-248, bes. S. 222 ff. Zu Schellings Symbolkonzeption vgl. T. Todorov, *Théories du symbole,* a. a. O., S. 243-249.

29 F. de Saussure, *Grundfragen der allgemeinen Sprachwissenschaft,* ed. C. Bally u. A. Sechehaye, übersetzt v. H. Lommel, Berlin 1967^{2}, S. 19. Die deutsche Übersetzung bedient sich des unüblichen Ausdrucks »Semeologie«. Die doppelte Problematik dieser Edition und dieser Übersetzung ist hinlänglich bekannt. Für eine kritisch-philologische Auseinandersetzung, die wir hier

nicht vorheben, ist es deshalb zweifellos geboten, sich auf die édition critique von R. Engler zu beziehen: F. de Saussure, *Cours de linguistique générale,* édition critique par R. Engler, Wiesbaden 1967 ff.

30 Saussure, *Grundfragen* . . ., a. a. O., S. 9.

31 A. a. O., S. 143.

32 A. a. O., S. 145. Zu den teils interessanten, teils bizarren Überlegungen, die der Strukturalismus mit Derrida unter dem Titel der »différance« und mit Lacan unter dem Titel des »décentrement« an diese Grundeinsicht Saussures geknüpft hat, vgl. M. Frank, *Das individuelle Allgemeine,* S. 48-86. Siehe auch J. Derrida, »La différance«, in: ders., *Marges de la philosophie,* Paris 1972, S. 1-29.

33 Vgl. E. Cassirer, *Philosophie der symbolischen Formen,* a. a. O., Kapitel V: *Die Sprache als Ausdruck der logischen Beziehungsformen. – Die Relationsbegriffe,* S. 280-300; und: E. Cassirer, *Substanzbegriff und Funktionsbegriff,* Darmstadt 1969. (1. Aufl., Berlin 1910)

34 Saussure, *Grundfragen* . . ., a. a. O., S. 146.

35 A. a. O., S. 79.

36 Siehe G. Genette, *Mimologiques. Voyage en Cratylie,* Paris 1976, S. 9.

37 Platon, »Kratylos«, in: ders., *Sämtliche Werke* 2, ed. W. F. Otto, E. Grassi u. G. Plamböck, übersetzt v. F. Schleiermacher, Reinbek 1970 (1. Aufl. 1957), S. 126. Im folgenden zitiert durch Angabe der Stephanus-Numerierung im Text.

38 Genette, *Mimologiques,* a. a. O., S. 70.

39 »je propose de baptiser cette attitude *cratylisme* (ou *mimologisme*) *secondaire,* [. . .].« Genette, a. a. O., S. 36.

40 Saussure, a. a. O., S. 81.

41 A. a. O., S. 80.

42 Todorov, *Théories du symbole,* a. a. O., S. 336 f.

43 Dazu D. Sperber, *Über Symbolik,* Frankfurt 1975, S. 91: »Anders gesagt, ein Element erhält seinen symbolischen Wert in dem Maße, in dem es von einer Norm abweicht, einer Norm, die selbst symbolisch sein kann.« Dieses Argument der Abweichung ist von den Formalisten insgesamt zur Kennzeichnung der poetischen Sprache verwendet worden. Diese »Deviationsstilistik« wird von W. Iser kritisiert, indem er darauf hinweist, daß es einer sprachlichen Norm bedürfe, um von Abweichung zu sprechen. Eine solche Sprachnorm sei aber mehr oder weniger eine Fiktion. Deshalb schlägt Iser vor, wenn man den Begriff der Abweichung überhaupt verwenden wolle, ihn auf die »Erwartungsnormen« des Lesers zu beziehen. Vgl. W. Iser, *Der Akt des Lesens. Theorie ästhetischer Wirkung,* München 1976, S. 145-155, hier S. 149.

44 Vgl. P. U. Beicken, *Franz Kafka. Eine kritische Einführung in die Forschung,* Frankfurt 1974, S. 261-272, wo die Frage gestellt wird, ob es sich noch »um ein traditionell verständliches Symbol« (S. 261) handeln könne, wo allerdings auch zahlreiche »Übersetzungen« angeführt werden. Ein besonders absurdes Beispiel einer solchen »Übersetzung« führt H. Binder, *Kafka in neuer Sicht. Mimik, Gestik und Personengefüge als Darstellungsform des Autobiographischen,* Stuttgart 1976, S. 153, an: »K. H. Ruhleder hat behauptet, die Verwandlung Gregors in einen Mistkäfer meine symbolisch die Transformation des Mannes Gregor in einen hermaphroditischen Skarabäus, der für die Bereiche des Weiterlebens nach dem Tode, einer neuen Geburt, des ewigen

Lebens und des Wunders der Urzeugung stehe.« Mit Recht bemerkt Binder: »Gewiß ist diese Interpretation unsinnig.« Ebd.

Figuren des Imaginären

1 A. Hauser, *Sozialgeschichte der Kunst und Literatur,* München 1967, S. 879 ff.
2 Vgl. P. A. W. Collins, *Dickens and Crime,* 1962.
3 Ch. Dickens, *The Pickwick Papers,* ed. R. R. Patten, Harmondsworth 1976, S. 230.
4 A. a. O., S. 234.
5 Diese Unterscheidung nach P. Jansen, *Anthropologie und sprachliche Verständigung. Zur kategorialen Grundlegung der Sprachdidaktik,* Bochum 1978.
6 J.-P. Sartre, *L'imaginaire. Psychologie phénoménologique de l'imagination,* Paris 1975, S. 367.
7 E. Auerbach, »Figura«, in: ders., *Gesammelte Aufsätze zur romanischen Philologie,* Bern u. München 1967, S. 55.
8 A. a. O., S. 57.
9 A. a. O., S. 58.
10 Platon, »Politeia«, in: *Sämtliche Werke* 3, ed. W. F. Otto, E. Grassi, G. Plamböck, Reinbek 1970, S. 291.
11 E. Auerbach, »Figura«, a. a. O., S. 63.
12 G. Genette, »La rhétorique restreinte«, in: ders., *Figures III,* Paris 1972, S. 22.
13 P. Fontanier, *Les Figures du Discours,* ed. G. Genette, Paris 1977, S. 73-108.
14 H. Lausberg, *Elemente der literarischen Rhetorik,* München 1963^2, S. 65-80.
15 Besonders dann, wenn man, wie Odo Marquard, die Hermeneutik als »Lust am Kontext« bestimmt; vgl. O. Marquard, »Felix culpa?«, in: *Poetik und Hermeneutik* IX, im Druck.
16 Vgl. H. Lausberg, a. a. O., S. 138.
17 R. L. Platten, »Introduction« zu: Ch. Dickens, *The Pickwick Papers,* a. a. O., S. 27 (»linguistic incompetence«).
18 E. Auerbach, »Figura«, a. a. O., S. 64.
19 P. Fontanier, *Les Figures du Discours,* a. a. O., S. 64; ebenfalls S. 279.
20 M. Deguy, »Vers une théorie de la figure généralisée«, in: *Critique* 269, Octobre 1969, S. 851. Vgl. auch M. Charles, »Le discours des figures«, in: *Poétique 4,* 1973, S. 340-364.
21 M. Deguy, a. a. O., S. 852.
22 »Peut-être même s'agira – t-il de remonter plus amont, en-deçà de la différence admise entre philosophie et poésie, logique et mythologie.« Ebd.
23 G. Genette, »La rhétorique des figures«, in: P. Fontanier, *Les Figures du Discours,* a. a. O., S. 12.
24 T. Todorov, »Poetik«, in: *Einführung in den Strukturalismus,* ed. F. Wahl, Frankfurt 1973, S. 117 f. Diese Definition vermeidet die Schwierigkeiten der traditionellen rhetorischen Begründungen; dennoch hält Todorov an einem Verständnis der Figur als rhetorischer Figur fest.

25 »Car la littérature, est-il besoin de le dire, est un monde entièrement imaginaire.« G. Poulet, »Préface«, in: J.-P. Richard, *Stendhal et Flaubert. Littérature et sensation,* Paris 1970, S. 9.
26 P. Valéry, *Œuvres,* Bd. I, Paris 1957, S. 1463.
27 P. Valéry, *Œuvres,* Bd. II, Paris 1960, S. 1532.

Philologie der Beziehung

1 »Topologisch gesehen: die Konnotation gewährleistet eine (begrenzte) Dissemination der Sinne, die wie Goldstaub auf der sichtbaren Oberfläche des Textes verteilt sind (Sinn ist Gold).« R. Barthes, *S/Z,* Frankfurt 1967, S. 13.
2 K. Flasch, *Zur Rehabilitierung der Relation. Die Theorie der Beziehung bei Johannes Eriugena,* Frankfurt 1971, S. 9.
3 F. Nietzsche, *Werke,* 3. Bd., ed. K. Schlechta, München 1973[7], S. 555.
4 M. Deguy, *Figurations,* Paris 1969, S. 172.
5 J. Schaaf, »Beziehung und Idee. Eine platonische Besinnung«, in: *Parusia. Studien zur Philosophie Platons und zur Problemgeschichte des Platonismus,* Frankfurt 1965, S. 3. Vgl. auch J. J. Schaaf, »Beziehung und Beziehungsloses (Absolutes)«, in: *Subjektivität und Metaphysik. Festschrift für W. Cramer,* ed. D. Henrich u. H. Wagner, Frankfurt 1966, S. 277-289; J. J. Schaaf, »Die Übergegenständlichkeit der Sprache«, in: *Muttersprache,* 77. Jg., Heft 5, Mannheim 1967, S. 126-133; D. Leisegang, *Die drei Potenzen der Relation,* Frankfurt 1969; D. Leisegang, *Dimension und Totaltät. »Entwurf einer Philosophie der Beziehung«,* Frankfurt 1972.
6 J. Schaaf, »Beziehung und Idee«, a. a. O., S. 10.
7 J. Schaaf, »Beziehung und Beziehungsloses (Absolutes)«, a. a. O., S. 289.
8 So etwa E. Holenstein, »Die Struktur des Verstehens. Strukturalismus *versus* Hermeneutik«, in: ders., *Linguistik, Semiotik, Hermeneutik. Plädoyers für eine strukturale Phänomenologie,* Frankfurt 1976, S. 176-197; vgl. auch P. Ricœur, *Hermeneutik und Strukturalismus. Der Konflikt der Interpretationen I,* München 1973, S. 81-100.
9 So die Reihenfolge der Strukturalismen in: *Einführung in den Strukturalismus,* ed. F. Wahl, Frankfurt 1973.
10 M. Foucault, *Archäologie des Wissens,* Frankfurt 1973, S. 273.
11 J. Pouillon, »Présentation du structuralisme: un essai de définition«, in: *Les Temps Modernes,* nov. 1966, S. 712; dtsch. nach M. Oppitz, *Notwendige Beziehungen. Abriß der strukturalen Anthropologie,* Frankfurt 1975, S. 25.
12 Vgl. M. Oppitz, *Notwendige Beziehungen,* a. a. O., S. 33, der die angedeutete Kontroverse unter dem Titel »Naturalismusstreit« behandelt.
13 C. Lévi-Strauss, *Das wilde Denken,* Frankfurt 1968, S. 49.
14 M. Oppitz, a. a. O., S. 24.
15 A. a. O., S. 246.
16 J. Schaaf, »Beziehung und Beziehungsloses (Absolutes), a. a. O., S. 284.
17 W. Iser, *Der Akt des Lesens. Theorie ästhetischer Wirkung,* München 1976.
18 J. L. Borges, »Die Bibliothek von Babel«, in: ders., *Labyrinthe,* München 1969[2], S. 98-107; vgl. dazu U. Japp, »Das Buch im Buch. Eine Figur des literarischen Hermetismus«, in: *Neue Rundschau,* 1975, 4. Heft, S. 660 f.

19 J. Kristeva, »Zu einer Semiologie der Paragramme«, in: *Strukturalismus als interpretatives Verfahren,* ed. H. Gallas, Darmstadt u. Neuwied 1972, S. 164. Der zitierte Satz lautet im Original: »Le texte littéraire est un réseau de connexions.« J. Kristeva, »Pour une sémiologie des paragrammes«, in: dies., *Recherches pour une sémanalyse,* Paris 1969, S. 175.

20 A. Hauser, *Sozialgeschichte der Kunst und Literatur,* München 1967, S. 839.

21 *Friedrich Schlegels »Philosophie der Philologie«.* Mit einer Einleitung herausgegeben von Josef Körner, in: *Logos,* Bd. XVII, Tübingen 1828, S. 26; im folgenden unter Angabe der Sigle (PP) und der Seitenzahl im Text zitiert.

22 Über das Verhältnis Boeckhs zu Schlegel vgl. J. Körners Einleitung zu: *Friedrich Schlegels »Philosophie der Philologie«,* a. a. O., S. 7 f.

23 A. Boeckh, *Enzyklopädie und Methodenlehre der philologischen Wissenschaften,* ed. E. Bratuscheck, reprograf. Nachdruck der Ausgabe Leipzig 1886^2, Darmstadt 1966, S. 8.

24 Ebd.

25 A. a. O., S. 119.

Bibliographie

Adorno, Th. W., *Minima Moralia. Reflexionen aus dem beschädigten Leben,* Frankfurt 1974
– »Fortschritt«, in: ders., *Stichworte. Kritische Modelle 2*, Frankfurt 1969
– u. a., *Der Positivismusstreit in der deutschen Soziologie,* Neuwied 1969
Auerbach, E., »René Wellek, A History of Modern Criticism: 1750-1950«, in: *Romanische Forschungen,* Bd. 67, 1956
– »Figura«, in: ders., *Gesammelte Aufsätze zur romanischen Philologie,* Bern u. München 1967

Barthes, R., *Essais Critiques,* Paris 1964
– *Literatur oder Geschichte,* Frankfurt 1969
– *S/Z,* Paris 1970
– *S/Z,* Frankfurt 1971
Baumgartner, H. M., *Kontinuität und Geschichte. Zur Kritik und Metakritik der historischen Vernunft,* Frankfurt 1972
Beicken, P. U., *Franz Kafka. Eine kritische Einführung in die Forschung,* Frankfurt 1974
Benjamin, W., *Ursprung des deutschen Trauerspiels,* Frankfurt 1969
– »Literaturgeschichte und Literaturwissenschaft«, in: *Gesammelte Schriften III,* ed. H. Tiedemann-Bartels, Frankfurt 1972
– »Über den Begriff der Geschichte«, in: *Gesammelte Schriften I,* 2, ed. R. Tiedemann u. H. Schweppenhäuser, Frankfurt 1974
Bergson, H., *Schöpferische Entwicklung,* Jena 1930[7]
Bertram, E., *Literaturwissenschaft und Geschichte,* ed. H. Buchner, Darmstadt 1966
Binder, H., *Kafka-Kommentar,* München 1975
– *Kafka in neuer Sicht,* Stuttgart 1976
Blanchot, M., *L'espace littéraire,* Paris 1955
– *Die wesentliche Einsamkeit,* Berlin 1959
Blumenberg, H., »Diskussion«, in: *Die nicht mehr schönen Künste. Poetik und Hermeneutik III,* ed. H. R. Jauß, München 1968
Boeckh, *Enzyklopädie und Methodenlehre der philologischen Wissenschaften,* ed. E. Bratuscheck, Darmstadt 1966 (reprograf. Nachdruck der Ausgabe Leipzig 1886[2])
Borges, J. L., *Geschichte der Ewigkeit,* München 1965
– *Labyrinthe,* München 1969[2]
Bouterwek, F., *Geschichte der Poesie und Beredsamkeit seit dem Ende des dreizehnten Jahrhunderts,* Göttingen 1801
Breton, A., *Nadja,* Paris 1964
– *L'Amour fou,* Frankfurt 1975
Broch, H., *Hofmannsthal und seine Zeit. Eine Studie,* Frankfurt 1974
Buck, G., »›Die Freudigkeit jenes Sprungs . . .‹ Negativität, Diskontinuität und

die Stetigkeit des Bios«, in: *Positionen der Negativität. Poetik und Hermeneutik VI,* ed. H. Weinrich, München 1975
Burckhardt, J., *Weltgeschichtliche Betrachtungen,* Berlin u. Stuttgart 1910[2]
Bury, J. B., *The Idea of Progress. An Inquiry into its Origin and Growth,* New York 1955

Capretz, P., *Quelques sources de Lautréamont,* Paris 1950
Cassirer, E., *Wesen und Wirkung des Symbolbegriffs,* Darmstadt 1969[4]
– *Substanzbegriff und Funktionsbegriff,* Darmstadt 1969 (Reprografischer Nachdruck der 1. Aufl., Berlin 1910)
– *Philosophie der symbolischen Formen,* 1. Teil, *Die Sprache,* Darmstadt 1972[5]
Charles, M., »Le discours des figures«, in: *Poétique* 4, 1973
Collins, P. A. Q., *Dickens and Crime,* 1962
Curtius, E. R., *Europäische Literatur und lateinisches Mittelalter,* Bern 1973[8]

Danto, A. C., *Analytische Philosophie der Geschichte,* Frankfurt 1974
Deguy, M., *Figurations,* Paris 1969
– »Vers une théorie de la figure généralisée«, in: *Critique* 269, Octobre 1969
Derrida, J., »La différance«, in: ders., *Marges de la philosophie,* Paris 1972
– »Ellipse«, in: ders., *Die Schrift und die Differenz,* Frankfurt 1972
Dibelius, M., »Der ›psychologische Typus des Erlösers‹ bei Friedrich Nietzsche«, in: *Deutsche Vierteljahresschrift,* 22. Jahrg., 1. Heft, 1944
Dickens, Ch., *The Pickwick Papers,* ed. R. L. Patten, Harmondsworth 1976
Dilthey, W., *Der Aufbau der geschichtlichen Welt in den Geisteswissenschaften,* ed. M. Riedel, Frankfurt 1970
Droysen, J. G., *Historik. Vorlesungen über Enzyklopädie und Methodologie der Geschichte,* ed. R. Hübner, München 1971[6]

Eco, U., *Das offene Kunstwerk,* Frankfurt 1973
Eichhorn, J. G., *Litterärgeschichte. Erste Hälfte,* Göttingen 1812 (1. Aufl. 1789)
Eppelsheimer, H. W., *Geschichte der Europäischen Weltliteratur. Erster Band. Von Homer bis Montaigne,* Frankfurt 1970

Fellmann, F., »Das Ende des Laplaceschen Dämons«, in: *Geschichte – Ereignis und Erzählung. Poetik und Hermeneutik V,* ed. R. Koselleck u. W.-D. Stempel, München 1973
Flasch, K., *Zur Rehabilitierung der Relation. Die Theorie der Beziehung bei Johannes Eriugena,* Frankfurt 1971
Fontanier, P., *Les Figures du Discours,* ed. G. Genette, Paris 1977
Foucault, M., *Die Ordnung der Dinge. Eine Archäologie der Humanwissenschaften,* Frankfurt 1971
– *Archäologie des Wissens,* Frankfurt 1973
– *Die Ordnung des Diskurses,* München 1974
Frank, M., *Das individuelle Allgemeine. Textstrukturierung und -interpretation nach Schleiermacher,* Frankfurt 1977
Frege, G., »Über Sinn und Bedeutung«, in: *Zeitschr. f. Philos. u. philos. Kritik«,* N. F. 100, 1892
Freier, H., *Die Rückkehr der Götter. Von der ästhetischen Überschreitung der*

Wissensgrenze zur Mythologie der Moderne. Eine Untersuchung zur systematischen Rolle der Kunst in der Philosophie Kants und Schellings, Stuttgart 1976
Freud, S., »Der Wahn und Die Träume in W. Jensens *Gradiva*«, in: *Studienausgabe,* Bd. X, ed. A. Mitscherlich u. a., Frankfurt 1970[3]
– *Briefe (1873-1939),* Frankfurt 1968

Gadamer, H.-G., »Die Kontinuität der Geschichte und der Augenblick der Existenz«, in: ders., *Kleine Schriften I. Philosophie, Hermeneutik,* Tübingen 1967
Gaede, E., »Nietzsche et la litterature«, in: *Cahiers de Royaumont. Philosophie* N°VI, Paris 1967
Genette, G., *Figures III,* Paris 1972
– *Mimologiques. Voyage en Cratylie,* Paris 1976
– »La Rhétoriques des Figures«, in: P. Fontanier, *Les Figures du Discours,* Paris 1977
Gervinus, G. G., *Geschichte der poetischen National-Literatur der Deutschen,* 1. Bd., Leipzig 1846[3]
– »Prinzipien einer deutschen Literaturgeschichtsschreibung«, in: *Über Literaturgeschichtsschreibung. Die historisierende Methode des 19. Jahrhunderts in Programm und Kritik,* ed. E. Marsch, Darmstadt 1975
Gilman, St., *The Tower as Emblem. Chapters VIII, IX, XIX und XX of the Chartreuse de Parme,* Frankfurt 1967
Greiner, B., *Friedrich Nietzsche: Versuch und Versuchung in seinen Aphorismen,* München 1972

Hauser, A., *Sozialgeschichte der Kunst und Literatur,* München 1967
Hazard, P., *Die Krise des europäischen Geistes,* Hamburg 1939
Hegel, G. W. F., *Phänomenologie des Geistes,* ed. J. Hoffmeister, Hamburg 1952[6]
– »Vorlesungen über die Ästhetik«, in *Werke,* Bd. 13, 14, 15, ed. E. Moldenhauer u. K. M. Michel, Frankfurt 1970
Heidegger, M., »Der Satz der Identität«, in: ders., *Identität und Differenz,* Pfullingen 1957
Heine, H., »Die Bäder von Lucca«, in: *Werke,* 2. Bd., ed. W. Preisendanz, Frankfurt 1968
– »Zur Geschichte der Religion und Philosophie in Deutschland«, in: *Werke,* 4. Bd., ed. H. Schanze, Frankfurt 1968
Heitmann, K., *Der Immoralismus – Prozeß gegen die französische Literatur im 19. Jahrhundert,* Bad Homburg, Berlin, Zürich 1970
Henrich, D., »Kunst und Kunstphilosophie der Gegenwart«, in: *Immanente Ästhetik – Ästhetische Reflexion. Poetik und Hermeneutik II,* ed. W. Iser, München 1966
– »Diskussion«, in: *Nachahmung und Illusion. Poetik und Hermeneutik I,* ed. H. R. Jauß, München 1969[2]
Herder, J. G., *Sprachphilosophische Schriften,* ed. E. Heintel, Hamburg 1960
Hess, G., »Die Vergangenheit der Gegenwartsliteratur. Anmerkungen zum letzten Kapitel deutscher Literaturgeschichten um 1900«, in: *Historizität in Sprach- und Literaturwissenschaft,* ed. W. Müller-Seidel u. a., München 1974

Hettner, H., *Literaturgeschichte der Goethezeit,* ed. J. Anderegg (Nachdruck des Separatdrucks »Goethe und Schiller«, 1876³), München 1970
Heuss, A., *Verlust der Geschichte,* 1959
Heussi, K., *Die Krisis der Historismus,* Tübingen 1932
Hofmannsthal, H. von, »Ein Brief«, in: *Gesammelte Werke in Einzelausgaben,* ed. H. Steiner, Prosa II, Frankfurt 1959
Holenstein, E., »Die Struktur des Verstehens. Strukturalismus versus Hermeneutik«, in: ders., *Linguistik, Semiotik, Hermeneutik. Plädoyers für eine strukturale Phänomenologie,* Frankfurt 1976
Homer, *Odyssee,* in der Übersetzung von J. H. Voß, Frankfurt 1963 (Exempla Classica)
Hörisch, J., *Die fröhliche Wissenschaft der Poesie. Der Universalitätsanspruch von Dichtung in der frühromantischen Poetologie,* Frankfurt 1976
Horkheimer, M., »Vernunft und Selbsterhaltung«, in: *Subjektivität und Selbsterhaltung,* ed. H. Ebeling, Frankfurt 1976
Humboldt, W. von, »Über die Aufgabe des Geschichtsschreibers«, in: *Werke,* ed. A. Flitner u. K. Giel, Bd. I, Darmstadt 1960

Iser, W., »Reduktionsformen der Subjektivität«, in: *Die nicht mehr schönen Künste. Poetik und Hermeneutik III,* ed. H. R. Jauß, München 1968
– *Der Akt des Lesens. Theorie ästhetischer Wirkung,* München 1976

Jähnig, D., *Schelling. Die Kunst in der Philosophie.* Bd. 1: *Schellings Begründung von Natur und Geschichte,* Pfullingen 1966
Jansen, P., *Anthropologie und sprachliche Verständigung. Zur kategorialen Grundlegung der Sprachdidaktik,* Bochum 1978
Japp, U., »Das Buch im Buch. Eine Figur des literarischen Hermetismus«, in: *Neue Rundschau,* 1975, 4. Heft.
– *Hermeneutik. Der theoretische Diskurs, die Literatur und die Konstruktion ihres Zusammenhanges in den philologischen Wissenschaften,* München 1977
– »Sinnkrise und Sinnverstehen. Hermeneutische Probleme mit Valérys *Cimetière marin*«, in: *Poetik und Hermeneutik IX,* im Druck
Jauß, H. R., »Paradigmawechsel in der Literaturwissenschaft«, in: *Linguistische Berichte,* 1969, Heft 3
– »Literaturgeschichte als Provokation der Literaturwissenschaft«, in: ders., *Literaturgeschichte als Provokation,* Frankfurt 1970²
– »Geschichte der Kunst und Historie«, in: *Geschichte – Ereignis und Erzählung. Poetik und Hermeneutik V,* ed. R. Koselleck u. W. D. Stempel, München 1973
Jean, R., *Lectures du désir. Nerval, Lautréamont, Apollinaire, Eluard,* Paris 1977

Kafka, F., *Sämtliche Erzählungen,* ed. P. Raabe, Frankfurt 1970
– »Tagebücher 1910-1923«, in: *Gesammelte Werke,* ed. M. Brod, Bd. 7, Frankfurt 1976
Kluckhohn, P., *Die Auffassung der Liebe im 18. Jahrhundert und in der Romantik,* Halle 1931
– Über: W. Muschg, *Tragische Literaturgeschichte,* in: *Deutsche Vierteljahresschrift,* 25. Jahrgang, 1951
Kohli-Kunz, A., *Erinnern und Vergessen. Das Gegenwärtigsein des Vergangenen als Grundproblem historischer Wissenschaft,* Berlin 1973

Korff, H. A., *Geist der Goethezeit. Versuch einer ideellen Entwicklung der klassisch-romantischen Literaturgeschichte,* I. Teil, Leipzig 1964[7]
Koselleck, R., *Kritik und Krise. Ein Beitrag zur Pathogenese der bürgerlichen Welt,* Freiburg/München 1959[2]
– »Geschichte, Geschichten und formale Zeitstrukturen«, in: *Geschichte – Ereignis und Erzählung. Poetik und Hermeneutik V,* ed. R. Koselleck u. W.-D. Stempel, München 1973
– »Wozu noch Historie?«, in: *Seminar: Geschichte und Theorie. Umrisse einer Historik,* ed. H. M. Baumgartner u. J. Rüsen, Frankfurt 1976
Kracauer, S., *Geschichte – Vor den letzten Dingen,* Frankfurt 1973
Kretschmer, E., *Geniale Menschen,* Berlin 1931[2]
Kristeva, J., *Recherches pour une sémanalyse,* Paris 1969
– *La révolution du langage poétique. L'avant-garde à la fin du XIXe siècle: Lautréamont et Mallarmé,* Paris 1974
– *Polylogue,* Paris 1977
– »Zu einer Semiologie der Paragramme«, in: *Strukturalismus als interpretatives Verfahren,* ed. H. Gallas, Darmstadt u. Neuwied 1972

Lanson, G., *Essais de méthode, de critique et d'histoire littéraire,* Paris 1965
Lanteri-Laura, G., *Structures subjectives du champs transcendental,* Paris 1968
Lausberg, H., *Elemente der literarischen Rhetorik,* München 1963[2]
Lautréamont, *Die Gesänge des Maldoror,* in der Übersetzung von R. Soupault, München 1976
Lefebvre, H., *La fin de l'histoire,* Paris 1970
Leibniz, G. W., *Die philosophischen Schriften.* V. Bd., ed. C. I. Gerhardt, Hildesheim 1960 (Nachdruck der Ausgabe Berlin 1882)
Leisegang, D., *Die drei Potenzen der Relation,* Frankfurt 1969
– *Dimension und Totalität. »Entwurf einer Philosophie der Beziehung«,* Frankfurt 1972
Lenk, E., »Der Traum als Konstruktionsprinzip bei Lautréamont und Carroll«, in: Lautréamont, *Die Gesänge des Maldoror,* München 1976
Lepenies, W., »Der Wissenschaftler als Autor. Über konservierende Funktionen der Literatur«, in: *Akzente,* 25. Jg., Heft 2, April 1978
Lessing, T., *Geschichte als Sinngebung des Sinnlosen,* Leipzig 1927
Lévi-Strauss, C., *Das wilde Denken,* Frankfurt 1968
Löwith, K., *Nietzsches Philosophie der ewigen Wiederkehr des Gleichen,* Stuttgart 1956
Lübbe, H., »Was heißt: ›Das kann man nur historisch erklären‹?«, in: *Geschichte – Ereignis und Erzählung. Poetik und Hermeneutik V,* ed. R. Koselleck u. W.-D. Stempel, München 1973
Luhmann, N., »Moderne Systemtheorie als Form gesamtgesellschaftlicher Analyse«, in: J. Habermas / N. Luhmann, *Theorie der Gesellschaft oder Sozialtechnologie – Was leistet die Systemforschung,* Frankfurt 1971
– »Sinn als Grundbegriff der Soziologie«, in: J. Habermas / N. Luhmann, *Theorie der Gesellschaft oder Sozialtechnologie – Was leistet die Systemforschung,* Frankfurt 1971
Lukács, G., »Über die Besonderheit als Kategorie der Ästhetik«, in: *Werke,* Bd. 10, Neuwied 1969
– »Kunst und objektive Wahrheit«, in: *Werke,* Bd. 5, Neuwied 1971

Marggraff, H., *Deutschlands jüngste Literatur- und Culturepoche. Charakteristiken,* Leipzig 1839
Marquard, O., *Skeptische Methode im Blick auf Kant,* Freiburg/München 1958
– *Schwierigkeiten mit der Geschichtsphilosophie,* Frankfurt 1973
– »Felix culpa?«, in: *Poetik und Hermeneutik IX,* im Druck
Marrou, H.-I., *Über die historische Erkenntnis,* Freiburg/München 1973
Marsch, E., »Über Literaturgeschichtsschreibung. Eine Einführung«, in: *Über Literaturgeschichtsschreibung. Die historisierende Methode des 19. Jahrhunderts in Programm und Kritik,* ed. E. Marsch, Darmstadt 1975
Mayer, H., *Außenseiter,* Frankfurt 1975
Mennemeier, F. N., *Friedrich Schlegels Poesiebegriff. Die romantische Konzeption einer objektiven Poesie,* München 1971
Michaud, G., *Message poétique du symbolisme,* Paris 1947
Muschg, W., *Tragische Literaturgeschichte,* Bern u. München 1957[4]
– »Josef Nadlers Literaturgeschichte«, in: ders., *Die Zerstörung der deutschen Literatur,* München 1961

Nietzsche, F., »Unzeitgemäße Betrachtungen, Zweites Stück: Vom Nutzen und Nachteil der Historie für das Leben«, in: *Werke,* 1 Bd., ed. K. Schlechta, München 1973[7]
– »Die fröhliche Wissenschaft«, in: *Werke,* ed. K. Schlechta, 1. Bd., München 1973[7]
– »Götzen-Dämmerung«, in: *Werke,* 2. Bd., ed. K. Schlechta, München 1973[7]
– »Der Fall Wagner«, in: *Werke,* 2. Bd., ed. K. Schlechta, München 1973[7]
– »Ecce Homo«, in: *Werke,* 2. Bd., ed. K. Schlechta, München 1973[7]
– »Aus dem Nachlaß der Achtziger Jahre«, in: *Werke,* ed. K. Schlechta, 3. Bd., München 1973
– »Briefe«, in: *Werke,* ed. K. Schlechta, 3. Bd., München 1973
Novalis, *Werke,* Bd. III, ed. R. Samuel in Zusammenarbeit mit H.-J. Mähl u. G. Schulz, Stuttgart 1968

Oppitz, M., *Notwendige Beziehungen. Abriß der strukturalen Anthropologie, Frankfurt 1975*

Platon, »Kratylos«, *Sämtliche Werke* 2, ed. W. F. Otto, E. Grassi und G. Plamböck, übersetzt von F. Schleiermacher, Reinbek 1970 (1. Aufl. 1957)
– »Politeia«, in: *Sämtliche Werke* 3, ed. W. F. Otto, E. Grassi, G. Plamböck, Reinbek 1970
Pouillon, J., »Présentation du structuralisme: un essai de définition«, in: *Les Temps Modernes,* nov. 1966
Preisendanz, W., »Der Funktionsübergang von Dichtung und Publizistik bei Heine«, in: *Die nicht mehr schönen Künste. Poetik und Hermeneutik III,* ed. H. R. Jauß, München 1968

Ribbat, E., »Epoche als Arbeitsbegriff der Literaturgeschichte«, in: *Historizität in Sprach- und Literaturwissenschaft,* ed. W. Müller-Seidel u. a., München 1974
Ricoeur, P., *Hermeneutik und Strukturalismus. Der Konflikt der Interpretationen I,* München 1973

Reimman, J. F., *Versuch einer Einleitung in die Historiam Literariam sowohl insgemein als auch in die Historiam Literariam derer Teutschen insonderheit,* Magdeburg 1708
Ritter, J., »Subjektivität und industrielle Gesellschaft. Zu Hegels Theorie der Subjektivität«, in: ders., *Subjektivität,* Frankfurt 1974

Sarraute, N., *Zeitalter des Mißtrauens. Essays über den Roman,* Frankfurt 1975
Saussure, F. de, *Grundfragen der allgemeinen Sprachwissenschaft,* ed. C. Bally, A. Sechehaye, übersetzt v. H. Lommel, Berlin 1967[2]
– *Cours de linguistique générale, édition critique* par R. Engler, Wiesbaden 1967 ff.
Schaaf, J., »Beziehung und Idee. Eine platonische Besinnung«, in: *Parusia. Studien zur Philosophie Platons und zur Problemgeschichte des Platonismus,* Frankfurt 1965
– »Beziehung und Beziehungsloses (Absolutes)«, in: *Subjektivität und Metaphysik. Festschrift f. W. Cramer,* ed. D. Henrich u. H. Wagner, Frankfurt 1966
– »Die Übergegenständlichkeit der Sprache«, in: *Muttersprache,* 77. Jahrg., Heft 5, 1967
Scherer, W., »Die Epochen der deutschen Literaturgeschichte«, in: *Neue Freie Presse,* 15. 6. 1879
– *Geschichte der deutschen Literatur,* Berlin 1922[15]
Schelling, F. W. J., *Philosophie der Kunst* (Reprografischer Nachdruck der Ausgabe von 1859), Darmstadt 1976
Schiller, F., »Was heißt und zu welchem Ende studiert man Universalgeschichte«, in: *Schillers Werke,* ed. L. Bellermann, 8. Bd., Leipzig und Wien o. J.
Schklowskij, V., »Über die Einheit«, in: ders., *Von der Ungleichheit des Ähnlichen in der Kunst,* München 1973
Schlaffer, H. u. H., *Studien zum ästhetischen Historismus,* Frankfurt 1975
Schlegel, A. W., »Vorlesungen über Schöne Litteratur und Kunst. Erster Teil (1801-1802)«, in: *Die Kunstlehre,* Heilbronn 1884
Friedrich Schlegels »Philosophie der Philologie«. Mit einer Einleitung herausgegeben von Josef Körner, in: *Logos,* Bd. XVII, Tübingen 1928
Schlegel, F., »Geschichte der europäischen Literatur«, in: *Kritische Friedrich-Schlegel-Ausgabe,* XI. Bd., ed. E. Behler, München, Paderborn, Wien 1967
– »Über das Studium der griechischen Poesie«, in: ders., *Schriften zur Literatur,* ed. W. Rasch, München 1972
Schleiermacher, F. D. E., *Hermeneutik,* ed. H. Kimmerle, Heidelberg 1959
Schopenhauer, A., »Die Welt als Wille und Vorstellung II«, in: *Sämtliche Werke,* ed. W. Frhr. v. Löhneysen, Bd. II, Stuttgart/Frankfurt 1976
Scholz, G., »Sprung. Zur Geschichte eines philosophischen Begriffes«, in: *Archiv für Begriffsgeschichte,* Bd. XI, Bonn 1967
Schmidt, J., »Georg Gervinus«, in: ders., *Neue Bilder aus dem Geistigen Leben unserer Zeit. Der ganzen Folge dritter Band,* Leipzig 1873
Schmitz, H., »Soziologische Geschichtsbetrachtung und Universalgeschichte«, in: *Konkrete Vernunft. Festschrift f. E. Rothacker,* Bonn 1958
Schulte-Sasse, J., *Literarische Wertung,* Stuttgart 1971
Serres, M., *Hermès, IV. La distribution,* Paris 1977
Simmel, G., »Beiträge zur Philosophie der Geschichte«, in: ders., *Das individuelle Gesetz,* ed. M. Landmann, Frankfurt 1968

Soupault, R., »Nachwort« zu: Lautréamont, *Die Gesänge des Maldoror,* München 1976
Sperber, D., Über Symbolik, Frankfurt 1975
Starobinski, J., *La relation critique,* Paris 1970
Szondi, P., »Das Naive ist das Sentimentalische«, in: ders., *Lektüren und Lektionen,* Frankfurt 1973
– *Poetik und Geschichtsphilosophie I, Studienausgabe der Vorlesungen,* Bd. 2, ed. S. Metz u. H.-H. Hildebrandt, Frankfurt 1974

Taubes, J., »Geschichtsphilosophie und Historik, Bemerkungen zu Kosellecks Programm einer neuen Historik«, in: *Geschichte – Ereignis und Erzählung, Poetik und Hermeneutik V,* ed. R. Koselleck u. W.-D. Stempel, München 1973
Todorov, T., »Poetik«, in: *Einführung in den Strukturalismus,* ed. F. Wahl, Frankfurt 1973
– *Théories du symbole,* Paris 1977
Troeltsch, E., *Der Historismus und seine Probleme. Erstes Buch: Das logische Problem der Geschichtsphilosophie,* Aalen 1961 (Neudruck der Ausgabe von 1922)
Tymieniecka, A.-T., *Eros et Logos. Esquisse de Phénomenologie de l'Interiorité Créatrice, illustré par les Textes Poétiques de Paul Valéry,* Paris 1972
Tynjanov, J., »Das literarische Faktum«, in: *Russischer Formalismus,* ed. J. Striedter, München 1971
– »Über die literarische Evolution«, in: *Russischer Formalismus,* ed. J. Striedter, München 1971

Valéry, P., *Œuvres,* Bd. I und II, ed. J. Hytier, Paris 1957 u. 1960
Vierhaus, R., »Die Krise des historischen Bewußtseins und die Funktionskrise in den geschichtlichen Wissenschaften«, in: *Historizität in Sprach- und Literaturwissenschaft,* ed. W. Müller-Seidel u. a., München 1974

Wahl, J., »Subjectivité et transcendance«, in: *Bulletin Société Française de Philosophie,* Tom 37, 1937
Wellek, R. / Warren, A., *Theorie der Literatur,* Frankfurt/Berlin 1966
Wellek, R., »The Fall of Literary History«, in: *Geschichte – Ereignis und Erzählung. Poetik und Hermeneutik V,* ed. R. Koselleck u. W.-D. Stempel, München 1973
Wuthenow, R.-R., *Muse, Maske, Meduse. Europäischer Ästhetizismus,* Frankfurt 1978